Uwe Hartmann / Reinhold Janke / Claus von Rosen (Hrsg.)
Jahrbuch Innere Führung 2024/25:
Wissenschaft und Bildung für gute Führung in einer
kriegstüchtigen Bundeswehr

Jahrbuch Innere Führung 2024/25

Wissenschaft und Bildung für gute Führung in einer kriegstüchtigen Bundeswehr

Uwe Hartmann / Reinhold Janke / Claus von Rosen (Hrsg.)

2025

Carola Hartmann Miles-Verlag

Bibliografische Information der Deutschen Nationalbibliothek
Die Deutsche Nationalbibliothek verzeichnet diese Publikation in der Deutschen Nationalbibliografie; detaillierte bibliografische Daten sind im Internet über www.dnb.de abrufbar.

Titelbilder: ZMSBw (Dr. Timo Graf; Pressestelle)

Herstellung: Libri Plureos GmbH, Friedensallee 273, 22763 Hamburg

Printed in Germany

ISBN 978-3-96776-094-1

Inhalt

V Technologie und Nachhaltigkeit

I   Einleitung der Herausgeber

Führung ist ein wesentlicher Faktor für Kampfkraft und Gefechtswert von Einheiten und Verbänden. In einem Krieg können überlegene Führungsprinzipien und -grundsätze personelle und materielle Unterlegenheit bis zu einem gewissen Grad ausgleichen. Die deutsche Militärgeschichte bietet zahlreiche anschauliche Beispiele dafür, wie Generale, Offiziere und Unteroffiziere, die nach den Grundsätzen der Auftragstaktik führten, beeindruckende taktische und operative Erfolge erzielten. Zudem zeigen internationale militärsoziologische Studien unisono, dass Soldatinnen und Soldaten leistungsfähiger sind, wenn sie sich gut geführt und ausgebildet wissen. Auch das Vertrauen von Politik und Gesell-schaft in ihre Streitkräfte bleibt unbeschädigt, wenn Skandale beispielsweise aufgrund menschenunwürdiger Behandlung unterbleiben. Alles, was das Führungskönnen von Vorgesetzten in der Bundeswehr und vor allem in den Streitkräften bereits im Frieden verbessert, hilft also, deren Kriegstüchtigkeit zu erhöhen. Dieser Aspekt darf neben der Ausrüstung mit modernen Waffensystemen und der Vergrößerung des Personalumfangs der Bundeswehr nicht vernachlässigt werden.

Zahlreiche Wissenschaften beschäftigen sich mit der Theorie und Praxis von Führung. Forschungsfragen stammen vor allem aus den Bereichen von Wirtschaft und Verwaltung. Manche der dabei gewonnenen Erkenntnisse lassen sich auf die Bundeswehr übertragen. Aus den Anforderungen an Führung in Streitkräften erwachsen allerdings spezifische Fragestellungen. Das Bundesministerium der Verteidigung (BMVg) unterhält daher eigene Einrichtungen der Ressortforschung wie beispielsweise das Zentrum für Militärgeschichte und Sozialwissenschaften der Bundeswehr (ZMSBw), um Themen zu bearbeiten, für die sich Wissenschaftlerinnen und Wissenschaftler an öffentlichen Universitäten und Forschungsinstituten nicht interessieren, an denen sie nicht forschen dürfen oder wo ihnen die Expertise fehlt.

In diesem Jahrbuch werden neuere, für Führungskräfte in der Bundeswehr relevante Forschungsergebnisse vorgestellt. Alle Autorinnen und Autoren haben in ihren Beiträgen die praktischen Folgerungen für eine verbesserte Führung in einer kriegstüchtigen Bundeswehr herausgearbeitet.

Den Beiträgen des Jahrbuchs Innere Führung liegt die Annahme zugrunde, dass Führung in Streitkräften einer, wie der preußische General und Kriegsphilosoph Carl von Clausewitz es bezeichnete, „Bewegung im erschwerenden Mittel" gleicht. Daraus erwächst ein gewisser Respekt: vor der Größe der Führungsaufgabe, vor dem Mut, mit dem Vorgesetzte in der Bundeswehr sich dieser

Herausforderung stellen, und auch vor der Beharrlichkeit ihres Bestrebens, bei der Optimierung ihres Führungskönnens nicht nachzulassen. Intensivere Forschung zur Führung in Streitkräften auch außerhalb der Bundeswehr und ein optimierter Wissenstransfer wären ein wichtiger Beitrag zur Verbesserung der Führungskultur in der Bundeswehr und zugleich wichtige Wertschätzung des Dienstes insbesondere der militärischen Vorgesetzten.

In Deutschland stoßen wir hierbei allerdings auf Hindernisse. Die Beziehungen zwischen Bundeswehr und den Geistes- und Sozialwissenschaften sind traditionell konfliktreich. Nicht wenige öffentliche Universitäten in Deutschland sind einer sog. „Zivilklausel" verpflichtet, wonach eine militärisch nutzbare Forschung verboten ist. Daraus erwachsen Nachteile für die Bundeswehr, aber auch für die Universitäten selbst. Kenntnisse über die Bundeswehr und ihre Führungsphilosophie, die Innere Führung, oder deren Einbindung in das transatlantische Bündnis sind nicht selten kaum vorhanden. Unwissen darüber führt bei Wissenschaftlerinnen und Wissenschaftlern bisweilen zu dem Missverständnis, mit dem Begriff der „Kriegstüchtigkeit" seien „Kriegsverherrlichung" oder „Kriegslüsternheit" gemeint. In letzter Konsequenz wird der Bundeswehr die Friedensfähigkeit abgesprochen. Dabei wird auch bewusst ausgeblendet, dass die Bundeswehr als ein Exekutivorgan dieses Staates einem dezidierten Verfassungsauftrag nachkommt, der dem Einsatz der deutschen Streitkräfte eindeutige Grenzen setzt. Mit dem Artikel 87 a („Der Bund stellt Streitkräfte zur Verteidigung auf.") hat das Grundgesetz eine klare verfassungsrechtliche Entscheidung für eine auch militärisch gewährleistete Sicherheits- und Verteidigungspolitik getroffen. Derselbe Verfassungsgesetzgeber hat in der Präambel des Grundgesetzes seinen Willen bekundet, „dem Frieden der Welt zu dienen". Und der Diensteid für Beamte, die ebenfalls in einem besonderen öffentlich-rechtlichen Dienst- und Treueverhältnis stehen, lautet nach § 64 des Bundesbeamtengesetzes (BBG): „Ich schwöre, das Grundgesetz und alle in der Bundesrepublik Deutschland geltenden Gesetze zu wahren und meine Amtspflichten gewissenhaft zu erfüllen." Daher ist es mehr als verwunderlich, wenn verbeamtetes und staatlich besoldetes Schul- und Hochschulpersonal teilweise auf übelste Weise gegen die Bundeswehr und ihre Angehörigen als loyale Exekutivorgane dieses Staates hetzen darf. Dieselben Moralapostel, die ständig Intoleranz, Diskriminierung und Ausgrenzung anprangern, betreiben damit genau das, was sie anderen gerne unterstellen.

Der Landtag des Freistaats Bayern hat am 23. Juli 2024 ein ‚Gesetz zur Förderung der Bundeswehr in Bayern' beschlossen, das eine Zusammenarbeit der Hochschulen mit der Bundeswehr im Interesse der nationalen Sicherheit anordnet. Damit werden auch bisher bestehende Zivilklauseln beseitigt. Dagegen wurde von einer Querfront aus Gewerkschaftlern, Pazifisten, Hochschullehrern, Studenten, Kirchenvertretern und sonstigen Militärgegnern (17 Verbände und 185 Einzelpersonen) beim Bayerischen Verfassungsgerichtshof Klage eingereicht. Man argumentiert mit Verfassungswidrigkeit, Gefährdung der Forschungsfreiheit, Militarisierung, Bundeswehrpropaganda an Schulen und Indoktrination von Minderjährigen, die dann bei der Bundeswehr schweren Kinderrechtsverletzungen wie sexueller Gewalt, erniedrigender Behandlung sowie körperlichen und seelischen Schäden ausgesetzt seien. Dieser Katalog an Unterstellungen ist ein erschreckendes Indiz für die Hysterie und Hetze, die jede notwendige Bemühung um Resilienz und Kriegstüchtigkeit zu torpedieren versucht.

In den deutschen Streitkräften selbst besteht dagegen immer noch eine gewisse „Wissenschaftsfeindlichkeit". Zwar sind die beiden Universitäten der Bundeswehr in Hamburg und München sowie die Ressortforschungseinrichtungen überaus leistungsfähig. Der Transfer von geistes- und sozialwissenschaftlichen Erkenntnissen in die Streitkräfte und bisweilen sogar in das BMVg gelingt jedoch nur in Einzelfällen. Dies könnte auch daran liegen, dass die Universitäten der Bundeswehr vor allem dem Zweck dienen, Offizieren eine zivilberufliche Qualifikation zu geben. Ein Studiengang „Militärwissenschaft" existiert nicht. Vorschläge, einen derartigen Präsenzstudiengang mit Masterabschluss einzurichten, verhallen ungehört. Der an der Helmut-Schmidt-Universität / Universität der Bundeswehr Hamburg eingerichtete Studiengang „Militärische Führung und Internationale Sicherheit" (MFIS) für die kleine Gruppe der Generalstabs- und Admiralstabsoffiziere genügt nicht als Brücke für den Transfer wissenschaftlicher Erkenntnisse und Denkweisen in die Streitkräfte. Weiterhin werden den meisten Offizieren die für ihren Führungserfolg wichtigen Ergebnisse von Lehre und Forschung nicht systematisch vermittelt. Kenntnisse beispielsweise über politikwissenschaftliche Theorien oder repräsentative Meinungsumfragen sind oftmals nur rudimentär vorhanden; das gilt sogar für die Führungsphilosophie der Inneren Führung oder die Geschichte der Bundeswehr. Tradierte Führungsprinzipien wie das „Führen mit Auftrag" bzw. die Auftragstaktik stoßen zwar auf hohe positive Akzeptanz; der historische Kontext, in dem diese entwickelt und in die Streitkräfte eingeführt wurden, ist allerdings genauso wenig bekannt wie die Auswirkungen der inzwischen veränderten Rahmenbedingungen auf deren Anwendbarkeit und Effektivität.

Zudem verwundert es, dass die Bildungslandschaft der Bundeswehr trotz mehrfacher Umbrüche in der sicherheitspolitischen Lage Deutschlands und zahlreicher Reformen der Streitkräfte in ihren Grundzügen seit den 1970er Jahren kaum verändert wurde. Der Generalinspekteur der Bundeswehr, General Carsten Breuer, wurde in der ZEIT vom 13. Februar 2025 nach seinem Studium der Pädagogik an der damaligen Universität der Bundeswehr in Hamburg und nach seinem Verständnis von Ausbildung, Bildung und Erziehung im Militär befragt. Dabei betonte er: „Das Ziel von damals gilt noch heute: die Offiziere intellektuell, also wissenschaftlich, zu bilden." Dabei käme es darauf an, „dass man lernt, kritisch zu denken und mit komplexen Sachverhalten umzugehen." Diese Ziele sind zweifelslos richtig und gelten auch heute noch. Sie hatten übrigens bereits die Ausbildung von Offizieren in der Aufstellungsphase der Bundeswehr bestimmt. Inzwischen dürfte aber deutlich geworden sein, dass wissenschaftliche Bildung und Kritikfähigkeit durch die Beschäftigung mit Inhalten, die einer zivilberuflichen Qualifizierung dienen, nicht ausreichen. Sollte die Fähigkeit zum kritischen Denken nicht auch an militärwissenschaftlichem Wissen geübt und verbessert werden? Zurecht weist der Politikwissenschaftler Herfried Münkler darauf hin, es sei eine gute Voraussetzung für das Nachdenken, wenn man zu einem früheren Zeitpunkt vorausgedacht hat.

Das Jahrbuch Innere Führung 2024/2025 unternimmt den Versuch, exemplarisch an ausgewählten Forschungsfragen aus den Geistes- und Sozialwissenschaften aufzuzeigen, wie wichtig wissenschaftliche Erkenntnisse für den Führungserfolg in kriegstüchtigen Streitkräften sind. Diese sollten systematisch in die Streitkräfte hinein vermittelt werden – im Studium für die Offiziere, in den Fortbildungslehrgängen an der Führungsakademie, aber auch in den Ausbildungsgängen für Unteroffiziere.

Nun kommen wir zu den einzelnen Kapiteln und deren Beiträgen.

Das Jahrbuch Innere Führung beginnt mit historischen und philosophischen Themen. Wie sich zentrale militärische Führungsprinzipien und -grundsätze sowie Kriegsbilder in den letzten knapp zwei Jahrhunderten entwickelten und bewährten, wie sie künftig angepasst und durch die Stiftung und Pflege von Tradition überliefert werden sollten, steht hier im Vordergrund.

Helmut R. Hammerich rekonstruiert deutsche Führungsgrundsätze, die sich bereits im 18. Jahrhundert bewährt haben und im 19. Jahrhundert in Vorschriften verankert wurden. In seinem Beitrag „Lernen aus der Militärgeschichte: Traditionswürdige deutsche Führungsgrundsätze für eine kriegstüchtige Bundeswehr" veranschaulicht er das „Führen mit Auftrag", „das Führen von Vorne", „Feuer und Bewegung" sowie „Reserven bilden und einsetzen" mit historischen Beispielen. Entscheidend für die erfolgreiche Anwendung dieser Führungsgrundsätze sei, dass jeder Soldat, unabhängig von seinem Dienstgrad, im Sinne der übergeordneten Führung mitdenkt und ggf. sogar vom Auftrag abweicht, um die Absicht der übergeordneten Führung zu erfüllen. Dies verlangt zahlreiche charakterliche Eigenschaften wie beispielsweise Mut, Tapferkeit, Entschlussfreudigkeit und Durchsetzungsfähigkeit.

Der Autor stellt dar, wie beispielsweise das „Führen mit Auftrag" und das „Führen von Vorne" nicht immer harmonieren und eine Kombination beider Führungsgrundsätze am wirkungsvollsten ist. „Feuer und Bewegung" sowie „Reserven bilden und einsetzen" beruhen auf personellen und materiellen Voraussetzungen, die in der Bundeswehr erst noch geschaffen werden müssen. Die militärischen Vorgesetzten sollten parallel dazu sicherstellen, dass bewährte Führungsgrundsätze im Truppenalltag ausgebildet und gepflegt werden. Auch hierfür müssten Vorgesetzte geeignete Rahmenbedingungen schaffen: indem sie Vertrauen in ihre Soldatinnen und Soldaten haben, Mikromanagement vermeiden und sich vor die Truppe stellen, wenn Fehler gemacht werden.

In seinem Beitrag „Das Führungsprinzip *Auftragstaktik* in historischem Kontext und mit Ausblick auf seine heutige Relevanz" beschreibt *Marco Sigg*, wie deutsche Armeen seit Mitte des 19. Jahrhunderts auf die komplexer werdende Kriegführung reagierten und damit große taktisch-operative Erfolge erzielten. Auftragstaktik beruht auf der fundamentalen Einsicht in die durch Zufall und Friktion gekennzeichnete Natur des Krieges. Der Clou besteht darin, diese nicht als zu überwindendes Problem, sondern vielmehr als eine Chance zu sehen, um durch Führungskönnen in unübersichtlichen Situationen einen komparativen Vorteil gegenüber anderen Armeen zu erzielen. Auftragstaktik setzt also auf den Faktor Mensch: auf sein Urteilsvermögen, seine Entscheidungsfreude und seine Entschlossenheit. Der Truppe Freiräume für die Erfüllung eines Auftrags bis hin zum Abweichen davon zu geben, hatte zudem den Vorteil, dass die höheren Führungsebenen von den Details der Umsetzung entlastet wurden und sich auf die Operationsführung konzentrieren konnten. In der Praxis zeigte sich allerdings schnell, dass Auftragstaktik ein zweischneidiges Schwert ist. Eigenmächtigkeiten insbesondere der Truppenführer musste durch Disziplin und Einheitlichkeit im Denken und Handeln entgegengewirkt werden.

In der Bundeswehr seien mit der Inneren Führung neben militärisch zweckrationalen Überlegungen wertrationale, also politische, ethische, rechtliche und interkulturelle Aspekte hinzugekommen, was die Komplexität der Führungsprozesse und die Anforderungen an die Soldaten weiter gesteigert hätte. Moderne technologische Entwicklungen wie beispielsweise die Digitalisierung oder die KI würden, so der Autor, auch künftig nicht die Natur des Krieges überwinden können. Vorgesetzte sollten daher durch Ausbildungs- und Bildungsmaßnahmen einschließlich der Förderung einer Vertrauenskultur dazu beitragen, dass Auftragstaktik im Truppenalltag mit Leben gefüllt wird.

Martin Reese erläutert in seinem Beitrag „Kriegsbilder und deren Bedeutung für die Führung in den Streitkräften", was wissenschaftlich unter Kriegsbildern zu verstehen ist. Sie beschrieben gegenwärtige Erscheinungsformen der Gewaltanwendung oder hypothetische Vorstellungen künftig möglicher Konflikte. Damit bildeten sie die Grundlage nicht nur für Operationspläne und Einsatzgrundsätze von Streitkräften, sondern bestimmten auch deren Struktur und Ausrüstung bis hin zu ihrem Verhältnis zu Politik und Gesellschaft. Darüber gebe es unterschiedliche Vorstellungen, weshalb Kriegsbilder ein in höchstem Maße politisches Streitthema seien.

Anschließend zeigt der Autor den Zusammenhang zwischen Kriegsbildern und Führungsgrundsätzen auf. Seine Kernfrage lautet: Was ist wichtiger, um in einer militärischen Auseinandersetzung zu gewinnen: ein realistisches Kriegsbild oder zeitlose Führungsgrundsätze, wie sie in Deutschland im 19. Jahrhundert von Carl von Clausewitz und Helmuth von Moltke entwickelt wurden? Er vertritt die These, dass die Bedeutung von hypothetischen Kriegsbildern für die Führung in den Streitkräften nachrangig ist. Streitkräfte, welche die Grundsätze der (Truppen-)Führung beherrschen, würden in einer militärischen Auseinandersetzung die Oberhand behalten. Martin Reese hebt damit die Bedeutung des Führungsprinzips der Auftragstaktik bzw. des Führens mit Auftrag für die Kriegstüchtigkeit der Bundeswehr hervor. Es sollte fest im Selbstverständnis militärischer Führer verankert sein und deren Führungshandeln genauso bestimmen wie die Entwicklung und Nutzung moderner Technologien.

Cornelia Juliane Grosse und *Heiner Möllers* nehmen die Leserinnen und Leser mit auf ihren „Ausflug in die Rear Combat Zone. Ein Terrain Walk in den Kalten Krieg und seine Bedeutung für die Gesamtverteidigung heute". Detailliert beschreiben sie anhand von Luftschutzbunkern, Ersatzübergangsstellen, Munitionsniederlagen und Fernmeldeeinrichtungen, wie die Zivile Verteidigung im Kalten Krieg organisiert worden war und welche Aufgaben die Bundeswehr dabei wahrnahm.

Der Beitrag vermittelt einen Eindruck, welche zivilen und militärischen Kapazitäten erforderlich wären, um Deutschland als „Drehscheibe der NATO" für die Verteidigung der NATO-Ostflanke zu ertüchtigen. Der Schutz von Einrichtungen durch infanteristische Kräfte und Flugabwehrverbände oder der Bau von Kriegsbrücken für Gewässerübergänge zählen zu den vielen zu bedenkenden

Herausforderungen. Planungen und Vorbereitungsmaßnahmen aus der Zeit des Kalten Krieges könnten dabei als Referenz- und Projektionsrahmen dienen und wichtige Impulse liefern: Wie wurde damals Gesamtverteidigung organisiert, was funktionierte gut, wo gab es Defizite? Deutlich wird zudem, dass wissenschaftlich begleitete Formate wie beispielsweise ein Terrain Walk oder eine Führungsreise wertvolle Erkenntnisse vermitteln und den Teilnehmern ein gemeinsames Verständnis über die Komplexität ihrer Aufgaben ermöglichen.

In seinem Beitrag „Die Bedeutung von Tradition und Traditionspflege in der Bundeswehr für kriegstüchtige Streitkräfte" zeigt *Uwe Hartmann* auf, dass die Kriegstüchtigkeit zuletzt kaum mehr eine Rolle im Traditionsverständnis der Bundeswehr spielte. Vielmehr hätten die Traditionserlasse von 1982 und 2018 Freiheit und Frieden sowie Rechtsstaatlichkeit und Menschlichkeit in den Vordergrund gerückt. Vorrangiges Ziel sei es gewesen, angesichts einer kritischen Öffentlichkeit die auf dem Grundgesetz beruhende Wertgebundenheit der Tradition der Bundeswehr herauszustellen und die auch von ihren Angehörigen angestrebte Einbindung in Staat und Gesellschaft zu unterstreichen. Diese Betonung politisch-ethischer Kategorien entkoppelte das soldatische Ethos von der Natur des Krieges und seinen wandelbaren Erscheinungsformen.

Uwe Hartmann empfiehlt, die militärischen Funktionen von Tradition, insbesondere deren Beitrag zur Erhöhung soldatischer Handlungssicherheit im Krieg, stärker zu gewichten – in der öffentlichen Debatte, im nächsten Traditionserlass, vor allem aber in der militärischen Praxis. Vorgesetzte in der Truppe sollten über die verschiedenen Funktionen von Tradition aufklären, das Lesen von militärhistorischer Literatur fördern und selbst als Vorbild bei der Stiftung und Pflege von Tradition vorangehen. Vor allem sollten sie in der militärischen Ausbildung sowie auf Übungen verdeutlichen, wie das Prinzip des Führens mit Auftrag bzw. die Auftragstaktik auf die besonderen Herausforderungen von Krieg und Einsatz vorbereitet.

In seinem Verhältnis zu Bildung und Wissenschaft stellte das Militär oftmals eine beliebte Projektionsfläche für bösartige Vorurteile dar. Der Topos des „tumben" Soldaten, der angeblich sein Hirn am Kasernentor abgibt, ist nicht nur eine Beleidigung vieler Millionen Soldaten, sondern ignoriert auch die historische und heutige Realität. Moderne Streitkräfte brauchen schon aufgrund ihres technischen Niveaus und ihres komplexen Auftragsportfolios ein gut ausgebildetes und hochqualifiziertes Personal. Dementsprechend liegt der Bildungsstand in der Bundeswehr insgesamt über dem Bundesdurchschnitt. In Bildung, Wissenschaft und Forschung belegt die Bundeswehr mit ihren hochrangigen Instituten,

Universitäten, Schulen, Forschungseinrichtungen, Kompetenzzentren und zahlreichen Ausbildungsstätten einen Spitzenplatz bei vergleichbaren Organisationen. Doch bereits in früheren Militärepochen standen Soldaten mit ihrem Bildungsstand, Fachwissen und kulturellem Anspruch dem zivilen Umfeld keineswegs nach, sondern galten darin oftmals sogar als echte Vorbilder.

Reinhold Janke verweist auf diese durchgängige Bildungstradition in seinem Beitrag ,Der gebildete Soldat – Das Bildungsverständnis in der Bundeswehr und seine Bedeutung für kriegstüchtige Streitkräfte' an historischen Beispielen wie der Humboldtschen Bildungsreform. Im Kontext der Preußischen Reformen postulierte Wilhelm von Humboldt auf Grundlage seines humanistischen Menschenbildes ein modernes Bildungsideal, das von Individualität, Freiheitssinn und Menschenwürde geprägt ist und eine selbstbestimmte Entfaltung durch Freiheit, Geist, Sittlichkeit und Anmut ermöglicht. Eine derart moderne, ganzheitliche Persönlichkeitsbildung zeichnet den loyalen Staatsbürger aus. Das Leitbild vom Staatsbürger in Uniform greift darauf ebenso zurück wie die Innere Führung als Bildungskonzeption.

Der besondere Beitrag soldatischer Bildung zu einer zurückgewonnenen Kriegstüchtigkeit ergibt sich bereits aus der Notwendigkeit zur Aufklärung, Information, Immunisierung und Resilienzbildung angesichts zunehmender Desinformation und Desintegration im Kontext hybrider Kriegführung. Hierbei sind aber auch Politik und Gesellschaft gefordert. Als Folgerungen und Empfehlungen nennt Reinhold Janke zunächst die Etablierung eines konsistenten Wissensmanagements und die Notwendigkeit authentischer Bildungsvorbilder in der Bundeswehr selbst. Angesichts zahlreicher diskriminierender ,Zivilklauseln' fordert der Autor eine Gegenkampagne zur linken Ausgrenzungsideologie, wie von Bayern mit einem eigenen Bundeswehrfördergesetz bereits auf den Weg gebracht. Die soldatische Persönlichkeitsbildung muss endlich ihren notwendigen Stellenwert erhalten und mithilfe einer systematischen Erfassung, Begleitung, Steuerung und Evaluierung der Bildungsarbeit in der Bundeswehr durchgesetzt werden. Erfahrungsgemäß stoßen derartige Forderungen auf zahlreiche Widerstände und Proteste, sind aber zur mentalen und geistigen Fundierung der Kriegstüchtigkeit unverzichtbar.

Wolfgang Peischel leistet in seinem Beitrag „Strategie und Militärwissenschaft und deren Relevanz für kriegstüchtige Streitkräfte" ein überzeugendes Plädoyer für die Einführung einer Militärwissenschaft mit den Kernfächern „Strategisches Denken" und „Streitkräfteführung". Deren Zweck sei es, die sicherheits- und militärpolitische Beratung der Politik zu verbessern und zugleich bei der taktisch-operativen Führungsfähigkeit eine Überlegenheit gegenüber gegnerischen Streitkräften zu erlangen. Dementsprechend betont der Autor die Auftragstaktik als Führungsprinzip, die demokratische Einbettung des Militärs in die Gesellschaft sowie eine verantwortungsbewusste, in ihrem Urteilsvermögen geschulte militärische Führung.

Wolfgang Peischel geht es darum, die institutionellen Voraussetzungen dafür zu schaffen, Krieg umfassend zu denken. Allgemeinbildung und militärische Expertise müssten genauso dialektisch verbunden werden wie Erfahrung und Philosophie bzw. Empirie und Theorie. Militärwissenschaftliche Lehre und Forschung dürften allerdings kein Anhängsel bereits existierender Fachbereiche von Universitäten sein. Es reiche auch nicht aus, dass Offiziere sich aus eigenem Antrieb militärwissenschaftlich qualifizierten. Vielmehr sei ein Verwendungsaufbau vorzusehen, der Offiziere bis in höchste Führungsverwendungen führt und ihnen zugleich Dissertation und Habilitation in Militärwissenschaft ermöglicht.

Im nächsten Abschnitt geht es um politik- und rechtswissenschaftliche Themen. In seinem Beitrag „Militärpolitik im Lichte der Politikwissenschaft: Theorien internationaler Beziehungen und ihr Wert" plädiert *Martin Sebaldt* dafür, bei der Analyse sicherheitspolitischer Herausforderungen den Erklärungswert der konkurrierenden Theorien internationaler Beziehungen zu nutzen, auch wenn gegenwärtig die (neo-)realistische „big man theory" mit ihrem Fokus auf nullsummenorientierte Nationalstaaten große Konjunktur hat. Mit Blick auf Trump, Putin oder Xi Jinping sowie den Krieg in der Ukraine zeigt der Autor, dass das Hinzuziehen anderer Denkansätze, die mehr auf Kooperation, Interdependenzen und funktionale Erfordernisse abheben, einen großen analytischen Mehrwert verspricht.

Ein solches differenziertes Herangehen empfiehlt Martin Sebaldt auch für die militärpolitischen Praktiker in den zuständigen Referaten des BMVg, des Auswärtigen Amtes und anderer sicherheitspolitisch involvierter Ressorts. Auch die politische Bildung in der Truppe sollte sicherstellen, dass die Soldatinnen und Soldaten keiner einseitigen Sichtweise auf die aktuelle Militärpolitik erliegen. Die mit dieser politischen Bildungsarbeit betrauten Offiziere selbst müssten dafür systematisch weitergebildet werden. Dies schreibt der Autor in das Pflichtenheft nicht nur für die Truppe, sondern auch für die Wissenschaft.

In ihrem Beitrag „Zwischen Strategiedefizit und strategischem Wandel: Die Evolution der deutschen Sicherheitspolitik nach 1990 und die Konsequenzen für die Bundeswehr" zeichnet *Gerlinde Groitl* die Veränderung der deutschen

Sicherheitspolitik seit dem Ende des Kalten Kriegs empirisch nach, um daraus Folgerungen für die notwendig gewordene „zweite Zeitenwende" nach dem Amtsantritt Donald Trumps abzuleiten. Politikwissenschaftlich geht sie dabei von der Annahme aus, dass Verantwortliche versuchten, den außenpolitischen Zwängen des internationalen Systems gerecht zu werden, ihre Entscheidungen jedoch durch innenpolitische Rücksichtnahmen und tradierte Denkmuster gefärbt seien. Die Bundeswehr bekomme daher nicht das, was militärisch sinnvoll wäre, sondern das, was die Politik als nötig erachtet und was mehrheitsfähig ist. Insofern sei „...eine gewisse Dysfunktionalität in der Sicherheitspolitik die unbefriedigende, wenngleich realistische Normannahme".

Deutschland attestiert die Autorin allerdings ein strukturelles Strategiedefizit. Systemimmanente Mängel seien beispielsweise ein Mindset mit einer verzerrten, Kooperationschancen überschätzenden Weltsicht, eine reaktive, dem Wandel hinterherhinkende oder im Windschatten von Verbündeten betriebene Sicherheitspolitik, die, wie das Beispiel Afghanistans zeigte, diffuse oder unrealistische Ziele verfolge und ehrliche Bestandsaufnahmen verweigere. Deutschland müsse „... besser darin werden, das zu tun, was angesichts der externen Zwänge sicherheitspolitisch und militärisch nötig ist, statt das, was politisch genehm ist." Der militärischen Führung in der Bundeswehr rät sie, Entwicklungen der jüngeren Vergangenheit sehr selbstkritisch zu reflektieren.

In seinem Beitrag „Zuversicht und Pragmatismus! Entwicklungen in der deutschen Gesellschaft und deren Bedeutung für Führung und Bildung in der Bundeswehr" diagnostiziert *Klaus Beckmann* einen „autoritären Megatrend" mit einer parallel dazu verlaufenden „mentalen Rezession" freier Gesellschaften. Das Vertrauen in die Demokratie habe gelitten, während der Staat nicht mehr auf die Bindekraft sinnstiftender Großerzählungen beispielsweise der Kirchen vertrauen könne. Der Freiheitsgedanke als sinnstiftendes Gegennarrativ zum Rechts- und Linkspopulismus und zum islamischen Fundamentalismus sei für viele nicht mehr überzeugend. In diesem Zusammenhang übt der Autor detailliert Kritik an der Programmatik der Partei Alternative für Deutschland (AfD).

Aus dieser Gesellschaftsanalyse erwachsen zahlreiche Herausforderungen für die Bundeswehr. Populistische Parteien umwerben gezielt junge Männer und sprechen Soldaten explizit an. Dass junge Menschen für die populistische Meinungsmanipulation insgesamt noch wenig empfänglich sind, solle die Bundeswehr als Chance und Verpflichtung sehen. Der Autor fordert, mehr Wert auf die Persönlichkeitsbildung der Soldatinnen und Soldaten zu legen. Er empfiehlt, von rechtsextremistischen Umtrieben nicht nur durch historische Bildung abzuschrecken, sondern stärker positiv für demokratische Ziele und Zwecke zu werben. Initiativen in der Stiftung und Pflege von Tradition sollten nicht aus politischer Korrektheit vorschnell abgewürgt werden. Vorgesetzte müssten ihre Soldatinnen und Soldaten effektiv fördern, indem sie ihnen positive Sinnangebote unterbreiten, sie im Dienstalltag beteiligen und ihnen dabei helfen, komplexe Probleme zu analysieren, in ihren Kontexten zu verstehen und differenzierte Lösungen zu suchen.

In seinem Beitrag „Analyse und Bilanzierung des Afghanistaneinsatzes der Bundeswehr – Folgerungen für kriegstüchtige Streitkräfte" stellt *André Uzulis* zunächst die wesentlichen Erkenntnisse der Enquete-Kommission und des Untersuchungsausschusses des Deutschen Bundestages dar. Deren Abschlussberichte seien kaum auf öffentliche Resonanz gestoßen. Unmittelbar nach der Evakuierungsoperation in Kabul im Sommer 2021 hätten Politik und Öffentlichkeit dieses leidige, unschöne Thema verdrängt, was angesichts der Naivität der sicherheitspolitischen Zielsetzungen, der Schönfärberei in der Kommunikation darüber, der geringen Akzeptanz in der deutschen Bevölkerung und der unzureichenden Ausstattung der Bundeswehr nicht verwunderlich gewesen sei.

Politisch sei der Einsatz vergebens gewesen, so urteilt André Uzulis. Seine Bewertung untermauert er mit Daten über die geopolitische, wirtschaftliche und soziale Entwicklung Afghanistans seit der Machtübernahme durch die Taliban. Auch für die Bundeswehr zeitigte der Afghanistaneinsatz aufgrund der Aussetzung der Wehrpflicht seit 2011 und der zunehmenden Entfremdung der Gesellschaft von den deutschen Streitkräften als Einsatzarmee negative Folgen. Allerdings habe die Bundeswehr neue Formen einer auch in Politik und Gesellschaft anerkannten Veteranen- und Gedenkkultur entwickelt. Für die Truppe sei der Einsatz keinesfalls vergebens gewesen. Deutsche Soldaten hätten bewiesen, dass sie kämpfen können, wenn sie kämpfen müssen. Die traditionellen soldatischen Werte und Tugenden haben sich, so der Autor, genauso bewährt wie das Führungsprinzip der Auftragstaktik. Es komme darauf an, diese als komparativen Vorteil gegenüber Russland herauszustellen.

Dirk Freudenberg setzt sich in seinem Beitrag „Die Pflicht zum Kompetenzerwerb unter besonderer Berücksichtigung der Gesamtverteidigung" mit der weit verbreiteten Meinung auseinander, Politikerinnen und Politiker müssten für ihr Amt qualifiziert und auch fachlich in der Lage sein, zweckmäßige Entscheidungen zu treffen. Sie dürften also nicht wie Blinde von der Farbe sprechen. Fachliche Qualifikationen erscheinen insbesondere für Entscheidungsträger in der Zivilen Verteidigung unabdingbar, geht es hierbei doch darum, in Situationen von Unsicherheit und Ungewissheit Entschlüsse zu fassen und diese auch zu verantworten. Der Autor führt u.a. den militärischen Bereich an, der für die Qualifizierung seiner Führungskräfte eine ausgeprägte Ausbildungs- und Bildungslandschaft aufgebaut hat.

Auch wenn Dirk Freudenberg die Zivile Verteidigung als Verfassungsauftrag aus dem Grundgesetz ableitet, so muss er feststellen, dass es für Politikerinnen und Politiker zwar eine grundsätzliche, aus der Staatsführung abgeleitete Verpflichtung zur fachlichen Qualifizierung gibt, dass dieser jedoch das Demokratieprinzip und die Freiheit ihres Mandats entgegenstehe. Im Unterschied dazu seien für die beamteten Funktionsträger auf Bundes-, Länder- und kommunaler Ebene Aus- und Weiterbildungen in der Zivilen Verteidigung anzubieten, die diese auch annehmen müssten.

Den Beitrag von Dirk Freudenberg können Soldatinnen und Soldaten als Appell lesen, ihre aus dem Verfassungsauftrag zur Verteidigung abgeleiteten Kompetenzen auch nach dem Besuch von Laufbahn- und Fachlehrgängen stets zu optimieren. Dies ist einer der Grundgedanken der Inneren Führung, wonach fachliche Qualifizierung genauso wie die Persönlichkeitsbildung in der Selbstverantwortung des mündigen Staatsbürgers in Uniform liegt. In Zeiten radikaler sicherheitspolitischer Umbrüche und disruptiver Technologien in der Kriegführung ist diese Bereitschaft zur Selbstbildung ein wesentlicher Faktor von Kampfkraft und damit unverzichtbar für kriegstüchtige Streitkräfte.

Im Abschnitt mit soziologischen und psychologischen Themen stehen empirische Untersuchungen und Befragungen von Bürgerinnen und Bürgern sowie von Soldatinnen und Soldaten, aber auch von Veteraninnen und Veteranen als Grundlage für gute Führung im Vordergrund.

Einsatzmotivation und Kampfmoral sind wesentlich für die soldatische Leistungsfähigkeit, wie *Heiko Biehl* in seinem Beitrag „Einsatzmotivation und Kampfmoral in der Zeitenwende. Militärsoziologische Einsichten für die sicherheitspolitischen und militärischen Herausforderungen unserer Zeit" aufzeigt. Die umfangreiche und differenzierte Forschung habe vier Faktoren und Rahmenbedingungen des soldatischen Dienstes als maßgeblich identifiziert: den kameradschaftlichen Zusammenhalt, die Überzeugung von der Richtigkeit des eigenen Tuns, die gemeinsame Ausrichtung auf die militärische Aufgabe mit dem Selbstvertrauen, diese bewältigen zu können, sowie das Auffangen der Belastungen aufgrund der Trennung von der Familie. Dabei räumt der Autor mit in den Streitkräften verbreiteten, von der Forschung jedoch widerlegten Vorstellungen auf: Auch zusammengewürfelte, sozial und kulturell heterogene Gruppen könnten rasch zu kleinen Kampfgemeinschaften zusammengeschweißt werden. Voraussetzung ist, dass sie die Überzeugung teilen, für die richtige Sache zu kämpfen, gemeinsame Herausforderungen bewältigen können und die Führung ihnen soldatische Werte und militärische Standards vermittelt.

Heiko Biehl zeigt auf, welche Schlussfolgerungen für die spezifischen, sich von den bisherigen Auslandseinsätzen unterscheidenden Anforderungen der Bündnisverteidigung zu ziehen sind. Sinn und Zweck der Abschreckung sollten über den bereits bestehenden Alarmismus hinaus sowohl in die Truppe als auch in die breite Bevölkerung kommuniziert werden. Enormen Anpassungsbedarf sieht der Autor bei der Familienbetreuung für Verbände, die zum Schutz an der NATO-Ostflanke stationiert werden.

Am Ende seines Beitrages betont Heiko Biehl, wie wichtig auch das militärische Können für die Einsatzmotivation ist. Soldatinnen und Soldaten seien motivierter, wenn sie adäquat ausgebildet und ausreichend ausgerüstet sind und sich gut geführt wissen.

In seinem Beitrag „Erkenntnisse der Umfrageforschung: Schluss mit den falschen Glaubenssätzen über das Verhältnis der Deutschen zum Militär" stellt *Timo Graf* verbreitete Narrative über die sicherheitspolitischen Einstellungen der deutschen Bevölkerung auf den Prüfstand. Tradierte negative Glaubenssätze wie beispielsweise „Die Deutschen haben ein schwieriges Verhältnis zur Bundeswehr" oder „Die Deutschen sind nicht wehrbereit" konfrontiert er mit den seit Jahrzehnten erhobenen empirischen Daten zum sicherheitspolitischen Meinungsbild. Weder sei die ablehnende Haltung gegenüber der Bundeswehr empirisch belegbar noch fehle es an einer persönlichen Verteidigungsbereitschaft in der männlichen deutschen Bevölkerung. Bereits vor dem Ukraine-Krieg seien die Deutschen keine Pazifisten gewesen. Als außen- und sicherheitspolitische Realisten und Pragmatiker blieben sie vielmehr offen für den Einsatz militärischer Gewalt als „äußerstem Mittel". Die öffentliche Kritik an dem Einsatz in Afghanistan sei nicht auf mangelndes Interesse an den deutschen Soldatinnen und Soldaten zurückzuführen, sondern auf die wahrgenommene Erfolgslosigkeit dieses Einsatzes.

Die Folgerungen, die Timo Graf aus dem Unterschied zwischen Glaubenssätzen und empirisch ermitteltem Meinungsbild zieht, sind entscheidend für die künftige Gestaltung der zivil-militärischen Beziehungen und damit auch für eine effektive und nachhaltige Gesamtverteidigung Deutschlands. Mehr denn je müssten die insgesamt „guten Zahlen" zur öffentlichen Meinung über die Bundeswehr in Politik, Gesellschaft und Medien sowie auch in die Bundeswehr kommuniziert werden. Der Autor unterbreitet dafür zahlreiche Vorschläge, wie beispielsweise eine wissenschaftliche Politikberatung, die Entwicklung von Leitlinien für die strategische Kommunikation des BMVg oder die politische Bildung in der Truppe. Dringlichkeit sei geboten; denn die negativen Glaubenssätze führten zu einer Politik der „Selbstabschreckung" und schwächten die Motivation der Soldatinnen und Soldaten, wovon letztlich nur die Feinde unserer freiheitlichen demokratischen Lebensordnungen profitierten.

Gregor Richter befasst sich in seinem Beitrag „Von der Freiwilligenarmee zurück zur Wehrpflicht? Was man aus der Jugendforschung lernen kann" mit Fragen der Personalgewinnung für die Bundeswehr. Auf der Grundlage von Untersuchungsergebnissen einer 2023 durchgeführten repräsentativen Umfrage unter jungen Personen zur Attraktivität der Bundeswehr als Arbeitgeber argumentiert er, dass die Einführung einer Allgemeinen Wehrpflicht nicht erforderlich sei. Die personalpolitischen Potenziale der Freiwilligenarmee seien längst nicht ausgeschöpft. Fast jeder Zweite im Altersband von 16 bis 25 Jahren sei für die Bundeswehr grundsätzlich ansprechbar. Unterschiede zwischen jungen Personen in West- oder Ostdeutschland bestünden dabei nicht. Da sich junge Personen vor allem durch Praktika, Job- und Berufsmessen sowie Tage der offenen Tür hinsichtlich ihrer Berufswahl orientieren, hätten zielgruppenadäquate Informationen über den Arbeitgeber Bundeswehr beispielsweise im Rahmen eines „Tages bei der Bundeswehr als Teil der Kontaktwehrpflicht" erwartbar positive Effekte. Eine flächendeckende Reaktivierung der Wehrpflicht bzw. die Einführung einer allgemeinen Dienstpflicht für alle Geschlechter träfe bei der jungen Zielgruppe eher auf verhaltene Unterstützung. Sie helfe zudem nicht, kurzfristig eine tragfähige Lösung für das dringliche Personalproblem der Bundeswehr zu finden.

Die Erkenntnisse der Jugendforschung zeigten, wie die Truppe selbst einen Beitrag zur Rekrutierung einer kriegstüchtigen Bundeswehr leisten kann. Praktika, Tage der Offenen Tür oder Kontakt-Tage werden die Bewerbungsabsicht junger Menschen positiv beeinflussen, wenn die Führungskräfte vor Ort diese nach Tat und Kraft unterstützten und ihre Möglichkeiten in und außer Dienst nutzten, Aufmerksamkeit bei der Zielgruppe zu erzeugen.

In seinem Beitrag „Die Organisationskultur der Bundeswehr und der Wandel von Wissens-, Lern- und Führungsprozessen im Zuge der Digitalisierung" stellt *Martin Elbe* wesentliche Erkenntnisse von Befragungen über die Digitalkultur in der Bundeswehr vor. Die Digitalisierung im Grundbetrieb habe zu einem erheblichen Veränderungsdruck geführt – sowohl für das digitale Mindset des Einzelnen als auch für das digitale Umfeld in der Organisation Bundeswehr. Die Folge sei ein massenhaftes, schnelles, nachhaltiges und in den Prozess der Arbeit integriertes Lernen.

Die durch die Nutzung digitaler Technologie mögliche räumliche und zeitliche Trennung von Arbeit und Lernen stellten, so der Autor, vor allem Vorgesetzte vor neue Herausforderungen. Ihre Mitarbeiter erwarten von ihnen die Gestaltung eines Klimas mit Freiräumen für das selbständige Arbeiten und selbstorganisierte Lernen. Vorgesetzte sollten noch mehr als bisher durch ihre Vorbildfunktion führen. Sie müssten Digitalisierung und flexibles Arbeiten einerseits fördern und andererseits auch selbst nutzen, um glaubhaft zu sein.

Deutlich wird an Martin Elbes Beitrag, wie sehr die Werte und Tugenden, welche die Auftragstaktik der Bundeswehr auszeichnen, auch das digitale und lernkulturelle Mindset der Angehörigen der Bundeswehr bestimmen. In Anlehnung an die „Leere des Gefechtsfeldes" führen Telearbeit und mobiles Arbeiten heute zu einer „Leere der Dienststelle". Initiativbereitschaft, Selbständigkeit, Entschlossenheit und Selbstdisziplin werden durch die Digitalisierung gefordert und gefördert. Die Forschung von Martin Elbe zeigt, dass Vorgesetzte darauf vertrauen dürfen, dass ihre Mitarbeitenden die damit gegebenen Handlungsfreiheiten im Sinne des Auftrags nutzen. Auf diese Weise leisten sie einen Beitrag nicht nur zur „digitalen Kriegstüchtigkeit", sondern zur Kriegstüchtigkeit schlechthin.

Markus Steinbrecher, Heiko Biehl und Nina Leonhard liefern in ihrem Beitrag „Politischer Extremismus in der Bundeswehr" eine umfassende „Analyse der Ergebnisse der Berichte der Koordinierungsstelle für Extremismusverdachtsfälle (KfE) 2019 bis 2023". Diese Berichte seien die zuverlässigste Quelle zur Häufigkeit und Verteilung des politischen Extremismus in der Bundeswehr. Der Verdacht, dass es eine hohe Dunkelziffer gebe, weil extremistische Vorkommnisse aus falsch verstandenem Korpsgeist überhaupt nicht gemeldet und dementsprechend auch nicht in den Berichten auftauchen würden, unterstützten die Daten nicht; eher sei anzunehmen, dass die Angehörigen der Bundeswehr, die Vorfälle meldeten, lieber auf „Nummer sicher" gehen wollten.

Die Erkenntnisse aus der Datenanalyse sind insbesondere für Vorgesetzte in der Truppe wichtig. Rechtsextremismus sei die mit Abstand relevanteste Form des politischen Extremismus in den Streitkräften. Hinsichtlich des Altersbandes, der Zugehörigkeit zur Teilstreitkraft bzw. dem Organisationsbereich sowie zu Dienstverhältnis und Stand- bzw. Wohnort zeigten sich bei Verdachtsfällen deutliche und über Jahre hinweg konsistente Muster. Die Autorin und die Autoren zeigen auf, wo Vorgesetzte ein größeres Augenmerk bei ihrer Dienstaufsicht und den Maßnahmen zur Politischen Bildung legen sollten. Sie weisen auch auf das grundsätzliche Dilemma hin, dass eine Vorgabe, alles zu melden, die für die Kriegstüchtigkeit wichtige Kohäsion der Truppe untergraben würde. Die Truppe selbst müsste Verfahren entwickeln, wie sie bis zu einem rechtlich definierten Rahmen Fehlverhalten intern regelt, um Vertrauen und kameradschaftlichen Zusammenhalt zu stärken.

Reinhold Janke und *Jörn Ungerer* stellen mit dem Beitrag „Task Force Wachbataillon beim BMVg. Innere Führung und Psychologischer Dienst gestalten einen Veränderungsprozess" ein aktuelles Beispiel vor, wie die Innere Führung in Kooperation mit einer wissenschaftlichen Disziplin erfolgreich wirken kann. 2023/24 wurde durch eine eigene Task Force das Wachbataillon beim BMVg bei der Konsolidierung seines Inneren Gefüges und der Stärkung seines Rollen- und Selbstverständnisses unterstützt. Auf empirischer und wissenschaftlicher Grundlage entwickelten Experten der Inneren Führung und des Psychologischen Dienstes der Bundeswehr Lösungswege und wirkungsvolle Formate, um das Wachbataillon aus einer akuten Krisenlage zu führen, fachlich zu begleiten und präventiv auszurichten.

Die dabei gewonnenen Erkenntnisse und Empfehlungen sind hilfreich, um künftig auch andere Betroffene in vergleichbarer Lage mit diesem eigens konzipierten modularen Kriseninterventionsmodell zu beraten und zu unterstützen. Deutlich wurde dabei auch, dass es keine systemfremden Berater braucht, wenn die in der Bundeswehr vorhandene Expertise synergetisch koordiniert und konsequent ausgeschöpft wird. Gleichwohl benötigen Veränderungsprojekte insbesondere bei mentalem Veränderungsbedarf neben ausreichender Zeit eine wissenschaftsbasierte Begleitung wie sie der Psychologische Dienst der Bundeswehr gemeinsam mit der Inneren Führung zu leisten vermag und damit einen erkennbaren Mehrwert erzeugt.

Marcel Bohnert rekonstruiert in seinem Beitrag „Die Entwicklung einer nationalen Veteranenkultur und deren Bedeutung für die Truppe", wie Vereine, Organisationen, Projekte und Zusammenschlüsse der Veteranenbewegung es gegen Widerstände geschafft haben, Wertschätzung und Anerkennung sowie Unterstützung für ihre Interessen zu finden. Bisheriger Höhepunkt sei der Beschluss des Deutschen Bundestages gewesen, ab 2025 einen Veteranentag um den 15. Juni herum durchzuführen.

Anhand empirischer Befunde zeigt Marcel Bohnert auf, wie groß die Unterstützung der Anliegen der Veteranen in der Bevölkerung ist. Er appelliert an die Politik, sich weiterhin für die Veteranen zu engagieren und insbesondere dem Veteranentag zu einem Erfolg zu verhelfen. Auch Unternehmen,

Gewerkschaften, Kirchen, Bildungseinrichtungen sowie Sportvereine seien aufgefordert, sich aktiv an der Ausgestaltung des Veteranentages zu beteiligen.

Großen Nachholbedarf sieht der Autor beim BMVg und bei der Bundeswehr. Künftig sollten die Veteranen auch im Traditionserlass Erwähnung finden. Vorgesetzte in der Truppe müssten helfen, Berührungsängste zwischen aktiven Soldaten und der Veteranenbewegung zu verringern und Brücken zwischen den Soldatengenerationen zu bauen. Dazu könnten beispielsweise Zeremonien zur Verleihung des Veteranenabzeichens oder gemeinsame Veranstaltungen zur historischen Bildung sowie zur Stiftung und Pflege von Tradition dienen.

Im Kapitel Technologie und Nachhaltigkeit zeigen drei Beiträge die daraus resultierenden Folgerungen für militärische Führungskräfte auf.

Dierk Spreen fragt in seinem Beitrag „Führung mit künstlicher Intelligenz und Verantwortung" nach den Herausforderungen, die die Nutzung künstlich intelligenter Automation für Führungskräfte im Militär mit sich bringt. Da Maschinen über kein Bewusstsein verfügten, nicht verstünden, was sie tun und auf der Grundlage von Wahrscheinlichkeitsrechnungen operierten, sei ihr Einsatz immer mit einer „Risikolast" verbunden. Damit stelle sich die Frage, wer Verantwortung für Schadensfälle übernimmt. Beim Einsatz von automatisierten Waffensystemen dürfe die Frage nach der Verantwortlichkeit, d.h. einer Rechenschaft für Fehler, nicht aufgehoben werden.

Das Militär müsse daher Rahmenbedingungen schaffen, die eine klare Zurechnung von Verantwortlichkeit ermöglichen und dem Führungspersonal die Übernahme von Verantwortung guten Gewissens erlauben. Anders als beispielsweise bei einem automatisch erstellten Rentenbescheid ginge es hier auch um Tod und Verwundung als Ergebnis künstlich intelligenter Automation. Zudem müsse in der Gesellschaft ein Konsens über die akzeptable Risikolast hergestellt werden. Vertrauen in die Technik, Selbstvertrauen bei deren Anwendung und eingeübte moralische Routinen seien wichtige Aufgaben für Führung, Ausbildung und Bildung.

Fabio Nilgen Alvarez untersucht in seinem Beitrag „Cognitive Warfare – Führung an der unsichtbaren Front" ein nichtkinetisches Phänomen der Konfliktaustragung. Unter Begriffen wie Weltanschauungskampf und Propaganda war es zwar längst bekannt. Doch mit den Möglichkeiten der modernen Massenmedien und digitalen Dimensionserweiterung hat sich Cognitive Warfare zu einem Instrument entwickelt, das die Grenzen zwischen Krise und Krieg, Innen- und Außenpolitik, Physis und Psyche auflöst. Was der Autor als Bedrohungsszenario vornehmlich autoritären Systemen zuordnet, wurde jedoch bereits 2020 in dem

Dokument ‚NATO's Sixth Domain of Operations' als neurowissenschaftliches Waffensystem der eigenen psychologischen Kriegführung postuliert.

Wie bei der elektronischen Kampfführung muss eine erfolgreiche kognitive Kriegführung sowohl mit eigenen Schutz- als auch mit Gegenmaßnahmen wirken. Da ‚soziale Medien' Einfallstore für Desinformation und Desintegration sind, müssen Bundeswehrangehörige bei ihrer Persönlichkeitsbildung auch eine digitale Kompetenz entwickeln, die sie gegen Angriffe auf Geist und Seele wirkungsvoll immunisiert. Das militärische Führungspersonal muss hierfür eine Vorbildfunktion entwickeln, die Grundsätze der Inneren Führung vorleben und bereits im Frieden eine Atmosphäre schaffen, die Authentizität, Reflexivität, Urteilsfähigkeit, kritischen Informationskonsum und einen verantwortungsvollen Umgang mit digitalen Medien zur objektiven eigenen Meinungsbildung fordert und fördert.

Nachhaltigkeit als generationsübergreifendes Handlungsprinzip zielt vor allem auf Ressourcenverantwortung, Regenerationsfähigkeit, Effizienz und Verteilungsgerechtigkeit. Der vielschichtige Begriff wurde von Hans Carl von Carlowitz (1645-1714) erstmals als forstwirtschaftliche Maxime eingeführt. *Nora Juliane Lucia Bach-Sliwinski* und *Peter Tauber* begründen in ihrem Beitrag „Warum kriegstüchtige Streitkräfte nachhaltig sind" diesen Wirkungszusammenhang für die Bundeswehr an konkreten Fallbeispielen und verweisen dabei auch auf vorhandene Zielkonflikte. Kriegstüchtige Streitkräfte müssen einer komplexeren Verantwortungslogik folgen als sie ein naiver Nachhaltigkeitsdiskurs vorzugeben meint. Wenn Frieden und Sicherheit als übergeordnete Nachhaltigkeitsziele definiert werden, ist die Forderung nach emissionsneutralen Gefechtsfahrzeugen nachrangig. Denn erst eine stabile Sicherheitslage schafft den Rahmen für eine globale Nachhaltigkeitspolitik. Gleichwohl ist auch die Bundeswehr grundsätzlich der ‚Deutschen Nachhaltigkeitsstrategie' verpflichtet. Der wesentliche Nachhaltigkeitsbeitrag der Bundeswehr besteht in der von ihr geforderten Kriegstüchtigkeit, die mit Aufwuchs- und Durchhaltefähigkeit, Resilienz und Ressourcensicherheit auch mittels nachhaltiger Versorgung mit den notwendigen Rüstungsgütern verbunden ist. Ein von einem realistischen Kriegsbild abgeleitetes Fähigkeitsprofil verschafft der politischen Führung ein glaubwürdiges Abschreckungspotenzial. Als entscheidende Aspekte für die Nachhaltigkeit kriegstüchtiger Streitkräfte zählen insbesondere Informationsüberlegenheit, personelle, materielle und infrastrukturelle Durchhaltefähigkeit, funktionale Standards und Organisationsstrukturen, Entbürokratisierung, Ausbildungsqualität mit entsprechendem Mindset, eine systemische Gesamtresilienz als Ergänzung zur Landes- und Bündnisverteidigung, Nachhaltigkeits- und Ressourcenverantwortung im Führungsprozess, Ressourcenautonomie und Nutzung der Expertise aus den Kompetenzzentren der Bundeswehr zur Erhöhung der mentalen und konzeptionellen Kriegstüchtigkeit.

Daran anschließend stellen die Herausgeber des Jahrbuchs Innere Führung zwei Themen zur Diskussion. In ihrem gemeinsamen Beitrag „Klartext fürs Betriebssystem. Die Organisationskultur der Bundeswehr braucht wissenschaftliche Erdung!" stellen *Peter Buchner* und *Timo Feilen* die Frage, ob die Innere Führung durch einen anderen Zugang mithilfe einer neuen sozialwissenschaftlichen Begrifflichkeit ein besseres Verständnis erreichen kann. Die Unterstellung eines „wahren Wortbreis" (Stephan Knoll) und die Frage nach der Einsatzbewährung (Marcel Bohnert) haben die Kritik an der Inneren Führung vermehrt. Dies gibt Anlass, die historischen, terminologischen und insbesondere wissenschaftlichen Prämissen, Grundlagen, Methoden und Zielsetzungen der Konzeption und ihrer Umsetzung erneut auf den Prüfstand zu stellen.

Peter Buchner und Timo Feilen setzen bei ihrem vorliegenden Versuch, die Konzeption als „InFü revisited" zu „kurieren", auf noch ungenutzte wissenschaftliche Reflexionspotenziale, die sie in der neuen französischen Soziologie vorfinden. Implizite Gewissheiten sollen nunmehr hinterfragt und damit bewusst gemacht werden, um die soziale Wirklichkeit der Bundeswehr durch Reflexion und normative Begründung zu konstituieren. So soll ein handlungsorientierter Situationalismus gerade in unsicheren Lagen einen Rechtfertigungsbedarf erzeugen, der im diskursiven Austausch zu einer kollektiven Legitimation führt. Dieser Verständnisansatz hat gewiss Diskussionspotenzial. Er provoziert jedoch auch die Frage, ob der terminologische Mehraufwand der neuen französischen Soziologie tatsächlich einen verständnisfördernden Mehrwert generiert, oder nicht vielmehr zu weiterer begrifflicher Überfrachtung und Ablehnung beiträgt.

Nicolas Holz leistet in seinem Beitrag „Strategisch – Operativ – Taktisch. Zusammenspiel politischer und militärischer Ebenen zwischen Militärischem Ratschlag und Gefecht" begriffliche Kärrnerarbeit. Die möglichst friktionslose Zusammenarbeit der verschiedenen Verantwortungsbereiche und Führungsebenen setze ein einheitliches Begriffs-, Aufgaben- und Prozessverständnis voraus, worüber das Personal in der Bundeswehr derzeit nicht verfüge. Sowohl die Arbeit an der Dokumentenlandschaft als auch die Ausbildung des Führungspersonals seien daher zu verbessern.

Besonderen Wert legt der Autor auf das Verstehen von Zweck und Aufgaben der operativen Ebene. Ein einheitliches Verständnis sei für die Kriegstüchtigkeit von Streitkräften höchst relevant. Die operative Führungsebene habe die nicht triviale Aufgabe, vorgegebene politisch-strategische Ziele in militärische, für die taktische Ebene verständliche und vor allem umsetzbare Aufträge zu übersetzen. Bei den heutigen Planungen im Rahmen der Landes- und Bündnisverteidigung komme der operativen Ebene die Aufgabe zu, günstige Kräfteverhältnisse zwischen eigenen und gegnerischen Streitkräften zu schaffen, wozu beispielsweise die Aufmarschplanung gehöre. Zudem liefere sie wichtige Beiträge zum „militärischen Ratschlag", den der Generalinspekteur der Bundeswehr der Bundesregierung unterbreitet, wenn im Rahmen des Krisenmanagements der Einsatz militärischer Mittel eine Option ist.

Im letzten Kapitel dokumentiert das Jahrbuch Innere Führung 2024/25 eine Rede, die Peter Tauber an der Helmut-Schmidt-Universität/Universität der Bundeswehr Hamburg im März 2025 gehalten hat. Sie trägt den Titel „Der Krieg als Kunst, Handwerk oder Wissenschaft? Warum Offiziere in der Bundeswehr studieren sollten" und passt bestens zu unserem diesjährigen Leitthema.

Die Herausgeber des Jahrbuchs Innere Führung 2024/2025 danken allen Autorinnen und Autoren für ihre Beiträge und den Leserinnen und Lesern für ihr Interesse.

Berlin, Höhr-Grenzhausen, Hamburg im April 2025

II Historische und philosophische Themen

Lernen aus der Militärgeschichte: Traditionswürdige deutsche Führungsgrundsätze für eine kriegstüchtige Bundeswehr

Helmut R. Hammerich

Die applikatorische, auf die Anwendung von militärgeschichtlichen Forschungs-ergebnissen in der Gegenwart abzielende Methode wird von den meisten Histo-rikerinnen und Historikern abgelehnt[1]. Diese überlässt man lieber den Militärs und ihren Lessons-Learned-Ansätzen.[2]

Auf der Suche nach der verlorenen Kriegstüchtigkeit der Bundeswehr ist jedoch angesichts des beklagenswerten Zustandes der deutschen Streitkräfte nach über 30 Jahren Sparpolitik und der militärischen Bedrohung durch Russland jedes Mittel recht. Also sollte sich niemand scheuen, den Blick zurück auf bewährte deutsche Führungsgrundsätze zu werfen und danach zu fragen, inwieweit diese heute noch gültig sind und, viel wichtiger, heute auch noch angewendet werden[3]. Oder, wenn dies nicht zutrifft, alles zu tun, um diese wieder in die Ausbildung der militärischen Führerinnen und Führer aufzunehmen und in die militärische Praxis zurück zu holen[4].

---

[1] Sven Lange, „Der große Schritt vom Wissen zum Können" – Die „applikatorische Methode" in der amtlichen Kriegsgeschichtsschreibung des Kaiserreichs. In: Terra et Mars. Aspekte der Landes- und Militärgeschichte. Festschrift für Eckardt Opitz zum 65. Geburtstag, hrsg. von Michael Busch, Neumünster 2003, S. 218-239.

[2] Das Planungsamt der Bundeswehr wertet die Erfahrungen der Truppe nach NATO-Standards aus und betreibt das „Informationssystem Einsatzerfahrungen der Bundeswehr". Dazu auch Uwe Hartmann, Lernen von Afghanistan. Innovative Mittel und Wege für Auslandseinsätze, Berlin 2015 (=Reihe Standpunkte und Orientierungen, Bd. 3) und Jahrbuch Innere Führung 2023/24. Der Krieg in der Ukraine. Folgerungen für die Sicherheits- und Militärpolitik sowie für die Bundeswehr, hrsg. von Uwe Hartmann, Reinhold Janke und Claus von Rosen, Berlin 2024.

[3] Dies umso mehr, als dass gemäß dem neuen Traditionserlass auch Führungsgrundsätze/-kon-zepte als traditionswürdig erachtet werden. BMVg (Hrsg.), Die Tradition der Bundeswehr. Richt-linien zum Traditionsverständnis und zur Traditionspflege, Berlin 2018, hier Punkt 2.2.

[4] Hilfreich sind hier die Lehrgangsarbeiten der Nationalen Lehrgänge Generalstabs-/Admiral-stabsdienst der Führungsakademie der Bundeswehr. Zum Thema grundlegend: Klaus Raab, Von den Grundzügen der höheren Truppenführung 1910 zur TF 2000: Grundsätze der Truppenfüh-rung zwischen Beständigkeit und Wandel. Eine vergleichende Betrachtung zur Entwicklung deutscher Führungsgrundsätze im 20. Jahrhundert, Hamburg 2002.

In diesem Beitrag werden vier solcher Führungsgrundsätze der Landkriegsführung erläutert, die nicht als bindende Regeln verstanden werden sollen[5]:

1. Führen mit Auftrag
2. Führen von Vorne
3. Feuer und Bewegung
4. Reserven bilden und einsetzen

Diese Auswahl ließe sich naturgemäß erweitern, gerade aus dem Bereich der heute so wichtigen strategischen Lagebilderstellung (Command, Control, Communications, Computers, Intelligence, Surveillance, Reconnaissance, kurz C4ISR)[6], wo es um Überwachung, Aufklärung und Kommunikation geht. Oder Führungsgrundsätze für den Bereich der Kontrolle des Gefechtsfeldes, auch Anti-Access/Area Denial (A2AD), hier zum Beispiel Präzisionsschläge (Deep Precision Strikes) mit ballistischen Raketen, um feindliche Führungszentren und Logistikbasen auszuschalten[7]. Doch hier soll es um traditionswürdige taktische Führungsgrundsätze mit historischen Wurzeln gehen, die heute noch gültig sind[8].

1. Zum Führen mit Auftrag

Wenn ein Führungsprinzip auf deutsche Streitkräfte bezogen wird, dann ist es die Auftragstaktik. Diese muss nach Marco Sigg unter zwei Bedingungen betrachtet werden. Zum einen, vom Clausewitzschen und Moltkeschen Kriegsverständnis ausgehend, dass die allgegenwärtige Friktion kein automatisches und regelhaftes Agieren auf dem Schlachtfeld zulässt. Zum anderen, dass gerade deshalb die moralischen Größen wie Mut und Kühnheit sowie Entschluss- und Tatkraft bei allen Soldaten von entscheidender Bedeutung sind.[9] Sigg untersucht in

---

[5] Auf diesen Unterschied zwischen bindenden Regeln und Grundsätzen als Anhalt zum Handeln verwies schon die frühe Verordnung von Kaiser Wilhelm II., Grundzüge der höheren Truppenführung, Berlin 1910.

[6] Dazu das Magazin C4ISRNET (www.c4isrnet.com).

[7] Jyri Raitasalo, It is time to burst the western A2/AD bubble. In: Kungl Krigsvetenskapsakademien, 16.7.2017 (https://en.kkrava.se/it-is-time-to-burst-the-western-a2ad-bubble/).

[8] Zur Suche nach den „ewigen Prinzipien der Kriegführung" siehe Beatrice Heuser, Den Krieg denken. Die Entwicklung der Strategie seit der Antike, Paderborn/München/Wien/Zürich 2010, S. 61-135.

[9] Marco Sigg, Der Unterführer als Feldherr im Taschenformat. Theorie und Praxis der Auftragstaktik im deutschen Heer 1869 bis 1945, Paderborn 2014 (=Zeitalter der Weltkriege, Bd

seiner bahnbrechenden Studie neben der historischen Entwicklung auch die praktische Umsetzung der Auftragstaktik an drei Fallbeispielen der Wehrmacht an der Ostfront 1942/43. Seine Ergebnisse lassen aufhorchen, kam doch das Prinzip auf Divisionsebene eher selten zur Anwendung. Vielmehr waren für die erfolgreiche Gefechtsführung der Dialog der Vorgesetzten mit ihren Untergebenen sowie gute Nachrichtenverbindungen ausschlaggebend. Dadurch konnte eine straffe Führung durch mündliche und schriftliche Befehlsgebung gewährleistet werden. Die Kontrolle der Umsetzung der Befehle, die Lagebeurteilung durch den Divisionsstab und die rasche Entschlussfassung durch den Divisionskommandeur erfolgte in Frontnähe. Dadurch war ein Führen mit Auftrag oft nicht notwendig.[10] Größere Spielräume für das Führen mit Auftrag hatten wohl auf der taktischen Ebene die Regiments- und Bataillonskommandeure sowie die Kompaniechefs. Allerdings setzte das Element der Einheitlichkeit immer wieder Grenzen, in der Verteidigung sicherlich mehr als im Angriff. Insgesamt lässt sich daher eine Mischung der Führungsprinzipien feststellen, die auch vom Führungsstil des jeweiligen Kommandeurs und naturgemäß von den Umständen (Kriegslage, Personal, Material, usw.) abhing[11].

Nach Stephan Leistenschneider entwickelte sich die Auftragstaktik in der zweiten Hälfte des 19. Jahrhunderts in Preußen als Antwort auf das Ende der Treffentaktik[12]. Das moderne Gefecht der Kommandoeinheiten machte selbsttätige Unterführer erforderlich, die eigeninitiativ einen taktischen Zweck erreichen sollten. Der Autor sieht in der im Zuge der Roonschen Heeresreform erlassenen Allerhöchsten Kabinettsorder vom 16. Dezember 1858 den Beginn der systematischen Ausbildung der Soldaten zur Selbstständigkeit und Entwicklung ihrer Individualitäten.[13] Die jahrzehntelangen Widerstände der sogenannten „Normaltaktiker" gegen zu viel Entscheidungsfreiheit von Unterführern ab Kompaniechef aufwärts konnte schließlich erst durch die Auswertung des Russisch-Japanischen Krieges zu Beginn des 20. Jahrhunderts endgültig gebrochen werden. Ein wichtiger Meilenstein war das Exerzierreglement für die Infanterie, welches

---

12), hier S. 457-464. Dazu auch Angelesen: Das Audio-Buchjournal des ZMSBw, bearbeitet von Christoph Kuhl, 30.05.2023. www.zmsbw.de

[10] Siehe dazu auch den Beitrag Auftragstaktik von Marco Sigg in diesem Jahrbuch.

[11] Franz Uhle-Wettler, Auftragstaktik. In: Mars. Jahrbuch für Wehrpolitik und Militärwesen, hrsg. von Dermot Bradley und Wolfram Zeller, Jg. 1/1995, S. 422-437.

[12] Stephan Leistenschneider, Auftragstaktik im preußisch-deutschen Heer 1871 bis 1914, Hamburg 2002. Diese grundlegende Studie basiert auf seiner Diplomarbeit an der Universität der Bundeswehr München aus dem Jahre 1992.

[13] Ebda., S. 41.

Kaiser Wilhelm II. im Jahre 1888 erließ. Darin wurden den Kompaniechefs und Zugführern erstmals Aufgaben als eigenständiger Führer im Gefecht übertragen. Auch das Denken und Handeln im Sinne der übergeordneten Führung wird explizit angesprochen.[14]

Die Wurzeln gehen jedoch bereits auf die preußischen Heeresreformer zurück, wobei zahlreiche Beispiele aus früheren Epochen, wie die Erfolge des Reitergenerals Friedrich Wilhelm von Seydlitz-Kurzbach unter Friedrich II. von Preußen im Siebenjährigen Krieg, zeigen, dass im Einzelfall – oder besser im Ausnahmefall – ein Führen mit Auftrag möglich war. Dieser hatte in der Schlacht von Zorndorf 1758 den Befehl des Königs verweigert, seine Reiter zu früh im Zentrum einzusetzen. Erst seine konzentrierte Attacke des rechten Flügels des Feindes brachte den Sieg. Bereits in der Schlacht bei Roßbach ein Jahr vorher war das selbständige Handeln des Reitergenerals im Sinne des preußischen Königs schlachtentscheidend gewesen[15]. Diese Selbständigkeit wurde vor allem dann von den Feldherren nachträglich gutgeheißen, wenn sie zum Erfolg führte. Interessant wäre hier eine historische Studie zu den eher unbekannten Fällen, die erfolglos blieben. Ein Beispiel sind die zu selbständigen Brigadekommandeure unter Feldzeugmeister Ludwig Ritter von Benedek während der Schlacht von Königgrätz 1866, die nicht im Sinne der übergeordneten Führung agierten und damit wesentlich zur Niederlage der Österreicher gegen die Preußen beitrugen[16].

Für die Bundeswehr im Kalten Krieg, für die Einsatzarmee Bundeswehr und für die heutigen deutschen Streitkräfte galt und gilt die Auftragstaktik allgemein, aber besonders fürs Heer als „oberstes Führungsprinzip"[17]. Allerdings wurde das Führen mit Auftrag immer wieder durch Überbürokratisierung und durch Absicherungsdenken der Vorgesetzten, durch Verantwortungsdiffusion und Miss-

---

[14] Christian E. O. Millotat, Auftragstaktik. Das oberste Führungsprinzip im Heer der Bundeswehr. Ihre Entwicklung und Darstellung in deutschen militärischen Führungsgrundlagen (Vortragsmanuskript), Ulm 2001.

[15] Klaus Christian Richter, Friedrich Wilhelm von Seydlitz, ein preußischer Reitergeneral und seine Zeit, Osnabrück 1996. Zu den Schlachten Frank Bauer, Die Schlacht bei Zorndorf 25. August 1758. Geschichte und Gemälde, Potsdam 2005 und Thomas Nicklas, Die Schlacht bei Roßbach 1757 zwischen Wahrnehmung und Deutung. In: Forschungen zur Brandenburgischen und Preußischen Geschichte, 12. Jahrgang (2002), Heft 1, S. 35-51.

[16] Bis heute grundlegend Gordon A. Craig, Königgrätz, Wien/Hamburg 1966. Neuinterpretiert von Thorsten Loch und Lars Zacharias, Betrachtungen zur Operationsgeschichte einer Schlacht. In: ÖMZ 4 (2011), S. 436-444.

[17] BMVg, Führungsstab des Heeres (Hrsg.), Heeresdienstvorschrift 100/100 Truppenführung, Berlin 1998, Nr. 302 sowie in der derzeit gültigen Truppenführung von 2022, hier Nr. 4001-4011.

trauen gegenüber den Untergebenen auf eine harte Probe gestellt. Auch der militärische Einsatz von KI oder die digitalen Gefechtsleitsysteme wirken sich auf dieses Führungsprinzip aus und können die Selbständigkeit des taktischen Führers einschränken. Befürworter sehen hingegen die Freiräume bzw. größeren Handlungsspielräume, die sich durch deren Nutzung ergeben. Erfahrungsberichte aus dem Afghanistaneinsatz zeigen, dass die Auftragstaktik, dort wo sie Anwendung fand, sich als fester Bestandteil der Inneren Führung bewährt hat.[18] Trotz der genannten Probleme bei der praktischen Anwendung der Auftragstaktik bleibt festzuhalten, dass das Führen mit Auftrag im Gegensatz zu vielen anderen Armeen in deutschen Streitkräften seit dem 19. Jahrhundert ein anerkanntes Prinzip ist, ausgebildet wird und in vielen Bereichen Anwendung findet. In der Bundeswehr gilt der Grundsatz, dass jeder Soldat, egal welchen Dienstgrad er hat, im Sinne der übergeordneten Führung mitdenkt und bei Bedarf deren Absicht selbständig umsetzen kann[19]. Dies entspricht auch den Grundsätzen der Inneren Führung, wonach der Soldat ein freier Mensch, ein guter Staatsbürger und ein vollwertiger Soldat sein soll. Dies führt im besten Falle zu einem kameradschaftlichen Umgang zwischen den Dienstgradgruppen, zu einem besonderen Teamgeist oder zur kleinen Kampfgemeinschaft. Die seit Jahrhunderten nachweisbare hohe Leistungsfähigkeit deutscher Unteroffiziers- und Mannschaftsdienstgrade ist auch Ausdruck dieses Führens mit Auftrag.[20]

2. Zum Führen von Vorne

Ein nicht weniger traditionswürdiges Führungsprinzip in deutschen Streitkräften ist das in der Militärgeschichte vielleicht älteste, das Führen von Vorne. Bis ins 17. Jahrhundert war es unvermeidbar, dass der militärische Führer aktiv an den Kämpfen teilnahm und durch sein Vorbild seine Soldaten motivierte und zum Erfolg führte. In der Antike hatten Heerführer wie Alexander oder Julius Caesar

---

[18] Zusammenfassend bei Peter Klaus Bomhardt, Innere Führung und Führung im Einsatz am Beispiel des ISAF-Einsatzes. In: Einsatz ohne Krieg? Die Bundeswehr nach 1990 zwischen politischem Auftrag und militärischer Wirklichkeit, hrsg. von Jochen Maurer und Martin Rink, Göttingen 2021 (=Bundeswehr im Einsatz, Bd. 1), S. 367-378. Allgemein Dirk Freudenberg, Auftragstaktik und Innere Führung, Berlin (=Reihe Standpunkte und Orientierungen, Bd. 2).

[19] Dazu auch Hans-Christian Witthauer und Thomas Saller, Führung und das 3 Alpha-Prinzip. Militärisches Handwerkszeug für den zivilen Führungsalltag, Berlin 2. erg. Aufl. 2025 (=Reihe Standpunkte und Orientierungen, Bd. 16).

[20] Zu den Leistungen der Bundeswehr im Gefecht siehe z. B. Die Bundeswehr im Auslandseinsatz: Erfahrungen, Bilanzen, Ausblicke, hrsg. von Rainer L. Glatz und Rolf Tophoven, Bonn 2015 (Bundeszentrale für politische Bildung, Schriftenreihe Band 1584).

Heldenstatus, weil ihr persönliches Beispiel den Ausgang von Schlachten erwirkte.[21]

Durch die zunehmende Komplexität der Gefechte und der unterschiedlich ausgerüsteten und kämpfenden Verbände wurden spätestens im 17. Jahrhundert militärische Stäbe zur Koordinierung und einheitlichen Führung auf der operativen, später auch auf der taktischen Ebene, notwendig[22]. Der militärische Führer führte mit Befehlen, die Melder an die unterstellten Einheiten weitergaben. Im Ersten Weltkrieg verlangte die deutsche Stoßtrupptaktik, die aufgrund der fürchterlichen Wirkung der Artillerie und des Maschinengewehrs entwickelt wurde, nach selbständig handelnden Unterführern, die mit Beispiel vorangingen[23]. Nach dem Ersten Weltkrieg kam dann das Führen von Vorne vor allem bei den schnellen Truppen wieder in Mode, um im Gefecht rasch auf taktische Lageänderungen reagieren zu können und die Truppe mitzureißen[24]. Das Führen von Vorne verlangt dem militärischen Führer viel ab. Mut, Tapferkeit, Entschlussfreudigkeit, Durchsetzungsfähigkeit sind charakterliche Eigenschaften, die dazu notwendig sind. Diese werden in der Vorschrift Innere Führung aufgezählt und im Kapitel 5 (Verhaltensnormen und Führungskultur) und im Unterkapitel 6.2.1 (Menschenführung) näher erläutert.[25] Im Zweiten Weltkrieg finden sich zahlreiche Beispiele auf beiden Seiten, wo das persönliche Vorbild des Vorgesetzten zum Erfolg führte. Bei den Generalen seien George C. Patton, Bernard Montgomery, Heinz Guderian oder Hasso von Manteuffel genannt. Bis heute wird Erwin Rommel als das Paradebeispiel angeführt, dessen „Gespensterdivision", die 7. Panzerdivision während des Frankreichfeldzuges 1940,

---

[21] Raimund Schulz, Feldherren, Krieger und Strategen. Krieg in der Antike von Achill bis Attila, Stuttgart 3. Aufl. 2018.

[22] Geoffrey Parker, The Military Revolution: Military Innovation and the Rise of the West, Cambridge 1988. Michael Roberts datiert diese militärische Zeitenwende und ihren Auswirkungen auf den Staatsapparat zwischen 1560 und 1660 und damit deutlich später als Parker.

[23] Zur Bedeutung der Selbständigkeit auf allen Dienstgradebenen siehe Ralf Raths, Vom Massensturm zur Stoßtrupptaktik. Die deutsche Landkriegtaktik im Spiegel von Dienstvorschriften und Publizistik 1906-1918, Freiburg i.Br./Berlin/Wien 2009 (=Einzelschriften zur Militärgeschichte, Bd. 44).

[24] Dazu Chef der Heeresleitung (Generaloberst Kurt von Hammerstein-Equord), HDv 300/1, Truppenführung 1. Teil, Berlin 1936, Nr. 109-119. Diese TF, auch „Beck-TF" genannt, ersetzte 1933 die sogenannte „Seeckt-TF" (HDv 487, Führung und Gefecht der verbundenen Waffen) aus den Jahren 1921 und 1923. Die HDv 300/1 wurde von General Ludwig Beck und Oberst Carl-Heinrich von Stülpnagel für das Gefecht verbundener Waffen im Bewegungskrieg verfasst.

[25] BMVg (Hrsg.), Zentrale Dienstvorschrift Innere Führung. Selbstverständnis und Führungskultur (A-2600/1), Berlin 2008.

beachtliche taktische Manöver vollzog. Der Ausspruch, „wo Rommel ist, ist vorn!" hallte lange nach[26]. Doch auch viele Stabsoffiziere, Offiziere und Unteroffiziere glänzten durch vorbildliche Führung am Feind[27].

Allerdings zeigten sich auch die Nachteile dieses Führungsprinzips, wie eine hohe Ausfallquote gut ausgebildeter militärischer Führer, Mikromanagement durch direkte Befehlsgebung oder ein falsches Lagebild durch die Überbewertung persönlicher Eindrücke an der Front[28]. In gewisser Weise widersprach dieser Führungsstil so auch dem Führen mit Auftrag. Am wirkungsvollsten ist die Kombination von beiden Führungsprinzipien, wie Beispiele aus dem Afghanistaneinsatz zeigen. So führte Hauptfeldwebel Jan Hecht bereits im Jahre 2009 in Afghanistan seinen Zug ins Gefecht. Durch sein beispielgebendes Führungsverhalten konnte ein angesprengter und unter Beschuss geratener Spähtrupp erfolgreich entsetzt werden[29].

Für die heutige Bundeswehr stellt sich die Frage, wie sinnvoll überhaupt noch das Führen von Vorne auf dem modernen Gefechtsfeld, Stichwort Software Defined Defense, ist. Wenn überhaupt, so die derzeitige Lehrmeinung, findet dieses Führungsprinzip dort Anwendung, wo die Technik versagt und der taktische Führer – gemäß dem wichtigen militärischen Grundsatz, das Einfache hat Erfolg – analog weiterkämpfen muss. Doch dazu muss dieser auch parallel zur Ausbildung mit der neuesten Führungstechnik ausgebildet und befähigt sein. Kein leichtes Unterfangen![30].

---

[26] Peter Lieb, Erwin Rommel: Widerstandskämpfer oder Nationalsozialist? In: Vierteljahrshefte für Zeitgeschichte 61 (2013), S. 303-343. Kritischer Maurice Philip Remy, Mythos Rommel, München 2002 und Ralf Georg Reuth, Erwin Rommel. Das Ende einer Legende, München 2012.

[27] Zahlreiche Beispiele finden sich in Kriegsnah ausbilden. Hilfen für den Gefechtsdienst aller Truppen, hrsg. vom Heeresamt, Bonn 1985. Die später unter dem Titel Einsatznah ausbilden veröffentlichte Handreichung ist noch heute lesenswert.

[28] Zu den Erfolgen der Wehrmacht, aber auch zu den Gefahren des Führens von Vorne siehe Karl-Heinz Frieser, Blitzkrieg-Legende. Der Westfeldzug 1940, München1995.

[29] Jan Hecht, Afghanistan mit vollem Einsatz – Erfahrungen eines Panzergrenadierzugführers. In: Am Hindukusch – und weiter? Die Bundeswehr im Auslandseinsatz: Erfahrungen, Bilanzen, Ausblicke, hrsg. von Rainer L. Glatz und Rolf Tophoven, Bonn 2015, S. 107-120 (Bundeszentrale für politische Bildung, Schriftenreihe Band 1584). Siehe auch seine abgedruckte Rede vom 11.10.2011 vor dem I. (GE/NL) Korps in Münster. In: Der deutsche Fallschirmjäger, 2/2012, S. 16-19.

[30] Zur internen Diskussion siehe den Bericht zum Koblenzer Dialog 2019 zum Thema „Einsatzbereitschaft: erfolgreiches Führen im digitalen Umfeld" (https://www.bundeswehr.de/de/organisation/zentrum-innere-fuehrung/-ich-will-den-nutzen-auf-dem-gefechtsfeld-wir-sind-nicht-schnell-genug-das-treibt-mich-um--150476).

3. Zum Grundsatz Feuer und Bewegung

Vor allem bei den mechanisierten Kräften gilt der taktische Grundsatz „Feuer und Bewegung". Dieser umreißt die koordinierte Anwendung der eigenen Feuerkraft und der hohen Beweglichkeit, um die Initiative an sich zu reißen und den Gegner zu überraschen, zu binden und zu zerschlagen[31]. Vor allem die Panzer- und Panzergrenadiertruppe, unterstützt von der Panzerartillerie und sonstigen mobilen Unterstützungskräften, entfalten im Gefecht der verbundenen Waffen eine hohe Durchschlagskraft, wenn sie den Grundsatz beherzigen. Die hohe Geschwindigkeit im Gelände ermöglicht eine massive Schwerpunktsetzung im Angriff, aber auch eine schnelle Reaktionsfähigkeit auf dem Gefechtsfeld, vor allem beim Ausweichen unter Feindfeuer oder beim Umfassen des Gegners in dessen Flanke. Militärhistorisch lassen sich zahlreiche traditionswürdige Beispiele aus dem Zweiten Weltkrieg als auch aus der Manövertätigkeit der Bundeswehr finden. Auch einige Operationen aus dem Afghanistaneinsatz zeigen die Gültigkeit des Prinzips.[32] Die Freiheit des Handelns liegt dabei stets beim Angreifer, zumindest solange dieser den Angriffsschwung aufrecht erhalten kann[33]. Selbst die Verteidigung, so der ehemalige NATO-Oberbefehlshaber General Hans-Henning von Sandrart, „braucht das blitzende Schwert des Angriffs."[34]

Für eine kriegstüchtige Bundeswehr müssen erst wieder zahlreiche Voraussetzungen erfüllt werden, um den Grundsatz erfolgreich anwenden zu können. Zu allererst müssen angemessene, gut ausgerüstete mechanisierte Verbände zur Verfügung stehen. Wie schwer das ist, zeigt aktuell die Neuaufstellung der Panzerbrigade 45 in Litauen. Darüber hinaus muss eine einsatzbereite Heeresflugabwehrtruppe verfügbar sein, die neben den herkömmlichen Bedrohungen auch die durch unbemannte Systeme oder durch Elektronische Kampfführung bekämpfen kann. Darüber hinaus müssen weitere Unterstützungskräfte wie die Logistik (v.a. Kraftstoffe und Munition) und die Instandsetzung optimiert, eine moderne vernetzte Gefechtsführung (C4ISR) sichergestellt und nicht zuletzt die eigenen aktiven Schutzsysteme verbessert werden. Dadurch könnten auch weitere Grundsätze wie „dem Feind immer einen Schritt voraus sein", Guderians

---

[31] Siehe HDv 100/100 Truppenführung (1987), Nr. 717-727 und Truppenführung (2022), Nr. 6.4 Hauptelemente des Gefechts.

[32] Christian von Blumröder, Operation „Halmazag". In: Feindkontakt. Gefechtsberichte aus Afghanistan, hrsg. von Sascha Brinkmann, Joachim Hoppe und Wolfgang Schröder, Hamburg/Berlin/Bonn 2013, S. 75-103.

[33] BMVg, FüH (Hrsg.), HDv 100/100 Truppenführung, Bonn 1987, Nr. 2901-2978.

[34] Inspekteur Heer zur Heeresübung „Fränkischer Schild" 1986, zitiert nach Sönke Neitzel, Deutsche Krieger, S. 389 (FN 590).

„Klotzen, nicht kleckern!", Moltkes „Erst wägen, dann wagen" sowie „getrennt marschieren, vereint schlagen!", die im Grundsatz Feuer und Bewegung inkludiert sind, umgesetzt werden.

Schließlich muss das hochbewegliche Gefecht der verbundenen Waffen in Übungen und Manövern ab der Ebene Bataillon/Gefechtsverband aufgrund seiner Komplexität intensiv geübt werden. Zur Orientierung bietet sich hier die umfangreiche Quellenüberlieferung zu Manövern der Bundeswehr und der NATO (v.a. Übungsanlagen und -auswertungen) während des Kalten Krieges an[35].

4. Zum Grundsatz Reserven bilden und einsetzen

Meist liegt der Schwerpunkt militärgeschichtlicher Betrachtungen auf dem Feldherrn, seinem Führungsstil und den Absichten dieser übergeordneten Führung. Auch bei der taktischen Weiterbildung der Bundeswehr mit kriegsgeschichtlichen Beispielen lag der Schwerpunkt meist auf der Feindlage und der Entschlussfassung. Viel zu oft wurden dabei die entscheidenden Faktoren Nachschub und Reserven vernachlässigt oder immer als gegeben vorausgesetzt[36]. In historischen Führungsvorschriften spielten der Nachschub und die Reserve aber immer eine große Rolle. Klaus Raab stellt fest, dass bereits in den Grundzügen der höheren Truppenführung von 1910 die hohe Bedeutung dieser Bereiche für ein erfolgreiches Gefecht besonders herausgestellt wurde[37]. Welch bedeutender Anteil dem Bereich der Versorgung und der Instandsetzung in erfolgreich geschlagenen Schlachten zukam, analysierte Martin van Crefeld bereits in den 1970er Jahren[38].

Auch die Bedeutung von Reserven lässt sich in der Militärgeschichte weit zurückverfolgen. Als Beispiel soll hier die Schlacht bei Wagram vom 5./6. Juli 1809 genannt werden. Trotz der Niederlage Napoleons gegen Erzherzog Karl bei Aspern im Mai 1809 gelang dem französischen Heerführer ein entscheidender Sieg, der den fünften Koalitionskrieg beendete. Hierbei kamen den frischen Truppen, die Napoleon in der Reserve hielt und immer wieder im Verlaufe der zweitägigen

---

[35] Z. B. Erfahrungsbericht Heeresübung 1985 „Trutzige Sachsen", Bundesarchiv, BH 7-1/997.

[36] Ein überzeugender Ansatz hingegen ist die Arbeitsgruppe Joint and Combined Operations (AG JACOP), Grundsätze der Truppenführung im Lichte der Operationsgeschichte von vier Jahrhunderten, Hamburg/Paris 1999.

[37] Klaus Raab, Von den Grundzügen der höheren Truppenführung zur TF 2000, S. 17, 21, 37.

[38] Martin van Crefeld, Supplying War. Logistics from Wallenstein to Patton, Cambridge 1977.

38

Schlacht einsetzte, eine ausschlaggebende Rolle zu[39]. Fünfzehn Jahre zuvor hatte Reichsgeneralfeldmarschall Prinz Josias von Sachsen-Coburg-Saalfeld (1737-1815) gegen die französischen Revolutionstruppen gefochten und einige Siege durch den angriffsweisen Einsatz von Reserven erringen können. Der zahlenmäßigen Überlegenheit der Franzosen und ihrer neuen Kolonnentaktik wollte er mit ständigen Angriffen begegnen. Dafür sollte stets eine starke Reserve, mindestens ein Drittel der Gesamtstärke, für überraschende Attacken in die Flanke oder den Rücken des Gegners bereitstehen. Um diesen Ansatz allen seinen Truppenführern näher zu bringen, ließ er seinem Chef des Stabes, Oberst Karl Mack von Leiberich, die „Instruktionspunkte für gesammte Herren Generale der K.K. Haupt=Armee und für andere Commandanten kleinerer und größerer detaschierter Corps" schreiben[40]. Diese wurden Anfang 1794 herausgegeben. Interessant ist, dass zahlreiche seiner Grundsätze später von den preußischen Heeresreformern aufgegriffen und im Kampf gegen Napoleon genutzt wurden. Nachweislich hat sich Gerhard von Scharnhorst, der 1793/94 unter dem Kommando des Prinzen Coburg kämpfte, von den Instruktionspunkten und der Führungskunst des österreichischen Feldherrn inspirieren lassen[41].

Das Heer der Bundeswehr sprach den Reserven für das Gefecht der verbundenen Waffen stets eine hohe Bedeutung zu. Die HDV 100/100 Truppenführung (1987) führte dazu aus: „Reserven an Truppen und Material sind ein wichtiges, oft das letzte Mittel des Führers, den Verlauf des Gefechtes zu beeinflussen und eine Entscheidung herbeizuführen. (…) Eine Reserve sollte geschlossen eingesetzt werden (…) Ist die Reserve eingesetzt, muß sich der Führer sobald wie möglich eine neue schaffen."[42] Die neue Truppenführung aus dem Jahre 2022 misst den Reserven sogar noch mehr Bedeutung bei[43]. Voraussetzung ist aber auch hier die Verfügbarkeit von gut ausgerüsteten und ausgebildeten Truppen. Die großen Herausforderungen für eine kriegstüchtige Bundeswehr werden bei der Frage nach Reserven besonders deutlich. Wo sollen die Kräfte herkommen,

---

[39] Dazu Jean-Christophe Raguet, Napoleon in der Schlacht bei Wagram am 5./6. Juli 1809: Reserven – auf jeder Ebene der Schlüssel zum Erfolg. In: AG JACOP, Grundsätze der Truppenführung, S. 38-44.

[40] Die vermutliche Erstschrift liegt im bayerischen Staatsarchiv in Coburg, LA A 5396. Eine Abschrift im Anhang bei Helmut R. Hammerich, Reichs-General-Feldmarschall Prinz Friedrich Josias von Sachsen-Coburg-Saalfeld, 1737-1815. Eine biographische Skizze, Potsdam 2001, S. 49-59.

[41] Gerhard von Scharnhorst. Private und dienstliche Schriften, hrsg. von Michael Sikora und Johannes Kunisch, hier Band 1, Köln/Weimar/Wien 2002.

[42] HDv 100/100 Truppenführung (1987), Nr. 740.

[43] Truppenführung (2022), Nr. 5041-5050.

wenn das vorhandene Personal und Material gerade einmal für die notwendigsten Kampfverbände ausreichen? Oder können vielleicht moderne Drohnenverbände, die es noch zu konzipieren und aufzustellen gilt, diese Lücken füllen? Vielleicht sind es neue, verstärkte „Drohnendivisionen", die, wie einst die modernen Panzerverbände, zur Schwerpunktwaffe künftiger Kriege werden und die personal- und materiallastigen Panzer- und Panzergrenadierdivisionen ablösen[44].

Fazit

Für die heutige Bundeswehr sind diese angesprochenen traditionswürdigen Führungsprinzipien weiterhin gültig, auch wenn sie in dem ein oder anderen Bereich in Vergessenheit geraten sind. Dazu sollten sie in die aktive Traditionsarbeit mit historischen Beispielen aufgenommen und, gestützt auf das Vorschriftenwesen der Bundeswehr, weiterhin ausgebildet und im Truppenalltag gepflegt werden. Die militärischen Vorgesetzten sind wiederum aufgefordert, die traditionswürdigen Führungsprinzipien zuzulassen. Das setzt voraus, Vertrauen in ihre Untergebenen zu haben, Ruhe und Gelassenheit zu zeigen, also Mikromanagement zu vermeiden, und auch bei Misserfolgen Verantwortung zu tragen und sich vor die Truppe zu stellen.

Als Voraussetzungen hierfür müssen eine gemeinsame und klare Befehlssprache, also eineindeutige militärische Begriffe – und hier sei der Begriff des dynamischen Verfügbarkeitsmanagements als Negativbeispiel genannt – sowie eine einheitliche Ausbildung in der Lagefeststellung, Entschlussfassung und Befehlsgebung sichergestellt sein. Schließlich ist das Mind-Setting entscheidend, das für die Umsetzung bzw. Anwendung all dieser Grundsätze als „hinreichende Voraussetzung" angesehen werden muss. Ohne die Einstellung „Kämpfen und siegen wollen!" nützen die beste Ausrüstung und die beste Ausbildung nichts. Eine wirksame Abschreckung, aber auch eine mögliche Verteidigung im Rahmen der Landes- und Bündnisverteidigung können nur erfolgreich sein, wenn die Grundeinstellung aller Soldatinnen und Soldaten stimmt. Dass dies möglich ist, zeigt die deutsche Militärgeschichte, auch wenn über Jahrhunderte für andere, oft imperiale oder verbrecherische Ziele gekämpft wurde. Die heutige Bundeswehr ist eine Parlamentsarmee, die Soldatinnen und Soldaten legen einen Eid auf die Verfassung ab und verteidigen im Spannungs- und Kriegsfall Freiheit und Demokratie. Gute Rahmenbedingungen, die nur die wenigsten Soldatengenerationen

---

[44] Anton Paier, Tanks in the Russo-Ukrainian War. In: Putin's War in Ukraine. Vol. II (Different Aspects and Challenges of the War), edited by Vladimir Sazonov and Andres Saumets, Sojateadlane 22/2023, S. 95-124.

in der deutschen Militärgeschichte erfahren durften[45]. Diese Bundeswehr verdient es, wieder kriegstüchtig zu werden.

---

[45] Dazu grundlegend Sönke Neitzel, Deutsche Krieger. Vom Kaiserreich zur Berliner Republik – eine Militärgeschichte, Berlin 2020.

Das Führungsprinzip *Auftragstaktik* in historischem Kontext und mit Ausblick auf seine heutige Relevanz

Marco Sigg

Die Auftragstaktik gilt als „typisch deutsche" Führungskunst und wird in der Literatur als wesentlicher Grund für die taktisch-operativen Erfolge preußisch-deutscher Heere von den Reichseinigungskriegen bis zum Zweiten Weltkrieg ausgemacht.[1] Erich von Manstein schrieb in seinem Buch *Verlorene Siege* sogar von einem deutschen „Geheimnis des Erfolges".[2] Was genau dieses Geheimnis ausmachte, darüber variierten schon zeitgenössische Vorstellungen bisweilen stark. Obwohl seit den 1890er Jahren zum festen militärischen Sprachgebrauch gehörend, fehlte bis 1945 eine Definition in den preußisch-deutschen Vorschriften. So blieben auch Diskussionen innerhalb des deutschen Militärs nicht aus, ob Auftragstaktik der richtige Ansatz für die Führung des Gefechtes sei.[3]

Ursprung und Zweck

Um den Zweck der Auftragstaktik zu verstehen, braucht es vorerst einen Blick auf die Entwicklung der Landkriegsführung seit Mitte des 19. Jahrhunderts. Zwei Aspekte sind dabei zunächst bestimmend: Zum einen ließ die Einführung der allgemeinen Wehrpflicht die Größen europäischer Armeen von einst überschaubaren Truppengebilden zu Massenheeren heranwachsen. Zum anderen verursachten verschiedene technologische Entwicklungen eine regelrechte Gefechtsfeldrevolution. Die gesteigerte Waffenwirkung machte es notwendig, die Gefechtsformationen aufzulockern, was schließlich zur sogenannten „Leere des Schlachtfeldes"[4] führte. Der moderne Krieg verunmöglichte somit, dass ein

---

[1] Vgl. dazu grundlegend Marco Sigg, Der Unterführer als Feldherr im Taschenformat. Theorie und Praxis der Auftragstaktik im deutschen Heer 1869 bis 1945, Paderborn 2014. Ders., „Dezisionismus als Denkstil". Auftragstaktik im preußisch-deutschen Heer 1869 bis 1945, in: Martin Clauss/Christoph Nübel (Hrsg.), Militärisches Entscheiden. Voraussetzungen, Prozesse und Repräsentationen einer sozialen Praxis von der Antike bis zum 20. Jahrhundert, Frankfurt a.M./New York 2020, S. 185-209.
[2] Erich von Manstein, Verlorene Siege, Bonn 1955, S. 57. Vgl. auch Robert M. Citino, The German Way of War. From the Thirty Years' War to the Third Reich, Lawrence 2005.
[3] Vgl. u.a. Stephan Leistenschneider, Auftragstaktik im preußisch-deutschen Heer 1871 bis 1914, Hamburg 2002.
[4] Heeres-Druckvorschrift 300/1, Truppenführung (T.F.), Berlin 1936 (künftig: H.Dv. 300/1), S. 3.

42

Feldherr das Schlachtfeld noch wie zu Napoleons Zeiten überblicken und die zusammengefasst kämpfenden Truppen direkt führen konnte; eine Problematik, die bis zum Ende des Ersten Weltkrieges auch die untersten Führungsebenen erreichte. Die Informationsbeschaffung und Befehlsübermittlung, und damit die Führung und Kontrolle der Truppen, entwickelte sich deshalb zu einer der zentralen Herausforderungen.

Auf diese zunehmende Komplexität des modernen Gefechts reagierte die preußisch-deutsche militärische Denkschule mit dem Führungsprinzip *Auftragstaktik*. Und hier kommt ein dritter Aspekt zum Tragen: Das preußisch-deutsche Verständnis vom Wesen des Krieges. Basierend auf der Kriegstheorie Carl von Clausewitz' („Vom Kriege") verstand die preußisch-deutsche militärische Denkschule Krieg als kontingentes Phänomen. Das heißt, Krieg war nicht durch Gesetzmäßigkeiten, sondern durch Chaos, Zufall und Unberechenbarkeit bestimmt.[5] Ein zentraler Faktor des Krieges war demzufolge die *Friktion*, die jedes planmäßige Handeln durchkreuzen kann. Den zweiten zentralen Faktor stellten nach Clausewitz die *moralischen Größen* (Kühnheit, Entschlossenheit) dar. Diese bildeten die Grundlage dafür, dass Truppenführer bei günstigen Lagen im Krieg rasch und effektiv handelten. Nach preußisch-deutschem Verständnis konnte die Komplexität – der Clausewitz'sche „Nebel des Krieges" – nur überwunden werden, indem Führungsverantwortung und Initiative dezentralisiert wurden. Diese Dezentralisierung der Führung beschleunigte nicht nur den Führungsvorgang und ließ deutsche Truppenführer häufig rascher als ihre Gegner agieren. Sie betonte auch das Urteilsvermögen des Einzelnen und die persönliche Initiative für die Leistungsfähigkeit des ganzen Heeres, wie etwa die zentrale Vorschrift „Truppenführung" von 1936 belegt: „Die Leere des Schlachtfeldes verlangt selbständig denkende und handelnde Kämpfer, die jede Lage überlegt, entschlossen und kühn ausnutzen, von der Überzeugung durchdrungen, dass es zum Gelingen auf jeden ankommt."[6] Auftragstaktik hat sich folglich als Konsequenz aus der komplexer werdenden Kriegführung entwickelt und muss vor diesem Hintergrund verstanden werden.

Helmuth von Moltke der Ältere, seit 1857 Generalstabschef der preußischen Armee, verhalf diesem Führungsverständnis zwischen 1866 und 1888 zum

---

[5] Konträr dazu Antoine-Henri Jomini, der den Krieg als mathematisches Regelsystem verstand, aus dem er allgemein gültige, rationale Regeln ableitete und in eine applikatorische Anwendungslehre formulierte. Jomini, Précis de l'Art de la Guerre. Des Principales Combinaisons de la Stratégie, de la Grande Tactique et de la Politique Militaire, Brüssel 1838.
[6] H.Dv. 300/1, S. 3.

Durchbruch. Basierend auf Clausewitz charakterisierte auch Moltke den Krieg als „Nebel der Ungewissheit"[7], durch Zufall bedingt und nur bis zum ersten Feindkontakt planbar. Die Strategie war für ihn deshalb ein „System der Aushülfen".[8] Deshalb musste ein Operationsplan immer nach den sich verändernden Lagen angepasst werden. Dabei räumte Moltke den Unterführern eine entscheidende Rolle ein, da seiner Auffassung nach nur sie die unklaren Verhältnisse vor Ort überblicken sowie adäquat und rasch darauf reagieren konnten. Darin lag der entscheidende Vorteil der Auftragstaktik: Die Führer aller Ebenen konnten sich bietende Chancen, die sich durch Lageveränderungen ergaben, selbständig ausnutzen und mussten nicht zuerst auf Befehle warten. Bildlich gesprochen „multiplizierte" die Dezentralisierung der Führungsverantwortung und Initiative dadurch die eigenen Kräfte, indem die Unterführer „gleichsam als Moltke im Taschenformat"[9] agierten, was den Führungsvorgang beschleunigte und dem Gegner das Gesetz des Handelns aufzwang. Gleichzeitig entlastete ein solches Führungsprinzip die höheren Führungsebenen, die sich nicht mit Details der Umsetzung beschäftigen mussten, sondern sich auf die Gesamtleitung einer Operation und das Zusammenwirken aller beteiligter Kräfte konzentrieren konnten.

Die Forderung nach Initiative, Entschlussfreudigkeit und offensivem Handeln wurde so zum bestimmenden Prinzip preußisch-deutscher Operationsführung und zieht sich seit Moltkes „Verordnungen für die höheren Truppenführer" von 1869 durch alle Führungsvorschriften bis 1945. Den eigentlichen Kern des preußisch-deutschen Führungsdenkens bildete dabei folgender Grundsatz: „So bleibt entschlossenes Handeln das erste Erfordernis im Kriege. Ein jeder, der höchste Führer wie der jüngste Soldat, muss sich stets bewusst sein, dass Unterlassen und Versäumnis ihn schwerer belasten als Fehlgreifen in der Wahl der Mittel."[10] Eine außergewöhnliche Aussage, die ideengeschichtlich nicht zu unterschätzen ist, da sie in einer Zeit, in der sich die taktische Führungsebene rasant

---

[7] Moltkes Militärische Werke (künftig: MMW), 2/2, Verordnungen für die höheren Truppenführer, S. 172.

[8] MMW, 2/2, Über Strategie, S. 293.

[9] Erich Weniger, Das Erbe Friedrichs des Großen, in: Erziehung und Bildung im Heere, 1/1942, S. 7-12, hier S. 10.

[10] H.Dv. 300/1, S. 5. Dieser Satz findet sich wörtlich oder sinngemäss in den Felddienstordnungen seit 1887, den Exerzierreglementen für die Infanterie 1888 und 1906, der Vorschrift Nr. 487 Führung und Gefecht der verbundenen Waffen (F.u.G.) der Reichswehr von 1921 sowie in diversen Ausbildungsvorschriften von Reichswehr und Wehrmacht zwischen 1925 und 1941. Auch die Ziffern 2006 und 2009 der Heeresdienstvorschrift 100/100, Truppenführung von Landstreitkräften (TF) von 2007, referenzieren darauf.

44

veränderte und immer höhere Ansprüche an immer tiefere Ebenen gestellt wurden, einen Referenzrahmen bot, innerhalb dessen das deutsche Militär sich rascher an die Gegebenheiten anpassen konnte. Natürlich sollte dies aus heutiger Sicht nicht idealisiert werden. Die Forderung und der damit verbundene Handlungsspielraum für Initiative und Selbständigkeit galt primär den höheren Befehlshabern, er blieb bei den einfachen Soldaten eng begrenzt. Gleichwohl verdeutlicht das energische Einfordern von entschlossenem Handeln auf allen Ebenen bei gleichzeitiger Inkaufnahme falschen Handelns das spezifisch deutsche Selbstverständnis und ist im Vergleich mit anderen Streitkräften beispiellos.

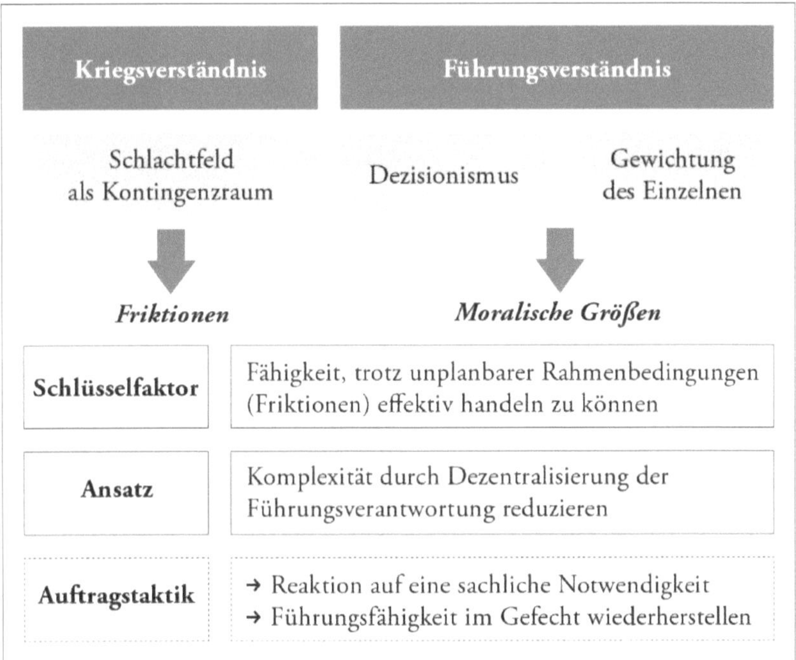

Anwendung und Kritik im Spiegel der Kriegspraxis von 1866 bis 1945

In der Praxis stieß diese Forderung häufig auf ein Problem: Die Initiative und Selbständigkeit der Unterführer konnte die Einheitlichkeit der Gesamtoperationsführung unterlaufen. Moltke selbst machte diese Erfahrungen in den Feldzügen von 1866 und 1870, in denen übereifrige Kommandeure Schlachten vom Zaun brachen, die weder geplant noch notwendig gewesen waren. In seinen

Kriegsauswertungen kritisierte er das „Durchgehen nach vorwärts" seiner Untergebenen.[11] Auch habe bei Feindkontakt häufig „jede Lenkung von oben" aufgehört.[12] Die Handlungsfreiheit der Unterführer sollte deshalb in die richtigen Bahnen gelenkt werden. Dazu bedurfte es neben den erwähnten aktionistischen Elementen auch regulatorische, also steuernde Elemente, allen voran straffe Führung und strenge Disziplin, um die Einheitlichkeit der Kampfführung zu bewahren.

Entsprechend betonten die preußisch-deutschen Führungs- und Ausbildungsvorschriften von 1869 bis 1945 mehrere Elemente, die erst *im Zusammenwirken* Auftragstaktik ermöglichten. So wurden Entschlossenheit, Offensivdenken und Selbständigkeit als Handlungsgrundsätze festgelegt. Weil diese aber zweischneidig sein und rasch zu Eigenmächtigkeiten ausarten konnten, wurden sie mit der Einheitlichkeit der (Kampf-)Handlung – sichergestellt durch straffe Führung – und dem Gehorsam im Sinne der funktionalen Disziplin in Bezug gesetzt. Eine wichtige Rolle erhielten zudem das Urteilsvermögen, also die Fähigkeit zum lagegerechten Urteilen, sowie der Führungsvorgang, insbesondere das Ausrichten auf die Absicht des Vorgesetzten bzw. der übergeordneten Führung.

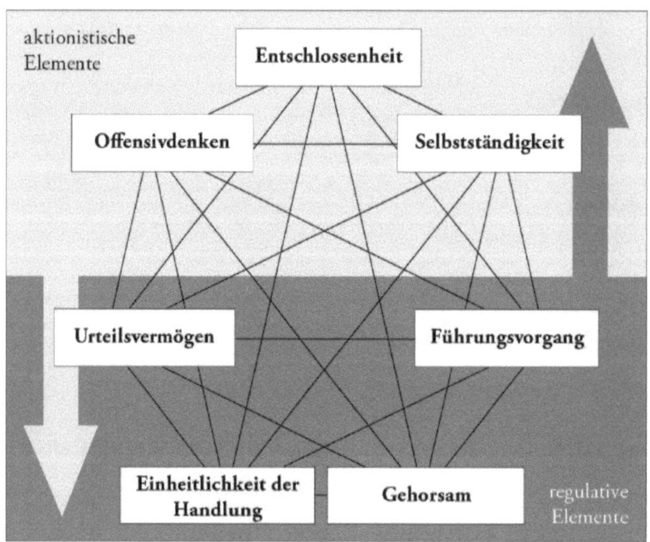

---

[11] MMW, 2/2, Memoire an Seine Majestät den König vom 25. Juli 1868 über die bei der Bearbeitung des Feldzuges 1866 hervorgetretenen Erfahrungen, S. 93.
[12] Ebd., S. 75, 87.

46

Das Zusammenspiel dieser Elemente konnte nur funktionieren, wenn als Voraussetzung im Führerkorps eine Einheitlichkeit im Denken vorhanden war. Der Ausbildung und Erziehung kam deshalb eine wichtige Bedeutung zu. Moltke vermittelte die Kriegslehren von 1864 bis 1870/71 in Kriegsspielen, Stabsreisen, durch die kriegsgeschichtlichen Publikationen und durch die Vorschriften. So prägte er die Offiziere im Generalstab und durch die Generalstabsoffiziere in den Verbänden auch die Truppenführung. Nach Moltkes Zeit als Generalstabschef nahm indes ein „Mechanismus der Legendenbildung" überhand.[13] Nach der Euphorie von 1870/71 wurden die Reichseinigungskriege glorifiziert, Moltke mythisch überhöht, die Auftragstaktik zum Axiom der deutschen Strategie und Taktik gemacht, aber alle erlebten Schwierigkeiten ausgeblendet. In diesem Sinne erfuhr auch die Friedenserziehung des Führerkorps' ab den 1890er Jahren eine deutliche Schlagseite. Trotz zwiespältiger Kriegserfahrungen entwickelte sich aus einer „übertriebenen Selbständigkeitssucht"[14] ein regelrechter „Kult der Selbständigkeit"[15]. In einem Aufsatz von 1923 kritisierte Hermann von Kuhl die Friedenserziehung vor 1914 dahingehend, dass es „gewissermaßen zum Sport geworden [sei], *den erteilten Auftrag sofort leichter Hand abzuschütteln* und sich anders zu entschließen".[16] Das Handeln ohne Befehl oder das Abweichen von einem Auftrag sind zweifelsohne zwei entscheidende Aspekte der Auftragstaktik. Sie bilden aber zugleich ihre Extremform ab, die nur im Ausnahmefall zur Anwendung gelangte. Die übertriebene Friedenserziehung hatte sie jedoch zum Regelfall gemacht.

Dies machte sich 1914 bemerkbar, etwa in den Grenzschlachten im Osten und Westen sowie in den Schlachten an der Marne und bei Tannenberg, die ähnlich vom Vorwärtsdrang der Unterführer und von Eigenmächtigkeiten getrieben waren wie die Schlachten von 1870/71. Neben diesen Eigenmächtigkeiten – häufig eigentlich Ungehorsam gegen die übergeordnete Führung – gab es hingegen immer wieder auch auftragstaktisches Handeln, das sich positiv auf die Operationen auswirkte. Als die 1. Armee von Generaloberst Alexander von Kluck eigenmächtig vor Paris einschwenkte und über die Marne vorging und damit den

---

13 Moltke. Vom Kabinettskrieg zum Volkskrieg. Eine Werkauswahl, hrsg. v. Stig Förster, Bonn/Berlin 1992, S. 237.

14 Generalleutnant a.D. [Wilhelm] Marx, Die entschwindende Führerromantik, in: Militär-Wochenblatt 119 (1935), Nr. 27, Sp. 1052-1055, hier Sp. 1053.

15 MacGregor Knox, Erster Weltkrieg und Military Culture. Kontinuität und Wandel im deutsch-italienischen Vergleich, in: Das Deutsche Kaiserreich in der Kontroverse, S. 290-307, hier S. 292.

16 [Hermann] von Kuhl, Friedenserziehung und Kriegserfahrung, in: Militärwissenschaftliche Mitteilungen 4 (1923), Heft 3, S. 1-15, hier S. 3 (Hervorhebung im Original).

gesamten rechten deutschen Heeresflügel offenlegte, reagierte zum Beispiel der Kommandierende General des IV. Reservekorps, General Hans von Gronau, indem er ohne Auftrag selbständig offensiv wurde und die Flanke so lange sicherte, bis die Oberste Heeresleitung Gegenmaßnahmen einleiten konnte. Die Problematik des anschließenden Stellungskrieges versuchte die deutsche Seite ab 1915 mit dem Stoßtruppverfahren zu bewältigen. Auch dieses Verfahren basierte auf dem Führungsprinzip *Auftragstaktik* und ermöglichte auf den unteren und untersten Führungsebenen immer wieder Initiative und selbständige Handlungen.

Nach dem verlorenen Krieg kam es in der deutschen Militärpublizistik zu einer kritischen Aufarbeitung, die auch das Führungsprinzip thematisierte.[17] Während die einen Auftragstaktik als Grundsatz für richtig hielten, dabei aber betonten, dass dieser Grundsatz nicht zur festen und bedingungslosen Regel werden durfte, sondern von den Rahmenbedingungen der Führung und der Lage bestimmt waren, sahen andere in der Auftragstaktik nur noch eine „Führerromantik"[18]. Wie eingangs erwähnt, hatte es solche Debatten auch früher schon gegeben. Neu war indes der Gedanke, dass Auftragstaktik den Rahmenbedingungen der Moltke'schen Zeit geschuldet war und dass die neuen technischen Möglichkeiten (Telefon, Funk, Panzer, Flugzeuge) die moderne Kriegführung vereinfacht hätten, weshalb der Aspekt der straffen und einheitlichen Führung gegenüber der Selbständigkeit höher zu gewichten sei. Daneben hatte sich auch gezeigt, dass die Qualität des Führerkorps von essenzieller Bedeutung war. Die stetigen Verluste bewährter Offiziere und Unteroffiziere zwischen 1914 und 1918 und deren Ersatz durch unerfahrenes Personal veränderte die Führungskultur. Mit zunehmender Kriegsdauer zwangen der Verlust der Homogenität und der geringe Ausbildungsstand zu einer immer ausführlicheren Befehlsgebung mit Hinweisen über die Art der Durchführung eines Auftrags. Der Zusammenhang von Auftragstaktik und Professionalität wie auch die umstrittene Frage nach dem richtigen Verhältnis von Selbständigkeit und Einheitlichkeit sollten bis 1945 bestimmend bleiben.

Bei aller Kritik blieb die Auftragstaktik auch in der Reichswehr vorherrschend: Zum einen aufgrund ihrer Konzeption als Führerheer mit der Doktrin der beweglichen Kriegführung, zum anderen durch die hohe Ausbildungsintensität mit lang dienenden Berufssoldaten und eines damit einhergehenden hohen Stellenwerts einer einheitlichen Erziehung. Und schließlich nicht zuletzt wegen der

---

[17] Vgl. Sigg, Unterführer, S. 219-228.
[18] Marx, Führerromantik (vgl. Fn. 14).

befürwortenden Haltung Hans von Seeckts als Chef der Heeresleitung. Seeckt betonte allerdings auch, dass es sich dabei um ein „Prinzip" handle, das „zweifellos das einzig richtige" sei, dass aber „bei der Durchführung einer kriegerischen Handlung nicht immer nach diesem Prinzip verfahren werden [könne]; denn über allen Prinzipien und Theorien steht die unbedingte Forderung nach einer Einheitlichkeit der Kriegführung, und um sie sicherzustellen, wird oft an Stelle der Direktiven der einengende, aber die Einheit sichernde Befehl treten müssen, so unangenehm dies auch dem nach freier Betätigung verlangenden Unterführer sein mag".[19]

Die Aufrüstungsphase zwischen 1933 und 1939 mit der Wiedereinführung der Wehrpflicht 1935 und einer Heeresvergrößerung in kürzester Zeit ging allerdings zulasten der Einheitlichkeit im Denken und der Qualität. In den Feldzügen 1939 und 1940 wirkte sich dies noch nicht voll auf die Leistungsfähigkeit des Heeres aus. Dies lag zum einen an den intensiven Ausbildungsphasen im Anschluss an die kurzen Feldzüge, in denen in Kriegsspielen, Sandkastenübungen und Geländebesprechungen Entschlussaufgaben durchgeführt sowie Lagebeurteilungen und Befehlstechniken geübt wurden. Zum anderen fielen die Verluste geringer aus als befürchtet, sodass auf den entscheidenden Stellen mehrheitlich noch erfahrene Truppenführer eingesetzt waren. So finden sich in diesen Feldzügen verschiedene Beispiele von Auftragstaktik bis auf die untersten Führungsebenen, wie etwa der Maas-Übergang vom 13. Mai 1940 belegt. Dieser gelang bei Sedan im Wesentlichen dank drei infanteristischer Stoßtruppunternehmen durch Teile einer Kompanie des Infanterieregiments „Großdeutschland", zwei Zügen aus dem Sturmpionierbataillon 43 und einer verstärkten Sturmpioniergruppe aus dem Panzerpionierbataillon 49. Die beteiligten Unterführer, Oberleutnant René l'Homme de Courbière, Oberleutnant Günther Korthals und Feldwebel Walter Rubarth, hatten keine Verbindung zu ihren Vorgesetzten und fassten unabhängig voneinander ohne konkrete Befehle selbständige Entschlüsse, indem sie die Maas mit ihren Trupps überwanden, die französischen Widerstandslinien durchbrachen, mehrere Bunker zerstörten und so drei Breschen für die nachstoßende 1. und 10. Panzerdivision schlugen.[20] Allerdings darf auch nicht ausgeblendet werden, dass es gerade im Feldzug gegen Frankreich streckenweise zu einer Eigendynamik der deutschen Panzerverbände gekommen war und das Oberkommando des Heeres (OKH) deshalb zwischenzeitlich die Kontrolle über die Operationsführung verloren hatte. Unter dem Deckmantel

---

[19] Hans von Seeckt, Moltke. Ein Vorbild, Berlin 1931, S. 82.
[20] Sigg, Unterführer, S. 247.

von Auftragstaktik waren Panzergenerale wie Heinz Guderian und Erwin Rommel ohne Rücksicht eigenmächtig vorgeprescht und hatten bedenkenlos Befehle und Vorschriften missachtet.

Der Feldzug gegen die Sowjetunion 1941 änderte die Rahmenbedingungen für das Heer, indem er sich zu einem langen Krieg mit andauernd hohen Verlusten entwickelte. Wie im Ersten Weltkrieg zeigte sich erneut, dass sowohl Einbußen bei der Qualität und Homogenität des Führerkorps als auch operative Schwierigkeiten in der Kriegführung zur Einschränkung von Initiative und Selbständigkeit führten. Als das „Unternehmen Barbarossa" bereits wenige Wochen nach Feldzugsbeginn stockte, sah sich das OKH zu strafferer Führung gezwungen und forderte, dass auch „die Heeresgruppen *am kurzen Zügel* führen und den Armeen ihren Willen – auch in der taktischen Durchführung – aufzwingen" sollten.[21] Schwerer wogen die hohen Offiziers- und Unteroffiziersverluste, die nicht adäquat ersetzt werden konnten und zu einer schleichenden „Entprofessionalisierung" führten. Während etwa ein Eliteverband wie die Division „Großdeutschland" noch bis 1944 über sehr gutes Personal verfügte und entsprechend nach Auftragstaktik führen konnte, galt dies für die notdürftig aufgestellten Infanteriedivisionen der späteren Aufstellungswellen bereits 1941/42 meist nicht mehr. So zwang der geringe Ausbildungsstand häufig zu einer ausführlichen Befehlsgebung. In vielen Befehlen mussten Hinweise für die Durchführung eines Auftrags gemacht werden, weil das Wissen und Können schlicht fehlten. Da das deutsche Führungsprinzip wie oben gezeigt auf verschiedenen Elementen basierte, konnte es flexibel darauf reagieren. Aspekte wie das Führen von vorne, der Führungsdialog oder die Nachrichtenverbindungen besaßen schon zuvor große Bedeutung für den Führungsvorgang. Sie ersetzten nun teils die Initiative der Unterführer. Durch das Führen von vorne befanden sich meist Truppenführer mehrerer Führungsebenen im Brennpunkt des Geschehens oder es bestand dank Telefon- oder Funkmitteln Verbindung zur vorgesetzten Kommandostelle. Durch diesen Austausch mit Vorgesetzten war Handeln im Sinne der Auftragstaktik häufig gar nicht nötig.

---

[21] Obkdo. der H.Gr. Süd/ChdGenSt, Anlage zu Oberkdo. d. H.Gr. Süd/Ia Nr. 1731/41 g.K., 28.7.1941, Besprechung beim O.K.H. am 25.7.41, BArch, RH 20-17/24, S. 2 (Hervorhebung im Original).

Relevanz für die heutige Führungspraxis

Welche Erkenntnisse aus der oben skizzierten historischen Analyse der Auftragstaktik lassen sich in die heutige Führungspraxis übertragen?

Mit Blick auf Ursprung und Zweck dieses Führungsprinzips gilt es, sich *erstens* immer wieder zu vergegenwärtigen: Das preußisch-deutsche Kriegsverständnis basierte auf der Clausewitz'schen Kriegsphilosophie, die den Krieg als Kontingenzraum charakterisierte. Daraus determinierte sich das Führungsverständnis mit dem Führungsprinzip *Auftragstaktik*, dessen Hauptzweck darin bestand, im Kontingenzraum *Krieg* Krisenlagen zu überbrücken und die Führungsfähigkeit im Gefecht sicherzustellen, um rasch und effektiv auf geänderte und unvorhergesehene Lagen reagieren zu können. Es ging somit um Komplexitätsreduktion und um die Steigerung militärischer Effektivität, weshalb die Anwendung der Auftragstaktik in preußisch-deutschen Streitkräften bis 1945 rein zweckrational und sachlogisch begründet war.[22] In der Bundeswehr erfuhr das Führungsprinzip eine wertrational begründete Bedeutungserweiterung. Untrennbar mit der Konzeption der Inneren Führung verbunden, traten beim *Führen mit Auftrag* ethische, rechtliche, politische, gesellschaftliche Kriterien in den Vordergrund. So bildet die Auftragstaktik für die Bundeswehr auch deshalb das richtige Führungsprinzip, weil es „dem Bild vom ‚Staatsbürger in Uniform' am besten entspricht"[23]. Dies muss kein Widerspruch sein. Entscheidend wird sein, den zweckrationalen und den wertrationalen Aspekt aufeinander abzustimmen. Wo dabei die Schwierigkeiten liegen, hat u.a. der Umgang mit dem Luftangriff bei Kundus von 2009 mit seinen politischen und rechtlichen Auswirkungen gezeigt.

Das heutige, im Zeitalter der modernen Informationstechnologie geänderte Kriegsbild könnte *zweitens* dazu verleiten, der Auftragstaktik die Relevanz zur Überwindung der Komplexität des modernen Gefechts abzusprechen. Wie gesehen nährten neue technische Kommunikations- und Führungsmittel schon im Zeitalter der Weltkriege die Hoffnung, die Komplexität des modernen Gefechtes endgültig überwinden zu können. Dies bewahrheitete sich nie. Der Krieg bleibt das Feld der Friktion und die Überbetonung der technischen Möglichkeiten schafft eine Scheinsicherheit. Mit Blick auf die Herausforderungen in der heutigen militärischen Führung (z.B. Multi-Domain Operations) wird deutlich, dass das Führungsprinzip *Auftragstaktik* nichts an Aktualität eingebüßt hat. Ganz

---

[22] Es gibt auch alternative Ansätze zur Komplexitätsreduktion. Vgl. dazu Sigg, Unterführer, S. 35, Anm. 33.

[23] Zentrale Dienstvorschrift 10/1, Innere Führung. Selbstverständnis und Führungskultur der Bundeswehr vom 28.1.2008, Ziff. 613.

im Gegenteil erstreckt sich der „nichtlineare und hybride Gefechtsraum [...] über eine Vielzahl von Sphären"[24] und verursacht dadurch Koordinationsprobleme sowie eine Informationsschwemme, die dazu führen kann, dass aufgrund von falschen, fehlenden oder überflüssigen Informationen Wichtiges und Unwichtiges vermischt oder die zentralisierte Entscheidungsfindung verlangsamt bzw. sogar paralysiert werden. Auch verleiten die heutigen technischen Möglichkeiten zu Einmischung und Mikromanagement (Tactical Generals).[25] Entscheidend wird das Zusammenspiel von Führungsprinzip und technologischen Mitteln sein: Um den „Nebel des netzwerkzentrierten hybriden Krieges [...] überwinden"[26] zu können, müssen einerseits Entscheidungsbefugnisse weiterhin an Untergebene delegiert werden, andererseits die taktischen Führer vor Ort bei der Lagebeurteilung und Entschlussfassung auf die vorhandene Informationstechnologie zurückgreifen können.[27] Die entscheidende Frage der nahen Zukunft liegt hier indes im künftigen Umgang mit Digitalisierung und KI (Stichwort: autonome Waffensysteme), was sich tiefgreifend auf die Praxis militärischer Organisationen und die Führung auf allen Ebenen auswirken wird.

Es zeigte sich *drittens*, dass das entscheidende Kriterium die geistige Mitarbeit auf allen Ebenen bildete. Dabei ist zwischen zwei unterschiedlichen Aspekten zu unterscheiden: Zum einen ist Auftragstaktik als Führungsprinzip zu verstehen, das an die *Kader* adressiert war und sicherstellen sollte, dass „jeder Führer [...] in allen Lagen ohne Scheu vor Verantwortung seine ganze Persönlichkeit einsetz[te]"[28]. Dies sollte dadurch geschehen, dass jedem Führer in seinem Bereich die größtmögliche Selbständigkeit belassen wurde, was ihm ermöglichte, auch bei geänderter Lage oder bei unbekannten Faktoren im Sinne des Vorgesetzten zu handeln. Zum anderen muss Auftragstaktik aber auch als „Führungsphilosophie" verstanden werden, die *an alle Soldaten* adressiert war und sicherstellte, dass „die volle Leistungsfähigkeit der Truppe in übereinstimmendem Handeln zur Geltung gebracht"[29] wurde. Dieser zweite Aspekt ist entscheidend, wird er doch zur Conditio sine qua non für den ersten. Beide Aspekte sind somit als Einheit

---

[24] Alexander Kohli, Der Standort des Kommandanten auf dem Schlachtfeld, in: Stratos. Militärwissenschaftliche Zeitschrift der Schweizer Armee, 2/2024, S. 4-16, hier S. 7.
[25] Vgl. Anders Theis Bollmann/Therese Heltberg, The Strategic Corporal, the Tactical General, and the Digital Coup d'oeil – Military Decision-Making and Organizational Competences in Future Military Operations, in: Scandinavian Journal of Military Studies, 6/2023, S. 151-168.
[26] Kohli, Der Standort des Kommandanten, S. 7.
[27] Vgl. Bollmann/Heltberg, The Strategic Corporal, S. 156-160.
[28] H.Dv. 300/1, S. 2.
[29] Ebd., S. 4f.

zu betrachten. Erst in ihrer Verknüpfung erreichen sie die angestrebte Wirkung – das Schaffen „zuverlässige[r] Grundlagen für den Sieg"[30].

Viertens wurde deutlich, dass Auftragstaktik als Prinzip zu verstehen ist und kein rigides angewandtes Schema darstellt. Neben der Forderung nach Entschlossenheit, Selbständigkeit und Verantwortungsfreude gab es immer auch Regulative, um die Einheitlichkeit der Handlung sicherzustellen: Die Verantwortungsfreude „darf jedoch nicht darin gesucht werden, eigenmächtige Entschlüsse ohne Rücksicht auf das Ganze zu fassen oder Befehle nicht peinlich zu befolgen und ein Besserwissen an Stelle des Gehorsams treten zu lassen. Selbständigkeit darf nicht zur Willkür werden. Selbsttätigkeit, die sich in richtigen Grenzen geltend macht, ist dagegen die Grundlage grosser Erfolge"[31]. Als generelle Grundhaltung gilt Auftragstaktik folglich immer, als Abweichen vom Auftrag kommt es aber nur als Ausnahme in unvorhergesehenen Lagen zum Tragen, nämlich wenn eine geänderte Lage sofortiges Handeln verlangte, weiteres Zuwarten deshalb nicht verantwortet werden konnte *und* die Verbindung zur vorgesetzten Stelle unterbrochen war.[32]

Aus dem heraus ergibt sich *fünftens* die hohe Bedeutung von Ausbildung und Erziehung. Ein von der Idee der Initiative und Flexibilität getragenes Prinzip wie die Auftragstaktik basiert auf gemeinsamen Werten und Vorstellungen als Grundlage. Es braucht zunächst einen gewissen Professionalisierungsgrad (Wissen und Können), der durch Ausbildung geschaffen werden muss. Weiter braucht es eine Einheitlichkeit im Denken und Handeln und damit eine gewisse Homogenität im Führerkorps, was durch die richtige Erziehung im Geist der Auftragstaktik geformt werden muss. Dem Verhältnis von Vorgesetztem und Untergebenen fällt dabei eine entscheidende Bedeutung zu, braucht es doch eine Führungskultur, die initiatives Handeln fördert und Untergebene nicht für Fehler bestraft, sondern guten Willen und Kreativität anerkennt. Dies setzt ein Klima des Vertrauens voraus: Vorgesetzte, die Untergebenen die Fähigkeiten zutrauen, Aufgaben selbständig zu lösen, und Untergebene, die dieses Vertrauen nicht missbrauchen, sondern im Sinne des Ganzen handeln. Gelingt es, Fehlerkultur und Vertrauen als Normen des Führens und Handelns zu etablieren, wird sich das Prinzip der Auftragstaktik „in richtigen Grenzen geltend" machen und auch im 21. Jahrhundert die „Grundlage grosser Erfolge" bilden.

---

[30] Ebd., S. 3.

[31] Ebd., S. 2 f.

[32] Vgl. Sigg, Unterführer, S. 95-118 und die Fallbeispiele S. 262-451 sowie Ders., Dezisionismus als Denkstil, S. 207.

Kriegsbilder und deren Bedeutung für die Führung in den Streitkräften

Martin Reese

Einleitung

Herbstnebel umzog die feuchten Wiesen, als die pommerschen Dragoner des Regiments »Königin« am Morgen des 14. Oktober 1806 als Vorhut des preußischen Hauptkontingents auf der sandigen Straße nach Hassenhausen in altpreußischer Manier vorgingen. Groß war ihr Erstaunen, als die vom Nebel umwallten Konturen nicht wie zunächst vermutet ein an Zahl unbedeutendes französisches Detachement zu erkennen gaben, sondern sich darin vielmehr die Hauptkräfte des III. Korps unter Führung des 35jährigen Marschall Louis-Nicolas Davout offenbarten. Obwohl zahlenmäßig überlegen, blieben die Attacken der »Königin-Dragoner« und die Angriffe der starr in Linie vorgehenden preußischen Infanterie wiederholt im gegnerischen Salvenfeuer der bereits in Schützentaktik kämpfenden französischen Tirailleure liegen. Gerade im Begriff, die Befehle für seine Idee des Gefechts zu geben, verwundete eine Kugel den 71jährigen preußischen Oberbefehlshaber, Herzog Karl Wilhelm Ferdinand von Braunschweig, schwer. Da kein neuer Oberbefehlshaber ernannt wurde, blieb die notwendige Leitung des Kampfes aus. Die stark überalterten Kommandeure exekutierten die bisher erteilten Befehle zwar, eine einheitliche Führung besaßen die preußischen Truppen aber nicht mehr. Eines größeren Zusammenhangs entbehrt, zersplitterten die ungeordneten Kräfte zusehends, bis schließlich jeder für sich gegen einen überlegen fechtenden Gegner unterlag.[1]

Nicht aber der Tod des preußischen Oberbefehlshabers war das entscheidende Kriterium der Niederlage. Letztlich waren es eine selbständige, hoch bewegliche Kriegführung, höhere Kampfmoral, fortschrittlichere Strategie und Taktik sowie die Führung mit klarem Auftrag und abgestimmtem Konzept durch weitaus jüngere und qualifiziertere Offiziere auf Seiten der Franzosen, die dazu führten, dass Preußen zeitgleich mit der Schlacht von Auerstedt auch die von Jena verlor. Die preußische Armee, die sich seit den triumphalen Schlachten Friedrich des Großen auf ihren Lorbeeren ausgeruht hatte und sich nach vier Jahrzehnten erstmals wieder gezwungen sah, ihre Kriegstüchtigkeit unter Beweis zu stellen, war besiegt und der Feldzug in Folge dessen verloren. Aber nicht als Resultat eines

---

[1] Loch, Deutsche Generale, S. 1f.; Thiele, Jena und Auerstedt, S. 21f., 25f.

überkommenen Kriegsbildes, wie die überlieferten Narrative suggerieren und der Fortgang der Napoleonischen Kriege belegt,[2] sondern aufgrund eines massiven Führungsversagens. Die Fortsetzung der Politik des Hauses Hohenzollern mit militärischen Mitteln war gescheitert, Preußen sowohl militärisch als auch politisch geschlagen.[3]

Heute, rund 220 Jahre später, befindet sich Deutschland zwar in einer grundlegend anderen, aber nicht weniger misslichen Situation. Die Bundeswehr »steht mehr oder weniger blank da«, wie sich der Inspekteur des Heeres, Generalleutnant Alfons Mais, am Morgen des 24. Februar 2022, kurz nach dem Beginn des russischen Überfalls auf die Ukraine, ausdrückte. Die Optionen, die man der Politik anbieten könne, seien begrenzt. Die Truppe müsse sich neu aufstellen, »sonst werden wir unseren verfassungsmäßigen Auftrag und unsere Bündnisverpflichtungen nicht mit Aussicht auf Erfolg umsetzen können«, so Mais.[4] Wie konnte es zu einer solchen – zumindest subjektiv empfundenen – Vernachlässigung der deutschen Streitkräfte kommen?

Mit der Rückverlegung der letzten deutschen Soldaten aus Afghanistan im Juni 2021 endete einer der längsten und gefährlichsten Auslandseinsätze der Bundeswehr. Am Hindukusch hatte sie für deutsche Sicherheitsinteressen in einem vom Gegner unkonventionell geführten Kleinkrieg eingestanden, dessen Erscheinungsbild die Truppe und deren Führung in weiten Teilen tiefgreifend prägte. Strukturbestimmend wurde fast zwei Jahrzehnte ausschließlich vom (Afghanistan-)Einsatz her gedacht. Reaktionen auf die wachsende militärische Bedrohungskulisse durch ein Russland unter Präsident Wladimir Putin seit 2007 (Rede Putins bei der Münchner Sicherheitskonferenz) galten als politisch nicht opportun.[5] Zu lange wurde der Negativtrend im sicherheitspolitischen Umfeld ignoriert. Verstärkend hierzu befand sich die Bundeswehr als Folge der Fähigkeitstransformation hin zu Stabilisierungseinsätzen, dem Schaffen von hohlen Strukturen (im Heer bspw. Reduzierung der Hauptwaffensysteme auf 70 Prozent des Sollbestandes) und dem Aussetzen der Wehrpflicht auf dem Weg zur strukturellen Unfähigkeit zur Landesverteidigung. Die Konsequenzen dieser sicherheitspolitisch verordneten geistigen Verengung alleinig auf Interventionseinsätze sollten sich bald zeigen. Hat sich die Bundesregierung und durch sie bedingt

---

[2] Gegensätzlich Janke, MANUS AD FERRUM, S. 106f.

[3] Thiele, Jena und Auerstedt, S. 25, 27; Klein, Aspekte militärischen Führungsdenkens, S. 15; Görtemaker, Manfred, Helmuth von Moltke, S. 21.

[4] Zitiert nach Wüstner, »Mehr oder weniger blank«.

[5] Creuzberger, Das Deutsch-Russische Jahrhundert, S. 533-537; Scianna, Sonderzug nach Moskau, S. 309-473. Siehe auch Teltschik, Russisches Roulette.

auch die Bundeswehrführung – wie einst Preußen und dessen Militärs – womöglich zu lange an einer falschen Vorstellung vom Kriege orientiert?

Der vorliegende Beitrag widmet sich dem Kriegsbild und deren Bedeutung für Führung in den (deutschen) Streitkräften. Hierzu werden zunächst einige allgemeine wissenschaftliche Erkenntnisse zum Bild des Krieges vorgestellt, bevor anschließend die praktische Nutzung der deutschen Führungsgrundsätze thematisiert wird. Es wird die These vertreten, dass die Bedeutung von hypothetischen Kriegsbildern für die Führung in den Streitkräften nachrangig ist und das diejenigen Streitkräfte, welche die Grundsätze der (Truppen-)Führung – unabhängig vom Vorstellungsbild eines denkbaren Krieges – beherrschen, in einer militärischen Auseinandersetzung bestehen werden.

Allgemeine Charakteristika von Kriegsbildern

Streitkräfte sind von ihrer Verwendungsmöglichkeit her zu denken. Damit verbunden ist die Frage nach ihrer Struktur. Den Ausgangspunkt in Deutschland hierzu bildet der von der Verfassung gegebene Auftrag, der grundsätzlich in der politischen Zielsetzung besteht, die territoriale Integrität und staatliche Souveränität auch mit militärischen Mitteln zu erhalten oder nach deren Verletzung wiederherzustellen. Historischer Beleg für Letzteres ist der staatliche Neubeginn in den Jahren 1806, 1918 und 1949, an dessen Anfang die Formulierung einer politischen Aufgabe stand, die mit einem zu erwartenden künftigen Krieg in Verbindung gebracht wurde. Die Formulierung des Auftrages durch die Politik initiiert im Militär einen Prozess, der von seinem Ende her zweck- und zielgerichtet zu durchdenken ist. Am Anfang steht dabei die Frage nach dem Bild des kommenden Krieges, des zu erwartenden Kampfes und der Art seiner beabsichtigten Führung. Die Beantwortung all dieser Fragen obliegt der militärischen Führung. Bereits im Frieden hat sich ihr Führungsdenken am Vorstellungsbild eines möglichen Krieges zu orientieren.[6]

Was ist ein Kriegsbild? In der deutschen Sprache besitzt der Begriff eine diffizile Doppelbedeutung. Ikonographisch findet er Gebrauch als Verbildlichung vergangener oder zeitgenössischer Szenen eines Krieges mittels medialer Ausdrucksformen, wie Gemälden oder Fotographien. In der Sicherheitspolitik und

---

[6] Loch, Deutsche Generale, S. 285f. Für einen Einblick in das Führungsdenken auf operativer und taktischer Ebene in den deutschen, französischen und angelsächsischen Streitkräften im Zeitalter der Weltkriege siehe: Führungsdenken in europäischen und nordamerikanischen Streitkräften im 19. und 20. Jahrhundert. Im Auftrag des Militärgeschichtlichen Forschungsamtes hrsg. von Gerhard P. Groß, Hamburg [u.a.] 2001 (= Vorträge zur Militärgeschichte, 19).

im Militär hingegen werden damit gegenwärtige Erscheinungsformen der Gewaltanwendung oder hypothetische Vorstellungen künftig möglicher Konflikte beschrieben.[7] In letzterer Anwendungsform illustrieren sie dabei denkbare Konfliktkonstellationen in Form von Kurznarrativen, die mitunter eine vage Vorstellung der Räumlichkeit sowie des militärischen Konflikt- und Kampfverlaufes aufzeigen.[8] Eine umfassende historische Herleitung, Erklärung und Abgrenzung des Kriegsbildbegriffs stammt vom Militärhistoriker Florian Reichenberger. Angelehnt an Wolf Graf von Baudissins Ausführungen definierte er das Kriegsbild als: *»Eine Grundvorstellung vom Wesen eines zukünftigen möglichen Krieges, d.h. von dessen Erscheinungsformen sowie von den Zwecken, den Möglichkeiten, den Mitteln, der Ausdehnung, der Intensität und den Auswirkungen der Kriegführung«.*[9]

Aus Reichenbergers Definition geht hervor, dass es sich im Sinne der angeführten Begriffsauslegung um ein rein gedankliches Konstrukt künftiger Konfliktaustragung handelt, das von verschiedenen Parametern beeinflusst wird. In diesem Verständnis beschreibt ein Kriegsbild eine unbestimmte Zukunftsvorstellung, die einem mittelbaren Zeithorizont, meist zwischen fünf bis fünfzehn Jahren, unterliegt. Wesentlich ist, dass Zukunftsbilder als Vorstellung im Bewusstsein und Denken des einzelnen Menschen eine abstrakte, individuelle Ausprägung erfahren und je nach Geisteshaltung, Phantasie, Erfahrungen und Betrachtungsweise unterschiedlich ausfallen können. Ebenso personenabhängig sind Feind- und Selbstbilder. Im Grunde kann deshalb jeweils immer nur eine individuelle Sichtweise erfasst werden, nicht jedoch die einer Organisation als solche.[10] Ihrem hierarchischen Aufbau entsprechend findet deshalb in den Streitkräften eine Bündelung dieser Vorstellungen an deren Führungsspitze statt. Hier werden die offiziellen Leitbilder formuliert und in Form von Weisungen und Leitlinien an die unterstellten Bereiche weitergegeben. Hierdurch sind sie nicht nur als repräsentativ, sondern auch handlungsleitend und -begründend für die Vorstellungen innerhalb des Militärs anzusehen.

Ihre Daseinsberechtigung ziehen Streitkräfte aus dem Herbeiführen eines politisch verwertbaren militärischen Ergebnisses. Aus dieser Logik heraus dominieren die Vorstellungen von Krieg, Kampf und dessen Führung den Kern militärischen Denkens. Wesentlich bestimmt ist dieses Denken vom vorherrschenden Kriegsbild, bei dem der »Krieg« in seiner strategischen Dimension zugleich auch

---

[7] Janke, MANUS AD FERRUM, S. 97-99.
[8] Theiler, Kriegsbilder der Zukunft, S. 215.
[9] Reichenberger, Der gedachte Krieg, S. 50.
[10] Reichenberger, Der gedachte Krieg, S. 59f.; vgl. Baudissin, Das Kriegsbild, S. 1.

die Schnittmenge von Militär und Politik bildet. Damit öffnet er einen Raum zur Interaktion militärischer und politischer Akteure.[11] An dieser Schnittstelle zu verorten, besteht die primäre Aufgabe von Kriegsbildern in der Vorbereitung auf künftig mögliche Konflikte. Darüber hinaus sollen sie der Verbesserung des politischen Handlungsvermögens dienen.[12] Als Ausgangspunkt aller militärpolitischen und -fachlichen Überlegungen haben Zukunftsbilder in erster Linie eine orientierende Funktion. Sie bilden nicht nur die Grundlage für eine konkrete militärische Planung, die eine erfolgreiche Verwendung von Militär ermöglichen soll. Sie sind auch als ein Mittel zur sicherheitspolitischen Entscheidungsfindung und zur Weiterentwicklung der Streitkräfte zu sehen.[13] In ihre Entstehung fließen zahlreiche Faktoren wie Feind- und Selbstbilder, Bedrohungs- und Risikoperzeptionen, das Wissen um Ressourcen, technische Innovationen oder auch ideologische Vorgaben ein.[14] Aus der Summe dieser und weiterer Faktoren lassen sich grundlegende Erkenntnisse zu Umfang, Konzeption, Gliederung, Personal, Material und Ausbildung ableiten. Damit geben Kriegsbilder Aufschluss darüber, welche Fähigkeiten benötigt werden, um in bestimmten Szenarien bestehen zu können.[15] Das bedeutet, dass die Vorstellungen vom künftigen Krieg strukturbestimmend sind und damit langfristig bindende Beschaffungs- und Organisationsvorhaben bedingen. Ferner beeinflussen Bilder vom Kriege operative Konzepte und taktische Einsatzgrundsätze.[16] Angemerkt sei auch, dass eine Entscheidung über die Grundstrukturen einer Armee spezifische Annahmen zu einem bestimmten Zeitpunkt widerspiegeln.[17] Dem Wesen entsprechend sind Kriegsbilder unbeständig. Sie werden entsprechend der äußeren Umstände und des Kenntnisstandes der handelnden Akteure stehts angepasst. Ein starres Festhalten an überkommenen Strukturen, bzw. deren Beschneiden durch Politik und Militär aus Gründen der Effizienzsteigerung von Streitkräften im Frieden, kann sich nachteilig auf deren Effektivität im Krieg auswirken.[18]

Entsprechend hoch angesiedelt – an der Schnittstelle zwischen Strategie und operativem Denken – fällt dem Kriegsbild damit auch im politischen Raum eine

---

[11] Loch, Der Kulturraum des Militärischen, S. 307, 322.

[12] Theiler, Kriegsbilder der Zukunft, S. 212.

[13] Reichenberger, Der gedachte Krieg, S. 52; Loch, Deutsche Generale, S. 289.

[14] Köhler [u.a.], Konfliktbilder, S. 1f.

[15] Reichenberger, Der gedachte Krieg, S. 52.

[16] Reichenberger, Der gedachte Krieg, S. 52.

[17] Loch, Deutsche Generale, S. 289.

[18] Theiler, Kriegsbilder der Zukunft, S. 212f.

wesentliche Rolle zu.[19] Als Ausgangspunkt aller Überlegungen der Politik zur Verwendung von Streitkräften unterliegt das Konfliktdenken der Bundeswehrführung verschiedenen externen Einflussfaktoren. Als maßgeblich hierfür ist die Gesellschaft durch ihre Akzeptanz der Streitkräfte zu nennen. Was ist die breite Öffentlichkeit bereit zu unterstützen und zu tragen? Löste die Gefahr eines Nuklearwaffeneinsatzes zur Zeit des Kalten Krieges starke Proteste in der bundesdeutschen Gesellschaft aus, war während des deutschen Afghanistan-Engagements die Forderung, bewaffnete Drohnen einzusetzen, äußerst umstritten.[20] Daneben beeinflusst der Deutsche Bundestag durch seine Kontrollfunktion die Denkmuster der Spitzenmilitärs direkt oder indirekt. Entsprechende Verfassungsartikel stellten hierzu die Aufsicht über die Streitkräfte, den Primat der Politik und die Einbindung der Armee in die demokratisch verfasste Bundesrepublik sicher. Zur parlamentarischen Kontrolle dienen die Institution des Wehrbeauftragten, der Verteidigungsausschuss und das Budgetrecht des Bundestages.[21] Zwar bekommt das Bundesministerium der Verteidigung (BMVg), wie auch alle anderen Ministerien, jährlich einen Haushalt zugesprochen, jedoch müssen alle Vorhaben, die ein Volumen von 25 Millionen Euro überschreiten, vom Haushaltsausschuss gebilligt werden.[22] Einfluss auf die Kriegsvorstellungen der Bundeswehrführung üben daneben auch die anderen Ministerien aus. Exemplarisch sei das Bundesministerium für Finanzen genannt, dass mit der Zuweisung von Haushaltsmitteln direkt die Struktur der Streitkräfte beeinflusst. Damit lässt sich sagen, dass das Kriegsbild der Bundeswehrführung an der Schnittstelle zwischen der gesellschaftlichen Akzeptanz, dem politischen Willen, dessen Legitimation durchs Parlament und der Zusammenarbeit mit den anderen Bundesressorts entsteht. Auf all diese Kontaktpunkte wirkt das Führungspersonal der Bundeswehr ein.

Als ranghöchster deutscher Soldat ist der Generalinspekteur der Bundeswehr für die Entwicklung und Realisierung der Gesamtkonzeption der militärischen Verteidigung im Sinne der politischen Zielsetzung sowie für die Bundeswehrplanung verantwortlich. Zumindest formal werden in diesem Amt die Vorstellungen der Organisation Bundeswehr bestimmt und repräsentiert. Dies schließt auch die Grundvorstellung vom Wesen eines potenziellen Krieges, seiner Erscheinungsform, der Intensität, zeitlichen Verläufe und Auswirkungen ein.

---

[19] Reichenberger, Der gedachte Krieg, S. 50, 444; vgl. Loch, Deutsche Generale, S. 289.
[20] Dörfler-Dierken, Drohnen vor dem Gewissen.
[21] Ehrhart, Innere Führung, S. 17f.
[22] Krause, Die Bundeswehr, S. 53.

Ausdruck finden diese Gedanken in den offiziellen Leitbildern, unter anderem in Form von konzeptionellen Dokumenten, wie den letztmals 2023 neu erlassenen Verteidigungspolitischen Richtlinien.[23] Die Inspekteure der Teilstreitkräfte (TSK) wirken an der Entwicklung der Konzeption der Streitkräfte mit. Sie vertreten die Vorstellungen vom Wesen eines denkbaren Krieges vordergründig aus der Sicht ihrer jeweiligen TSK. Die Entwicklung von Kriegsbildern ist bisweilen geprägt vom Konkurrenzkampf verschiedener Vorstellungen. Dies nicht zuletzt, da die jeweiligen Inspekteure häufig eine zentrale Rolle für ihre TSK in einem künftigen Konflikt beanspruchen. In einer solchen Auseinandersetzung sind die Perzeptionen eines denkbaren Krieges ein direktes Argument zur Durchsetzung von Partikularinteressen, ein Anspruch auf Deutungshoheit, vor allem aber ein Mittel im Kampf um begrenzte Ressourcen, vor allem Haushaltsmittel.[24] In der Vergangenheit wurden Kriegsbilder wiederholt als »Streitmittel und Instrumente von Macht- und Interessenpolitik« genutzt.[25] Zutreffend formulierte der Historiker Axel Gablik »Kriegsbilder sind Streitobjekte«.[26] Angesichts dessen ist die Vorgabe eines gemeinsamen Leitbildes für die Bundeswehr durch den Generalinspekteur umso bedeutender.

Zur Bedeutung von Kriegsbildern für Führung

Auch wenn eine direkte Verbindung im ersten Moment nicht offensichtlich erscheinen mag, stehen die Begriffe »Kriegsbild« und »Führung« in einer engen Beziehung zueinander, weswegen beide zwingend zusammen zu denken sind, wie der Blick in die Zeit des Kalten Krieges während der Ost-West-Konfrontation im 20. Jahrhundert zeigt. Neben dem Grundgesetz bildete vor allem ein umfassendes Kriegsbild den Rahmen sowohl für die innere als auch die äußere Führung der Bundeswehr. Während die Innere Führung bis heute synonym für die Führungsphilosophie der Bundeswehr steht, verstand das Handbuch Innere Führung aus dem Jahr 1957 unter Äußerer Führung – ein Begriff, der heutzutage in der Bundeswehr nicht mehr gebräuchlich ist – die organisatorische, operative und taktische Führung von Streitkräften.[27] Der Äußeren Führung oblag »die Aufbringung und Organisation von Mitteln (Waffen, Geräte, Logistik, Versorgung) sowie die adäquate Strukturierung von Kräften (Personal) zur Bildung von

---

23 Verteidigungspolitische Richtlinien 2023.
24 Walter, Zwischen Dschungelkrieg und Atombombe, S. 15.
25 Reichenberger, Der gedachte Krieg, S. 236.
26 Gablik, »… von da an herrsch Kirchhofsruhe«, hier S. 45
27 Handbuch Innere Führung, S. 71.

Kampfkraft-Elementen (Mensch-Maschine-Systeme, Einheiten, Verbände)«.[28] Ohne Kriegsbild, so die Argumentation, »würden sowohl die Innere als auch die Äußere Führung ins Leere laufen, denn woran sollte sich die Schlagkraft bzw. ganzheitliche Einsatzbereitschaft von Streitkräften messen lassen«?[29] Obwohl es zu erwarten wäre und in den letzten Jahren wiederholt gefordert wurde,[30] finden sich in der aktuell gültigen Regelung der Bundeswehr zur Inneren Führung keine Überlegungen zu einem denkbaren Krieg, wie dies im Handbuch von 1957 selbstverständlich war.[31] Aussagen zur Bedeutung für die (Menschen-)Führung in der Bundeswehr werden zwar getätigt, beziehen sich aber einzig auf die Wertordnung des Grundgesetzes.[32] Die Frage nach der Bedeutung eines Kriegsbildes für die Führung in den Streitkräften bleibt damit zunächst unbestimmt.

Dass ein Kriegsbild die Notwendigkeit zur Führung eines zu erwartenden Kampfes bedingt, ist jedoch unbestritten. Dabei ist die Art und Weise, wie der Kampf geführt wird, aber keine Frage des Kriegsbildes als solchem, auch wenn sie Teil des desselbigen ist. Maßgeblich für die Konzeption der (Truppen-)Führung ist hingegen die historisch tradierte philosophische Weltsicht[33], die letztlich die Entwicklung eines Kriegsbildes wesentlich beeinflusst, da darauf die Ideen der Spitzenmilitärs von einem potenziellen Krieg gründen. Die Vorstellungen vom Krieg und damit auch das »Vom Kriege« her gedachte Handeln deutscher Streitkräfte wurzeln ideengeschichtlich im frühen 19. Jahrhundert. In der Tradition von Carl von Clausewitz und Helmuth von Moltke d.Ä. wird (Truppen-) Führung in der Bundeswehr als eine auf »Charakter, Können und geistiger Kraft beruhende, schöpferische Tätigkeit«[34] verstanden oder auch schlicht als Kunst beschrieben. Für Clausewitz war der Krieg im Sinne einer Lehre nicht fassbar. Explizit schloss er eine Gesetzmäßigkeit und damit die Berechen- und Planbarkeit desselbigen aus, weshalb sich für ihn die Notwendigkeit zur Führung – im Gegensatz zur Planung – ergab. In seinem Werk »Vom Kriege« betonte er die »freie Seelentätigkeit«[35] des militärischen Führers und die Bedeutung von dessen charakterlichen wie geistigen Persönlichkeitswerten für die Führung des Krieges. Auch für Moltke d.Ä. ließ sich die Führung des Kampfes nicht in

---

[28] Baudissin/Will, Innere Führung/Inneres Gefüge, Sp. 819.

[29] Holz, Zur Aktualität des baudissinschen Kriegsbildes, S. 224.

[30] Rosen, Kriegsbild und Strategie, S. 73.

[31] Reglung A-2600/1; vgl. Handbuch Innere Führung, Kapitel »Situation und Leitbild«.

[32] Reglung A-2600/1, Ziffer 604.

[33] Zur philosophischen Weltsicht siehe Loch, Deutsche Generale, S. 290-300.

[34] Bereichsvorschrift C1-1600/0-1001, Ziffer 301.

[35] Clausewitz, Vom Kriege, S. 42.

naturwissenschaftliche Gesetze pressen. Formeln hierfür gäbe es keine.[36] Im Sinne dieser idealistischen Weltsicht wird die Führung des Kampfes auch in der heutigen Bundeswehr in erster Linie als geistige Kunst verstanden, weil militärische Führer im Krieg ins Ungewisse hinein denken, beurteilen, entscheiden und handeln müssen.[37] Damit wird Führung aber zu einem situativen Handeln entsprechend der jeweiligen Lage. Bezeichnend für dieses Führungsverständnis ist der Leitspruch der Führungsakademie der Bundeswehr: »mens agitat molem«; es sei der Geist, der die Realität forme.

Da (Truppen-)Führung im Sinne des Führens mit Auftrag – besser bekannt als »Auftragstaktik« – in den deutschen Streitkräften zeitlos ist, ist es zunächst einmal egal, wie ein Kriegsbild aussieht, solange es sich nicht so grundlegend ändert, dass es eines gewandelten Führungsverständnisses bedarf. Wer das Einmaleins der Truppenführung beherrscht, kann im Grunde genommen in jedem Krieg (-sbild) bestehen. »Wer Feldposten kann, kann auch Checkpoint und wer den Spähtrupp beherrscht, kann auch Patrouille fahren«[38] und umgekehrt, lautete die Auffassung der deutschen Heeresführung im Zuge der Refokussierung auf die Landes- und Bündnisverteidigung nach 2014. Diesem Verständnis entsprechend ist Führung losgelöst von einem vergänglichen Kriegsbild zu verstehen. Dies umso mehr, da es keine Aussagen tätigen kann, wie der Kampf in seinen einzelnen Facetten zu führen sein wird. Es gibt lediglich den Orientierungsrahmen vor, innerhalb dessen sich ein freies Denken und selbstständiges Handeln des militärischen Führers zu bewegen hat.

Bezogen auf den gegenwärtigen Ukrainekrieg, aber auch im Hinblick auf das Bild kommender Kriege (Herausforderung durch Anti-Access/Area Denial[39] (A2/AD) bspw. beim Zugang zum Baltikum), werden sich militärische Führer auf operativer und strategischer Ebene künftig stärker als zuvor vor allem die Frage stellen, ob eine Konzentration der Kräfte auf den entscheidenen Punkt *vor*

---

[36] Loch, Deutsche Generale, S. 294f.; Klein, Aspekte militärischen Führungsdenkens, S. 12, 16; Görtemaker, Manfred, Helmuth von Moltke, S. 34, 38f. In der Bereichsvorschrift der Bundeswehr C1-1600/0-1001, Truppenführung, S. 6, Ziffer 302 heißt es hierzu: »Ihre Lehren lassen sich nicht erschöpfend darstellen. Sie verträgt weder Formeln noch starre Reglungen, doch bestimmen feste Grundsätze das Handeln der Tr[uppen]F[ü]hr[er]«.

[37] Loch, Deutsche Generale, S. 299.

[38] Rede des Inspekteurs des Heeres [Generalleutnant Jörg Vollmer], S. 13.

[39] A2/AD ist die Fähigkeit, mit einfachen Mitteln wie beispielsweise weitreichenden Waffen gegen Ziele an Land, auf See und in der Luft die Bewegungsfreiheit größerer Formationen auf dem Gefechtsfeld oder den Zugang zu strategisch wichtigen Gebieten zu verwehren bzw. die Freiheit der Operationsführung erheblich einzuschränken. Thesenpapier I: Wie kämpfen Landstreitkräfte künftig?, S. 9.

oder *in* einer militärischen Operation zu erfolgen hat. Seit dem 19. Jahrhundert entwickelten sich hierzu zwei unterschiedliche Denkschulen. Während Napoleon I. die Konzentration der Kräfte *vor* einer Schlacht bevorzugte, vereinte Moltke d.Ä. die Kräfte während der Einigungskriege erst *in* den Schlachten. Die Strategie hinter beiden Ansätzen zielte darauf ab, mehr Soldaten auf dem Angriffspunkt konzentriert zu haben als der Gegner. Napoleons Maxime machten sich vor allem die sowjetischen Streitkräfte zu eigen, deren Militärdoktrin die Konzentration der Kräfte *vor* der Schlacht zu einem durch die Artillerie unterstützten Frontalangriff auch unter Inkaufnahme von hohen (personellen) Verlusten auf den vermuteten schwächsten Punkt des Gegners vorsah.[40]

Bedingt durch die Unterlegenheit an Ressourcen jeglicher Art sah sich die preußisch-deutsche Militärführung dagegen stets mit der militärstrategischen Frage konfrontiert, wie ein künftiger Krieg angesichts der eigenen (Personal-)Defizite zu führen sei. Die Lösung des Problems sahen die preußischen Heeresreformer in der Notwendigkeit, niemals konzentriert zu stehen, sich aber immer konzentriert zu schlagen (Scharnhorst). Unter Berücksichtigung der eigenen Kräfteunterlegenheit kam es darauf an, Gefechte mit einer auf kurze Dauer angelegten, räumlich begrenzten Überlegenheit zu führen (Clausewitz). Das Höchste, was Führungskunst könne, so Moltke d.Ä., sei die Vereinigung der verschiedenen Heereskörper in der Schlacht.[41] »In der Organisation getrennter Märsche, aber mit dem Ziel, im richtigen Augenblick für die Konzentration zu sorgen«[42] lag für Moltke d.Ä. der Kern aller Strategie. Das gegenwärtige Kriegsgeschehen in der Ukraine zeigt, dass das Gefechtsfeld durch die ständige Verfügbarkeit von Echtzeitinformationen im Einsatzgebiet mittlerweile gläsern ist. Zudem setzen gegnerische A2/AD-Fähigkeiten den Zugang zum und die Operationsfreiheit auf dem Gefechtsfeld für eigene Kräfte unter ein erhebliches Risiko. Durch die Verwendung von Sensoren und Effektoren jeglicher Art können Bewegungen oder auch Kräftekonzentrationen von Truppe oder Material frühzeitig, zu jeder Tag- und Nachtzeit aufgeklärt und bekämpft werden. Dies gilt insbesondere für den vorderen Bereich der Kampfzone. Ein Vereinen von Kräften größeren Umfanges vor einer Schlacht à la Napoleon wäre fatal. Erfolgversprechender scheint Moltkes Ansatz einer dezentralen (Truppen-)Führung.[43]

---

40 Loch, Deutsche Generale, S. 300-302.
41 Loch, Deutsche Generale, S. 304-306.
42 Zitiert nach Holborn, The Prusso-German School, S. 288.
43 Schwall, Bedeutung von unbemannten Systemen, S. 21.

Mit der Aufteilung der Kräfte in Raum und Zeit, die sich im Gefecht vor allem aus der gesteigerten Reichweite und Wirkung der eingesetzten Waffen ergibt, geht ein Befehlshaber immer ein Wagnis ein, da er die unmittelbare Führung über sie verliert. Die Einheitlichkeit des Handelns beginnt in dem Moment zu erodieren, wenn eine Armee in ihre Teile zerfällt, um die gegnerischen Truppen an der einen Stelle zu beschäftigen und zugleich mit den übrigen überlegenen Kräften einen schwächeren Teil des Gegners anzugreifen. Je weiter oder länger sich die einzelnen Teile vom Befehlshaber entfernen, desto wichtiger wird ihr unabhängiges Handeln im Sinne des Führens mit Auftrag, insbesondere da schnell wechselnde Lagen nur durch eine selbstständige Tätigkeit zu beherrschen sind. Da im Krieg kein Gefecht einem anderen gleicht, verlangen die Anforderungen, die sich aus dieser dezentralisierten Kampfweise ergeben, von einem militärischen Führer einerseits eine situative Führung, andererseits erfordern sie bestimmte geistige Fähigkeiten, da zugleich im Sinne des Ganzen gedacht werden muss.[44] Dieses freie Denken kann nur von Erfolg gekrönt sein, wenn ihm kein verbindliches Schema zugrunde liegt, das die Eigeninitiative des Truppenführers einschränkt.

Fazit

Was ein Kriegsbild ist, wozu es dient und wozu nicht, darüber bedarf es in den Streitkräften im Allgemeinen und in der militärischen Führung im Besonderen eines grundsätzlichen Verständnisses. Angesiedelt an der Schnittstelle zwischen Militär und Politik dienen sie der Umsetzung politischer Ziele mit militärischen Mitteln. Ihre primäre Aufgabe ist in der Vorbereitung auf künftig mögliche militärische Auseinandersetzung ebenso wie in einer Verbesserung des politischen Handlungsvermögens zu sehen. Als Ausgangspunkt aller militärpolitischer und -fachlicher Überlegungen haben Kriegsbilder in erster Linie eine orientierende Funktion. Damit bilden sie die Grundlage für jegliche militärische Planung und Weiterentwicklung von Streitkräften.

Zweifelsohne lassen sich aus dem Wesen eines möglichen Krieges die Notwendigkeit zum Kampf und damit auch dessen Führung ableiten. Dabei ist die Frage der Kampfführung selbst – ob ein Angriff nun flankierend oder überraschend zu führen ist – nicht Gegenstand eines Kriegsbildes, da es eben kein »Masterplan« zum Führen eines Krieges ist. Damit bleibt der Kampf auch mit einem noch so umfassenden Vorstellungsbild unbestimmt und dementsprechend

---

[44] Loch, Deutsche Generale, S. 308-310.

dessen Führung im Voraus nicht planbar, was ein situatives Handeln auf der Grundlage der Führungsphilosophie bedingt. Das gegenwärtige Konfliktgeschehen in der Ukraine in seinen unterschiedlichen Phasen[45] zeigt, dass tradierte Führungsgrundsätze[46] unverändert von Relevanz für das Führungskönnen der Streitkräfte sind; dies unabhängig vom vorherrschenden Bild eines Krieges. Angesichts einer sich permanent im Wandel befindlichen Kriegführung bedürfen diese jedoch einer ständigen Überprüfung und gegebenenfalls einer Anpassung.

Das Führen mit Auftrag als eine Methode historisch tradierten Führungsdenkens der deutschen Streitkräfte hat sich seit dem 19. Jahrhundert, trotz sich wandelnder Kriegsbilder, bewährt.[47] Dies erkennen auch die US-Streitkräfte an. Als eine Lehre des Irakkrieges und der anschließenden Stabilisierungsphase (2003-2011) ist das deutsche Führungsverständnis unter dem Begriff »Mission Command« zu einem festen Bestandteil der Ausbildung in der U.S. Army und im U.S. Marine Corps geworden.[48] Dies nicht zuletzt als Erkenntnis, dass ein Festhalten an den bisherigen Führungsgrundsätzen angesichts gegenwärtiger und kommender Herausforderungen auf dem Gefechtsfeld nicht mehr zeitgemäß schien.

Das was wir heute in der Ukraine oder auch im Nahen Osten sehen, ebenso wie die Erfahrungen, die in 20 Jahren Einsatz in Afghanistan gewonnen wurden, müssen nicht dem Bild des Krieges der Zukunft entsprechen. Dessen sollte sich jede militärische Spitzenführung bewusst sein. Es gilt zu verhindern, dass ein Staat nicht, wie in der Militärgeschichte schon oft geschehen, die besten Streitkräfte für ein überkommendes Kriegsbild hat, sondern im Idealfall die besten Streitkräfte für zukünftige Herausforderungen.

Unabhängig davon, wie das Bild eines kommenden Krieges auch aussehen mag, eines ist gewiss: Nur die Streitkräfte werden obsiegen, die die Führungsgrundsätze besser beherrschen. Dies hat die militärische und politische Niederlage bei Jena und Auerstedt schmerzlich gelehrt.

---

[45] Der österreichische Historiker und Ukraine-Experte des Bundesheeres, Oberst d.G. Dr. Markus Reisner, gliedert den Ukrainekrieg bis Ende 2024 in sieben Phasen. »A War of Attrition. The War for Ukraine - A Summary of Events & LL/LI«. Vortrag am Zentrum für Militärgeschichte und Sozialwissenschaften der Bundeswehr (ZMSBw) gehalten am 7. November 2024.

[46] Siehe hierzu den folgenden Beitrag von Helmut Hammerich, Tradierte deutsche Führungsgrundsätze und deren Relevanz für eine kriegstüchtige Bundeswehr in diesem Jahrbuch.

[47] Leistenschneider, Die Entwicklung der Auftragstaktik, S. 189.

[48] MCDP 6, Command and Control; ADP 6-0, Mission Command.

Literatur

ADP 6-0, Mission Command. Command and Control of Army Forces. Hrsg. vom Department of the Army, Washington D.C. 31.7.2019

Baudissin, Wolf Graf von, und Günter Will, Innere Führung/Inneres Gefüge. In: Handwörterbuch des öffentlichen Dienstes: das Personalwesen. In Zusammenarbeit mit zahlr. Wissenschaftlern und Praktikern hrsg. von Wilhelm Bierfelder, Berlin 1976, Sp. 818-827

Baudissin, Wolf Graf von, Das Kriegsbild. Aus einem Vortrag von Generalmajor Graf von Baudissin vor der Deutschen Atlantischen Gesellschaft in Heidelberg, Bad Godesberg 1962

Bereichsvorschrift C1-1600/0-1001 »Truppenführung«. Hrsg. KdoH II 2 (3), 12.10.2017

Clausewitz, Carl von, Sämtliche hinterlassene Werke über Krieg und Kriegführung, Bd. 1: Vom Kriege. Hrsg. von Wolfgang von Seidlitz, Essen 1999

Creuzberger, Stefan, Das Deutsch-Russische Jahrhundert. Geschichte einer besonderen Beziehung, Hamburg 2022

Dörfler-Dierken, Angelika, Drohnen vor dem Gewissen. In: Jahrbuch Innere Führung 2014. Drohnen, Roboter und Cyborgs – Der Soldat im Angesicht neuer Militärtechnologien. Hrsg. von Uwe Hartmann und Claus von Rosen, Berlin 2014, S. 151-165

Ehrhart, Hans-Georg, Innere Führung und der Wandel des Kriegsbildes. In: Bundeswehr im Krieg. Wie kann die Innere Führung überleben? Hrsg. von Detlef Bald [u.a.], Hamburg 2009 (= Hamburger Beiträge zur Friedensforschung und Sicherheitspolitik, 153), S. 17-23

Führungsdenken in europäischen und nordamerikanischen Streitkräften im 19. und 20. Jahrhundert. Im Auftrag des Militärgeschichtlichen Forschungsamtes hrsg. von Gerhard P. Groß, Hamburg [u.a.] 2001 (= Vorträge zur Militärgeschichte, 19).

Gablik, Axel, »… von da an herrscht Kirchhofsruhe.« Zum Realitätsgehalt Baudissinischer Kriegsbildvorstellungen. In: Gesellschaft, Militär, Krieg und Frieden im Denken von Wolf Graf von Baudissin. Hrsg. von Martin Kutz, Baden-Baden 2004 (= Forum Innere Führung, 23), S. 45-60

Görtemaker, Manfred, Helmuth von Moltke und das militärische Führungsdenken im 19. Jahrhundert. In: Führungsdenken, S. 19-41

Handbuch Innere Führung – Hilfen zu Klärung der Begriffe. Hrsg. vom Bundesministerium der Verteidigung, Führungsstab der Bundeswehr, o.O. September 1957

Holborn, Hajo, The Prusso-German School: Moltke and the Rise of the General Staff. In: Makers of Modern Strategy from Machiavelli to the Nuclear Age, hrsg. von Peter Paret in Zusammenarbeit mit Gordon A. Craig und Felix Gilbert, Princeton NJ 1986, S. 281-295

Holz, Nicolas, Zur Aktualität des baudissinschen Kriegsbildes vor dem Hintergrund heutiger hybrider Bedrohungen und seine Relevanz für den Staatsbürger in Uniform. In: Jahrbuch Innere Führung 2022/23, S. 223-240

Janke, Reinhold, MANUS AD FERRUM. Kriegsbilder der Antike? – Ansätze zu einer Rekonstruktion. In: Jahrbuch Innere Führung 2022/23. Zeitenwende und Kriegsbilder. Hrsg. von Uwe Hartmann [u.a.], Berlin 2023, S. 91-122

Klein, Friedhelm, Aspekte militärischen Führungsdenkens in Geschichte und Gegenwart. In: Führungsdenken, S. 11-17

Köhler, Paula [u.a.], Konfliktbilder als Grundlage einer zukunftsfähigen Sicherheitsstrategie. Vorausschau, Transparenz und Partizipation für die Nationale Sicherheitsstrategie, 12.2.2022 (= SWP-Aktuell, 12/2022), <https://www.swp-berlin.org/publikation/konfliktbilder-als-grundlage-einer-zukunftsfaehigen-sicherheitsstrategie> (letzter Zugriff 20.2.2025)

Krause, Ulf von, Die Bundeswehr als Instrument deutscher Außenpolitik, Wiesbaden 2013

Leistenschneider, Stephan, Die Entwicklung der Auftragstaktik im deutschen Heer und ihre Bedeutung für das deutsche Führungsdenken. In: Führungsdenken, S. 175-190

Loch, Thorsten, Deutsche Generale 1945-1990. Profession – Karriere – Herkunft, Berlin 2021 (= Deutsch-Deutsche Militärgeschichte, 2)

Loch, Thorsten, Der Kulturraum des Militärischen und die Rekrutierung militärischer Eliten in Ost und West. In: Deutsche Militärgeschichte in Europa 1945-1990. Repräsentation, Organisation und Tradition von Streitkräften in Demokratie und Diktatur. Hrsg. von Jörg Echternkamp und Christoph Nübel (= Deutsch-Deutsche Militärgeschichte, 4), S. 305-322

MCDP 6, Command and Control. U.S. Marine Corps. Hrsg. vom Department of the Navy, Headquarters United States Marine Corps, Washington, D.C. 4.4.2018

Rede des Inspekteurs des Heeres anlässlich des parlamentarischen Abends des Förderkreis Heer in Berlin am 30. September 2015, »Lageänderung oder Paradigmenwechsel? Das Deutsche Heer in der Umsetzung der Beschlüsse von Wales. Eine Zwischenbilanz neun Monate vor dem NATO-Gipfeltreffen in Warschau«, Stand 23.10.2015

Reglung A-2600/1 »Innere Führung. Selbstverständnis und Führungskultur der Bundeswehr«, Hrsg. von BMVg Fü SK III 3, Berlin 2018

Reichenberger, Florian, Der gedachte Krieg. Vom Wandel der Kriegsbilder in der Bundeswehr, Berlin, Bosten 2018 (= Sicherheitspolitik und Streitkräfte der Bundesrepublik Deutschland, 13)

Rosen, Claus Freiherr von, Kriegsbild und Strategie und Innere Führung. In: Jahrbuch Innere Führung 2020. Zur Weiterentwicklung der Inneren Führung: Themen und Inhalte, Berlin 2020, S. 55-84

Scianna, Bastian Matteo, Sonderzug nach Moskau. Geschichte der deutschen Russlandpolitik seit 1990, München 2024

Schwall, Peter, Bedeutung von unbemannten Systemen für die Kriegsführung in Landoperationen. In: Hardthöhenkurier, 40 (2024), 2, S. 19-22

Teltschik, Horst, Russisches Roulette. Vom Kalten Krieg zum Kalten Frieden, München 2019

Theiler, Olaf, Kriegsbilder der Zukunft? Grenzen und Möglichkeiten eines neuen Beitrags zur langfristigen Streitkräfteplanung. In: Jahrbuch Innere Führung 2022/23, Zeitenwende und Kriegsbilder. Hrsg. von Uwe Hartmann [u.a.], Berlin 2023, S. 212-222

Thesenpapier I: Wie kämpfen Landstreitkräfte künftig? Hrsg. von Autorenteam Kdo H II 1 (2), o.O. 2017, <https://augengeradeaus.net/wp-content/uploads/2018/03/180327-Thesenpapier-I-Wie-ka%25CC%2588mpfen-LaSK-zuku%25CC%2588nftig.pdf> (letzter Zugriff 20.2.2025)

Thiele, Ralph, Jena und Auerstedt 1806. Die Schlacht und ihr Vermächtnis, Frankfurt a.M. 1996

Walter, Dirk, Zwischen Dschungelkrieg und Atombombe. Britische Visionen vom Krieg der Zukunft 1945-1971, Hamburg 2007

Wüstner, Andre, »Mehr oder weniger blank«, Deutscher BundeswehrVerband 25.2.2022, <https://www.dbwv.de/aktuelle-themen/verband-aktuell/beitrag/mehr-oder-weniger-blank> (letzter Zugriff 20.2.2025)

Verteidigungspolitische Richtlinien 2023. Hrsg. vom Bundesministerium der Verteidigung, Planung I 1, Bonn November 2023

Ein Ausflug in die Rear Combat Zone.
Ein Terrain Walk in den Kalten Krieg und seine Bedeutung für die Gesamtverteidigung heute

Cornelia Juliane Grosse und Heiner Möllers

Die gegenwärtige Entwicklung führt zu mannigfaltigen Überlegungen, wie unsere Streitkräfte in nächster Zeit verändert, reformiert oder wieder auf Vordermann gebracht werden müssten, um den Anforderungen unserer herausfordereungsreichen Gegenwart genügen zu können. Vollausstattung, Personalmangel, Zeitenwende, der „POTUS" und seine scheinbar erratische Politik: das sind ein paar Schlagworte in den aktuellen Debatten. Gleiches kann für den Bereich der zivilen Verteidigung gelten, um deren Zustand sich zahlreiche Debatten entspinnen, aber zahlreiche konkrete Vorbereitungsmaßnahmen erst wieder angeschoben werden müssen. Viele Aspekte, wie etwa Versorgungs- und Bevorratungsmaßnahmen oder eine Stärkung der Infrastruktur berühren dabei gleichermaßen das Feld der militärischen wie der zivilen Verteidigung. Für beide Bereiche kann gelten: Es fehlt derzeit (noch) an vielem, wenn nicht gar an allem!

Um einen Einblick zu gewinnen, wie Gesamtverteidigung früher in der Bundesrepublik organisiert wurde und welche dieser Aspekte auch heute mit Blick auf die Rolle Deutschlands als „Drehscheibe der NATO" in Europa spielen könnten, wurde im Juni 2024 ein „Terrain Walk" in die ehemalige Rear Combat Zone der Bundesrepublik durchgeführt. Tatsächlich dürfte es bei dieser vordergründig auf die logistische Unterstützung der NATO-Partner reduzierten Rolle der Bundeswehr um Aspekte gehen, die bereits im Zeitalter des Kalten Krieges[1] vorgedacht, geplant und angelegt waren. Dieses neu zu entdecken, war Ziel des Terrain Walks.[2] Als Motto der Veranstaltung könnten man in freier Formulierung ein Goethe-Zitat voranstellen: Was man nicht kennt, sieht man nicht.[3]

Im Fokus des Walks, den man militärisch auch als Geländebesprechung bzw. *battlefield tour* ohne *battlefield* fassen könnte, standen Einrichtungen in der Rear

---

[1] Kalter Krieg steht im Beitrag als Chiffre für die Zeit der Blockkonfrontation im Ost-West-Konflikt zwischen 1949 und 1990.

[2] Initiiert war der Terrain Walk durch Generalleutnant Kai Rohrschneider, damals Abteilungsleiter Einsatzbereitschaft und Unterstützung im BMVg. Er fand Anfang Juni 2024 im Raum Koblenz, im Bereich des früheren Verteidigungsbezirkskommandos 41 in der RCZ der NATO statt. Die beiden Verfasser waren für die inhaltliche Gestaltung verantwortlich.

[3] Johann Wolfgang von Goethe an Friedrich von Müller am 24. April 1819.

Combat Zone (RCZ), die, obwohl nicht unbedingt auf den ersten Blick ersicht-
lich, in einem Krieg Bedeutung gewonnen hätten. Die ausgewählten Einrichtungen hatten die Aufgabe, die Operationsfreiheit der NATO zu gewährleisten,
Führungsfähigkeit sicherzustellen und die Bevölkerung in einem Kriegsfall zu
schützen, was die Auswahl der besichtigten Geländepunkte verdeutlicht. Hierzu
gehörten

- der frühere zivile Luftschutzbunker in der Nagelsgasse in Koblenz,
- die Ersatzübergangsstelle Urmitz am Rhein,
- die Standortmunitionsniederlage Koblenz-Güls,
- die Grundnetzschalt- und Vermittlungsstelle 41 Alzheim (bei Mayen) sowie
- das Kriegshauptquartier BMVg II für den früheren Führungsstab der Streitkräfte in der Oberst Hauschild-Kaserne in Mayen.

Sie werden im Folgenden im Einzelnen vorgestellt, um ihre Bedeutung für die
Verteidigungsplanungen der Bundesrepublik Deutschland damals aufzuzeigen
und ihre potenzielle Bedeutung für das Heute zu adressieren. Dabei darf nicht
übersehen werden, dass die Bundesrepublik Deutschland damals nicht nur Teil
eines möglichen heißen Krieges, sondern eines der zentralen Schlachtfelder gewesen wäre, denn die Nahtstelle der Blockkonfrontation verlief zu dieser Zeit
entlang der damaligen innerdeutschen Grenze.

Ein potenzielles Kriegsszenario, in dem Russland die NATO angreift, wäre vermutlich noch komplexer: zu rechnen wäre wohl mit der vollkommenen Verwüs-
tung in der unmittelbaren Kampfzone und der gleichzeitigen flächendeckenden
Bedrohung des Hinterlandes durch Luftschläge mit allen verfügbaren Mitteln
(die Iskander-Raketen in der russischen Enklave Kaliningrad sind nur etwa drei
Minuten Flugzeit von Berlin entfernt) sowie parallelen Angriffen in allen Dimensionen hybrider Kriegführung. Der Krieg in der Ukraine liefert zu diesem Szenario erschreckendes Anschauungsmaterial.

Es bleibt die Frage, wie sich Bundeswehr und ziviler Bereich auf ein solches
Kriegsszenario vorbereiten können und müssen. Hierfür kann ein Blick in die
Geschichte und konkret auf die Verteidigungsplanungen der Bundesrepublik in
der Zeit des Kalten Krieges durchaus hilfreich sein, um erste Anhaltspunkte für
auch heute noch relevante und notwendige Maßnahmen und zu berücksichti-
gende Teilaspekte zu erhalten.[4]

---

[4] Dazu demnächst: Cornelia Juliane Grosse und Heiner Möllers, Der Dritte Weltkrieg in Hessen.

1. Historischer Hintergrund

Die Bundesrepublik Deutschland befand sich im Zeitalter der Blockkonfrontation zwischen 1949 und 1990 an der Nahtstelle einer potenziellen militärischen Auseinandersetzung. Die beiden Militärbündnisse, die NATO und der Warschauer Pakt, standen sich mit ihren jeweiligen Militärpotenzialen hier direkt gegenüber. In den zu dieser Zeit erstellten Planungen für den Verteidigungsfall (Stichwort „Schichttorte") ist die Bundesrepublik Deutschland als dem potenziellen Gefechtsfeld in zwei Zonen aufgeteilt: Der Forward Combat Zone (FCZ) und der Rear Combat Zone (RCZ).

Die FCZ stand unter der operativen Führung der NATO. Hier befanden sich die im Rahmen der Vorneverteidigung eingesetzten Korps der in Deutschland stationierten Heeresgruppen NORTHAG und CENTAG. Die FCZ begann an der innerdeutschen Grenze. Der Vordere Rand der Verteidigung (VRV) befand sich zwischen 5 und 20 Kilometern westlich des Grenzverlaufs. Die FCZ hatte dabei eine Tiefe von bis zu 150 Kilometern. Dahinter befand sich auf dem Territorium der Bundesrepublik Deutschland die RCZ. Sie stand unter der operativen Führung des deutschen Territorialheeres mit

- dem Territorialkommando Nord, angebunden an die NORTHAG,
- dem Territorialkommando Süd, angebunden an die CENTAG sowie
- dem Territorialkommando Schleswig-Holstein für den Raum nördlich der Elbe im NATO-Kommandobereich AFNORTH.

Während das (zunächst angenommene konventionelle) Gefecht vorwiegend in der FCZ erfolgen sollte, besaß die RCZ die Bedeutung dessen, was in aktuellen Planungen in etwa als „Drehscheibe Deutschland" zu verstehen ist: Das Territorialheer hatte dort die Operationsfreiheit der NATO zu gewährleisten und betrieb in der RCZ neben Führungs- und Fernmeldeeinrichtungen vor allem die logistische Basis, inklusive aller damit zusammenhängenden Aufgaben, und zudem die Zusammenarbeit mit Behörden, auch zur Schadensabwehr und -beseitigung sowie zur Verkehrslenkung.

a) Zivile Verteidigung

Von Beginn an wurde die Verteidigung der Bundesrepublik Deutschland während des Kalten Krieges auf zwei Säulen aufgebaut. Neben die militärische Landes- und Bündnisverteidigung sollte im Rahmen der Gesamtverteidigung die zivile Verteidigung treten, um eine gesamtstaatliche Verteidigungsfähigkeit und damit auch das Überleben der Bevölkerung sicherzustellen. Die zivile Verteidigung umfasste prinzipiell alle Planungen und Maßnahmen <u>nicht</u>militärischer Art, die zum Schutz der Bundesrepublik Deutschland und ihrer Bevölkerung für Krisen und den V-Fall zu treffen waren.[5] Sie war dabei ein wichtiger Baustein der zivilen Verteidigungsbereitschaft und -fähigkeit, der auch zur Abschreckung beitragen sollte. Wenngleich jeder NATO-Staat für seine zivile Verteidigung grundsätzlich selbst verantwortlich war, gab es im Rahmen der zivilen NATO-Verteidigung und der dazu bestehenden NATO-Fachausschüsse einen Austausch über Themenfelder, die nur bündnisgemeinsam gelöst werden konnten. Dazu zählten nicht zuletzt Transportbedarfe oder Flüchtlingsbewegungen, die auch (oder erst recht) im V-Fall grenzüberschreitend organisiert und abgestimmt werden mussten.[6]

In der Bundesrepublik Deutschland war und ist das Bundesministerium des Innern, gemäß Art. 73, Abs. 1 GG, für die Planung, Organisation und Finanzierung der zivilen Verteidigung zuständig. Es konnte und kann zugehörige Aufgaben im Rahmen der Bundesauftragsverwaltung an die Länder übertragen.[7] Die zivile Verteidigung machte, im Gegensatz zur militärischen Verteidigung, nur bedingt einen Unterschied zwischen der FCZ und der RCZ. Die Maßnahmen erstreckten sich auf das gesamte Gebiet der Bundesrepublik.

Sie umfasst in der Bundesrepublik insgesamt folgende vier Aufgabenkomplexe:

Aufrechterhaltung der Staats- und Regierungsfunktionen	➢ Gesetzgebung ➢ Rechtspflege ➢ Regierungs- und Verwaltungsfunktionen ➢ Öffentliche Sicherheit und Ordnung ➢ Informationswesen
Zivilschutz	➢ Selbstschutz ➢ Warndienst ➢ Schutzbau ➢ Aufenthaltsregelung ➢ Katastrophenschutz ➢ Gesundheitsschutz ➢ Kulturgutschutz

---

[5] Diebel, Atomkrieg und andere Katastrophen, Zivil- und Katastrophenschutz in der Bundesrepublik und Großbritannien nach 1945, Paderborn 2017, S. 22
[6] https://www.nato.int/cps/en/natolive/topics_50093.html
[7] Meyer-Teschendorf, Klaus, Bevölkerungsschutz im Spannungsfeld des Förderalismus. In: 50 Jahre Zivil- und Bevölkerungsschutz in Deutschland, Bonn 2008, S. 97-105.

Versorgung	➢ Güter und Leistungen der Land-, Forst- und Ernährungswirtschaft
	➢ Güter und Leistungen der gewerblichen Wirtschaft
	➢ Versorgung mit Energie, Wasser, Abwasserbeseitigung
	➢ Leistungen auf dem Gebiet des Verkehrswesens
	➢ Sicherung des Post- und Fernmeldewesens
	➢ Sicherstellung von Arbeitsleistungen
	➢ Soziale Sicherung
	➢ Sicherung des Finanz- und Geldwesens
Unterstützung der Streitkräfte	➢ Versorgung mit Lebensmitteln
	➢ Deckung des Energie- und Ergänzungsbedarfs
	➢ Gestellung von Transportmitteln und -leistungen
	➢ Gestellung von Fernmeldeleistungen
	➢ Bereitstellen von Arbeitskräften
	➢ Instandsetzungsleistungen
	➢ Freihalten von Straßen

b) Zivil-Militärische Zusammenarbeit

Die zivil-militärische Zusammenarbeit (ZMZ) stellte im Rahmen der Gesamtverteidigung kein eigenständiges Aufgabengebiet dar. Vielmehr beschreibt sie einen Prozess bzw. den Austausch, der zwischen allen Aufgabenbereichen der militärischen und zivilen Verteidigung erfolgen musste, wenn die Ziele der Gesamtverteidigung erreicht werden sollten. Dies bezog sich u. a. auf die Abstimmung von Aufmarsch- und Evakuierungsplanungen, die Vorbereitung der Lenkung von Flüchtlingsbewegungen, den Raum- und Objektschutz und die sanitätsdienstliche bzw. medizinische Versorgung.

Auf der Ebene der nationalen Verteidigung war eine klare Organisation für die zivil-militärische Zusammenarbeit (ZMZ) vorgesehen. Jeder zivilen (Verwaltungs-)Ebene entsprach ein Pendant auf der militärischen Seite: Die Landesbehörden arbeiteten mit den Wehrbereichskommandos, die Bezirksregierungen mit den Verteidigungsbezirkskommandos (VBK) und die Behörden auf der Kreisebene mit den Verteidigungskreiskommandos.[8] Dreh- und Angelpunkt auf ziviler Seite war dabei der sogenannte Hauptverwaltungsbeamte (HVB), zumeist der Bürger-, Oberbürgermeister, Landrat oder Regierungspräsident. Nur die Territorialkommandos, denen auf ziviler Seite keine Verwaltungseinheiten entsprachen, konnten mit den Bundesbehörden, ggf. mit den Landesministerien,

---

[8] Kalckreuth, Jürg von, Zivile Verteidigung im Rahmen der Gesamtverteidigung, Baden-Baden 1985, S. 73-81.

direkt zusammenarbeiten. Verschiedene Koordinierungsausschüsse sollten dafür sorgen, dass ein Großteil der Maßnahmen der Gesamtverteidigung bereits im Frieden kalendermäßig vorgeplant war. Hier stand der durch die NATO vorgegebene militärische Alarmplan dem sogenannten Zivilen Alarmplan (ZAP) gegenüber. In Krise und Krieg sollte der Austausch von Verbindungsorganen zwischen beiden Seiten einen reibungslosen Ablauf der ZMZ sicherstellen.

Unterstützungsersuchen richteten die Befehlshaber und Kommandeure der NATO- und der unter nationalem Kommando verbleibenden deutschen und verbündeten Streitkräfte an die Territorialen Befehlshaber, die das Ersuchen ggf. an die zuständigen Dienststellen der zivilen Verteidigung weiterleiteten. Umgekehrt konnte der zivile Bereich auch Unterstützungsersuchen an die Territorialen Befehlshaber richten.

2. Der Terrain Walk – Die Stationen

a) Bunker Koblenz-Nagelsgasse

Der erste „Stopp" im Rahmen des Terrain Walks erfolgte am in der Koblenzer Innenstadt gelegenen Zivilschutzbunker. Das Thema des Schutzraumbaus fällt im Rahmen der Zivilen Verteidigung in den Bereich des Zivilschutzes. Seit Gründung der Bundesrepublik und den Anfängen eines neu aufzubauenden Zivilschutzes stellte sich der Schutzraumbau als „Sorgenkind" heraus. Zahlreiche Gesetze und Vorschriften wurden hierzu erlassen, viele davon indes, meist aus finanziellen Erwägungen, unmittelbar wieder ausgesetzt.[9]

Auf die Implikationen dieser fehlenden Schutzkapazitäten einzugehen, würde den Rahmen dieses Beitrags sprengen. Resultat dieses Vorgehens war in jedem Fall, dass es verhältnismäßig wenige größere Bau- und Ausbauprojekte für Schutzräume in der Bundesrepublik gab, die tatsächlich umgesetzt wurden. Eine dieser Ausnahmen war der Bunker in der Nagelsgasse in Koblenz.

Dieser Bunker war, wie viele weitere, die während des Kalten Krieges als Schutzräume eingeplant wurden, bereits während des Zweiten Weltkriegs (1941/42) als Luftschutzbunker für die Zivilbevölkerung im Stadtzentrum errichtet worden. Während des Krieges hatte er keine größeren Schäden erlitten und diente am Ende des Zweiten Weltkrieges kurzfristig als Lazarett. In den Jahren zwischen 1945 und 1947 nutzte ihn die französische Besatzungsverwaltung als Gefängnis, bevor er wieder in deutschen Besitz überging. In der kommenden Zeit wurde er,

---

⁹ Diebel, Atomkrieg und andere Katastrophen, S. 233-238.

wie viele vormalige Luftschutzbunker, „zweckentfremdet" und diente als Lager-raum.

Erst zu Beginn der 1960er Jahre fiel der Entschluss, ihn erneut „zivil-schutztauglich" zu machen. Mittler-weile hatte der Kalte Krieg sich voll entfaltet und Zivilschutzmaßnahmen erneut verstärkt vorangetrieben. Im Rahmen des zu dieser Zeit von der Bundesregierung veranlassten soge-nannten „Vorabprogramms" sollten vorhandene öffentliche Schutzbau-werke erneut voll instandgesetzt wer-den.

Der Zivilschutzbunker Koblenz-Nageslgasse.
Bild: CJ Grosse 2024

Koblenz war zu dieser Zeit für eine Evakuierung vorgesehen, weil es wegen der hohen Dichte militärischer Anlagen grundsätzlich zu den besonders gefährdeten Gebieten zählte und für einen Gegner frühzeitig ein lohnendes Ziel für Luftan-griffe gewesen wäre. Aus diesem Grund wurde, ungeachtet der Evakuierungs-planungen, zwischen Februar 1965 und Dezember 1967 dieser viergeschossige Bunker modernisiert und für den Schutz gegen Atomwaffen ertüchtigt. Die Bau-kosten beliefen sich insgesamt auf 3,5 Millionen DM; das entsprach Kosten von 1 300 DM pro Schutzplatz. Der Bunker war dabei der einzige ABC-Bunker, sprich Bunker mit verstärktem Schutz, in Koblenz. Er verfügte über zwei Meter dicke Außenwände und war für bis zu 3 bar Druckstoß gesichert.

Der Bunker „Nagelsgasse" sollte in der Folge bis zu 2.700 Personen für 30 Tage Schutz bieten können. Der Aufenthalt im Bunker wäre allerdings eher weniger komfortabel gewesen: den „Insassen" hätten 1.800 Sitzplätze, verteilt auf zahl-reiche kleinere Räumlichkeiten und allen Fluren sowie 800 Liegeplätze, jeweils drei bis vier Metallpritschen übereinander, zur Verfügung gestanden. Diese hät-ten in Schichten durchgetauscht werden müssen. Der Bunker besaß sieben Ein-gänge und Schleusen, über die man, dreimalig abgewinkelt, ins Innere gelangte sowie über 13 Lagerräume, zwei Küchen (inklusive Speisenaufzug) und drei Ret-tungsräume. Für den Betrieb des Bunkers waren 60 Personen vorab eingeplant, darunter Dutzende Krankenpfleger, Betreuer für die technischen Anlagen und Bunker-Aufsichtspersonal. Zwei eigene Brunnen sollten nicht nur die Trinkwas-serversorgung sicherstellen, sondern auch für Kühlwasser genutzt werden, um ggf. die Temperatur im Bunkerinneren auf maximal 40 Gard herunter zu kühlen.

Die Kosten für den laufenden Unterhalt des Bunkers beliefen sich auf 45 000 DM pro Jahr. In den 1980er Jahren erfolgte noch einmal eine Modernisierung in Form des Einbaus neuer Lüftungs- und Elektroanlagen.[10] Tatsächlich genutzt wurde der modernisierte Bunker schließlich nur ein einziges Mal zum Ende des Kalten Krieges: 1989 diente er als Aufnahmepunkt für DDR-Flüchtlinge.

Schutzräume blieben in der Bundesrepublik vor 1990, im Gegensatz zu anderen Ländern wie der Schweiz oder Schweden, insgesamt eine Ausnahmeerscheinung. Am Ende des Kalten Krieges gab es in der gesamten Bundesrepublik circa 2,2, Millionen verfügbare Schutzplätze; das hätte damals nur für knapp 3 bis 4 Prozent der westdeutschen Bevölkerung ausgereicht. Diese niedrige Schutzplatzquote führte während des Kalten Krieges in weiten Teilen der Bevölkerung zu einer grundsätzlichen Infragestellung der Wirksamkeit des Zivilschutzes. Diese kritische Haltung war mehr als berechtigt, wenn man zugleich berücksichtigt, dass von der Bevölkerung mehrheitlich erwartet wurde, im Angriffsfall zu Hause zu bleiben (sog. „stay put-Doktrin").[11]

Innenansicht des Bunkers Nagelsgasse.
Bild: CJ Grosse 2024

Nach 1990 schien sich die akute Bedrohungslage durch den Zusammenbruch des Warschauer Paktes einfach aufzulösen. Alsbald wurden alle Vorbereitungsmaßnahmen der zivilen Verteidigung zurückgefahren, da Deutschland nun „von Freunden umzingelt" war. Diese Entwicklungen betrafen auch den Koblenzer Bunker in der Nagelsgasse: Er wurde 1994 „aus der Nutzung genommen" und 2014 offiziell aufgegeben. Zwischenzeitlich ist er an einen privaten Investor verkauft worden und soll einem Hotelneubau weichen.

Mittlerweile haben Debatten um die Notwendigkeit von Schutzräumen für die Zivilbevölkerung wieder an Fahrt aufgenommen. Verbunkerte Schutzräume

---

[10] StAK, 623 Nr. 9998, Bl. 1—8.

[11] Molitor, Jochen, The imagined Disastrous. West German Civil Defence between War Preparation and Emergency Management, 1950-1990. In: Cold War Civil Defence in Western Europe. Sociotechnical Imaginaries of Survival and Preparedness, Cham 2022, S. 55.

76

wirken in Anbetracht hybrider und asymmetrischer Bedrohungsszenarien (wie etwa einem massenhaften Angriff mit Drohnen) dabei einerseits wie aus der Zeit gefallen. Andererseits führen die Bilder der Zerstörung, die uns tagtäglich aus der Ukraine erreichen, allzu drastisch vor Augen, wie notwendig ausreichende Schutzmöglichkeiten im Ernstfall werden können. Zugleich sind Schutzräume auch ein sichtbares politisches Signal, dass der Staat sich um den Schutz der eigenen Bevölkerung kümmert. Dieses Spannungsfeld aufzulösen, ist keine leichte Aufgabe.

b) Ersatzübergangsstelle Urmitz

Das Militärgrundstraßennetz der Bundesrepublik Deutschland verzeichnet wesentliche Bundesautobahnen, Bundes- und Landstraßen sowie Straßen 3. Ordnung, die für die militärischen Bewegungen nicht zuletzt im Zuge des Aufmarschs, aber ebenso im Zuge der Logistik als Main Supply Routes (MSR) bedeutsam und in jeder Hinsicht zu erhalten waren.

In Koblenz kreuzen die MSR „Edelrose" und „Vesuv" den Rhein, der an diesem Flussabschnitt über lediglich drei tragfähige Übergänge verfügte. Abgesehen vom personalintensiven Schutz dieser Übergänge durch Infanteriekräfte des damaligen Territorialheeres mussten zudem Ausweichroutenführungen für evakuierte Zivilbevölkerung berücksichtigt werden, wozu die Ersatzübergangsstelle (EÜSt) bei Urmitz/Engers zählte. An der dortigen Schräg- und Senkrechtrampe (45 und 90°) wäre der Bau einer Kriegsbrücke (Faltschwimmbrücke) und der Fährbetrieb ohne große Vorbereitungen möglich gewesen, weil sämtliche infrastrukturellen Voraussetzungen schon in Friedenszeiten geschaffen worden waren.

In der Bundesrepublik Deutschland gab es an allen schiffbaren Gewässern mehrere hundert solcher Ersatzübergangsstellen, die von den regional zuständigen Wasser- und Schifffahrtsämtern betreut wurden. Die Bundeswehr und das Technische Hilfswerk verfügten überdies über Kapazitäten, um dort aus dem Stand eine Kriegsbrücke oder Ersatzübergänge zu schaffen. Gleichwohl war die EÜSt Urmitz dabei eine, die nicht dem Militär vorbehalten war. In der Bundesrepublik wurde zwischen drei Typen von Ersatzübergangsstellen unterschieden: rein militärisch zu nutzende, rein zivil zu nutzende und Ersatzübergangsstellen, die sowohl militärischen als auch zivilen Zwecken dienen sollten. Für Koblenz stellte sich dabei die besondere Herausforderung, dass auf circa 45 Kilometern entlang des Rheins in der Region Koblenz eine Unterversorgung mit zivilen Ersatzübergangsstellen bestand, wohingegen sechs rein militärische Übergänge ausgezeichnet waren. Die EÜSt in Urmitz war dabei als zivil-militärischer Übergang vorgesehen. Hier hätten somit auch Zivilpersonen den Ersatzübergang nutzen können, wenn sie im Zuge von Evakuierungen aus ihren Heimatregionen „nach hinten" hätten ausweichen müssen.

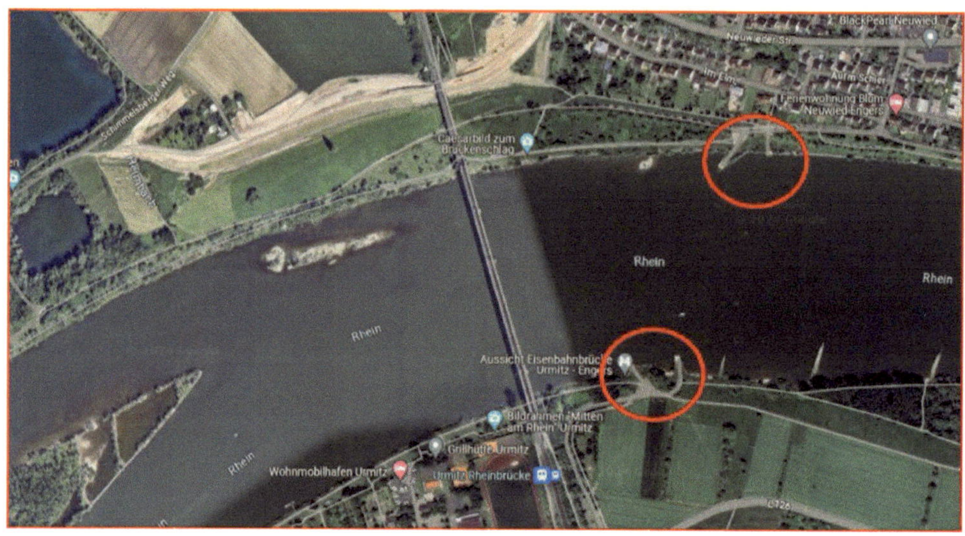

Luftbild der EÜSt Urmitz/Engers via Google maps

Montage: Heiner Möllers

Angesichts der geringen Anzahl von Brücken über den Rhein zwischen Bonn und Mainz springt das drohende Verkehrsnadelöhr sofort ins Auge. Vielleicht auch deswegen existierten damals einige Probleme, die vom Militär nicht kommuniziert wurden und damit der Bevölkerung auch nicht bekannt gewesen sein dürften: a) Auffällig ist, dass aus den bisherigen Aktenfunden nicht ermittelt werden konnte, wo das für diesen Übergang notwendige Brückengerät lagerte. (Gab es im Rahmen dieser Sicherheitsvorsorge der Bundesrepublik überhaupt ausreichendes Material oder musste hier das System der Aushilfen greifen?) b) Die in unmittelbarer Nähe der EÜSt befindliche Bendorfer Brücke der Bundesautobahn 48 wäre zudem in den ersten Stunden einer Mobilmachung ausschließlich für den Militärverkehr nutzbar gewesen – Zivilpersonen hätten vor der Brücke warten müssen, bis das Militär den Aufmarsch abgeschlossen hätte.

Heutzutage stellt sich damit gleichermaßen die Frage, ob für solche gegebenenfalls ad hoc herzustellenden Gewässerübergänge in der Bundeswehr und bei den Alliierten genügend Brückengerät vorhanden ist. Davor steht allerdings noch die

Frage, ob solche Ersatzübergangsstellen an heute relevanten Flüssen, wie z. B. der Oder an der Grenze zu Polen, überhaupt schon ausgewiesen sind. Da diese Flüsse zur Zeit des Kalten Krieges Teil des eigenen „Blocks" gewesen sind, war die Planung von Ersatzübergängen damals nur bedingt erforderlich. Eine Betrachtung bei Google Maps ließ an der Oder zwischen Küstrin und Eisenhüttenstadt lediglich zwei Fährstellen, aber keinerlei Rampen für Kriegsbrücken erkennen. Hinzu kommt die Komplexität einer militärisch definierten „Gewässerzone", die dann auch noch über die Staatsgrenze zweier souveräner NATO-Mitglieder hinweg errichtet werden müsste.

Dass es außerdem im Kalten Krieg in der RCZ keine Flugabwehrverbände gab, ist wenigen bekannt. Heute verschärft sich dieses Problem angesichts des beinahe vollkommenen Fehlens einer Nahbereichsflugabwehr in der Bundeswehr sowie umfassenden Einsatzes von Drohnen, die eine erhebliche Gefahr für solche Übergänge wie auch feste Brücken darstellen. Ob es neben dem derzeit bestehenden Deutsch-Britischen Pionierbrückenbataillon 130 weitere diesbezügliche Fähigkeiten in der NATO gibt, ist unbekannt.

c) Standortmunitionsniederlage Koblenz-Gülz

Die Munitionsversorgung der Bundeswehr war im Kalten Krieg dezentral organisiert. Ein flächendeckendes Netz von Munitionsdepots, Korpsdepots, auch solchen mit Munition, und Standortmunitionsniederlagen (StOMunNdlg) sicherte den schnellen Zugriff durch die Truppe. Damit war sichergestellt, dass im Mobilmachungsfall die Einheiten und Verbände in „ihren" StOMunNdlg, in der Nähe der Kasernen angelegt, die Grundbeladung (auch Kriegsbevorratung) aufnehmen konnten. Über die übrigen Depots erfolgte die Folgeversorgung.

Die StOMunNdlg waren keine Einrichtungen des Feldheeres, sondern des Territorialheeres.[12] Die StOMunNdlg 41/2[13] in Kobern-Gondorf (umgangssprachlich in Güls bei Koblenz) diente u.a. den damals existierenden Korpspionierbataillonen 310 und 320 zur Lagerung ihrer Sperr- und sonstigen Munition.[14] Im Übrigen existierten im Koblenzer Raum mit den Lagern auf der Horchheimer

---

[12] O. W. Dragoner, Die Bundeswehr 1989. Teil 2.2 Heer (Territorialheer) verzeichnet insgesamt 149 solcher Lager. (Online verfügbar unter: https://www.relikte.com/literatur.htm, 25.2.2025).

[13] Die Zählung verweist auf das Verteidigungsbezirkskommando 41, Koblenz, in dessen Verantwortungsbereich diese Lager liegen.

[14] Das Pionierbataillon 310 wäre nach dem General Defense Plan von 1987 im Verantwortungsbereich des III. Korps in Osthessen eingesetzt worden, das Pionierbataillon 320 hingegen im Bayerischen Wald im Bereich der 4. Panzergrenadierdivision.

Höhe (41/1) sowie bei Simmern (41/3), heute ein Adventurepark für Softair und Paintball-Spielereien, wenigstens zwei weitere, teilweise große Lagerstätten.

Im Zuge der Mobilmachung der Bundeswehr für den Verteidigungsfall wären solche Lager nach einem bereits im Frieden geübten Verfahren geräumt worden. Die damit leerstehenden Lager wären dann teilweise, genaueres ist nicht bekannt, im Rahmen der Folgeversorgung ebenso wie die Korpsdepots des Feldheeres vom Territorialheer als Munitionsumschlagpunkte weiter genutzt und durch einen Sicherungszug (Infanteriekräfte zum Objektschutz) bewacht worden. Zu solchen Munitionslagerstätten sind damit ebenso die bei Heer, Luftwaffe und Marine etwa rund 40 Munitionsdepots hinzuzuzählen[15], die teilstreitkraftspezifische Munition bevorrateten und ebenso über Sicherungskräfte (meistens als Geräteeinheiten für den Verteidigungsfall) verfügten.

Eines von 24 Munitionshäusern der StOMunNdlg Gondorf

Foto: H Möllers

Die meisten dieser Einrichtungen wurden im Zuge der Friedensdividende und im Zusammenhang mit der flächendeckenden Schließung von Standorten – im Zusammenhang mit den seit 1990 beinahe permanenten Umorganisationen der Bundeswehr – aufgegeben. Die StOMunNdlg Kobern-Gondorf ist dabei ein Glücksfall, weil sie nicht in Privatbesitz übergegangen ist oder für Fledermäuse als Nist- und Brutstätte dient, sondern vom Kampfmittelräumdienst Rheinland-Pfalz weiterhin als Lager genutzt und unterhalten wird. Die dort vorhandenen 27 Munitionshäuser werden damit wenigstens teilweise instandgehalten.

---

[15] Die genauen Zahlen lassen sich über die von Dragoner erstellten Übersichten ermitteln.

Die Bundeswehr verfügt nach eigener Aussage derzeit über nur noch wenige solcher Lagerstätten unterschiedlicher Größe. Damit verbunden ist eine wohl nur ansatzweise, vor allem aber zentralisierte Bereithaltung von Munition aller Kaliber und Typen. Diese Bündelung auf wenige Lagerstätten trägt dabei dem (angenommenen) Umstand Rechnung, dass ein Krieg vermutlich nicht in Deutschland stattfinden dürfte, sondern vielmehr weiter östlich. Freilich wären gerade diese wenigen zentralen Lagerstätten einer erhöhten Bedrohung im Kriegsfall unterworfen, weil sie auch der Gegenseite bekannt sein dürften. (Das Problem einer notwendigen und ausreichenden militärischen Absicherung im Sinne von Sicherungskräften wie im Kalten Krieg ist ebenso wenig gelöst.) Zusätzlich ist auch nicht offensichtlich, ob deutsche Munitionshersteller derzeit in ausreichendem Maße Munition produzieren, die dann von der Bundeswehr in solchen Lagerstätten bereitgehalten werden kann.

Interessanterweise erwähnten Medien jüngst erst die Wiederinbetriebnahme eines Munitionsdepots in Kriegsfeld, Rheinland-Pfalz.[16] Bereits vor einigen Jahren wurde zudem das Depot in Köppern, nahe Friedberg/Hessen, wieder in Betrieb genommen. Beides waren Einrichtungen von beträchtlicher Größe der US-Streitkräfte in Deutschland. Damit deutet sich ein Trend an, die Munitionslagerung auch künftig dezentral in wenigen großen Depots zu bündeln.

d) GSVBw Alzheim

Es steht außer Frage, dass die Kommunikationsmöglichkeiten im Jahr 2025 mit denen der ausgehenden 1980er Jahre in keinster Weise zu vergleichen sind — niemand vermisst die gelbe Telefonzelle am Bahnhof, wenn er ständig und überall mit Flat Rate auf dem Handy erreichbar ist, inklusive Internetzugang.

Im Rückblick wirkt das damalige Bundeswehrtelefonnetz, parallel zu dem der Bundespost angelegt und mit eigenen Vermittlungen versehen, nicht nur *old fashioned* analog, sondern geradezu anachronistisch. Das sowohl die Grundnetzschalt- und Vermittlungsstellen der Bundeswehr (GSVBw) in vielfach verbunkerten Anlagen 24/7 betrieben wurden und jede Kaserne einen eigenen Posthauptanschluss mitsamt Nennung im örtlichen Telefonbuch verfügte, scheint unvorstellbar. (Heute führt der Anruf bei der Bundeswehr, sofern man nicht den

---

[16] Anja Hartmetz, Donnersbergkreis. Baubeginn für Munitionsdepot frühestens 2026. Online: https://www.rheinpfalz.de/lokal/donnersbergkreis_artikel,-baubeginn-f%C3%BCr-muniti-onsdepot-fr%C3%BChestens-2026-_arid,5745825.html (25.2.2025).

Endteilnehmer direkt erreichen kann, zu irgendeinem Callcenter, das dann weitervermittelt.)

Bei den GSVBw handelte es sich um fern der Großstädte angelegte Telefonvermittlungen, die zudem für den innermilitärischen Fernschreibdienst genutzt und ebenso mittels Richtfunks an das Funknetz der NATO angebunden werden konnten. Zum Betrieb von letzterem besaß die Bundeswehr in der Fernmeldebrigade 900, zu den „Truppen Oberste Bundeswehrführung" gehörend, mehrere Richtfunkbataillone, die schwerpunktmäßig dort eingesetzt worden wären, wo eine Anbindung an das NATO-Funknetz zielführend war, also vor allem in der Nähe von bedeutenden Gefechtsständen (dazu im nächsten Abschnitt mehr).

Die äußerlich unauffälligen, aber voll verbunkerten und nicht sichtbaren Anlagen mit einem Verwaltungsgebäude hatten die sogenannten „weitverkehrsfähigen Leitungen" und Anschlusspunkte für militärische Netze und für Truppenleitungen zu betreiben, im militärischen Fernsprech- und Fernschreibverkehr zu vermitteln und die schnelle Anpassung von Fernmeldeverbindungen an die gegebene taktische Lage mobiler militärischer Einheiten (sprich: der Einheiten, Verbände und Gefechtsstände des Feldheeres in der FCZ) zu leisten. Dazu waren in solchen GSVBw im Dreischichtdienst 13 Soldaten, 31 männliche und weibliche Zivilangestellte der Bundeswehr, 15 Beschäftigte der Bundespost und 6 weitere Personen für die Datenübertragung der Luftwaffe tätig. In der Summe 62 Personen, für die Sicherstellung einer Schicht waren 14-20 Personen notwendig. Geführt wurde die Anlage von einem Fernmeldeoffizier im Rang eines Hauptmanns. An die GSVBw waren wiederum die örtlichen Standortvermittlungen angebunden und gleichzeitig wurde in Übungen und im Verteidigungsfall über dieses weitverzweigte Netz das AUTOKO (automatisiertes Korpsstammnetz) angebunden. Ergänzend ist zu erwähnen, dass es darüber hinaus auch zivilmilitärische Fernmeldenetze gab, die an die Bw-Netze angebunden waren und u.a. zur Information der Bevölkerung vor Gefahren genutzt wurden, wie beispielsweise im Rahmen des Warndienstes. Ferner existierten von den entsprechenden Bundesministerien etablierte zivile Netze zur Steuerung von Verkehr, Binnenschifffahrt etc.

Wäre der V-Fall eingetreten, hätte sich das gesamte GSVBw-Betriebspersonal bis zu 28 Tage autark im verschlossenen Schutzbau aufhalten können, um den militärischen Fernmeldebetrieb aufrecht zu erhalten. Ein funktionsfähiges militärisches Kommunikationsnetz sollte auch bei Kampfhandlungen im Bundesgebiet die Koordination und Führung militärischer Einheiten ermöglichen. Für die (oberirdische) Absicherung im Verteidigungsfall war der Einsatz eines

Sicherungszuges des Territorialheeres mit rund 50 Soldaten in der Anlage vorgesehen, die zu „verteidigen" gewesen wäre – diese kriegswichtige Anlage hätte nicht ausfallen dürfen. Zum Gebäude sollen allein ein paar Stichworte genügen:

- Der „vollversenkte" Bunker mit den Maßen ca. 29x47x10 Meter wurde in den frühen 1960er Jahren errichtet. Er hatte 48 Räume auf einer Fläche von rund 690 m², als Schutzbau Mauern von 3,5 Metern Dicke, das Verhältnis von Nutzfläche zum Betonvolumen betrug ca. 15:85. Der Bunker lag mit der Unterkante ca. 10 Meter unter dem Erdniveau, die Decke wurde ca. 50 Zentimeter mit Erde überschüttet.

- Im Innern war die Luftfeuchtigkeit wegen der Fernmeldegeräte auf 40% reduziert, die Lüftung lief ständig mit hohem Geräuschpegel. Der Einbau von Schallschutz erfolgte erst in den 1970er Jahren. Der Überdruck im Gebäude betrug 0,2 bar.

- Neben der Anbindung an das örtliche Stromnetz gab es ein Notstromaggregat, das aus einem 8-Zylinder-Dieselmotor von „Knorr-Bremse" mit 168 PS bei 1.000 U/min 125 Kilowatt erzeugte. Für ca. 28 Tage stand ein Treibstoffvorrat von ca. 26.000 Litern zur Verfügung. Zudem waren Akkumulatoren (Trockenbatterien) auf gedämpften Trägern vorhanden.

- Sämtliche Fernmelde- und technischen Anlagen waren schwingend gelagert, um im Falle eines Atomwaffenangriffes oder eines starken direkten Beschusses geschützt zu sein.

- Die GSVBw besaßen eine eigene Wasserversorgung mit einem Tiefbrunnen, aus dem Trink-, Kühl- und Wasser für sanitäre Zwecke gepumpt werden konnte.

- Für den Fall eines Atomwaffenangriffs war eine GSVBw hermetisch verschlossen, besaß eine Dekontaminationsschleuse sowie einen Verbrennungsschacht für kontaminierte Kleidung u.ä. In den Zwischengängen waren – wie im Bunker Nagelsgasse – Sitze und Liegen befestigt, auf denen sich die Insassen ausruhen oder bei einem zu erwartenden Angriff anschnallen konnten. Darüber hinaus gab es Ruheräume, eine Notküche sowie Sanitäranlagen.

Der technische Fortschritt macht solche ortsfesten und damit erheblich gefährdeten Anlagen in gewisser Hinsicht obsolet. Falls im Kriegsfall Mobilnetze weiter stabil zur Verfügung stehen und ergänzend Funk- und Satellitenkommunikation genutzt werden kann, braucht man das alte Telefonnetz nicht mehr. Die GSVBw wurden in den frühen Jahren dieses Jahrtausends abgeschaltet. Die GSVBw 41 beheimatet heute einen Ponyhof.

e) Kriegshauptquartier BMVg II in Mayen

Wo ist eigentlich der Bundeskanzler in einem Kriegsfall? Diese Frage lässt sich für heute nicht beantworten. Im Kalten Krieg wäre er Insasse des „Rosenhofs" gewesen, des Ausweichsitzes der Verfassungsorgane des Bundes im Regierungsbunker im Ahrtal.[17] Mit ihm wären Mitglieder der Bundesregierung, zumindest der relevanten Ministerien, und ihrer Arbeitsstäbe, also der personell reduzierten wesentlichen Anteile, dort eingezogen, darunter natürlich auch des BMVg. Hinzugekommen wären Mitglieder des Bundestages und des Bundesrates in Gestalt des sogenannten Gemeinsamen Ausschusses sowie Richter des Bundesverfassungsgerichtes, aber auch rund 300 Soldaten der Fernmeldetruppe für den Fernmeldeverkehr, weitere Soldaten als Unterstützungspersonal sowie das Wachbataillon beim Bundesministerium der Verteidigung zur militärischen Sicherung. Summa summarum wären damit rund 3.000 Insassen in den Bunker eingezogen, der über einen einzigen öffentlichen Fernsprecher (Telefonzelle) verfügte.

In diesem Bunker wäre für weitere Bereiche des Bundesverteidigungsministeriums kein Platz gewesen. Deswegen gab es für die Führungsstäbe der Teilstreitkräfte als „Kriegshauptquartier BMVg II bis V" bezeichnete Bunkeranlagen in den Kasernen von Kastellaun und Gerolstein sowie in der Untertageanlage (Bergwerk) in Mechernich. Der Führungsstab der Streitkräfte (Fü S), der Stab des Generalinspekteurs, hatte seine Ausweichunterkunft in Mayen in der heutigen Oberst Hauschild-Kaserne. Selbst wenn wegen ausbleibender Aktenfunde der personelle Umfang des Fü S in diesem Bunker bislang noch nicht beziffert werden kann, ist nicht davon auszugehen, dass seine damals sieben Stabsabteilungen mit allen Angehörigen dort Unterschlupf gefunden hätten. Vielmehr konnte hier wie auch in den übrigen Ausweichsitzen und Kriegshauptquartieren – übrigens aller Organisationen, die über solche verfügten – nur von einem Arbeitsstab die Rede sein. Immer ging es nur darum, die Arbeitsfähigkeit eines Arbeitsbereichs sicher zu stellen. Diejenigen, die für die kriegsbedingte Arbeit entbehrlich gewesen wären, hätten so lange wie möglich am Friedensdienstsitz ihre Arbeit weiter gemacht. Das Kriegshauptquartier des Fü S wäre im Krieg vom Sicherungsbataillon 902, einer Geräteeinheit mit vier Sicherungskompanien zu je 180 Soldaten, verteidigt worden.[18]

---

[17] Einführend dazu: Dokumentationsstätte Regierungsbunker. https://www.regbu.de/ (25.2.2025).

[18] Dragoner, a.a.O., S. 14-15. Demnach hätte das Sicherungsbataillon 901 (Geräteeinheit) in Daun das Kriegshauptquartier des Heeres in Kastellaun sowie der Marine in Gerolstein verteidigt. Die Luftwaffe verfügte über eigene Luftwaffensicherungsstaffeln (Geräteeinheiten) zu diesem Zweck.

Die Frage, warum diese Führungsstäbe so weit verstreut untergebracht gewesen wären, lässt sich einfach beantworten: Sie hatten im Krieg streng genommen keine Truppen der Bundeswehr zu führen. Geführt hätte die NATO mit ihren ebenfalls verbunkerten Gefechtsständen[19] oder denen im Felde bei den Korps und darunter angesiedelten Truppenteilen. Sie hatten sicherzustellen, dass die deutschen Streitkräfte personell und material so ausgestattet waren, wie der Verteidigungsauftrag es forderte oder die Nachschublage es zuließ.

Es ist heute unvorstellbar, dass die Bundesregierung im Kriegsfall irgendwo in Berlin verbliebe. Auch die derzeit genutzten Kasernen stellen keine sichere Infrastruktur bereit, die den Kriegshauptquartieren gleichgesetzt werden könnte. Noch weniger aber sind heute die infanteristischen Kräfte zum Schutz solcher Einrichtungen oder anderer Ausweichsitze vorhanden, von Drohnen und Mitteln gegen diese Art der Bedrohung ganz zu schweigen.

Der Bunker im Ahrtal ist heute zurückgebaut und dient lediglich noch als Museum. Das Kriegshauptquartier des Fü S ist wegen eines Grundwasserschadens zugeschüttet. Die Untertageanlage in Mechernich ist noch erhalten.

Resümee

Ein Terrain Walk, wie der im Jahr 2024 durchgeführte, kann aufzeigen, wie teilweise einfach und funktional die Bundeswehr im Kalten Krieg selbst in der Rear Combat Zone organisiert war, wie Logistik und Führung funktionieren sollten und welche Vorbereitungen auf ziviler Seite getroffen wurden. Die damalige Rear Combat Zone ist dabei von besonderem Interesse, da sie sich dem annäherte, was wir heute unter „Drehscheibe Deutschland" verstehen. Dabei muss jedoch berücksichtigt werden, dass alle damaligen Planungen davon ausgingen, dass die Mobilmachung der Bundeswehr wie auch die Alarmmaßnahmen der zivilen Seite sowie der verfassungsrechtliche Übergang des Staates vom Frieden über den Spannungsfall in den Verteidigungsfall reibungs- und verzugslos funktioniert hätte und noch mehr, dass alle Soldaten ihrem Einberufungsbescheid Folge geleistet hätten.

Schon zur damaligen Zeit waren sich viele allerdings der Unwägbarkeiten und der teilweisen Absurdität dieser Lage bewusst. Vico von Bülow, alias Loriot,

---

[19] Beispielsweise der Bunker „Erwin" in Börfink im Hunsrück als Sitz des Hauptquartiers der Allied Forces Central (AFCENT) sowie der Allied Air Forces Central (AIRCENT). Siehe: https://www.kuladig.de/Objektansicht/KLD-249701 (25.2.2025). Weitere Kriegshauptquartiere sind im Internet schnell und einfach mit einschlägigen Suchbegriffen zu finden.

gelang mit einem Sketch zum Bunker „K 2000" einmal mehr eine prägnante Analyse:[20] Der Bau von Luftschutzbunkern habe aktuell zwar (noch) keine Hochkonjunktur, aber der zweisitzige Kompaktschutzraum K 2000, seinerzeit „der Renner" auf der Hannover Messe, könne eine echte Perspektive für die sichere Zukunft bieten. Er sei zwar nicht so geräumig wie Modelle aus den 1940er Jahren, dafür aber kompakt, geradezu ein Schutzraum für die private Atmosphäre. Dazu böte er einen simplen Vorteil: Selbst im Falle eines nuklearen Volltreffers geriete er in eine ruhige, erdnahe Umlaufbahn und verglühe nicht beim Eintauchen in die Erdatmosphäre. Die sportliche Landung wäre für seine zwei Insassen verschmerzbar – hoffentlich.

Für heute bleibt festzuhalten, dass ein Großteil der besuchten Einrichtungen nicht mehr existiert oder in Zeiten eines vermeintlichen „Dauerfriedens" und eines damit einhergehenden überbordenden Sicherheitsgefühls ersatzlos aufgegeben wurde. Auch der bestehende Personalmangel steht im Kontrast zu früheren Zeiten. Es ist eine große Zahl von infanteristischen Kräften notwendig, um alle für schutzwürdig befundenen Einrichtungen abzusichern und dabei nicht nur zu schützen, sondern vielfach auch aktiv zu verteidigen. Während des Kalten Krieges wäre die Bundeswehr im Kriegsfall durch die Einberufung einer großen Zahl an Reservisten auf mehr als 1,4 Millionen Soldaten angewachsen. Heutzutage fehlt es an diesen zahlreichen Freiwilligen, die im Falle eines Krieges zu den Waffen eilen würden.

Ebenso sind die meisten Strukturen, welche die zivile Verteidigung und darin den Zivilschutz betreffen, heute nicht mehr vorhanden und müssen erst neu gedacht und dabei an aktuelle Bedrohungen, die sich auch auf den Informations- und Cyberraum erstrecken, angepasst werden. Dabei können Planungen und Vorbereitungsmaßnahmen aus der Zeit des Kalten Krieges durchaus als Referenz- und Projektionsrahmen dienen, um zu prüfen, wie Gesamtverteidigung organisiert wurde, was gut funktioniert hat, wo aber auch früher bereits Defizite bestanden (Stichwort „Objektschutz"). Solche Grundsatzüberlegungen können auch heute unter Annahme anderer Prämissen und veränderter Bedrohungsszenarien als gedanklicher Impulsgeber von Nutzen sein.

In den 1980er Jahren wünschten sich Soldaten der Bundeswehr zum Dienstschluss durchaus schonmal einen „atomfreien Abend" – eine Grußfomel, die (leider) wieder an Aktualität gewonnen zu haben scheint.

---

[20] Als Hörbeitrag unter https://www.youtube.com/watch?v=s5biRwXwYNs (25.2.2025).

Die Bedeutung von Tradition und Traditionspflege in der Bundeswehr für kriegstüchtige Streitkräfte

Uwe Hartmann

Die Anfänge der ministeriellen Arbeit an Tradition und Traditionspflege in der Bundeswehr dokumentiert das Handbuch Innere Führung.[1] Es wurde erstmals 1957 herausgegeben. Acht Jahre später unterschrieb der damalige Verteidigungsminister Kai-Uwe von Hassel den ersten Traditionserlass. 1982 folgte der zweite Traditionserlass mit der Unterschrift Hans Apels und 2018 der dritte, unterzeichnet durch Ursula von der Leyen.[2] Was sind die Unterschiede und Gemeinsamkeiten dieser Dokumente, und was sagen sie über die Bundeswehr sowie über ihr Verhältnis zu Politik und Gesellschaft aus?

Im Folgenden wird die These vertreten, dass sich das Traditionsverständnis der Bundeswehr immer weiter von einer auf den Zweck von Streitkräften ausgerichteten Institutionenethik hin zu einer weltbürgerlichen politischen Ethik entwickelt hat. Darin spielt die Kriegstüchtigkeit deutscher Streitkräfte kaum mehr eine Rolle. Im Vordergrund stehen allgemeine moralische Prinzipien aus der politischen Rhetorik und aus intellektuellen Debatten. Die militärische Führung vernachlässigte zunehmend ihre Autonomie in Fragen einer militärischen Berufsethik und einer daraus abgeleiteten Traditionspflege. Es kommt künftig darauf an, die militärischen Funktionen von Tradition stärker zu betonen – in der öffentlichen Debatte und vor allem in der militärischen Praxis.

Unterschiede, Gemeinsamkeiten und Entwicklungslinien

Wer nicht nur die drei Traditionserlasse liest, sondern auch einen Blick in das Handbuch Innere Führung von 1957 wirft, erkennt auf Anhieb wesentliche Unterschiede: Während das Handbuch ohne Scheu Tradition aus den „Forderungen des Gefechts" ableitet und auch der 1965er Erlass soldatische Tugenden und sittliche Überzeugungen in den Vordergrund rückt, meiden die letzten beiden Traditionserlasse Inhalte und Begriffe, die mit den besonderen Anforderungen an die Soldaten in kriegerischen Auseinandersetzungen in Verbindung

---

[1] BMVg, Handbuch Innere Führung, Bonn 1957 (⁵1972).

[2] Alle Erlasse sind nachzulesen in Donald Abenheim, Uwe Hartmann, Einführung in die Tradition der Bundeswehr. Das soldatische Erbe in dem besten Deutschland, das es ja gab, Berlin 2019, S. 223-247.

stehen. Stattdessen dominieren politisch-ethische Kategorien wie Freiheit und Frieden sowie Rechtsstaatlichkeit und Menschlichkeit, um die Wertgebundenheit der Tradition der Bundeswehr herauszustellen und ihre Einbindung in Staat und Gesellschaft zu betonen. Zwar grenzen alle Dokumente das militärische Brauchtum bzw. Symbole, Zeichen und Zeremonielle von der soldatischen Tradition ab, jedoch liefert nur das Handbuch Innere Führung Beispiele, die veranschaulichen, wie Soldaten aufgrund von althergebrachten Konventionen die „ernsten Forderungen des Gefechts gelegentlich recht unbedenklich ignoriert(en)...“. Unmissverständlich stellen die Autoren des Handbuchs fest: „Das ist ein alarmierendes Zeichen, denn soldatische Tradition sollte sich vom Gefecht, von der spezifischen Situation und der soldatischen Aufgabe ableiten, um einen Sinn zu haben, der von Soldat und Nichtsoldat erkannt und anerkannt wird.“[3]

Weder die Natur des Krieges noch seine historisch bedingten Erscheinungsformen mit den sich wandelnden Aufgaben für Soldaten finden in den Traditionserlassen angemessen Berücksichtigung. Stattdessen – und 2018 ist der vorläufige Höhepunkt erreicht – sind es universalistische Verfassungsprinzipien, die im Vordergrund stehen. Der Grund dafür dürfte darin liegen, dass die Stiftung und Pflege soldatischer Tradition auf einem Auswahlprozess beruht und dafür Kriterien benötigt werden. Die im Grundgesetz implizit angelegten Werte sollen darüber entscheiden, welche Personen, Ereignisse, Institutionen oder Prinzipien der deutschen (Militär-)Geschichte tradiert werden dürfen. Der Versuch, das Gute aus der schwierigen deutschen Vergangenheit politisch korrekt und gesellschaftlich akzeptabel auszuwählen, dominiert so stark, dass das spezifisch Soldatische und die damit verbundenen Werte und Tugenden in den Hintergrund geraten. Heute lenkt nicht so sehr das Brauchtum die Soldaten von den Realitäten des Krieges und ihren Aufgaben darin ab, sondern die hohen ethischen Maßstäbe, wie sie auch zur politischen Begründung von Auslandseinsätzen der Bundeswehr genutzt wurden. Da diese an den Realitäten in den Einsatzgebieten wie beispielsweise in Afghanistan scheiterten und bei nicht wenigen Soldaten nachträglich Sinndefizite auslösten, entstehen neuerdings Freiräume, sich wieder mehr auf das Militärische zu fokussieren.

Die Traditionserlasse sind also, im Unterschied zum Handbuch Innere Führung von 1957, zunächst und vor allem politische Dokumente; den Bezug zur Realität in der Truppe bzw. in Kriegen und Einsätzen stellen sie nur bedingt her. Soldaten durften bisher kaum Hilfe von der Stiftung und Pflege von Tradition erwar-

---

[3] Handbuch Innere Führung, S. 57ff.

ten, wenn es um das scharfe Ende ihres Berufes geht. Angesichts der Rückkehr des Krieges in der Mitte Europas sollte dies ein alarmierendes Zeichen sein. Kommen wir nun zu auffälligen Gemeinsamkeiten.

„Wie hältst Du es mit der Wehrmacht?"

Alle Dokumente drehen sich um die Gretchenfrage: „Wie hältst Du es mit der Wehrmacht?" Vor allem im Handbuch von 1957 und im Erlass von 1965 ist die Wehrmacht der „Elefant im Raum". Jeder weiß, dass sie ein Problem darstellt, aber niemand spricht darüber. Damals gab es dafür vor allem demographische Gründe. Große Teile der bundesdeutschen Bevölkerung hatten in der Wehrmacht gedient. Darauf nahmen die politischen Parteien Rücksicht. Zudem musste die Bundesregierung rund ein Jahrzehnt nach Ende des Zweiten Weltkrieges ehemalige Generale und Admirale sowie Offiziere und Unteroffiziere der Wehrmacht einstellen. Viele von ihnen hatten bereits zivile Berufe ergriffen und ließen sich nur zum Mitmachen gewinnen, wenn deren Leistungen in der Wehrmacht öffentlich anerkannt wurden – auch wenn daraus zahlreiche Dilemmata entstanden wie beispielsweise der Widerspruch zur auch vom damaligen Generalinspekteur, General Adolf Heusinger, gewollten herausragenden Bedeutung des militärischen Widerstandes gegen das nationalsozialistische Regime.

Erst als mit General Wolfgang Altenburg der erste General ohne Dienstzeit in der Wehrmacht zum Generalinspekteur der Bundeswehr ernannt worden war und die letzten ehemaligen Wehrmachtssoldaten die Bundeswehr verlassen hatten, fiel es der Politik leichter, die Wehrmacht aus dem Traditionsverständnis der Bundeswehr auszuschließen. Anlass für den 1982er Erlass waren Skandale wie beispielsweise die Rudel-Affäre 1976.[4] Im Jahr 2017 reichten bereits das Schattenbild eines Landsers sowie eine Replika einer Maschinenpistole in einem Betreuungsraum für Unteroffiziere aus, um den Umgang der Bundeswehr mit der Wehrmacht zu skandalisieren und die Aktualisierung des Traditionserlasses anzuordnen. Darin wurde noch deutlicher als 1982 herausgestellt, dass die Wehrmacht wie auch die NVA als Institutionen nicht zur Tradition der Bundeswehr gehören. Gleichwohl könnten einzelne Angehörige nach eingehender Einzelfallbetrachtung und sorgfältigem Abwägen aufgenommen werden. Dies ist eine Erweiterung des Traditionserlasses von 1982; allerdings verzichtet der neue Erlass auf den wichtigen Hinweis, wonach Tradition „... auch eine persönliche

---

[4] Daniel Schilling, Die Rudel-Affäre 1976, Berlin 2020.

Entscheidung ..." sei. Das Vertrauen der Politik in die Soldatinnen und Soldaten der Bundeswehr ist, wenn es um die Wehrmacht geht, begrenzt.

Die Rolle der Wissenschaften

Parallel zum Ausscheiden der letzten kriegsgedienten Soldaten beschäftigten sich die Geschichtswissenschaften mit der Frage, welche Rolle die Wehrmacht im NS-Staat gespielt hatte. War sie wirklich „sauber" geblieben, hatten ihre Angehörigen tatsächlich anständig gekämpft? Insbesondere die am damaligen Militärgeschichtlichen Forschungsamt (MGFA) beschäftigten Historiker konnten seit den 1980er Jahren die tiefe Verstrickung der Wehrmacht in die Verbrechen des NS-Staates nachweisen. In dieser Zeit setzte eine stark moralisierende, von Hass auf die Elterngeneration geleitete öffentliche Debatte ein, die in die erstmals 1995 gezeigte Wehrmachtausstellung mündete. Selbst in der aktuellen historischen Bildungsarbeit der Bundeswehr steht die deutsche Militärgeschichte als eine Geschichte von Vernichtungspolitik und Kriegsverbrechen nicht nur in den Weltkriegen, sondern neuerdings auch in den Kolonien im Vordergrund. Investiert die Bundeswehr zu viele Ressourcen in die Dekonstruktion von Legenden und Mythen und zu wenig in Traditionsinhalte, die dem Soldaten Sinn vermitteln und seine Kampfkraft stärken? Dass hier ein auffälliges Ungleichgewicht besteht, bestätigte kürzlich eine Ausstellung über die Fallschirmjäger im II. Weltkrieg. Deren Kernaussage war, dass die auch heute noch als besonders hoch geltende Kampfkraft von Fallschirmjägern lediglich auf einer besseren Ausstattung und geschickter Selbstvermarktung beruhte.[5] Interessenverbände und Ehemalige des Heeres und teilweise auch die Truppe boykottierten diese Ausstellung. In diesem Spagat zwischen wissenschaftlicher Dekonstruktion und der auch im 2018er Erlass geforderten Stärkung der Kampfkraft der Truppe durch Tradition befindet sich das heutige Zentrum für Militärgeschichte und Sozialwissenschaften der Bundeswehr (ZMSBw). Die Bundeswehr benötigt dieses Forschungsinstitut mit dem angegliederten Militärgeschichtlichen Museum, weil öffentliche Universitäten und Museen sich kaum mit Themen der Militärgeschichte und -soziologie beschäftigen. Die Forschung und in deren Folge auch der Wissenstransfer in die Truppe leiden allerdings darunter, dass die Angehörigen der Bundeswehr als Zielgruppe mit spezifischen Bedürfnissen zu wenig in den Blick kommen.

---

[5] Magnus Pahl, Armin Wagner (Hrsg.), Hitlers Elitetruppe? Mythos Fallschirmjäger, MHMBw Dresden 2021.

Während der Traditionserlass von 1965 noch die Bedürfnisse der Soldaten in den Vordergrund stellte, ist dies bereits 1982 nicht mehr der Fall. Seitdem ging es immer stärker um die Akzeptanz der Streitkräfte in einer Gesellschaft, die sich aus ethischen Gründen zunehmend von der bewaffneten Verteidigung distanzierte und sogar den militärischen Dienst mit seinen Besonderheiten wie Befehl und Gehorsam delegitimierte. Vor allem Intellektuelle sahen in der Bundeswehr eine Gefahr für die Demokratie. Anlass für den neuesten Traditionserlass waren nicht die kriegerischen Ereignisse in Afghanistan in den Jahren 2008 bis 2013 oder die Annexion der Krim im Jahr 2014 durch Russland, sondern das Auffinden rechter Netzwerke innerhalb der Bundeswehr 2017. Auch im dritten Jahr des Krieges in der Ukraine scheinen die Strategie der nuklearen Abschreckung sowie die Allgemeine Wehrpflicht mit dem heute vorherrschenden umfassenden Glücksversprechen des Staates für seine Bürger nicht zusammenzugehen. Immer noch gibt es Meinungsmacher, die „.... eine unzulängliche Armee für weniger unmoralisch als ein zulängliche"[6] halten.

Insgesamt lässt sich folgende Entwicklung feststellen: 1957 beruhte das Traditionsverständnis auf einer Institutionenethik, deren oberstes Ziel die Schlagkraft der Streitkräfte in einem Krieg der Zukunft war; ihr primärer Zweck bestand darin, den Soldaten bei seinen schwierigen Aufgaben in Abschreckung und Verteidigung zu helfen. Dieses Ziel verloren die letzten beiden Traditionserlässe aus den Augen. 1982 standen die Demokratietauglichkeit der Streitkräfte und deren gesellschaftliche Akzeptanz im Vordergrund; 2018 waren es Zweifel an den demokratischen Einstellungen der Soldatinnen und Soldaten. Die starke Betonung politisch-ethischer Kategorien entkoppelte das soldatische Ethos von der Natur des Krieges und seinen wandelbaren Erscheinungsformen. Deren Scheitern als Begründungsinstanzen für Auslandseinsätze beförderte Sinndefizite unter den Soldatinnen und Soldaten der Bundeswehr und dürfte sich auch auf die Personalwerbung negativ auswirken.

Die Politik trägt dafür die Hauptverantwortung. Allerdings sollten auch die Rollen der Medien, dabei vor allem der Intellektuellen, sowie der militärischen Führung mitbedacht werden. In den Medien wurden über Jahrzehnte hinweg das Traditionsverständnis und die Traditionspflege der Bundeswehr skandalisiert,

---

[6] Arnold Gehlen zitierte in den 1960er Jahren eine Aussage des britischen Premierministers Lord Attlee, wonach aus „... unerfindlichen Gründen ... die Leute ... eine unzulängliche Armee für weniger unmoralisch als ein zulängliche..." hielten. Siehe Arnold Gehlen, Moral und Hypermoral. Eine pluralistische Ethik, Wiesbaden ⁴1969, S. 144.

vor allem, um die Sicherheitspolitik der jeweiligen Bundesregierungen unglaubwürdig zu machen. Sie prägten damit nicht nur die sicherheitspolitischen Einstellungen der Deutschen, sondern untergruben auch die Wertschätzung des Soldaten in der Gesellschaft, was – im Gegenzug – zu der immer stärkeren Ausrichtung des Traditionsverständnisses der Bundeswehr auf deren möglichst positive öffentliche Wahrnehmung führte. Angesichts der meinungsbildenden Macht der Medien war dies von Anfang an ein hoffnungsloses Unterfangen, für das die militärische Funktion von Tradition als Förderung von Kampfkraft der Truppe und Hilfe für den einzelnen Soldaten vernachlässigt wurde. Wie stark das Misstrauen in die Soldaten vor allem unter Intellektuellen ausgeprägt ist, zeigte sich zuletzt in der politischen Debatte über die Anschaffung und Bewaffnung von Drohnen. Dass die Bundeswehr angesichts fehlender Mittel zur Drohnenabwehr heute in einer Auseinandersetzung mit russischen Streitkräften im Nachteil wäre, verdeutlichte kürzlich der Militärhistoriker Sönke Neitzel mit der Warnung, dass, sollte das gegenwärtige Vabanque-Spiel in der Verteidigungspolitik nicht aufgehen, die verantwortlichen Politiker „an vielen Gräbern" deutscher Soldaten stehen müssten.[7]

In der öffentlichen Debatte über soldatische Tradition hält sich die militärische Führung der Bundeswehr, die qua Erziehungsauftrag eigentlich die Deutungshoheit darüber haben müsste, zurück. Zu stark sind die Befürchtungen, in den Medien zurechtgestutzt und ggf. von der politischen Leitung entlassen zu werden. Immerhin wagte ein Heeresgeneral noch kurz vor seiner Zurruhesetzung, die in den 1980er Jahre skandalisierte Ausbildungshilfe „Kriegsnah ausbilden" in aktualisierter Form herauszugeben.

Die Machtunterschiede zwischen Medien und Militär stellen ein Problem für die weitere Arbeit an der Tradition dar. Zu Recht beschreibt Sönke Neitzel Tradition als eine Verhandlungssache; sein Kollege Klaus Naumann spricht davon, das, was militärisch notwendig und gesellschaftlich akzeptabel ist, auszutarieren.[8] In derartigen Debatten wären Repräsentanten des Militärs ungleiche Partner. Um das Machtgefälle zu den Medien wenigstens ein wenig auszugleichen, müssten der Bundesminister der Verteidigung und der Generalinspekteur der Bundeswehr gemeinsam in die Bresche springen. Tatsächlich hat Boris Pistorius mit

---

[7] Die WELT vom 24.09.2024: „Man kann nur beten, dass Scholz recht hat. Sonst wird er an vielen Gräbern stehen müssen"

[8] Klaus Naumann, Der Wald und die Bäume. Spannungsfelder in der Traditionsdiskussion der Bundeswehr. In: Donald Abenheim / Uwe Hartmann (Hrsg.), Tradition in der Bundeswehr. Zum Erbe des deutschen Soldaten und zur Umsetzung des neuen Traditionserlasses, Berlin 2018, S. 56-71.

dem Begriff der „Kriegstüchtigkeit" die Debatte nicht nur befruchtet, sondern auch einen Achtungserfolg gegen den vorherrschenden Zeitgeist erzielt. Allerdings hat der Generalinspekteur die teilweise unglücklich formulierten Ergänzungen zum Traditionserlass von 2018[9] wieder einkassiert, ohne die berechtigte Kritik daran anzuerkennen, aber gleichzeitig die Notwendigkeit von Anpassungen zu begründen, um die Kriegstüchtigkeit der Truppe (und auch von Politik und Gesellschaft) zu stärken. Das Handbuch Innere Führung von 1957 ging noch davon aus, dass der Sinn von Tradition trotz der damals weitverbreiteten „Ohne-mich-Stimmung" auch vom „...Nicht-Soldat(en) erkannt und anerkannt wird".

Wie sehr die Auswirkungen dieser zeitgeschichtlichen Entwicklungen noch heute das Denken vieler Menschen beeinflussen, zeigen die empirischen Befunde der Meinungsforschung. Bürgerinnen und Bürger äußern ihre positiven Einstellungen zur Bundeswehr nicht im Freundes- und Bekanntenkreis, weil sie befürchten, dass diese ihre Meinung nicht teilten und guthießen.[10] Dies dürfte sich kaum ändern, wenn die politische Leitung und militärische Führung der Bundeswehr nicht gemeinsam Kriegstüchtigkeit als gesamtgesellschaftliche Aufgabe begründen.

Neueste Entwicklungen

Die aus den 1960er Jahren stammenden Zeitgeistströmungen sind eher ungünstig für eine die Kriegstüchtigkeit fördernde Traditionspflege. Es gibt allerdings neuere positive Entwicklungen: Das Vertrauen der Deutschen in die Bundeswehr ist auf einem Höchststand; die Mehrheit der Bevölkerung fordert nicht nur mehr Geld für die Bundeswehr und eine Wiedereinführung einer Allgemeinen Wehrpflicht, sondern auch mehr Anerkennung für die Soldatinnen und Soldaten. Sie wünschen sich, dass diese sich stärker in der Öffentlichkeit zeigen, auch durch Formen der Traditionspflege. Zudem nimmt das Verständnis für die Gefahren der hybriden Kriegführung vor allem Russlands zu; in der Folge wird Verteidigung zunehmend als gesamtgesellschaftliche Aufgabe gesehen, wie es auch schon im Handbuch Innere Führung beschrieben worden war. Weiterhin sind von der neuen Veteranenkultur und der wiederbelebten Reserve weitere Impulse für die Traditionspflege in Bundeswehr und Öffentlichkeit zu erwarten.

---

[9] BMVg, Weisung zur Herausgabe der ergänzenden Hinweise zu den Richtlinien zum Traditionsverständnis und zur Traditionspflege der Bundeswehr, 12. Juli 2024.

[10] Meike Wanner, Das Ansehen der Bundeswehr. Persönliche Einstellung versus Meinungsklimawahrnehmung, Baden-Baden 2019.

Auch in der Truppe zeigt die Aufforderung, mit Stolz Tradition zu stiften, Wirkung. Viele Maßnahmen dienen dem Gedenken an gefallene Kameraden. Die Formen der Traditionspflege reichen dabei von Gedenkstätten in den Einsatzgebieten, die im Wald der Erinnerung zusammengeführt wurden, über die Benennung von Straßen innerhalb von Kasernen bis zu deren Umbenennung. Daraus entstehen auch Möglichkeiten für die Zusammenarbeit mit der Öffentlichkeit.

Bei der Suche nach vorbildlichen Personen fällt der Blick nunmehr auf Angehörige der Gründergeneration der Bundeswehr, die, obzwar Angehörige der Wehrmacht, sich um den Aufbau neuer deutscher Streitkräfte in der Demokratie verdient gemacht haben. Offiziere veröffentlichten Bücher, in denen sie die Traditionswürdigkeit von ehemaligen Wehrmachts- und Bundeswehroffizieren wie beispielsweise Reinhard Hauschild und Franz Weller prüften[11]. Das ZMSBw arbeitet an Veröffentlichungen zu den identitätsstiftenden Symbolen der 70-jährigen Bundeswehrgeschichte[12] und für eine praktische Traditionspflege, die auf einer verständlichen Erläuterung des gültigen Traditionserlasses beruht. Die Teilstreitkräfte haben eigene Handreichungen zur Tradition und Traditionspflege erlassen. Auch das Militärgeschichtliche Museum der Bundeswehr sowie der aus über 100 Regionalen Ausstellungen und Lehrsammlungen bestehende Sammlungsverbund der Bundeswehr bedienen das starke Interesse der Soldatinnen und Soldaten mit einem vielfältigen Programm. Hier wächst eine neue Erinnerungskultur von unten heran, deren öffentliche Wirkung allerdings begrenzt ist. Dagegen ist es der aus den Auslandseinsätzen entsprungenen Veteranenbewegung gelungen, ihre Anliegen bis in die Politik hinein zu tragen und die Mitglieder des Deutschen Bundestages zu bewegen, einen Veteranentag einzuführen.

Folgerungen

In der derzeitigen angespannten sicherheits- und verteidigungspolitischen Lage muss die Glaubwürdigkeit der Abschreckung gegenüber Russland verstärkt

---

[11] Olaf Rönnau, Oberst Franz Weller (1901-1994) vom Kadettenkorps zur Bundeswehr. Soldat in drei Armeen. Erinnerungen an den ersten Kommandeur Infanterieschule Hammelburg (1956-1957), Berlin ²2024; Dirk Drews, Stefan Gruhl, (Hrsg.): Oberst Reinhard Hauschild 1921-2005. Traditionsstifter für die Bundeswehr? Gedenkschrift zum 100. Geburtstag, Berlin 2021.
[12] Sven Lange, Heiner Möllers (Hrsg.), Geschichte der Bundeswehr in 100 Objekten (im Erscheinen).

94

werden. Neben der Beschaffung überlegener Waffensysteme fördert die Bundeswehr die Persönlichkeitsbildung ihrer Angehörigen. Wie 1957 stellt sich die Frage, welche Werte und Tugenden sich „... vom Gefecht, von der spezifischen Situation und der soldatischen Aufgabe ableiten..." lassen.

Die bisherige Fokussierung der Stiftung und Pflege von Tradition auf die politische und gesellschaftliche Akzeptanz der Bundeswehr reicht dafür nicht aus. Vielmehr müssen deren militärische Funktionen stärker gewichtet werden, um Kriegstüchtigkeit zu fördern. Dazu zählt beispielsweise die Überlieferung von Verhaltensweisen, die den Soldaten in unklaren und gefährlichen Situationen ein intuitives Handeln ermöglichen. Deren Selbstvertrauen und Bereitschaft zum selbständigen Handeln steigen, wenn sie sich darauf verlassen dürfen, dass ihre Orientierung an anerkannten Vorbildern und beispielhaftem Handeln Akzeptanz sowohl bei Vorgesetzten als auch in der Öffentlichkeit findet. Wegen der brutalen Natur des Krieges, in dem das Gefecht die einzige Währung ist (Clausewitz), benötigen Soldaten diese als „Faustregeln" oder „Helfer-in-der-Not". Zudem müssen sie sich auch darauf verlassen können, dass Kameraden sich an sie erinnern, falls sie fallen. Dieses Gedenken ist die moderne Form der weltlichen Unsterblichkeit. Kampfkraftsteigend wirkt Tradition auch über die Förderung des inneren Zusammenhalts der Truppe, auch mit Reservisten und Veteranen, die im Fall der Fälle zur Personalverstärkung benötigt werden. Die Akzeptanz der Streitkräfte in Politik und Öffentlichkeit bleibt ein wichtiges Ziel angesichts zunehmender hybrider Angriffe gegen die Regierungsfähigkeit und den gesellschaftlichen Zusammenhalt in Deutschland. Allerdings sollten *alle* Funktionen von Tradition in einem Gleichgewicht gehalten werden, um bestmöglich zur heutigen umfassenden Kriegstüchtigkeit beizutragen.[13]

Als Vorbilder aus der Geschichte der Bundeswehr eignen sich zunächst die Träger der Tapferkeitsmedaille sowie Soldaten, die ihr Leben für andere opferten. Das Spektrum für die Auswahl sollte jedoch erweitert werden, wie es der neue Traditionserlass ermöglicht: Stauffenberg wird vor allem als führende Persönlichkeit des militärischen Widerstands geehrt. Daneben sollte auch seine hohe militärische Leistungsfähigkeit berücksichtigt werden. Dies gilt auch für die Angehörigen der Aufbaugeneration der Bundeswehr, bei denen ihr Beitrag zur Erfolgsgeschichte der Bundeswehr im Vordergrund steht, ihre Leistungen im Zweiten Weltkrieg jedoch kaum gewürdigt werden. Auch wenn Wehrmachtssoldaten nur nach sorgfältiger Prüfung ihrer Gesamtpersönlichkeit in die nähere

---

[13] Zu den Funktionen von Tradition und Traditionspflege siehe Abenheim/Hartmann, a.a.O., S. 19-40.

Auswahl kommen, so zeigten viele von ihnen in Gefechten ein beispielhaftes Handeln im Sinne der Auftragstaktik (heute: Führen mit Auftrag). Auch die Bundeswehr bekennt sich zu diesem Führungsprinzip, das von ihren Vorgängerarmeen entwickelt wurde und auf taktisch-operativer Ebene maßgeblich zu militärischen Erfolgen gegen oftmals zahlenmäßig überlegene Gegner beigetragen hat. Die Orientierung des eigenen Handelns an dem der Kampfpioniere, die im Zuge des Frankreichfeldzuges der Wehrmacht den Übergang an der Marne im Mai 1940 ermöglichten, ist wünschenswert.[14] Nicht, weil diese Unteroffiziere als Person vorbildlich waren, sondern weil ihr Handeln das Führungsprinzip widerspiegelt, nach dem sie soldatisch erzogen wurden und das in Form der Inneren Führung auch heute die Angehörigen der Bundeswehr kulturell prägen soll. Hier kommt die erzieherische Funktion von Tradition besonders deutlich zum Vorschein. Es kommt darauf an, die Innere Führung und in ihr das Führen mit Auftrag als traditionswürdig zu begründen und als eine selbst eingegangene Verpflichtung vorzuleben. Hier liegt das zentrale Gebiet der Autonomie der militärischen Führung. Allerdings gibt es zahlreiche empirische Belege über fehlende Akzeptanz der Inneren Führung sowie Defizite in der für die Auftragstaktik unverzichtbaren Fehlerkultur. Für Verbesserungen können die Stiftung und Pflege von Tradition wertvolle Beiträge liefern.

Ein neuer Traditionserlass sollte die Anforderungen aus der heutigen sicherheits- und verteidigungspolitischen Situation gleich zu Beginn betonen: Statt im ersten Satz in einer interpretationsbedürftigen Sprache festzustellen, dass die „Tradition der Bundeswehr den Kern ihrer Erinnerungskultur und eine bewusste Auseinandersetzung mit der Vergangenheit in gewachsenen Ausdrucksformen" ausmacht, sollte unmissverständlich festgestellt werden, dass Tradition zunächst und vor allem dazu dient, die Kriegstüchtigkeit der Streitkräfte zu erhöhen. Im Vordergrund sollten die soldatischen Werte und Tugenden stehen. Der zu Recht geforderte Verfassungspatriotismus ist die Grundlage für die Selbstbehauptung des Staates gegenüber physischen und moralischen Angriffen, für die der Beitrag des Soldaten unerlässlich ist. Dies impliziert eine Fürsorge des Staates für seine Soldaten, aber kein Glücksversprechen. Auch die Verankerung der Bundeswehr in der Gesellschaft ist in Zeiten hybrider Angriffe unverzichtbar. Erst danach sollte ein neuer Erlass die Werte anführen, nach denen der Auswahlprozess von Personen, Ereignissen, Institutionen und Prinzipien zu gestalten ist. Tradition muss also vom Kopf auf die Füße gestellt werden.

---

[14] Karl-Heinz Frieser, Blitzkrieg-Legende. Der Westfeldzug 1940, Berlin/Boston ⁵2021.

Empfehlungen für Vorgesetzte in der Truppe

Bei der Stiftung und Pflege von Tradition kommt es auf die Truppe an. Kommandeure und Chefs sollten daher Rahmenbedingungen für den täglichen Dienst schaffen, die es ihren Soldatinnen und Soldaten erleichtern, dafür Ideen zu entwickeln und Initiativen zu ergreifen. Da diese den Sinn und Zwecke von Tradition nicht immer kennen, sollten Vorgesetzte durch geeignete Bildungsmaßnahmen deren Verständnis und Bereitschaft zur Mitarbeit wecken. In einem ersten Schritt böte sich die Beschäftigung mit den Namensgebern und ggf. die Umbenennung von Kasernen oder sonstigen Infrastrukturen an. Hierbei sollten Vorgesetzte die verschiedenen Funktionen von Tradition erläutern und dabei die militärische, auf das schnelle Denken und Handeln bezogene Funktion betonen. Was dies konkret bedeutet, sollten Vorgesetzte aller Ebenen aus dem Auftrag und den Aufgaben ihrer Einheit bzw. ihres Verbandes möglichst praxisnah ableiten.

Vorgesetzte sollten auch bei der Stiftung und Pflege von Tradition als Vorbild vorangehen – indem sie ihr Dienstzimmer so ausgestalten, dass Exponate an Wänden, in Vitrinen oder auf dem Schreibtisch zu Gesprächen darüber anregen; indem sie die örtlichen Lehrsammlungen und Regionalen Ausstellungen sowie die Standorte des Militärhistorischen Museums der Bundeswehr und dessen Partnermuseen wie beispielsweise das Marinemuseum in Wilhelmshaven auch für die Traditionsarbeit nutzen; indem sie offen und ehrlich über ihr persönliches Traditionsverständnis sprechen und das Gespräch darüber auch öffentlich und mit zivilen Partnern suchen. Dies erfordert bisweilen Mut; aber Tapferkeit und Zivilcourage sind eben auch Kern jeder soldatischen Tradition. Grundsätzlich sollte das Thema der Tradition auch Gegenstand von Übergabegesprächen von Chefs und Kommandeuren an ihre Nachfolger sein.

Vorgesetzen sollten zudem Bücher lesen und deren Lektüre empfehlen. Das Programm „Literatur im Heer" stellt kostenlos Bücher zum Download zur Verfügung, die sich für die Suche nach Traditionsinhalten eignen. Wie selbstverständlich suchen Soldaten nach Vorbildern in ihrem Truppenalltag. Bücher erweitern das Blickfeld für diese Suche über die unmittelbaren Vorgesetzten hinaus. Zudem sind das Lesen (selbst in Krieg und Einsatz) genauso wie das Leitbild des gebildeten Soldaten Kernelemente deutscher Militärtradition.

Tradition darf keine reine intellektuelle Angelegenheit bleiben. Es kommt darauf an, diese mit der einsatz- und kriegsnahen Ausbildung zu verbinden. In der Vor- und Nachbereitung von Übungen sollten Vorgesetzte mit militärhistorischen Beispielen arbeiten, die beispielsweise den Wert von Führen mit Auftrag für die erfolgreiche Auftragserfüllung veranschaulichen. Sie sollten ihre Soldatinnen und Soldaten motivieren, nach diesen Vorbildern und Beispielen zu handeln und ihnen versichern, dass ihr selbständiges Handeln belohnt wird, auch wenn sie Fehler machen. Die Anlage von Ausbildungen und Übungen sollte die Bereitschaft, vom Auftrag abzuweichen, genauso fördern wie das Mitdenken im Sinne der Absicht der übergeordneten Führung. In die Übungsbefehle könnten beispielsweise Fehler eingebaut werden, damit Soldaten diese selbständig beheben. Ausbildungsmethoden wie beispielsweise das Kriegsspiel oder der Sandkasten eignen sich besonders für die Schulung von Entscheidungs- und Charakterstärke, weil Soldatinnen und Soldaten dabei wie in einem Simulator Fehler machen können, ohne dass daraus wie beispielsweise bei freilaufenden Übungen größere Friktion entsteht.

Chefs und Kommandeure sollten diejenigen herausstellen, die sich in besonderer Weise verdient gemacht haben um die Einsatzbereitschaft bzw. Kriegstüchtigkeit sowie das Ansehen ihrer Einheit oder ihres Verbandes. Soldatinnen und Soldaten, die beispielsweise mit der Tapferkeitsmedaille ausgezeichnet wurden, eignen sich dafür in besonderer Weise. Hinzu kommt: Traditionspflege ist immer auch eine Selbstverpflichtung des Vorgesetzten für gutes Führen.

Der Ausbau und die Pflege von Kontakten zu Veteranen und Reservisten wird angesichts der Herausforderungen für die Gesamtverteidigung immer wichtiger. Veranstaltungen zur gemeinsamen Traditionspflege sind dafür besonders geeignet.

Höheren Truppenführern sei empfohlen, mehr Engagement im „Aushandlungsprozess" mit Politik und Gesellschaft über Traditionsinhalte zu zeigen. Sie sollten *alle* Funktionen von Tradition öffentlich verdeutlichen, nicht nur die wohlfeile der Förderung von Akzeptanz von Streitkräften in der Gesellschaft. Sollte es zu öffentlicher Kritik kommen, müssen Vorgesetzte sich vor ihre Truppe stellen.

Der gebildete Soldat – Das Bildungsverständnis in der Bundeswehr und seine Bedeutung für kriegstüchtige Streitkräfte

Reinhold Janke

Soldatische Bildung als Innovation und Integration

> *Die Bildung des Offiziers verfeinert*
> *das Militär nach und nach.* (Scharnhorst)[1]

Meinen Beitrag leiten persönliche Erfahrungen ein. In den 1980er Jahren inspirierte mich als Student ein Romantik-Seminar bei Prof. Dr. Gerhard Schulz (1928-2022) aus Melbourne, der eine Gastprofessur in Regensburg wahrnahm. Nach einer Seminarsitzung fragte er mich interessiert nach meinen Zukunftsplänen. Als ich ihm antwortete, dass ich Berufsoffizier werden wolle, war er sichtlich überrascht und zugleich erfreut. Er drückte mir die Hand und beglückwünschte mich zu meinem Vorhaben mit dem Hinweis, dass die Bundeswehr gebildete Soldaten brauche, um als Armee schlagkräftiger und auch gesellschaftlich angesehener zu sein. Dass sich ein Germanistikprofessor zum Militär und Soldatenberuf derart positiv äußerte, war seinerzeit keineswegs selbstverständlich.

2002 hielt ich als Regimentskommandeur beim ‚Dies academicus' des Germanistiklehrstuhls, an dem ich als Student beschäftigt gewesen war, einen Vortrag. Tagungsthema war die Berufsperspektive von Philologen außerhalb des klassischen Berufsfeldes. Ich verwies unter anderem auf den Mehrwert eines (literatur)wissenschaftlichen Studiums auch für Soldaten und betonte den Sinn der Persönlichkeitsbildung am Beispiel historisch-politischer und der Herzensbildung. Am Leitbild vom Staatsbürger in Uniform erläuterte ich zudem die Bedeutung ethischer Bildung und die Notwendigkeit eines Wertegerüsts als militärische Entscheidungs- und Handlungsgrundlage. In der ‚Süddeutschen Zeitung' (vom 25.06.2002) wurde darüber berichtet. Darauf bezugnehmend wurde in

---

[1] Gerhard von Scharnhorst: Anleitung zur Lectüre. Von dem Nutzen wissenschaftlicher Kenntnisse, den Vorurtheilen gegen dieselben und dem gewöhnlichen Studiren. In: Zeitschrift Militär-Bibliothek 1782.

einer Studie über ‚Politische Korrektheit‘ mein Vortrag als „Parallele zu den Brandreden deutscher Geisteswissenschaftler zu Beginn des ersten Weltkriegs“ und als „Geist von 1914“ diffamiert, der „in Deutschland keineswegs völlig in den Asservatenkammern der Geschichte verschwunden“ sei. Die Unterstellung gipfelte in dem Satz „Edle Einfalt, stille Größe, und den Faust im Marschgepäck.“[2] Mit dieser Polemik sollte vor allem der in meinem Vortrag erhobene Bildungsanspruch der Bundeswehr diskreditiert werden.

Bildung und Militär stellten noch nie einander ausschließende Gegensätze dar. Ein Anspruch, den ‚gebildeten Soldaten‘ als zeitlosen Universaltypus allgemeingültig darstellen zu wollen, wäre jedoch vermessen. Dafür sind die kulturellen Eigenheiten und der Betrachtungszeitraum viel zu groß. Zudem beruht Bildung neben Individualität auf Milieu, Talent, Charakter sowie auf Bildungswillen, so dass eine Generalisierung fehlginge. Das Soldatenbild ist ohnehin gefährdet, durch Pauschalierung, topische Überzeichnung oder bösartige Verzerrung entstellt zu werden. Der französische Althistoriker Jean-Michel Carrié hat die Gefahr jeglicher Rollenzuschreibung am Beispiel des römischen Soldaten verdeutlicht: „Unkenntnis des ‚wirklichen Soldaten‘ (…) führt dazu, dem Soldaten eine Rolle zuzuweisen, die viel eher einer Abstraktion als einer Person entspricht. Mehr denn je ist er ein miles, ein Singular von kollektivem Wert.“[3]

Karl Demeter hat das Pauschalierungsproblem noch konkreter benannt: „Den Bildungsstand oder das Bildungsniveau des deutschen Offizierkorps zu schildern oder zu analysieren, schiene mir eine Aufgabe, die mit wissenschaftlicher, mit historisch-soziologischer Methode wohl kaum gelöst werden könnte. Er ist etwas schlechthin Persönliches, Individuelles. Über ihn vom Offizierkorps als

---

[2] Marc F. Erdl: Die Legende von der Politischen Korrektheit: Zur Erfolgsgeschichte eines importierten Mythos. Transscript Verlag, Bielefeld 2004, S. 53f. Dass Goethes ‚Faust‘ in beiden Weltkriegen als Tornisterlektüre diente, ist bekannt. Dass allerdings Winckelmanns Leitkriterium klassisch-antiker Ästhetik deutsche Soldaten an die Front begleitet habe, wirkt arg bemüht. Obwohl sogar Platons ‚Gastmahl‘ als Feldpostausgabe existiert, gehört Winckelmann aus verständlichen Gründen kaum zur Soldatenlektüre. So verbirgt sich hier nur der Vorwurf einer Ästhetisierung des Krieges.
[3] Jean-Michel Carrié: Der Soldat. In: Andrea Giardina (Hg.): Der Mensch der römischen Antike. (Originalausgabe L’uomo Romano. Editora Laterza, Rom 1989). Campus Verlag, Frankfurt a.M. 1991, S. 157.

überindividueller Gemeinschaft etwas auszusagen, würde bestenfalls auf eine Addition oder auf wertlose Gemeinplätze hinauslaufen."[4]

Dieses Darstellungsdilemma bestimmt auch vorliegenden Beitrag, der an skizzenhafter Verkürzung und Generalisierung nicht ganz vorbeikommt. Soldatische Bildung – sei es als durchorganisiertes Bildungskonzept, pädagogisches Programm, befohlene Einzelmaßnahme oder motiviertes Selbststudium – genießt in der Bundeswehr offiziell einen besonderen Stellenwert. Die vielfältigen Bildungseinrichtungen, die hochspezialisierte Lehrgangslandschaft, die attraktiven Studiengänge und die hochwertigen Qualifizierungsmaßnahmen bis zum modernen Berufsförderungsdienst sind Bausteine einer Bildungsarchitektur, die ihresgleichen sucht. Das formale (Aus)Bildungsniveau der Bundeswehrangehörigen liegt bereits bei der Einstellung deutlich über dem Bundesdurchschnitt und wird während der Dienstzeit weiter angehoben. Der Spruch, man müsse am Kasernentor sein Hirn abgeben, ist nur eine bösartige Hetzparole. Denn oftmals wird in der Bundeswehr das Gehirn erst richtig aktiviert – durch bis dahin noch kaum erlebte Lernanforderungen und Leistungserwartungen, die nur mit Ordnung, Disziplin, Konzentration, Gedankenklarheit, Hartnäckigkeit und Zielorientierung erfüllbar sind. Auffällig sind indes die oft eklatanten Defizite des Nachwuchses, die als Abholpunkte für die künftige Führung, Bildung, Erziehung, Ausbildung, Sozialisation und für den Aufbau der notwendigen Fitness und mentalen Stärke zu berücksichtigen sind.

Ein hoher soldatischer Bildungsgrad gewährleistet neben den generellen gesellschaftlichen Vorzügen auch ein kulturelles Korrektiv und Palliativ für die notwendige Robustheit und Rigorosität militärischer Profession und reintegriert sie damit in die Zivilgesellschaft, der die raue Realität des militärischen Berufsstandes nicht zumutbar ist. Denn Reflexionsfähigkeit und Robustheit schließen einander nicht aus. Das soldatische Berufsbild setzt mit seinem dezidierten Bildungsanspruch auf gefestigte Charaktere, die Authentizität erzeugen und damit dem politischen und sozialen Umfeld Verhaltenssicherheit, Vertrauen und Verträglichkeit signalisieren.

Der gebildete Soldat wird gerade von der Inneren Führung gefordert, da sie auch eine Bildungskonzeption auf ausgeprägt ethischem Fundament darstellt. Die

---

[4] Karl Demeter: Das Deutsche Offizierkorps in Gesellschaft und Staat 1650-1945. Gekürzte Sonderausgabe der dritten Auflage. Bernard & Graefe Verlag für Wehrwesen. Frankfurt am Main 1963, S. 69.

Attraktivität des Soldaten erweist sich nicht zuletzt an seiner Bildung, als Ausdruck von Kompetenz und sozialer Integrationsfähigkeit.

Bereits die ‚Preußischen Reformen' beinhalteten eine Bildungsreform, die von Wilhelm von Humboldts (1767-1835) Bildungsideal angeleitet und geprägt wurde. Auf antiken Vorbildern und der klassischen Philologie aufbauend, strebte Humboldt eine ganzheitliche und zunächst zweckfreie Menschenbildung an, die das Privileg elitärer Standeserziehung durch eine allgemeine, staatlich organisierte Volksbildung mit einer Stufenfolge aus Elementarschule, Gymnasium und Universität ersetzte. Das hier zugrunde liegende humanistische Menschenbild ist von Individualität, Freiheitssinn und Menschenwürde geprägt. Es sollte eine selbstbestimmte Entfaltung durch Freiheit, Geist, Sittlichkeit und Anmut ermöglichen. Aus dieser ganzheitlichen Persönlichkeitsbildung erwächst ein guter Staatsbürger: „Jeder ist offenbar nur dann ein guter Handwerker, Kaufmann, Soldat und Geschäftsmann, wenn er an sich und ohne Hinsicht auf seinen besonderen Beruf ein guter, anständiger, seinem Stande nach aufgeklärter Mensch und Bürger ist. Gibt ihm der Schulunterricht, was hierzu erforderlich ist, so erwirbt er die besondere Fähigkeit seines Berufs nachher sehr leicht und behält immer die Freiheit, wie im Leben so oft geschieht, von einem zum anderen überzugehen."[5]

Humboldt adressiert den Soldaten gemeinsam mit dem Menschen und dem Bürger. Wer nach Vorbildern zum Leitbild vom Staatsbürger in Uniform sucht, wird bereits hier fündig. Bildungsreformer wie Humboldt und seine gebildeten Zeitgenossen im Militär lebten in diesem Geist und förderten den Bildungsimpetus seines Reformwerks als Schlüssel zum Erfolg – zivilberuflich wie militärisch. Humboldts Bildungsreform im Kontext der Militärreform hat Vorgänger in Humanismus, Absolutismus und Aufklärung, bietet aber auch ein Vorbild für nachfolgende Ansätze.[6]

---

[5] Wilhelm von Humboldt, Bericht der Sektion des Kultus und Unterrichts an den König, Dezember 1809.

[6] Eine detailliertere Darstellung des soldatischen Bildungswesens in der Militärgeschichte ist im Rahmen dieses Beitrags weder möglich noch erforderlich. Dieses reizvolle Thema bedarf einer gesonderten Behandlung an anderer Stelle.

Was trägt soldatische Bildung zur Kriegstüchtigkeit bei?

Nur der fachlich gut vorbereitete und umfassend gebildete Soldat handelt im Einsatz überzeugend und professionell. (Hans Frank)[7]

In seinem Standardwerk ‚Paideia' hat Werner Jaeger die Grundzüge und Formen griechischer Bildung und Pädagogik am sokratisch-platonischen Bildungssystem dargestellt. Für die richtige ‚Kriegererziehung' der Jugend im platonischen Idealstaat benennt Jaeger dabei notwendige Zielvorgaben:

„Ziel (ist) nicht die technische Gewandtheit, sondern die Formung des Ethos. Sie ist ein Prozess der seelischen Abhärtung durch Gewöhnung an das furchtbare Schauspiel des wirklichen Krieges."[8]

Die Einsicht in den Vorrang von Haltung und mentaler Stärke vor bloßem Handwerk und vor Technik entspricht aktuellen Anforderungen an Politik und Gesellschaft, Staat und Bundeswehr in gemeinsamer Verantwortung. Wirklichkeitswahrnehmung und die mutige Priorisierung von Mitteln zur Wiederherstellung von Wehrhaftigkeit und Widerstandskraft erfordern gemeinsame Werte, Wege und Ziele. Denn die Politeia im Sinne einer politischen Verantwortungsgemeinschaft sind wir alle!

Herbert von Böckmann hat 1951 in seinem Buch ‚Die Wandlung des deutschen Soldaten' das künftige Berufsbild und den daraus ableitbaren Bildungsauftrag anhand von Clausewitz' Verständnis von der Funktion des Krieges verdeutlicht. Er tat dies vor allem auch rückblickend auf den selbsterfahrenen Missbrauch des Soldaten: „Solcher Wandlung des Begriffs vom Kriege mussten auch die Auffassungen des Soldaten über seine Berufung angepasst werden. Wenn der Krieg aufhörte, etwas Selbständiges zu sein und zu einem Teil staatlichen Gestaltungswillens wurde, genügten für den Soldaten, und besonders für den zur Führung berufenen, nicht mehr Fachkenntnisse, Verstand und Willenskraft zur Ausübung seines Berufs. Er bedurfte fortan einer Bildung, die ihn befähigte, der kulturellen und politischen Entwicklung mit der gleichen Aufgeschlossenheit

---

[7] Hans Frank: Stand und Perspektive der Aus- und Weiterbildung in den Streitkräften. In: Andreas Prüfert (Hg.): Ausbildung und Bildung im Militär. Zur Debatte um das Führungskräftetraining der Bundeswehr. Nomos Verlag, Baden-Baden 1999, S. 17.

[8] Werner Jaeger: Paideia. Die Formung des griechischen Menschen. Zweiter Band. Verlag Walter de Gruyter & Co. Berlin 1944, S. 332.

folgen zu können, die von jedem seiner Pflicht bewussten Staatsbürger verlangt wurde. Das bedingte eine Harmonie zwischen den Kräften des Verstandes und der Seele, die, dem humanistischen Ideal nachstrebend, den Wert der Persönlichkeit schuf. Es war ein neues ‚Ethos des Soldaten‘, das Clausewitz lehrte. Er lehnte die einseitige Denkweise des ‚Nursoldaten‘, die bis dahin den soldatischen Anforderungen genügt hatte, als unzureichend ab."[9]

General a.D. von Böckmann gehörte nicht zum Expertenausschuss der ‚Himmeroder Denkschrift‘ von 1950. Seine Überlegungen weisen aber in dieselbe Richtung und sind zeitgemäß. Das ‚Handbuch Innere Führung‘ von 1957 und die zeitgleich begonnene Buchreihe ‚Schicksalsfragen der Gegenwart. Handbuch politisch-historischer Bildung‘ zeugen ebenfalls von diesem Bildungsanstoß und Abhilfewillen der Inneren Führung.

In welchem Verhältnis steht nun der ‚homo educandus‘ (zu erziehender Mensch) zum ‚miles eruditus‘ (gebildeter Soldat)? Der leidenschaftliche Streit, ob Soldaten überhaupt noch erziehbar seien, ist nach wie vor nicht ausgefochten.[10] Bildung und Erziehung stehen in enger Verbindung. Als zwei Elementarbegriffe der pädagogischen Anthropologie sind sie als konträre ebenso gut wie als komplementäre Elemente begreifbar und begründbar, wobei ein kritischer Blick auf die tatsächlich relevanten Prägungsmomente in den ontogenetischen persönlichen Entwicklungsphasen durchaus hilfreich sein kann. Die Bundeswehr kann aus guten Gründen keine kompensatorische ‚Schule der Nation‘ sein, obgleich die familiäre und gesellschaftliche Erziehungsverantwortung und der damit einhergehende Bildungsanspruch ziviler Sozialisationsinstanzen durchaus zu wünschen übriglassen. Ein afrikanisches Sprichwort sagt: „Um ein Kind zu erziehen, braucht es ein ganzes Dorf." Streitkräfte sind schon gemäß Auftrag kein Reparaturbetrieb für verkorkste Sozialisation, Unreife und Bildungsferne. Ungeachtet dessen bleibt ein immenser Bildungsbedarf bestehen, der von der Bundeswehr

---

[9] Herbert von Böckmann: Die Wandlung des deutschen Soldaten. Verlag Mittler & Sohn, Berlin, Darmstadt und Bonn 1951, S. 19.

[10] Hierzu exemplarisch: Reinhard Höhn: Die Armee als Erziehungsschule der Nation. Das Ende einer Idee. Verlag für Wissenschaft, Wirtschaft und Technik. Bad Harzburg 1963. Harald Geißler: Bildung und Erziehung Erwachsener in nicht-pädagogischen Organisationen. In: Andreas Prüfert (Hrsg.): Hat der Faktor ‚Erziehung‘ noch Platz in den Streitkräften? Karl-Theodor-Molinari-Stiftung e.V. Bonn 1991. Uwe Hartmann, Erziehung von Erwachsenen als Problem pädagogischer Theorie und Praxis, Frankfurt/M. 1994. Kai Uwe Bormann: Erziehung in der Bundeswehr. Konzeption und Implementierung militärischer Erziehungsgrundsätze in der Aufbauphase der Bundeswehr 1950-1965. Band 79 der Beiträge zur Militärgeschichte. Verlag De Gruyter Oldenbourg, Berlin 2021.

gesehen und bedacht wird. Denn das Bild des Soldaten ist für die Innere Führung seit jeher der gebildete Soldat.

Eine zielgerichtete, selbstgestaltete und möglichst weitgefasste Bildung bleibt (unabhängig von der Dienstgradgruppe) für die Freiwilligenarmee Bundeswehr mit ihrem hochtechnisierten Ausrüstungsbedarf eine zentrale Aufgabe. Die Wahrscheinlichkeit, nach Jahrzeiten der Auslandseinsätze künftig in vollem Umfang auch in der Landes- und Bündnisverteidigung gefordert zu werden, hat seit Putins Überfall auf die Ukraine deutlich zugenommen. Das Gefechtsfeld war noch nie ein Ort für angewandte Ästhetik. Weder Ernst Jüngers letztlich wertverachtende Attitüde einer Désinvolture (als distanzierte Wahrnehmung ohne innere Anteilnahme) noch Gabriele D'Annunzios extravaganter Ästhetizismus oder Marinettis ‚Futuristisches Manifest' können Krieg literarästhetisch legitimieren. Verlogenes Pathos demaskiert sich stets selbst. Kriege sind nicht ehrenvoll und erhaben, sondern vor allem grausam und schrecklich. Gerade deshalb erfordert die hoffentlich rechtzeitige Herstellung der Kriegstüchtigkeit neben einem kühlen Kopf auch ein heißes Herz und vor allem eine harte Hand in der Führung und Durchsetzung der notwendigen Maßnahmen. So sind Verantwortungsdiffusion und Entscheidungsscheu, Zögerlichkeit und Wegducken kein Ausweis von Besonnenheit, sondern armselige Verbrämungen fataler Führungsschwäche. Kriegstüchtigkeit als nationale Gemeinschaftsaufgabe ist zudem nur schwer zu erreichen, wenn sie von verantwortungsbefreiten Moralaposteln, Panikmachern und Phobikern, aber vor allem von den putinhörigen Pseudopatrioten von links wie von rechts ständig zerredet und mental unterminiert wird.[11]
Die parteipolitisch instrumentalisierte und medial orchestrierte Verängstigung der Menschen folgt dem russischen Kampagnenkalkül als Teil einer hybriden Kriegführung. Doch Angst ist ein schlechter Ratgeber, der die Gegenwart lähmt und die Zukunft gefährdet. Dem englischen Baptistenprediger Charles Haddon Spurgeon (1834-1892) wird der Spruch zugeschrieben „Anxiety does not empty tomorrow of its sorrows, but only empties today of its strength." Nur Bildung als „systematische Zukunftserschließung"[12] kann durch Aufklärung, Kritik, Objektivität und Transparenz entgegenwirken. Aufgabe der politisch-historischen Bildung ist es dabei, Fake News und Verschwörungstheorien aufzudecken, Radikalisierung vorzubeugen sowie Loyalität und Vertrauen zu stärken, um aus einer Position der Stärke dem Gegner wirksam entgegentreten zu können.

---

[11] Die Gesinnungslinguisten, die derzeit den Begriff ‚Kriegstüchtigkeit' als „Unwort" diskreditieren, beweisen damit nur ihre pseudomoralische Wirklichkeitsverweigerung.
[12] Siehe Harald Geißler, a.a.O., S. 73

Totalitäre Systeme und Diktatoren akzeptieren nur die rohe Sprache der Gewalt. Abschreckung wirkt nur überzeugend, wenn sich der Aggressor keine realistischen Erfolgsaussichten mehr ausrechnen kann; wenn sein Verlustrisiko signifikant höher ist als seine Gewinnaussichten. Dialog und Diplomatie stoßen in diesem (russischen) Roulette an ihre Grenzen, weil sie als Schwäche und Nachgiebigkeit ausgelegt werden und Appeasement-Politik als Unterwerfungsgeste gedeutet wird. Horkheimer und Adorno haben diese historische Erfahrung, die gerade heute wieder so virulent ist, 1947 in ihrer ‚Dialektik der Aufklärung‘ auf den Punkt gebracht: „Was die eisernen Faschisten heuchlerisch anpreisen und die anpassungsfähigen Experten der Humanität naiv durchsetzen: die rastlose Selbstzerstörung der Aufklärung zwingt das Denken dazu, sich auch die letzte Arglosigkeit gegenüber den Gewohnheiten und Richtungen des Zeitgeistes zu verbieten.“ (In: Vorrede)

„Dem Faschisten lässt sich nicht gut zureden. Wenn der andere das Wort ergreift, empfindet er es als unverschämte Unterbrechung. Er ist der Vernunft unzugänglich, weil er sie bloß im Nachgeben der anderen erblickt.“ (In: Gegen Bescheidwissen)[13]

Diese Zuweisung gilt gleichermaßen für alle ‚rotlackierten‘, islamistischen und vom orthodoxen Weihrauch vernebelten Faschisten dieser Welt.

Unsere Soldatinnen und Soldaten benötigen zu ihrer Aufklärung und Immunisierung ein komplementäres Angebot von Bildung, Erziehung und Ausbildung, das sie als zur Mündigkeit aufgerufene Menschen in der Gesamtheit ihrer Existenz anspricht und so auch auf die harte Realität eines ‚worst case‘ vorbereitet. Denn Kriegstüchtigkeit ist nichts anderes als der ständige Kernauftrag von Streitkräften. 1980 hat das Zentrum Innere Führung den Versuch gewagt, Begriff und ‚Grundsätze der Inneren Führung‘ zu bestimmen. ‚Grundsatz 8‘ fordert als Kernbotschaft: „Der Vorgesetzte soll Ausbildung, Bildung und Erziehung sinnvoll auf die Aufgabe des Soldaten beziehen und dabei dessen Mündigkeit berücksichtigen.“

Ausbildung, Bildung und Erziehung werden in diesem Verständnis als Handlungseinheit begriffen, die Auftrag und Individuum zusammenführt: „Der Ausbildung des Soldaten werden die Maßnahmen zugeordnet, die zur Ausübung der Tätigkeit erforderlich sind. Der Bildung des Soldaten dienen diejenigen Bemühungen, die ihm den Sinn seiner Tätigkeit und den Zusammenhang seiner Aufgabe mit dem Ganzen erschließen. Die Erziehung des Soldaten zielt auf seine

---

[13] Max Horkheimer und Theodor Wiesengrund Adorno: Dialektik der Aufklärung. Philosophische Fragmente. Querido Verlag, Amsterdam 1947 (Erstausgabe).

Bereitschaft, zugewiesene Aufgaben auch unter stärksten Belastungen zu erfüllen."[14]

Soldatische Bildung soll sich daher weder auf Orchideenfächer kaprizieren noch in friedenssaturierter Schöngeistigkeit oder in selbstgenügsamem Spezialistentum verlieren, sondern muss stets die volle Bereitschaft und Befähigung zum Einsatz und Erfolg im Blick haben. Das muss auch Schwerpunkt der Persönlichkeitsbildung[15] sein. Bildung als Selbstzweck[16] ist zwar ein hehres Ansinnen, wird jedoch auch für Soldaten stets ein legitimes Mittel zum Zweck, wenn es der Auftragserfüllung dient.

Richtige soldatische Bildung muss zu Unterscheidung und Bewertung, Entscheidung und Entschluss, Handlung und Durchsetzung, Führung und Verantwortung befähigen. Eine praktizierte Auftragstaktik ist das Reifezeugnis erfolgreicher soldatischer Bildung. Hölderlins überholtes Verdikt, die Deutschen seien „tatenarm und gedankenvoll" (Gedicht ‚An die Deutschen' 1799), stellt kein soldatisches Bildungsideal dar. Denn soldatische Bildung benötigt zur Theorie stets die Praxis und neben Wissen die selbsterworbene Erfahrung, die erst Selbsttätigkeit ermöglicht.

Fazit und Ausblick mit Folgerungen und Empfehlungen

Kampf- und Einsatzbereitschaft hängen also ohne Erziehung, Bildung und Ausbildung in der Luft. Der ‚Staatsbürger in Uniform' ist in Tateinheit immer auch ‚Bildungsbürger in Uniform' – oder er wird weder ein einsatzfähiger Soldat noch ein mündiger Bürger.[17]

---

[14] Zentrum Innere Führung: Grundsätze der Inneren Führung. Texte und Studien Zentrum Innere Führung. Heft 4/1984 (als Nachdruck der Veröffentlichung von 1980). Koblenz 1984, S. 13f.

[15] Vgl. hierzu: Reinhold Janke: Ethische Bildung in der Bundeswehr – ein neuer Baustein zur Persönlichkeitsbildung. In Jahrbuch Innere Führung 2020. Hrsg. von Uwe Hartmann, Reinhold Janke und Claus von Rosen. Miles Verlag, Berlin 2020, S. 304-321.

[16] Vgl. insbesondere Axel Hutter und Markus Kartheininger (Hrsg.): Bildung als Mittel und Selbstzweck. Korrektive Erinnerung wider die Verengung des Bildungsbegriffs. Karl Alber Verlag, Baden-Baden 2009.

[17] Hans Dieter Bastian: Bildungsbürger in Uniform. Gedanken zur militärischen Menschenführung und politischen Bildung in den Streitkräften. Bernard & Graefe Verlag, München 1979, S. 7.

Setzt man die Trinität (Mensch bzw. Persönlichkeit, Staatsbürger, Soldat) im ‚Leitbild des Staatsbürgers in Uniform' mit dem Dreiklang von Bildung, Erziehung und Ausbildung in Beziehung, kommt man auf folgende Zuordnungen:

1. Das autonome Individuum mit Bildungswillen wird in einem lebenslangen Prozess zu einer gereiften und souveränen Persönlichkeit gebildet. Die Persönlichkeitsbildung in der Bundeswehr leistet hierzu einen unverzichtbaren Beitrag.

2. Der Staatsangehörige wird zu einem überzeugten Staatsbürger mit Verantwortungsbewusstsein, Gemeinschaftssinn, Teilhabe und aktiver Verfassungstreue erzogen. Unser Wertefundament begründet seine Verteidigungsbereitschaft.

3. Der Soldat wird in diesem Bewusstsein so professionell ausgebildet, dass er zur Auftragserfüllung einsatzbereit und damit auch kriegstüchtig ist. Wenn er zum Kämpfen gezwungen wird, hat er den festen Willen zum Siegen.

Bildung ist und bleibt ein unverzichtbares Element soldatischer Identität. Sie erzeugt erst die volle Einsichtsfähigkeit, sittliche Verantwortung und Persönlichkeitsreife, um als Soldat in jeder Lage bestehen zu können. Unsere Altvorderen haben das bereits vor fast 45 Jahren klar formuliert: „Ausbildung, Erziehung und Bildung formen den Soldaten und bereiten ihn für den Einsatz vor. Ihre Durchführung richtet sich nach den Forderungen, die das Gefecht an den Soldaten stellt. Die erreichte Einsatznähe bestimmt maßgeblich den Abschreckungswert unserer Streitkräfte. (…) Bildung hebt den Soldaten über das bloße Waffenhandwerk hinaus. Sie erschließt ihm den Sinn und Zweck seines Dienstes, verdeutlicht seine Rolle in Staat und Gesellschaft und führt ihn damit zum richtigen Selbstverständnis."[18]

Ein beklemmender Zustand ständiger Destabilisierung, Verunsicherung, Bedrohung und Aggression mit evidenten und latenten Methoden und Mitteln erfordert von uns heute im Grunde bereits von jedem verantwortungsbewussten Staatsbürger und Wähler besondere Wachsamkeit, Analyse- und Urteilsfähigkeit und eine ideologieresistente Positionierung, die in unserer Politik und Gesellschaft aber in großen Teilen wenig vorhanden sind. Dort wird derzeit bis in die politische Leitungsebene hinein – von Führung kann man oft kaum sprechen – mit Angst und Verzagtheit agitiert, statt agiert. Doch Soldaten sind schon

---

[18] Der Generalinspekteur der Bundeswehr – BMVg Fü S I 6: ‚Weisung für Ausbildung, Erziehung und Bildung in den Streitkräften' vom 14. August 1979, S. 1 und 8.

aufgrund ihres Kernauftrags verpflichtet, sich jeder Lage zu stellen und jeden denkbaren Ernstfall zu antizipieren, um sich darauf bestmöglich einstellen zu können. Wir hatten lange vor der deklarierten, aber noch nicht glaubhaft vollzogenen ‚Zeitenwende‘ eine grundlegende Lageänderung. Was wir jetzt brauchen, ist eine Metanoia, eine echte Bewusstseinsänderung und eine Immunisierung gegen jegliche Infiltration. Bildung ist hierfür die Kernkompetenz, die der Staatsbürger in Uniform braucht und selbst beiträgt. Das ist seine persönliche Verantwortung. Wir können heute nicht mehr so aus dem Vollen schöpfen wie es – irrtümlicherweise – für einige Zeit möglich schien. Unsere Resilienz wird von den verfügbaren Ressourcen begrenzt. Doch unser Geist stellt eine Ressource bereit, die bei weitem nicht ausgeschöpft ist. Bildung könnte diese intellektuelle Ressource erschließen. Wilhelm von Humboldt soll in schwerer Zeit zu seinem König mahnend wie ermunternd gesagt haben: „Der Staat muss durch geistige Kräfte ersetzen, was er an physischen verloren hat.“[19]

Welche Folgerungen und Empfehlungen ergeben sich daraus für die Bundeswehr? Der folgende Katalog benennt hierzu Gestaltungsoptionen, beginnend bei eher generellen Zuständigkeiten über die Leitungs- und Führungsebenen bis dahin, wo der Dreiklang Führung, Erziehung und Ausbildung stattfinden sollte.

<u>Wissensmanagement</u>

Die Bundeswehr als erklärte wissensorganisierte und lernende Organisation sollte ihr Wissensmanagement nicht nur auf die drei Handlungsfelder Mensch, Organisation und Technik beschränken, sondern um das Handlungsfeld Bildung erweitern. Ein ganzheitliches Wissensmanagement erschöpft sich nicht in Kategorien einer Organisationsverständnisses, das mit Hilfe von Informations- und Kommunikationstechnologien das Wissen als immaterielle Wertschöpfungsressource „bewirtschaftet“ und steuert. Denn Bildung als komplementäre Kategorie, die den zentralen Stellenwert im Gesamtsystem verdeutlichen müsste, wird vom derzeitigen Wissensmanagement der Bundeswehr selbst im Handlungsfeld ‚Mensch‘ in seiner offiziellen Informationsschrift noch nicht erkennbar erfasst.[20]

<u>Bildungsvorbilder</u>

Die Bundeswehr braucht für ihren Bildungsanspruch persönliche Vorbilder – nicht nur Geistesgrößen der Militärgeschichte wie Clausewitz, Scharnhorst, Moltke und Baudissin, sondern aktive Zeitgenossen, die glaubwürdig und damit

---

[19] Bruno Gebhardt: Wilhelm von Humboldt als Staatsmann. Band 1: Bis zum Ausgang des Prager Kongresses. Cotta Verlag, Stuttgart 1896, S. 203.
[20] Siehe Bundesministerium der Verteidigung – Managemententwicklung (Hg.): Wissensmanagement. Berlin 2017.

motivierend das verkörpern, was man einen gebildeten Soldaten nennen kann. Der Offizierberuf als geistiger Führungsberuf ist heute mehr Lippenbekenntnis als lebendiges Zeugnis. Selbst auf höheren Dienstgradebenen bis zur Generalität ist hierbei das Wahrnehmungsspektrum äußerst überschaubar. Nicht einmal mehr im Status des Pensionärs scheinen innere Freiheit, Bildungsgrad und kreative Muße auszureichen, um mit anspruchsvolleren Publikationen so hervorzutreten wie es frühere Vorbilder zeigten (z.B. Heinz Karst, Carl-Gero von Ilsemann, Ulrich de Maizière, Gerd Schmückle, Hans Peter von Kirchbach und zuletzt Kurt Graf von Schweinitz). Der Mangel an echten Bildungsvorbildern ist nicht nur ein Bundeswehrdefizit, sondern ein systemsignifikantes Phänomen.

Gegenkampagne zur linken Ausgrenzungsideologie

Seit vielen Jahren erfolgt vor allem im Bildungs- und Wissenschaftsbereich unter der Kampfparole ‚Verteidigung der Wissenschaftsfreiheit gegen Militarismus‘ eine systematische Diffamierung und Ausgrenzung der Bundeswehr und damit zusammenhängender Bereiche wie Militärforschung und Rüstungstechnologie. Seit 1986 verhindern zahlreiche ‚Zivilklauseln‘ die Zusammenarbeit mit Universitäten in Forschung, Bildung und Lehre.

Die bayerische Staatsregierung hat gegen diese linken Diskriminierungs- und Hetzkampagnen 2024 ein eigenes ‚Bundeswehrfördergesetz‘ verabschiedet, das Ausgrenzung erschwert und Teilhabe ermöglicht. Es sollte auch vom Verteidigungsminister als Bundesgesetz eingebracht werden, um dem Anspruch der Zeitenwende nach Kriegstüchtigkeit und gesamtgesellschaftlicher Resilienz gerecht zu werden. Bildung braucht statt pseudowissenschaftlicher Genderlehrstühle mehr Lehrstühle für Verteidigungs- und Sicherheitspolitik (insbesondere in den wissenschaftlichen Disziplinen Geschichte, Politologie, Soziologie, Pädagogik, Psychologie, Theologie, Kulturwissenschaft, Technologie, Wirtschaftswissenschaften und Strategische Studien).

Implementierung und Anreize der Persönlichkeitsbildung

Persönlichkeitsbildung muss die Sphäre der Konzeption und Kodifizierung auf Vorschriftenebene verlassen und endlich so zur Praxisrealität werden, dass sie in der Truppe bis auf die Einheitsebene wahrnehmbar und nachhaltig wirken kann. Das erfordert neben einem deutlichen Bewusstseinswandel aller Beteiligten und Zuständigen auch ein einheitliches Verständnis der Ziele, Methoden, Maßnahmen und Zeitbedarfe. Denn Bildung braucht Zeit.

Um diesen Bildungsimpetus zu forcieren, braucht es zudem gute Anreize, die im Sinne der Inneren Führung zum Mitmachen motivieren und Bildungserfolge als Vorbild präsentieren und würdigen. Hierzu könnte beispielsweise das Format der ehemaligen ‚Winterarbeiten' (später ‚Impulse') in attraktiver Form wiederbelebt werden.

Die zunehmende Bedeutung der Reservedienstleistenden mit ihren enormen Bildungskapazitäten sollte dabei ebensowenig vergessen werden wie die zivilen Bundeswehrangehörigen, die mit ihrer Fachlichkeit und eigenen Identitätsfindung erst ein konsistentes bundeswehrgemeinsames Selbstverständnis ermöglichen.

<u>Erfassung, Begleitung, Steuerung und Evaluierung der Bildungsarbeit</u>

Die Bundeswehr ist heute ein Archipel aus mannigfaltigen Bildungsinseln, die oft gar nicht wissen, dass es die anderen gibt, geschweige denn, was sie so tun. Es wäre auch Aufgabe des Wissensmanagements, diese Vielfalt zu erfassen, zu ordnen sowie zielorientiert, synergetisch und effektiv auszurichten.

Die Qualität der politischen Bildung mit Schwerpunkt auf der Einheitsebene ist eines der traurigsten Kapitel der Bundeswehr. Die Lieblosigkeit und Verantwortungslosigkeit in der Umsetzung sind erschreckend. Die in der Truppe dafür hauptverantwortlichen Einheitsführer und Kommandeure müssen endlich dazu angehalten werden, dieser Aufgabe auch als persönliches Bildungsvorbild nachzukommen und sie nicht ständig zu delegieren oder gar zu ignorieren. Die Ausrede der Aufgabenüberlastung oder fehlender fachlicher Expertise ist unglaubwürdig. Denn noch nie hatte die Bundeswehr so viele crossmediale Unterstützungsangebote wie heute.

Da der Beauftragte für Erziehung und Ausbildung zur Gewährleistung einer politischen Bildung, die diesen Namen verdient, gar nicht über die notwendige Kapazität verfügt, sollte die Option eines eigenen Bildungsbeauftragten geprüft werden, der dieser spezifischen Aufgabe gerecht werden und auf Evaluierungsbasis einwirken sowie Abhilfe schaffen kann.

Strategie und Militärwissenschaft und deren Relevanz für kriegstüchtige Streitkräfte

Wolfgang Peischel

1. Mögliche inhaltliche Stoßrichtungen einer modernen Militärwissenschaft[1]

Schon die Themenstellung lässt erkennen, dass Militärwissenschaft in zunehmendem Maße gleichzeitig in einer strategisch-theoretischen und einer praktisch-operativen Dimension gedacht werden muss, wenn sie sowohl die sicherheitsrelevante Beurteilung der politischen Führung unterstützen als auch die Entscheidungen Letzterer operativ umsetzen soll. Dies gilt jedenfalls für den Kulturraum, in dem die Führungsphilosophie der Auftragstaktik vorherrscht, also das Prinzip, das es erlaubt, numerische bzw. ressourcenbedingte Unterlegenheit durch geistige Fähigkeiten zu kompensieren und das über seine bildungsmäßigen Grundlagen die Voraussetzung für verantwortungsbewusste Führung schafft. Um nachzuweisen, welche Relevanz die Militärwissenschaft für ihre beiden vorrangigen Kernfächer „Strategisches Denken" und „Streitkräfteführung" hat, sollen drei historische bzw. wissenschaftlich erarbeitete Befunde vorangestellt werden, welche die wesentlichen inhaltlichen Stoßrichtungen einer modernen Militärwissenschaft vorzeichnen.

Marc Bloch: „Unfähig den Krieg zu denken ... eine Niederlage des Geistes[2] "

In seinem Buch „Die seltsame Niederlage: Frankreich 1940" analysiert Marc Bloch die Gründe für das Versagen der französischen Armee im Zweiten

---

[1] Der Autor ist Offizier des Österreichischen Bundesheeres im Ruhestand. Die Ausführungen im vorliegenden Beitrag resultieren aus seiner persönlichen Forschungstätigkeit. Er maßt sich damit keinesfalls an, bundeswehrinterne Entscheidungen bzw. Entwicklungen zu kommentieren oder zu bewerten. Ebenso müssen sich seine Ableitungen nicht zwingend mit der Meinung des österreichischen Verteidigungsressorts decken.

[2] Vgl. Bloch, Marc: Die seltsame Niederlage: Frankreich 1940 – der Historiker als Zeuge, Frankfurt/M. 1992, S. 81: „Unsere Chefs bzw. diejenigen, die in ihrem Namen handelten, waren unfähig, den Krieg zu denken. Mit anderen Worten, der Triumph der Deutschen, war im wesentlichen ein intellektueller Sieg, und das ist vielleicht das Gravierendste an ihm gewesen."

Weltkrieg. Seine von Ulrich Raulff[3] zusammengefasste Argumentationskette fußt auf folgenden zentralen Befunden: Die Offiziere hätten einem Kastendenken unterlegen, sich eher als Nachfolger des prärevolutionären Adels denn als Angehörige des aufgeklärten Bürgertums gesehen und daher wenig Interesse für (demokratie-)politische Bildung entwickelt. Das einseitige subjektive Bedrohungsempfinden gegenüber der Linken hätte zur Unterschätzung der Gefahr geführt, die vom faschistischen Deutschland ausging. Aufgrund der fehlenden Bindung zur Bevölkerung sei das Offizierskorps dem verhängnisvollen Irrtum erlegen, das Volk wäre gegen das faschistische Deutschland genauso verteidigungsunwillig wie die militärische Führung. Mangelnde Selbstkritik, ein gewaltiges Defizit an aufgeklärter Bildung (die Erkenntnisse der Aufklärung seien am Offizierskorps fast spurlos vorüber gegangen) und ein gleichzeitig niedriges Niveau an fachlicher (taktischer und operativer) Bildung hätten bewirkt, dass „... die Chefs unfähig gewesen wären, den Krieg zu denken ...".

Bloch folgert, dass das Schicksal des Landes einen entscheidenden Augenblick lang in den Händen der militärischen Führung gelegen und sich eben genau da gezeigt hätte, dass deren intellektuelle Schulung unzulänglich war. Der Wirklichkeitsverlust im Bereich der militärischen Führung hätte sowohl ein deutliches *Demokratie-* als auch ein *Schlagkraftdefizit* innerhalb der Streitkräfte verursacht.

Es kann aus heutiger Sicht geschlossen werden, dass Bloch mit dem Ansprechen des Defizits an aufgeklärter Bildung auf das Fehlen einer breitbandigen humanistischen Allgemeinbildung und einer interdisziplinär-wissenschaftlichen Beschäftigung mit dem Phänomen des Krieges aufmerksam machen wollte. Die Tatsache, dass er das festgestellte Bildungsdefizit der militärischen Führung für falsche politische Entscheidungen (getroffen aufgrund fehlender militärischer Bedrohungseinschätzung bzw. Beratung oder Warnung), die mangelnde demokratiepolitische Einbettung des Militärs in die Gesellschaft, aber gleichzeitig auch für die unzureichenden operativen Fähigkeiten der Streitkräfte zumindest mitverantwortlich macht, zeigt, worauf er eine solche Militärwissenschaft vermutlich inhaltlich hätte ausgerichtet sehen wollen: Auf die Beratung der politischen Entscheidungsebene in Fragen der staatlichen Sicherheit gegenüber existenziellen Bedrohungen, die demokratiepolitische Verlässlichkeit des Militärs und die operativen Fähigkeiten der Streitkräfte. Aus dem Blickwinkel der Inneren Führung scheint gerade die Komponente der demokratiepolitischen Einbettung der

---

3 Vgl. ebenda, zusammengefasste Darstellung der Argumentationskette in der Einleitung von Ulrich Raulff, S. 13ff.

Streitkräfte von besonderer Relevanz, weil diese wesentlich von der Zielsetzung einer verantwortungsbewussten, ethischen Führung bestimmt wird.

Carl von Clausewitz: „Das Wissen muss ein Können werden[4]"

Carl von Clausewitz unterscheidet zwischen „Wissenschaft", wo bloßes Wissen der Zweck ist, und „Kunst", wo *hervorbringendes Können* der Zweck ist[5]. Dabei muss erkannt werden, dass er „Wissenschaft", entsprechend dem damaligen Sprachverständnis, als unreflektiertes, lexikalisches Wissen begreift, was auch in seiner Kritik an den „windigen Systemmachern um Bülow" zum Ausdruck kommt und Kunst (im Sinne des Partizips von „können") als hervorbringende Könnerschaft. Clausewitz – übersetzt ins Deutsch des 21. Jahrhunderts – fordert mit dieser Könnerschaft also genau das, was wir heute unter systematischer Wissenschaft verstehen. Wenn er konsequenterweise folgert, dass die Gewalt, die notwendig ist, um den Gegner zur Erfüllung des eigenen Willens zu zwingen, sich „mit den Erfindungen der Künste und der Wissenschaften[6]" ausrüstet, um der gegnerischen Gewalt zu begegnen, drückt er damit aus, dass er das hervorbringende Können (im Sinne einer heutigen systematischen Wissenschaft) nicht nur für Kriegstheorie und Strategie, sondern auch für die tatsächliche, operative Führung und damit für die Kriegstauglichkeit von Streitkräften als zwingende Voraussetzung erkennt.

Dies zeigt sich besonders deutlich darin, dass Clausewitz die „Vier Hauptdefizite" der preußischen Kathederlehre aus einer wissenschaftlichen Untersuchung der Gründe für das preußische Versagen in der Schlacht von Jena und Auerstedt ableitet. Diese von Uwe Hartmann[7] analysierten Defizite belegen, dass Clausewitz hier eine Niederlage des Geistes verortet und Militärwissenschaft als unverzichtbare Voraussetzung für eine erfolgreiche Streitkräfteführung sieht. Aus diesem Blickwinkel lassen insbesondere die beiden letztgenannten Hauptdefizite „Fehlende militärwissenschaftliche Gesamtsystematik" und „Fehlender interdisziplinärer Ansatz der Militärwissenschaft" erkennen, dass Clausewitz hier Militärwissenschaft nicht im Sinne technischer oder sonstiger Hilfswissenschaften versteht und sie auch nicht alleine auf die Kriegstheorie einschränkt, sondern sie

---

[4] Vgl. Clausewitz, Carl von: Vom Kriege, Neunzehnte Auflage, Bonn 1991, Zweites Buch, Zweites Kapitel, S. 299.

[5] Vgl. ebenda, Zweites Buch, Drittes Kapitel, S. 301.

[6] Vgl. ebenda, Erstes Buch, Erstes Kapitel, S. 192.

[7] Vgl. Hartmann, Uwe, Carl von Clausewitz – Erkenntnis, Bildung, Generalstabsausbildung, München 1998, S. 43-44.

vielmehr mit ihrer Konditionalität für die tatsächliche Streitkräfteführung begründet.

Für den Fall, dass Staatsmann und Feldherr nicht in einer Person zusammenfallen, schlägt Clausewitz vor, dass der Feldherr als Mitglied in das Kabinett aufgenommen werden sollte, „damit das letztere teil an den Hauptmomenten seines Handelns nähme"[8]. Daraus ließe sich die Forderung ableiten, dass die militärische Führung die politische zeitverzugslos über unerwartete Lageänderungen, zeitkritische Entwicklungen sowie über sich bietende, günstige Möglichkeiten zu informieren hätte.

Uwe Hartmann: „Allgemeinbildung als Voraussetzung für ein umfassendes Verständnis von Krieg und verantwortungsbewußter Führung[9]"

Clausewitz fordert, entsprechend seiner bildungstheoretischen Grundsätze, eine aktive, breit angelegte Bildung. Nach Hartmann wäre im Defizit an Allgemeinbildung im deutschen Militär des 19. und 20. Jahrhunderts der Beweggrund für die Überbetonung des Spezialistentums und der „charakterlichen[10]" Anforderungen an Soldaten zu sehen. Die von Clausewitz geforderte, breit und über die Führungsebenen hinunter ausgerollte Bildung kann somit als Korrektiv gegen eine Überbetonung der fachlichen und der charakterlichen Fähigkeiten verstanden werden. Weil die sich mit einer überdurchschnittlichen Bildung der Führer aller Ebenen ergebende selbständige Beurteilungsfähigkeit zu einem faktischen Widerstandsrecht gegenüber rechtswidrigen oder unethischen Befehlen führt, wird humanistische Allgemeinbildung und das ihr zugrunde liegende wissenschaftliche Fundament zur Basis verantwortungsbewusster Führung.

Darüber hinaus beschreibt Hartmann in seinem Werk die dialektische Brücke zwischen Erfahrung und Philosophie bzw. zwischen Empirie und Theorie als eine der wesentlichsten wissenschaftsmethodischen Leistungen Clausewitz'. Diese Brücke findet einerseits in der operativen Führung ihren Niederschlag, wo Entscheidungen einer dialektischen Synthese von aus dem Epochebezug befreiten, abstrahierten kriegsgeschichtlichen Beispielen und a priori rationalen Beurteilungsschritten entspringen. Andererseits manifestiert sie sich im iterativen, zwischen strategischer Zwecksetzung, ressourcenmäßiger Machbarkeitsplanung und operativer Umsetzung kreisenden Beurteilungsprozess.

---

[8] Vgl. Jehuda L. Wallach: Das Dogma der Vernichtungsschlacht. Die Lehren von Clausewitz und Schlieffen und ihre Wirkung in zwei Weltkriegen, Stuttgart 1970, S. 33.

[9] Vgl. Hartmann, Carl von Clausewitz, a.a.O., S. 10.

[10] Clausewitz beschreibt damit, dem damaligen Sprachverständnis entsprechend, nicht die ethische Dimension des Charakters, sondern eher Virtus im Sinn klassischer Männlichkeitstugenden.

2. Der kulturraumspezifische Nutzen einer kernfachbasierten Militärwissenschaft

Der Kulturraum, in dem eine militärische Führungsphilosophie vorherrscht, ist durch eine Vielzahl von Bedingungen determiniert, welche diese Führungsphilosophie letztlich auch hervorgebracht und geformt haben. Folglich bestimmen sie, welches spezifische Verständnis von Militärwissenschaft die wirkungsvollste Grundlage für die Wahrung der staatlichen Sicherheit in diesem Kulturraum bietet. Gleichzeitig begünstigen diese Bedingungen aber auch die Schaffung und Weiterentwicklung einer Militärwissenschaft genau dieses Zuschnitts.

Damit wäre es die erste Aufgabe einer zu schaffenden Militärwissenschaft, diese Bedingungen zu erfassen und ihre inhaltliche Stoßrichtung daraufhin auszurichten, die Sicherheit des eigenen Kulturraums vor äußeren Bedrohungen effektiver schützen zu können als dies durch die Übernahme anderer wissenschaftlicher Zugänge möglich wäre, welche nicht vom Erfolgsprinzip der eigenen kulturraumspezifischen Führungsphilosophie getragen sind.

Für den kontinentaleuropäischen, insbesondere deutschsprachigen Kulturraum lägen diese Bedingungen in einer geostrategischen Beengtheit bei gleichzeitig maritimer Abstinenz, begrenzten Ressourcen, dem fehlenden Willen, Streitkräfte zur Machtprojektion zu befähigen oder einzusetzen, einer ausgeprägt aufgeklärten Wertebindung, einer über alle sozio-ökonomischen Schichten ausgerollten, relativ hohen durchschnittlichen Bildung und dem leitenden Einfluss der europäischen Denker der Aufklärung bzw. der Philosophen des deutschen Idealismus.

Es bedarf daher einer Instanz, welche die philosophischen, wertebezogenen, wissenschaftstheoretischen und wissenschaftsmethodischen Spezifika des eigenen führungsphilosophischen Kulturraums erfasst und diese nützt, um auf deren Basis eine Militärwissenschaft zu entwickeln, die einerseits eine wissenschaftlich optimierte Fähigkeit zur Führung kriegstauglicher Streitkräfte erlaubt und andererseits eine auf militärischer Beurteilungslogik basierende Beratung der politischen Ebene im Bezug auf die strategische Zweckfindung in Fragen der staatlichen Sicherheit ermöglicht. Beide Aufgaben erfordern den Offizier, der sein Führungskönnen in der militärischen Praxis erworben *und* seine universitäre Lehrbefugnis in den Kernfächern der Militärwissenschaft (Kriegstheorie, Strategie, Operative Führung, Taktik, allgemeine Führungslehre, Logistik) erlangt hat. Weder der in der militärischen Praxis ausgebildete Offizier ohne militärwissenschaftliche Qualifikation noch der Wissenschaftler einer zivilen Disziplin, gleichgültig ob mit einer militärischen Führungsausbildung oder ohne eine solche, würden diesem Anspruch gerecht. Gerade darin läge der alleinstellende und notwendige gesellschaftliche Nutzen einer kernfachbasierten Militärwissenschaft.

Unter diesem Blickwinkel ließen sich aus den drei in Abschnitt 1 dargestellten, für den kontinentaleuropäischen/deutschsprachigen führungsphilosophischen Kulturraum repräsentativ ausgewählten Befunden bzw. Forschungsergebnissen folgende zentrale inhaltliche Stoßrichtungen einer künftigen kernfachbasierten Militärwissenschaft ableiten:

- Strategische und operative Denkfähigkeit im Sinne hervorbringender Könnerschaft, die sowohl zur tatsächlichen operativen Führung kriegstüchtiger Streitkräfte befähigt (das heißt, die Führungsüberlegenheit durch selbständige Beurteilungsfähigkeit erzielt – „Auftragstaktik") als auch zur Beratung der politischen Entscheidungsebene bei der Findung des strategischen Zwecks. Der alleinstellende Wert einer solchen Beratung läge darin, dass sie durch eine militärische Führung erfolgt, die zu strategischem Denken auf Basis einer spezifisch militärischen Beurteilungslogik befähigt ist und gleichzeitig die Notwendigkeiten der operativen Umsetzung einschätzen bzw. Letztere auch wahrnehmen kann. Damit wäre Militärwissenschaft die notwendige Voraussetzung sowohl für die Forschungsfelder der Strategie und Kriegstheorie als auch für die tatsächliche Streitkräfteführung.

- Die Schaffung einer führungsebenengerechten Grundlage an humanistischer Allgemeinbildung zum Zwecke der verantwortungsbewussten Führung, der demokratiepolitischen Verlässlichkeit und Ideologieresistenz von Streitkräften sowie der selbständigen Beurteilung im Rahmen der Auftragstaktik. Die Aufgabe der Militärwissenschaft, eine über alle Führungsebenen hinunter ausgerollte humanistische Allgemeinbildung zu gewährleisten, wäre deshalb von besonderer Bedeutung für das Prinzip der Inneren Führung weil sie auf die verantwortungsethische Dimension militärischen Führens abzielt und ein de facto „ethisches" Korrektiv gegen eine missbräuchliche Überbetonung des Spezialistentums bzw. der *unreflektierten* Bindung an „Soldatentugenden" bildet.

Aus den hier dargestellten Kernleistungen einer möglichen kernfachbasierten Militärwissenschaft ließe sich das ihnen zugrunde liegende, im höchsten Maße kulturraumspezifische Funktionsprinzip ableiten: „Kompensation geostrategischer Nachteile, numerischer und ressourcenbedingter Unterlegenheit durch geistige Kräfte[11]“.

Darin, dass eine kernfachbasierte Militärwissenschaft die begünstigenden Spezifika des kontinentaleuropäischen/deutschsprachigen, führungsphilosophischen Kulturraums nutzt, um auf deren Basis die Herausforderungen, vor denen genau dieser Kulturraum steht, bestmöglich zu meistern, könnte sich ihr alleinstellender und notwendiger Nutzen für die Sicherheit des Staates manifestieren, wenn es sie denn in einer institutionalisierten, universitär anerkannten Form gäbe. In der Mehrheit der europäischen Staaten existiert eine solche jedoch nicht, was sich schon allein darin zeigt, dass es sehr selten Generalstabsoffiziere gibt, die im Fach Militärwissenschaft habilitiert sind, permanent in den Kernfächern forschen und lehren, und die den Offiziersnachwuchs zu einem Doktoratsabschluss im Rahmen eines kernfachbasierten Militärwissenschaftsstudiums führen können[12]. Dabei geht es, wie die Ableitung zeigt, nicht nur um Kriegstheorie oder strategisches Denken, sondern gleichzeitig vielmehr auch um angewandtes Führungskönnen, verantwortungsbewusste Führung, demokratiepolitische Verlässlichkeit und um Beratung an der Schnittstelle zur politischen Entscheidungsfindung.

3. Wesentliche leistungsbegründende Faktoren einer kernfachbasierten Militärwissenschaft

Eine künftige kernfachbasierte Militärwissenschaft müsste sich durch einen hohen Grad an *Interdisziplinarität* auszeichnen (siehe Clausewitz' viertes Hauptdefizit) um dem Anspruch zu genügen, die politischen Entscheidungsträger bezüglich der strategischen Zweckfindung beraten zu können, weil das zugrunde liegende Strategieverständnis auf eine breite Politikbereichsübergreifung abzielt. Da aber die geforderte Interdisziplinarität nicht dahin führen darf, dass Militärwissenschaft sich zu einem ungeleiteten Potpourri von zivilen Disziplinen entwickelt, die sich neben ihrem eigenen Forschungsschwergewicht auch mit

---

[11] In Abwandlung des Spruches, der seit Generationen angewandt wird, um Infanteristen zur rascheren Fertigstellung ihrer Kampfdeckung zu „motivieren“ könnte man zwar unwissenschaftlich, aber doch im übertragenen Sinn formulieren: „Hirn spart Blut“.

[12] Gerade der Offizier, von dem verlangt wird, Führungsüberlegenheit im Einsatz durch selbständige Beurteilung zu erzielen, sollte sich erwarten dürfen, in den Kernfächern auf universitärer Qualitätsebene und von eigenen Generalstabsoffizieren unterrichtet zu werden. Keinem Medizinstudenten würde man im Fach „Chirurgie“ einen praktischen Arzt ohne wissenschaftliche Lehrbefugnis oder einen habilitierten Betriebswirt des Krankenhausmanagements als Lehrer vorsetzen.

Aspekten der militärischen Führung beschäftigen[13], wäre es notwendig, die militärwissenschaftlichen Kernfächer, also solche, die nur durch im militärischen Erfahrungsumfeld ausgebildete Offiziere erforscht und gelehrt werden können, mit der Funktion einer Steuerungsinstanz für das zweckgerichtete Zusammenwirken von Kern- und Begleitfächern zu betrauen. Dies setzt voraus, dass die Forscher und Lehrer der Kernfächer die höchstmögliche militärische Führungsqualifikation erlangt haben und zusätzlich im Fach Militärwissenschaft habilitiert sind. Nur so kann eine gesamtheitliche Anerkennung der höheren militärischen Führungsausbildung (bezogen auf die Kernfächer Kriegstheorie, Strategie, Operative Führung, Taktik, allgemeine Führungslehre und Logistik) auf universitär anerkanntem Qualitätsniveau erzielt werden.

Die kernfachbasierte Militärwissenschaft müsste, um ihren kulturraumspezifischen Nutzen voll zur Entfaltung zu bringen, von einem Strategieverständnis ausgehen, das auf eine Fähigkeitskategorie abzielt, die auf Willenskraft aufbaut, eher dem Denken als dem Handeln, eher der Zweckfindung als der Planung bzw. Umsetzung zugeordnet und langfristig proaktiv ausgerichtet ist. Operationale Kreativität und visionäre Kraft sollten dabei vom alternativlosen Zwang zur physisch gewaltsamen Konfliktaustragung befreien[14]. Strategie in diesem militärwissenschaftlichen Verständnis wäre daher mehr als die Umsetzung der den Streitkräften von der Gesamtstrategie her zugeordneten Teilaufgabe („Militärstrategie").

Das alleinstellende Funktionsprinzip einer kernfachbasierten Militärwissenschaft läge in der vor allem von Clausewitz vorgezeichneten Methodik der dialektischen Synthese aus einem theoretischen und einem praktischen bzw. einem a priori rationalen und einem empirischen Zugang. Diese Methodik ist die Grundlage einer spezifisch militärischen Beurteilungslogik, die es erlaubt, die angesprochene dialektische Synthese in iterative Beurteilungsverfahren für die strategische (Verkoppelung visionärer und pragmatischer Ansätze), die operative (arbeitshypothetisches Verfahren) und die taktische Führungsebene umzulegen. Sie fußt auf der kulturraumspezifischen wechselseitigen Bedingtheit (Synallagma) von „Führen" und „Folgen", das heißt auf der wechselseitigen Annahmebedürftigkeit des Führungsverhältnisses, das seinerseits den Entstehungsgrund für die Führungsphilosophie der Auftragstaktik, die Kompensation

---

[13] Dieses Verständnis drückt sich häufig darin aus, dass ihre Vertreter den unzutreffenden Plural „Militärwissenschaften" verwenden.

[14] Vgl. Peischel, Wolfgang: „Militärwissenschaft – eine Modellbildung", Nutzen, alleinstellende Leistung, Funktionsprinzipien und Struktur einer kernfachbasierten Militärwissenschaft, Berlin 2023, S. 72f.

numerischer und ressourcenbedingter Unterlegenheit durch geistige Kräfte auf Basis einer über alle Führungsebenen hinunter ausgerollten Bildung darstellt, verantwortungsethische Führung gewährleistet und demokratiepolitische Verlässlichkeit von Streitkräften durch ein Widerstandsrecht gegen (menschen-)rechtswidrige Befehle sichert.

Durch diese spezifische militärwissenschaftliche Beurteilungslogik unterscheidet sich der militärische Beratungsbeitrag zur strategischen Zweckfindung vom rein sicherheitspolitischen bzw. politikwissenschaftlich geleiteten.

4. Die Komplementarität von sicherheitspolitischen und militärwissenschaftlichen Politikberatungsbeiträgen

Auch wenn eine kernfachbasierte Militärwissenschaft in der Mehrzahl europäischer Staaten nicht in institutionalisierter Form etabliert ist, so gibt es doch eine Anzahl von Offizieren, die aus eigenem Antrieb und auf Basis der dargestellten spezifisch militärischen Beurteilungslogik zu militärwissenschaftlichen Themen geforscht und publiziert, also „materielle" Militärwissenschaft betrieben haben. Deren Ergebnisse zeigen in vielen Fällen substanzielle Ablagen von den sicherheitspolitischen Einschätzungen, welche die tatsächliche strategische Entwicklung Europas maßgeblich beeinflusst haben. Bereits wenige Jahre nach dem Ende der Blockkonfrontation wurde abgeleitet, dass die Annahme, Russland würde keine konventionelle Offensivabsicht mehr verfolgen können, falsch war. Ebenso wurde erkannt, dass der Schluss, nur das Produkt aus Absicht und Potenzial ergäbe eine zu beantwortende Bedrohung, wohingegen „absichtsloses" Potenzial nicht zu berücksichtigen wäre, unzutreffend war. Die kostengünstige Annahme, man könne Streitkräfte nach der Eintrittswahrscheinlichkeit von Bedrohungen dimensionieren und ausstatten widersprach ebenso der militärwissenschaftlichen Beurteilungslogik wie das gutgläubige Hereinfallen auf das chinesische Narrativ der „Thukydides-Falle". Mit diesen wenigen Beispielen soll nun nicht versucht werden zu behaupten, dass Militärwissenschaft es grundsätzlich „besser weiß" – vielmehr soll gezeigt werden, dass die politische Ebene dann die besten Entscheidungsgrundlagen an der Hand hätte, wenn sie sicherheitspolitische/politikwissenschaftliche und militärwissenschaftliche Beratungsbeiträge in ihrer wechselseitigen Komplementarität berücksichtigt. Dies wird insbesondere in sicherheitspolitischen Umbruchszeiten zunehmend wichtiger, in denen sich das europäische Strategiedefizit sichtbar auszuwirken beginnt.

5. Praktische Verwertbarkeit der Erkenntnisse einer institutionalisierten Militärwissenschaft für die Führungsausbildung in den Streitkräften

Sollte sich die Ansicht durchsetzen, dass eine institutionalisierte, kernfachbasierte Militärwissenschaft einen alleinstellenden und notwendigen, kulturraumspezifischen Nutzen für die Strategieberatung an der Schnittstelle zur politischen Entscheidungsfindung und für die Führung kriegstauglicher Streitkräfte erbringen würde, dann könnten folgende Überlegungen einen Anhalt für die Schaffung einer solchen Disziplin bilden, die darauf abzielt, Führungsüberlegenheit u.a. auf Basis wissenschaftlicher Erkenntnisse zu erringen.

Die praktische Umsetzung der Etablierung einer institutionalisierten Militärwissenschaft könnte über zwei Wege erfolgen: Erstens, durch Schaffung einer universitären Disziplin mit Habilitationsrecht, danach Heranbilden und Habilitation der ersten Offiziere zu Lehrern/Forschern in den Kernfächern. Zweitens, durch Heranziehen von Offizieren als Lehrer/Forscher in den Kernfächern, danach Habilitation dieser Offiziere an Universitäten, die eine Habilitation im Fach Militärwissenschaft anbieten, im letzten Schritt Verleihung des Habilitationsrechts an die tertiäre militärische Bildungseinrichtung, an der die Kernfächer schon bisher unterrichtet wurden. Weil die durch die Führungsphilosophie der Auftragstaktik gegebenen Ähnlichkeiten im deutschen Sprachraum am deutlichsten ausgeprägt sind, böte die Schaffung einer solchen universitären Institution einen möglichen Synergienutzen zwischen Deutschland, der Schweiz und Österreich.

Die systematische Erarbeitung und Verwertbarkeit militärwissenschaftlicher Erkenntnisse für die Bildung und Ausbildung von Führungskräften der Streitkräfte setzt insofern eine Institutionalisierung voraus, als es nicht nur darum geht, bekannte Inhalte durch wissenschaftlich qualifizierte Lehrer zu unterrichten, sondern vielmehr darum, Grundlagen, Verfahren und Möglichkeiten militärischer Führung in eigens dafür geschaffenen Instituten mit einem dafür organisatorisch zugeordneten Personalstock auf Basis wissenschaftlicher Methodik permanent weiterzuentwickeln.

Das vorrangigste[15], insbesondere für die *ministerielle Ebene bzw. die Führung von Akademien und Schulen der Streitkräfte* verwertbare Ergebnis einer solchen institutionalisierten Militärwissenschaft sollte es sein, die langfristige globale, regionale und nationale strategische Lage zu beurteilen und daraus Ableitungen für die

---

[15] Die hier dargestellten, praktisch verwertbaren Ergebnisse sind lediglich beispielhaft ausgewählt. Eine vollumfängliche Aufzählung der Forschungsleistungen aller Kern- und Begleitfächer hätte den Rahmen des Beitrags gesprengt.

Streitkräfteplanung und die Fähigkeitsentwicklung zu treffen. Darüber hinaus hätte sie die kulturraumspezifischen und damit alleinstellenden Erfolgsprinzipien der eigenen Führungsphilosophie herauszuarbeiten und in eine lehrbare Form zu transponieren. Damit könnte verhindert werden, dass die mögliche Leistungsfähigkeit der eigenen Kräfte durch unreflektierte Übernahme von Verfahren im Rahmen des Bündnisses (diese würden ja auch in EU-Einsätzen weitgehend übernommen) oder multinationaler Allianzen eingeschränkt würde. Dieses Ergebnis hätte damit auch Auswirkung auf die Frage, bis zu welcher Führungsebene in multinationalen Einsätzen gemischt werden soll.

Für die *allgemeine, das heißt führungsebenenunspezifische Führungslehre* an Akademien und Schulen hätte die Militärwissenschaft das kulturraumspezifische Prinzip des Synallagmas von Führen und Folgen bewusst zu machen, weiterzuentwickeln, und in eine lehrbare Form zu bringen. Die praktische Verwertbarkeit der daraus resultierenden Ergebnisse liegt darin, dass die Vermittlung und Internalisierung dieses Prinzips als die zwingende und gleichzeitige Voraussetzung für die Auftragstaktik, die demokratiepolitische Verlässlichkeit von Streitkräften, das Widerstandsrecht gegen (menschen-) rechtswidrige Befehle und damit für eine verantwortungsethische Führung, erkannt wird.

Für das Fach der allgemeinen Führungslehre hätte die Militärwissenschaft ein Gerüst an humanistischer Allgemeinbildung zu entwickeln, das im Sinne von Clausewitz als Korrektiv gegen eine missbräuchliche Überbetonung des Spezialistentums und eine unreflektierte Bindung an ein oktroyiertes „Soldatenethos" wirkt und damit dazu beiträgt, das Widerstandsrecht mit Disziplin und Befehlstreue in Einklang zu bringen. Dieses Gerüst an humanistischer Allgemeinbildung ist gleichzeitig die Voraussetzung für die selbständige Beurteilung der Führer aller Ebenen in der jeweils gegebenen Gefechtssituation und die demokratiepolitische Verlässlichkeit der Streitkräfte und sollte deshalb auch auf alle Führungsebenen und auf die Ausbildung der Unteroffiziere erstreckt werden. Im Hinblick auf die zunehmende Praxisorientierung und Fachspezialisierung an höheren Schulen scheint das derzeit gegebene humanistische Bildungssubstrat nicht ausreichend, um als Grundlage für eine verantwortungsbewusste, auftragstaktische militärische Führung zu dienen.

Ein weiteres, für das Fach der allgemeinen Führungslehre aber auch für die ministerielle Ebene verwertbares Ergebnis liegt in der Erfassung, Abstraktion und Vermittlung des geistigen, kulturraumspezifischen Wesenskerns des Militärischen. Damit werden die Voraussetzungen dafür geschaffen, nach Phasen des lagebedingten Zurückfahrens von Fähigkeiten neu aufwachsen zu können, was vor allem für Streitkräfte von Bedeutung ist, die nicht durchgehend zur außenpolitischen Machtprojektion des Staates eingesetzt werden und deren Selbstverständnis sich bereits durch die Erfolge in diesen Einsätzen perpetuiert. Das für die *strategische Ausbildung* verwertbare Ergebnis der Militärwissenschaft liegt v.a. in der Entwicklung eines iterativen Beurteilungsverfahrens, das die antagonistischen Paare von Gehirnfunktionalitäten, „Denken – Handeln", „operationale Kreativität – kritisch-analytisches Denkvermögen" und „a priori rationales Denken – Empirie" jeweils dialektisch koppelt bzw. zeitlich getaktet abarbeitet. Ebenso hätte die Militärwissenschaft die Konflikte der jüngeren Geschichte vom jeweiligen zeitlichen Bezug zu befreien und allgemein gültige Erkenntnisse zu abstrahieren, die zur empirischen Bewährung strategischer Hypothesen herangezogen werden können. Im Sinne der angestrebten Fähigkeit zur Politikberatung hätte die Militärwissenschaft Methoden zu entwickeln, mit denen das Zusammenspiel von Kern- und Begleitfächern mit dem Ziel eines interdisziplinären und politikbereichsübergreifenden, strategischen Beurteilungsergebnisses – das jedenfalls nur einen entscheidungsvorbereitenden Charakter haben kann, um nicht mit dem Primat der Politik zu konfligieren – gesteuert werden kann.

Für die *operative Führungsausbildung* hätte die Militärwissenschaft ein zum strategischen analoges, arbeitshypothetisches Führungsverfahren zu entwickeln und dieses auf die Funktionen und Zellen eines operativen Stabes umzulegen. Ebenso hätte sie das Fach der Operationsgeschichte abzudecken, deren Ergebnisse zur empirischen Bewährung der Arbeitshypothesen beitragen.

Insbesondere hätte die Militärwissenschaft die Bedeutung der Intuition für die *operative und taktische Führung* zu erforschen und nachzuweisen, dass die von Clausewitz verwendeten Begriffe wie „Kriegerischer Genius", „Takt des Urtheils", „Divinatorische Komponente" oder „Coup d'oeil" nur scheinbar auf Eingebung hindeuten, tatsächlich aber zum größten Teil das Ergebnis einer systematischen Erforschung der bewaffneten Auseinandersetzung, der Umsetzung in lehrbare Inhalte, der Lehre, Übung und Internalisierung durch die Lernenden sind und dass das Warten auf den „göttlichen Funken" einen unzulässigen Versuch darstellt, sich die mühevolle Aufgabe einer seriösen wissenschaftlichen Bearbeitung zu ersparen.

Für den Bereich der *taktischen Führungsausbildung* hätte die Militärwissenschaft die auftragstaktischen Führungsverfahren weiterzuentwickeln aber auch solche, die den nachgeordneten Ebenen weniger Entscheidungs- bzw. Handlungsspielraum lassen. Letztere können in multinationalen Einsätzen zum Tragen kommen, insbesondere dann, wenn die Übermittlung von Aufklärungsergebnissen bzw. Lagemeldungen und die Befehlsgebung abgestützt auf digitale Gefechtsführungs- und Informationssysteme erfolgen.

III Politik- und rechtswissenschaftliche Themen

Militärpolitik im Lichte der Politikwissenschaft: Theorien internationaler Beziehungen und ihr Wert

Martin Sebaldt

Militärpolitik und Politikwissenschaft: Zur Problemstellung

Die neuerliche Wahl Donald Trumps zum US-Präsidenten ist auch für die aktuelle Militärpolitik der westlichen Bündnispartner eine markante Zäsur: Nach der von Kooperation geprägten transatlantischen Sicherheitspolitik der Biden-Ära hat nun wieder ein deutlich national geprägter Stil Einzug in das Weiße Haus gehalten, der ungute Erinnerungen an den US-amerikanischen Isolationismus nach dem Ende des Ersten Weltkriegs weckt. Die unverblümte Gardinenpredigt, die Trumps Vize J.D. Vance den europäischen Bündnispartnern auf der Münchner Sicherheitskonferenz 2025 glaubte halten zu müssen, spiegelt diese Trendwende.

Nun könnte man nicht nur mit Blick auf Trump, sondern auch auf Putins nationalistisch begründeten Ukrainekrieg sowie die immer offensivere Strategie der Pekinger Führung gegenüber Taiwan den Eindruck gewinnen, dass zeitgenössische Militärpolitik vor allem von eigennützigen Kalkülen der großen Mächte geprägt sei, also Sicherheitsbeziehungen in erster Linie als Nullsummenspiel betrachtet werden, in dem Verluste des einen automatisch Gewinne des anderen Akteurs darstellen. Und diese Perspektive hat in der Tat erheblichen analytischen Wert.

Falsch wäre es jedoch, die aktuelle globale Militärpolitik nur durch diese Brille zu betrachten, denn bei näherem Hinsehen sind auch noch andere Mechanismen im Gange, die sie ebenso prägen, aber gerne aus dem Blick geraten, weil sie weniger spektakulär sind als die von der „great man theory" inspirierte realistische Lesart internationaler Beziehungen. Der vorliegende Beitrag plädiert daher mit Blick auf die aktuellen militärpolitischen Herausforderungen für einen breiteren analytischen Fokus und will dabei verdeutlichen, welchen Erklärungswert die verschiedenen Theorien internationaler Beziehungen der Politikwissenschaft hier zu bieten haben. Die Abhandlung versteht sich als pointierter Überblick.

Die theoretischen Perspektiven im Überblick

Diese politikwissenschaftlichen Theorien nehmen schon grundsätzlich recht unterschiedliche Perspektiven ein: Während bei den einen das gerade schon angesprochene Paradigma internationaler Konkurrenz um globale Machtanteile im Fokus steht, postulieren andere ganz im Gegenteil das Vorherrschen globaler Kooperation und auch das Bestreben, internationale Beziehungen zu einem Positivsummenspiel auszugestalten, in dem letztlich alle gewinnen können. In der nachfolgenden Abbildung sind die wesentlichen Aussagen bzw. Aspekte vergleichend zusammengefasst.

Abbildung: Theorien internationaler Beziehungen im Überblick

Theorien --------- Annahmen	Realismus und Neorealismus	Intergouvernementalismus	Interdependenz- und Regimetheorie	Funktionalismus und Neofunktionalismus	Idealismus und Föderalismus
Generelle Perspektive	Konkurrenz um Macht dominiert die internationale Politik	Punktuelle Kooperation mildert Machtkonkurrenz ab	Interdependenzen verringern nationalstaatl. Autonomie	Funktionale Erfordernisse fördern internationale Integration	Freiwillige Kooperation führt zu supranationalen Ordnungen
Zentrale Akteure	Staaten	Staaten Bündnisse	Staaten, Org. Regime	Organisationen Staaten	Föderationen
Effektivität internat. Kooperation	sehr gering	gering	mittel	hoch	sehr hoch
Perspektiven internat. Kooperation	schlecht	begrenzt	mittel	gut	sehr gut
Zentrale Vertreter	Morgenthau, Waltz	Hoffmann Moravscik	Keohane, Krasner	Mitrany, Haas	Wilson, Friedrich

Quelle: eigene Zusammenstellung

Konkret stellen hier vor allem der Realismus und der von ihm abgeleitete Neorealismus in der Tradition von Hans Morgenthau bzw. Kenneth Waltz die schon geschildete Nullsummenperspektive in den Fokus, während idealistische und föderalistische Ansätze im Gefolge Woodrow Wilsons und Carl. J. Friedrichs ganz im Gegenteil davon ausgehen, dass visionäre Konzeptionen einer friedvollen globalen Ordnung nicht nur denkbar, sondern auch realisierbar sind. Wilsons 14-Punkte-Friedensplan von 1918 spiegelte dies auch praktisch und zeigte überdies, dass der US-Präsident hier einer ideengeschichtlichen Tradition folgte, die auf Kants Theorie des demokratischen Friedens sowie noch älteren Föderalkonzepten fußte.

Ausgehend davon werden von diesen beiden theoretischen Extrempositionen dann auch die jeweils zentralen politischen Akteure, die Effektivität internationaler Kooperation sowie deren Entwicklungsperspektiven ganz unterschiedlich akzentuiert: Bei Realismus und Neorealismus sind die entscheidenden Player nach wie vor die nullsummenorientierten Nationalstaaten – kein Wunder deshalb, dass diese Ansätze mit Blick auf Trump, Putin oder Xi Jinping heute so große Konjunktur haben. Und auch deshalb zeichnet diese Perspektive ein düsteres Bild vom Wirkungsgrad und der Zukunft internationaler Kooperation – ganz im Unterschied zu Idealismus und Föderalismus, die sich die Chance auf Schaffung globaler politischer Föderationen auch unter diesen aktuell ungünstigen Rahmenbedingungen nicht kleinreden lassen. Und in diesen Föderationen in Gestalt moderner internationaler bzw. supranationaler Organisationen erblicken Idealismus und Föderalismus dann auch sogar die Zukunft, weil sie von einem stetigen Bedeutungsschwund der Nationalstaaten zugunsten solch grenzüberschreitender Föderalgebilde ausgehen.

Aber bei der Kontrastierung dieser beiden Extremperspektiven darf man nicht stehen bleiben, denn die Politikwissenschaft hat darüber hinaus weitere Ansätze zu bieten, die gleichsam dazwischen einzuordnen sind und das analytische Bild weiter differenzieren. So teilen Funktionalismus und Neofunktionalismus in der Tradition von David Mitrany und Ernst B. Haas zwar durchaus die optimistische Perspektive von Idealismus und Föderalismus, stellen jedoch andere Kooperationsmotive in den Fokus: Nicht die idealistische Vision vernunftgeleiteter Kooperation führe zu globalen Föderalordnungen, sondern funktionale Notwendigkeiten, etwa bei der Schaffung einheitlicher technischer Standards oder von gemeinsamen Märkten. Gerade die Entwicklungsgeschichte der EU steht hier als empirisches Referenzobjekt Pate.

Umgekehrt ist der Intergouvernementalismus in der Tradition Stanley Hoffmanns und Andrew Moravsciks als abgeschwächte Version von Realismus und Neorealismus zu begreifen, deren staatenzentrierte und föderalismusskeptische Perspektive er teilt, nun aber das Eigengewicht bereits bestehender Bündnisse merklich stärker gewichtet – auch hier vor allem von Phasen der EU-Geschichte inspiriert, in denen das Ringen zwischen Supranationalisten nach dem Vorbild des ersten Kommissionspräsidenten der Europäischen Gemeinschaft (EG) Walter Hallstein und nationalstaatsorientierten Vertretern eines locker föderierten „Europas der Nationen" in Gestalt Charles de Gaulles die Szenerie prägte.

Interdependenz- und Regimetheorie in der Tradition Robert Kehoanes und Stephen Krasners stehen dann perspektivisch gleichsam in der Mitte, indem sie zwar einerseits den Integrationsoptimismus föderal-idealistischer und (neo)funktionalistischer Ansätze ein Stück weit teilen, jedoch insgesamt deutlich zurückhaltender, und dabei die integrationshemmende Rolle der Staaten stärker akzentuieren. In dieser Perspektive stehen daher nicht integrierte, supranationale Föderalgebilde als Ordnungsmodell im Fokus, sondern eher lockere Regime nach dem Muster des aktuellen globalen Klimaregimes von UNO und anderen Organisationen, deren Wirkungsgrad deshalb schon konstruktionsbedingt als weniger groß eingestuft wird.

Mit Blick auf die globale Militärpolitik und dabei auch immer wieder mit konkreten Bezugnahmen auf die momentanen Herausforderungen westlicher Bündnisarbeit und der Bewältigung der durch den Ukrainekrieg entstandenen Verpflichtungen soll jetzt noch genauer gezeigt werden, dass ein derart differenziertes theoretisches Herangehen in jedem Fall einen größeren analytischen Mehrwert verspricht, als sich nur einem Ansatz zu verschreiben.

Neorealismus: Militärpolitik im Zeichen des Nullsummenspiels

Die generelle Perspektive des Neorealismus wurde bereits genauer charakterisiert, weshalb diese jetzt gleich konkret auf die aktuelle militärpolitische Szenerie geblendet werden soll: Die jüngsten bzw. noch kommenden Auseinandersetzungen zwischen der neuen US-Administration und den europäischen NATO-Partnern tragen in der Tat einige Charakteristika, die Morgenthau, Waltz u.a. theoretisch postulieren: Trump wirft den Europäern – leider völlig zurecht – vor, in der Vergangenheit vom Schutzschirm der USA profitiert zu haben, ohne vergleichbare Anteile ihrer Budgets für die Verteidigungspolitik aufzuwenden. Gerade Deutschland war lange Zeit weit davon entfernt, das 2014 im Rahmen der NATO mitbeschlossene Ziel von 2 Prozent des Bruttoinlandsprodukts (BIP) für Verteidigungsausgaben zu erreichen und tut dies momentan auch nur, weil das 100-Milliarden-Sondervermögen für die Bundeswehr eingerechnet wird. Nach dessen Verausgabung droht deshalb wieder die alte Misere, und Trump – die hohen US-Verteidigungsausgaben von deutlich über 3 Prozent des BIP im Blick – hat hier argumentativ leider gute Karten und kann in diesem Falle in der Tat von einem Nullsummenspiel sprechen, da die größeren Aufwendungen der USA in der Vergangenheit zur bequemen Entlastung europäischer Militäretats beitrugen.

Wladimir Putins militärpolitische Weltsicht ist mit dieser analytischen Perspektive ebenfalls gut zu fassen: Den Ukrainekrieg versteht er als geopolitisch motivierte Aktion zur Neutralisierung eines NATO-Expansionismus, gepaart mit großrussisch-imperialen Phantasien, in denen der Ukraine jegliche staatliche Eigenständigkeit abgesprochen und ihre Reintegration in ein wiederbelebtes russisches Imperium forciert werden. Auch Putin, als ehemaliger KGB-Offizier vom bipolaren Gegensatz des Kalten Krieges geprägt, betrachtet Militärpolitik daher vor allem als Nullsummenspiel, bei dem der eine gewinnt, was der andere verliert. Die menschenverachtende militärische Zermürbungsstrategie gegenüber der Ukraine spiegelt dies anschaulich.

Intergouvernementalismus: Militärpolitik im Zeichen des Deals

Doch auch in diesem aktuellen Konfliktszenario kommen mit dem Wechsel der theoretischen Perspektive sogleich andere Aspekte in den Fokus. Der frühere EU-Kommissionspräsident Jean-Claude Juncker hat erst jüngst wieder zurecht darauf hingewiesen, dass man Donald Trump mit Blick auf seine Biografie als politischen Unternehmer begreifen müsse, dessen zentrales Ziel darin bestehe, günstige Deals abzuschließen. Er bezieht sich dabei vor allem auf seine eigenen Verhandlungen als EU-Kommissionspräsident mit Trump zur Vermeidung eines Handelskrieges zwischen den USA und der EU während dessen erster Amtszeit. Und in der Tat: Der US-Präsident ließ sich hier auf einen Deal ein, der zu beiderseitigem Nutzen in einem Verzicht auf die angedrohten Zollbarrieren bestand, weil auch ihm der Schaden von EU-Gegenmaßnahmen für die US-Wirtschaft schnell klar geworden war.

So betrachtet, kann und muss man Trumps Agieren auch in einem veränderten Licht betrachten: Das prononciert nationale „Amercia First" im Sinne einer (neo)realistischen Lesart steht bei ihm zweifelsohne im Vordergrund, und trotzdem unterscheidet ihn seine unternehmerische Deal-Perspektive doch merklich von ‚reinrassigen' präsidialen Realisten und auch Imperialisten nach dem Muster Theodore Roosevelts. Mit anderen Worten lässt sich Trump – die Erfahrungen Junckers zeigen das ja – durchaus auf eine zwar begrenzte, aber eben durchaus wahrnehmbare Kooperationsbasis ein, wenn sie in seinen Augen den gewünschten Charakter eines Deals besitzt.

Bei Putin ist diese Perspektive auch vorhanden, jedoch mit ganz anderen Deal-Partnern. Gerade der Ukrainekrieg hat dieses Muster deutlich werden lassen bzw. verstärkt, indem das energiehungrige China zügig an die Stelle der wegen der Boykottmaßnahmen ausgefallenen westlichen Energieabnehmer trat und damit einen wesentlichen Beitrag zur Finanzierung der russischen Kriegsaktivitäten leistet. Auch Nordkorea gewährt dem Putin-Regime Militärhilfe, materiell und zeitweise auch personell, und auch dies als Gegenleistung insbesondere für russische Nahrungsmittellieferungen. Dass Putin darüber hinaus bei westlichen Partnern kaum auf einen Deal aus ist, hängt auch mit seiner sowjetischen Sozialisation zusammen, in der ein marxistisch-leninistisches Weltbild mit sich unversöhnlich gegenüberstehenden Klassen vermittelt wurde, zwischen denen nur revolutionärer Kampf, aber kein Deal möglich ist.

Regimetheorie: Militärpolitik im Zeichen der Interdependenz

Über solch konkrete Vereinbarungen bzw. Deals hinausreichende, systematische Kooperationssysteme belegt die Politikwissenschaft seit langem mit dem Regime-Begriff. Darunter wird ein internationaler Handlungszusammenhang verstanden, der Stephen Krasner zufolge durch vier Elemente systematisch verstetigt wird: *Prinzipien* definieren den Zweck eines Regimes, *Normen* dessen ‚Verfassung‘, *Regeln* seine allgemeinen Verfahrensmaximen und *Entscheidungsprozeduren* seine spezifischen Handlungsmuster.

Diese bewusst unscharf gefasste Definition verweist auf die Tatsache, dass es jenseits von klassischen Staaten einerseits und internationalen Organisationen andererseits, die jeweils auf einer klaren rechtlichen Basis (Verfassung bzw. Charta) gründen und präzise Aufgabenzuschreibungen besitzen, auch informelle und oft bewusst nicht per Satzung regulierte Kooperationsverbünde gibt, die aber trotzdem wirkungsvoll sein können. Die Grenzen sind hier aber fließend, wie klassische Beispiele belegen: Der als derartiges Regime in den siebziger Jahren begonnene KSZE-Prozess mündete 1975 mit der Schlussakte von Helsinki in eine erste völkerrechtliche Formalisierung, die später dann mit der OSZE sogar die Gründung einer formellen Organisation induzierte. Auch das Nachhaltigkeitsregime der UNO geht auf erste Konferenzen in den siebziger Jahren zurück. Regime sind also wohl auch wegen ihrer merkwürdigen Zwischenstellung zwischen Staaten und internationalen Organisationen sowie ihres geringen Formalisierungsgrades wohl strukturell recht instabil und veränderungsanfällig.

Gleichwohl zeigt das aktuelle Szenario des Ukrainekrieges einmal mehr, dass sich solche Regime auch neben bzw. jenseits des staatlichen bzw. internationalen Organisationsgefüges entwickeln und einen militärpolitischen Mehrwert erbringen können, gerade wenn Staaten und Organisationen selbst hier Handlungsdefizite aufzuweisen haben. Beispielhaft dafür sind etwa die informellen waffentechnischen Ringtäusche, die sich zwischen NATO-Staaten entwickelt haben, um der

Ukraine zügig die dringend benötigten Waffensysteme liefern zu können: So hat Deutschland Leopard-Panzer an Tschechien abgegeben, um dessen Lieferungen von T-72-Panzern an die Ukraine zu kompensieren. Auch Slowenien erhielt von Deutschland Leoparden für gleichfalls an Kiew abgegebene Panzer. Mit Kroatien hat Berlin inzwischen eine ähnliche Vereinbarung getroffen.

Darüber hinaus ist auch die internationale militärische Ausbildungshilfe für die Ukraine als Regime zu begreifen, weil hier bilaterale Vereinbarungen – etwa zwischen Berlin bzw. Warschau und Kiew, eine schon seit 2022 laufende Mission der EU (EUMAM UA) und seit 2024 auch eine der NATO (NSATU) – inzwischen einen ausdifferenzierten Ausbildungsverbund bilden. Und trotz ihrer Heterogenität ist diese Regimearchitektur wirksam, denn ohne solche Kooperationen hätte die Ukraine den Krieg wohl schon vor Längerem verloren.

Neofunktionalismus: Militärpolitik im Zeichen des Sachzwangs

Die neofunktionalistische Lesart internationaler Politik ist dann hinsichtlich der Kooperationsintensität und auch ihrer Nachhaltigkeit noch einmal ein Stück optimistischer. Dafür werden von ihren theoretischen Protagonisten zwei zentrale Faktoren verantwortlich gemacht: Zum einen sachliche, eben funktionale Notwendigkeiten für eine internationale Kooperation und auch Integration, zum anderen die Eigendynamik und auch das Eigeninteresse bereits bestehender internationaler Organisationen selbst. Beides wurde, wie schon angemerkt, mit engem Bezug zur sich entwickelnden EU herausgearbeitet.

So lässt sich zum einen in der Tat nachweisen, dass sachliche Gründe ganz erheblich zur fortschreitenden europäischen Integration beigetragen haben: Früh wurde erkannt, dass der Wegfall von Zollbarrieren die ökonomischen Transaktionskosten senken half, zum Wohle aller beteiligter Staaten. Und der Wegfall dieser Barrieren bereitete dann auch den Weg zur gemeinsamen Euro-Währung, weil man auch hier erkannte, dass durch sie das aufwendige Austarieren von Wechselkursen der Vergangenheit angehören würde – ein klassischer „spillover", denn der Neofunktionalismus postuliert auch, dass Integrationserfolge auf einem Feld entsprechende Integrationsprozesse in benachbarten Politikfeldern anstoßen und damit das gesamte internationale Staatengefüge gleichsam auf fortschreitende Integration trimmen. Die Schaffung der EU durch den Vertrag von Maastricht 1992, in dem die bisherige Organisationstrias aus EG, EGKS und EURATOM als erste Säule um zwei weitere außenpolitische bzw. innen- und justizpolitische Säulen (GASP, ZIJP) erweitert wurde, spiegelt diesen Mechanismus anschaulich.

Zu diesem Integrationsprozess trugen und tragen dann zum anderen auch die in internationalen Organisationen tätigen supranationalen Eliten bei, die daran natürlich machtpolitisch gesehen auch ein Eigeninteresse haben. Schon der bereits erwähnte Kommissionspräsident Walter Hallstein verfolgte das Ziel, die begrenzten Formen europäischer Einigung in den 50er Jahren zügig zu einer vollwertigen europäischen Gemeinschaft weiterzuentwickeln, und andere ‚große Europäer', wie etwa der spätere Kommissionspräsident Jacques Delors, taten es ihm gleich. Ohne die kongeniale Unterstützung ähnlich gesinnter Europäer in den nationalen Regierungen, wie etwa Bundeskanzler Helmut Schmidt und Frankreichs Staatspräsident Valérie Giscard d'Estaing in den siebziger Jahren, hätte dies zwar nicht gefruchtet, und doch ist die heutige EU ohne das permanente Anschieben dieser EU-Politiker nicht zu verstehen.

Inzwischen hat dieser Integrationsmechanismus längst auch die Militärpolitik erreicht, und das gilt sowohl für die NATO wie für die EU: Bei der westlichen Militärallianz vor allem durch die zügige Erweiterung, die einmal mehr durch den Ukrainekrieg maßgeblich induziert wurde. Erst dieser bewegte die klassisch neutralen Staaten Schweden und Finnland zum Beitritt – gerade für Stockholm nach rund 200 Jahren währender Neutralität ein epochaler Schritt. Denn beiden Staaten, aber auch den übrigen NATO-Mitgliedern war nun völlig klar, dass der durch den russischen Expansionismus gewachsenen geopolitischen Bedrohung in Skandinavien nur mit einem Bündnisbeitritt effektiv begegnet werden konnte. Im Übrigen wiederholte sich hier ein integratives Muster, das Ende der neunziger Jahre erst zur Entwicklung einer eigenen Gemeinsamen Sicherheits- und Verteidigungspolitik (GSVP) der EU führte: Ohne die gleichsam vor der Haustür tobenden Balkankriege dieser Zeit wäre es dazu wohl nicht gekommen, denn erst die militärische Hilflosigkeit der Gemeinschaft gegenüber diesem Szenario verdeutlichte die Notwendigkeit zum Aufbau eigener militärischer Handlungskapazitäten der EU.

Föderalismus: Militärpolitik im Zeichen des Idealismus

Föderalistische bzw. idealistische Perspektiven schließlich, die eingangs schon genauer erläutert wurden, haben es dann auf einem gewaltaffinen Feld wie der Militärpolitik naturgemäß schwerer. Doch eine gewisse, wenn auch begrenzte Rolle spielen sie gleichwohl. Denn das grundsätzliche Postulat dieses besonders integrationsoptimistischen Ansatzes ist ja die Aussage, dass von einer politischen Mission beseelten Internationalisten mit der nötigen argumentativen Überzeugungskraft doch die Realisierung eines großen Integrationsschubes in Gestalt einer neuen Organisation oder eines neuen Vertrages gelingen könne, allen machtpolitischen Widrigkeiten und Interessendivergenzen zum Trotz.

Gerade dies unterscheidet Idealisten wie Föderalisten merklich von ihren (neo)funktionalistischen Artverwandten: Während letztere Integration primär als Prozess vieler kleiner, aufeinander folgender pragmatischer Schritte begreifen, sehen erstere auch Chancen für einen ‚großen Wurf‘, wenn die Zeit dafür günstig ist, wie etwa die Forderungen nach den „Vereinigten Staaten von Europa“ unmittelbar nach dem Zweiten Weltkrieg als Zukunftsmodell zur Ablösung der nur Kriege bringenden Nationalismen. Der Ukrainekrieg ruft diesen Zusammenhang erneut in Erinnerung, und dies auch im Europa nach dem Zweiten Weltkrieg keineswegs zum ersten Mal: Auf die leider oft verdrängten nationalistischen Balkankriege der Neunziger wurde schon verwiesen, und auch der Ukrainekrieg selbst begann eigentlich schon 2014 mit der russischen Annexion der Krim und der ostukrainischen Donbass-Region.

Einen entsprechend weitreichenden militärpolitischen Integrationsschub, wie ihn Idealisten und Föderalisten in den Fokus rücken, hat dies zwar nicht ausgelöst, wohl aber Forderungen danach: Denn das Projekt einer europäischen Armee, wie jüngst wieder vom CSU-Politiker und EVP-Chef Manfred Weber auf die europäische Themenagenda gesetzt, zeigt durchaus den Willen, auch auf dem Felde der Militärpolitik den ‚großen Wurf‘ zu wagen. Und wenn man auf die lange Tradition dieses Projekts blickt, das schon in den fünfziger Jahren des letzten Jahrhunderts im Rahmen der dann gescheiterten Europäischen Verteidigungsgemeinschaft (EVG) konzipiert wurde, zeigt das anschaulich, dass hier nicht tagespolitischer Aktionismus am Werk ist, sondern die Revitalisierung einer schon länger bestehenden militärpolitischen Vision.

Militärpolitik im theoretischen Zugriff: Fazit und Folgerungen

Die Politikwissenschaft hat für die Analyse zeitgenössischer Militärpolitik folglich einige theoretische Werkzeuge zu bieten. Das immer wieder herangezogene Beispiel des Ukrainekrieges und die daraus erwachsenden Herausforderungen für die westliche Militärallianz zeigen, dass eine zunächst naheliegende (neo)realistische Interpretation, weil auf das Eigennutzkalkül der zentralen Akteure Trump und Putin fokussierend, zwar durchaus erhellend, aber für sich allein zu selektiv ist. Es bedarf folglich ergänzend anderer theoretischer Perspektiven, wie etwa des Föderalismus, des Neofunktionalismus oder auch regimetheoretischer Ansätze, um dieses spezifische Problemszenario, aber auch Militärpolitik im

Allgemeinen ganzheitlich und damit vollumfänglich verstehen zu können. Dies ist der Goldstandard politikwissenschaftlicher Analyse.

Aber nicht nur für die Politikwissenschaft ist solch ein differenziertes Herangehen nötig, sondern auch für die militärpolitischen Praktiker und nicht zuletzt für die politische Bildungsarbeit in der Truppe. Denn es wäre ja fatal, wenn sich auch dort eine allzu einseitige Perspektive auf die aktuellen Entwicklungen westlicher Militärpolitik festsetzen und zu unsachgerechten Folgerungen führen würde.

Konkret: Nicht nur die militärpolitisch Federführenden in Parlament und Regierung werden von dieser differenzierten Perspektive profitieren, sondern auch Ministerialbeamte und Stabsoffiziere in den zuständigen Referaten des BMVg, des Auswärtigen Amtes und anderer sicherheitspolitisch involvierter Ressorts. Und auch die Vermittlung militärpolitischen Grundlagenwissens vor Ort, also in den Kompanien, Bataillonen oder anderen Truppenteilen, sollte darauf ausgerichtet sein, damit die Soldatinnen und Soldaten ebenfalls keiner einseitigen Sichtweise auf die aktuelle Militärpolitik erliegen.

Das setzt natürlich voraus, dass die mit dieser politischen Bildungsarbeit betrauten Offiziere selbst die dafür nötigen Kenntnisse besitzen, was mit gezielten Weiterbildungen systematisch zu fördern ist. Gerade hier ist der wissenschaftliche Input für die Bundeswehr noch ausbaufähig, was als Pflichtenheft nicht nur für die Truppe, sondern auch für die Wissenschaft verstanden werden sollte.

Weiterführende Literatur

Bieling, Hans-Jürgen/Lerch, Marika (Hrsg.) (2012): Theorien der europäischen Integration, 3. Aufl., Wiesbaden.

Gareis, Sven Bernhard/Klein, Paul (Hrsg.) (2006): Handbuch Militär und Sozialwissenschaft, 2. Aufl., Wiesbaden.

Krell, Gert/Schlotter, Peter (2018): Weltbilder und Weltordnung. Einführung in die Theorie der Internationalen Beziehungen, 5. Aufl., Baden-Baden.

Zwischen Strategiedefizit und strategischem Wandel: Die Evolution der deutschen Sicherheitspolitik nach 1990 und die Konsequenzen für die Bundeswehr

Gerlinde Groitl

Nach der durch die russische Vollinvasion in der Ukraine vom Februar 2022 ausgelösten „Zeitenwende" erlebt Deutschland Anfang 2025 mit Blick auf die Politik der USA unter Donald J. Trump eine „zweite Zeitenwende". Nicht nur muss Europa mit dem revisionistischen und gewaltbereiten Russland Wladimir Putins zurechtkommen. Nun gilt es, dies potenziell ohne den Rückhalt Washingtons zu schaffen. Das verlangt der Bundesrepublik Deutschland und ihren europäischen Partnern enorme Anstrengungen ab. Politisch und militärisch muss Deutschland künftig sehr viel mehr leisten (können) als zuvor.

Lehren aus der Vergangenheit können helfen, die Weichen richtig zu stellen. Im ersten Teil dieses Beitrags wird kurz beleuchtet, was die Politikwissenschaft theoretisch zu strategischem Handeln und Wandel zu sagen hat. Im zweiten Teil wird die Veränderung der deutschen Sicherheitspolitik seit dem Ende des Kalten Kriegs empirisch nachgezeichnet. Im dritten Teil werden fünf generalisierende Beobachtungen abgeleitet. Kurz gesagt: Deutschland besitzt ein strukturelles Strategiedefizit. Nur wenn es gelingt, realistischer und politisch zielorientierter zu denken und zu handeln, kann die deutsche Sicherheitspolitik die gegenwärtige Bewährungsprobe bestehen.

Theoretische Überlegungen: Erfolgreiche Sicherheitspolitik als Ausnahme oder Regel?

Politisches Handeln muss sich immer an den aktuellen Rahmenbedingungen orientieren. Insofern ist der Wandel eine Konstante der Politik und wir sollten ihn als Phänomen nicht dramatisieren. Zugleich gibt es im (bürokratisierten) Staat trotz des Erfordernisses steter Veränderung eine Voreingenommenheit für den Status quo. Kurskorrekturen zu ersinnen und umzusetzen ist angesichts von Pfadabhängigkeiten, Organisationslogiken, politischer Trägheit und anderen hemmenden Faktoren schwierig. Zuletzt sind Kontinuität und Wandel keine binären Antipoden. Es gibt in der Regel eine Parallelität von Kontinuität und Wandel, weil Veränderungsprozesse zumeist evolutionär und nicht revolutionär erfolgen.

Allerdings unterscheiden sich die Theorien der internationalen Politik in ihren Annahmen, wie gut oder schlecht Staaten darin sind, kollektiv-rational Sicherheitspolitik in einem sich verändernden Umfeld zu betreiben. Am optimistischen ist hier die ansonsten nicht für Optimismus bekannte Schule des Realismus, die davon ausgeht, dass unter den Bedingungen der Anarchie Staaten in immerwährender Konkurrenz und unablässiger Existenzangst gefangen sind. Machtpolitische Fähigkeiten sind die entscheidende Währung. Wegen dieser Dominanz externer Zwänge leiten Theorievertreter ab, dass Staaten als „einheitliche Akteure" funktionieren, die sensibel auf den machtpolitischen Rahmen reagieren und zur Überlebenssicherung das tun, was sie müssen. Als externer Zwang kann dabei die von einem Gegner ausgehende Drohkulisse ebenso gelten wie die von Partnern formulierten Erwartungen, denen sich Staaten fügen, um überlebenswichtige Bündnissysteme zu erhalten.

Der Liberalismus und der Konstruktivismus widersprechen dieser Vorstellung. Beide Theorieschulen postulieren, dass die „Blackbox" Staat geöffnet werden muss. Nicht die Zwänge der internationalen Politik, sondern das an eigenem Nutzen orientierte Präferenzgerangel im Inneren bestimme die Politik, so der Liberalismus. Nicht rationale Eigeninteressen von Individuen und Gruppen im Staat, sondern Überzeugungen, Denkmuster und Identitäten erklärten die Politik, so die Konstruktivisten. Was beide eint ist die Überzeugung, dass Staaten weder objektive nationale Interessen besitzen noch strategisch-zielorientiert handeln. Schließlich lenkten Partikularinteressen oder dominante Denkmuster das politische Handeln und nicht, wie es die Realisten vermuten, die objektiven Zwänge der Weltpolitik.[1]

Die Außenpolitikanalyse stützt diese pessimistische Sicht auf die staatliche Strategiefähigkeit. Wir sollten uns also hüten, Staaten naiv ein kollektiv-rationales und extern-zielorientiertes Verhalten zuzuschreiben. Umgekehrt sollten wir den Entscheidungsträgern aber auch nicht unterstellen, sie handelten immer nur mit der nächsten Wahl, dem Wohl ihrer Partei oder anderen Eigeninteressen vor Augen. In der Realität greifen beide Dynamiken ineinander: Die Verantwortlichen versuchen den Zwängen des internationalen Systems gerecht zu werden, tun dies aber zwangsläufig in einer Art und Weise, die innenpolitisch gefärbt ist. Insofern ist eine gewisse Dysfunktionalität in der Sicherheitspolitik die unbefriedigende, wenngleich realistische Normannahme. Auf Veränderungen der

---

[1] Für einen Theorieüberblick vgl. Gert Krell/Peter Schlotter, Weltbilder und Weltordnung: Einführung in die Theorie der Internationalen Beziehungen, 5. Auflage, Baden-Baden 2018.

internationalen Lage wird nicht unbedingt sofort oder in der angemessenen Art, sondern nach einer innenpolitischen Logik reagiert.

Die Bundeswehr ist in eben diesen Rahmen eingebunden. In der Demokratie unterstehen die Streitkräfte weisungsgebunden der zivilen politischen Führung. Ihre Aufstellung, die ihnen übertragenen Aufgaben, die zur Verfügung gestellten Ressourcen und die Einsatzpraxis orientieren sich nie nur an dem, was militärisch wünschenswert oder international geboten wäre, sondern eben an dem, was die Politik als nötig erachtet und was mehrheitsfähig ist. Gerade hier liegt das Spannungsfeld der zivil-militärischen Beziehungen: Die militärische Führung muss besten professionellen Rat bieten und darf umgekehrt beste politische Führung erwarten. Doch am Ende entscheidet die Politik den Kurs.

Idealtypische Entscheidungsprozesse generieren ein möglichst objektives Lagebild, sind möglichst rational strukturiert, nehmen unterschiedliche Einschätzungen bewusst zur Kenntnis und versuchen situationsadäquate Ergebnisse zu produzieren, die dann wiederum in der Implementierung immer wieder überprüft und gegebenenfalls angepasst werden. Verantwortet wird die Sicherheitspolitik mit all ihren Ableitungen für die Bundeswehr von der demokratisch legitimierten Regierung und dem Parlament, die wiederum von der Opposition, den Medien und den Bürgern in die Pflicht genommen werden müssen. Erfolgreiche Sicherheitspolitik ist also kein Einzelsport. Sie verlangt Vielen etwas ab und ruht auf einer ganzen Reihe von Grundvoraussetzungen.

Erkenntnisse aus der Praxis: Deutsche Sicherheitspolitik vom Kalten Krieg zum „neuen Kalten Krieg"

Seit dem Ende des Kalten Kriegs durchlief die deutsche Sicherheitspolitik eine Reihe von großen Veränderungen. Die heute oftmals vorgebrachte Aussage, die letzten dreißig Jahre seien eine „Auszeit" von der Geschichte gewesen, mag insofern stimmen, dass es anfangs keine existenzielle Bedrohung für die Landes- und Bündnissicherheit gab. Doch ansonsten ist es geschichtlich irreführend, die 1990er, 2000er und 2010er Jahre rückblickend als eine sicherheitspolitische Pause zu charakterisieren. Stattdessen war es eine Phase des Wandels, in der sich die deutsche Politik und die Bundeswehr in schneller Abfolge mit immer neuen Verpflichtungen konfrontiert sahen. Vier Entwicklungsstufen können identifiziert werden.

In der ersten Phase ging es um die Anpassung an die neuen Realitäten nach dem Kalten Krieg und der Wiedervereinigung. Dazu gehörte die Abwicklung der Nationalen Volksarmee, die Verkleinerung der Bundeswehr auf maximal 370.000

Mann (davon maximal 345.000 in den Land- und Luftstreitkräften) gemäß dem 2+4-Vertrag sowie die strukturelle Weiterentwicklung der Bundeswehr zur Armee der Einheit. Noch gewichtiger war die neue Praxis der Auslandseinsätze. Sie war eingebettet in die Politik der UNO, der NATO und der EU, die sich der Friedensschaffung und -sicherung verschrieben. Der erste Auslandseinsatz der Bundeswehr fand im Rahmen der UNSCOM-Mission von 1991 bis 1996 im Irak statt, wo die Sonderkommission zur Kontrolle von ABC-Waffen mit Transport- und medizinischen Evakuierungsfähigkeiten unterstützt wurde. Das Spektrum und die Ambition der Einsätze erweiterten sich fortan kontinuierlich. Bis heute wurden über 30 Auslandseinsätze und anerkannte Missionen abgeschlossen, in denen rund 500.000 Soldatinnen und Soldaten der Bundewehr gedient haben.[2] Banal war diese Evolution des Aufgabenspektrums von der Landes- und Bündnisverteidigung hin zur Friedensschaffung und Friedenssicherung in Drittstaaten „out of area" (außerhalb des Bündnisgebiets) nicht. Das Bundesverfassungsgericht musste im Juli 1994 zunächst einmal feststellen, ob Auslandseinsätze überhaupt mit dem Grundgesetz vereinbar sind.[3]

Die zweite Phase begann nach dem 11. September 2001 und dem Sturz der Taliban in Afghanistan durch die USA. Deutschland beteiligte sich von Anfang an an der International Security Assistance Force (ISAF), die zunächst nur in Kabul und nach einer sukzessiven Erweiterung das ganze Land stabilisieren sollte. Ab 2003 lag die Führung bei der NATO. Der Einsatz in Afghanistan war weit mehr als eine weitere Friedensmission, auch wenn das zunächst nicht so verstanden wurde. Letztlich schlitterte man durch die inhärente Ambition, das Gemein- und Staatswesen Afghanistans umzugestalten, in eine Langfristmission ohne Exit-Perspektive. Und was als Unterstützungsmission für die afghanische Interimsregierung begann, mutierte in den Folgejahren zu einem Krieg gegen die an die Macht zurückdrängenden Taliban. Der Bundeswehr und anderen am Einsatz beteiligten Streitkräften zwang das im Gefecht das Erlernen von Aufstandsbekämpfung („Counterinsurgency") auf. Doch gesellschaftlich und politisch war das Interesse für den Einsatz gering, er wurde beschwiegen und beschönigt.[4] Das offenbart sich auch darin, dass es bis heute kaum ein Bewusstsein für

<hr>

[2] Bundeswehr, Vom Baltikum bis zum Südsudan: Weltweit gefordert: Die Bundeswehr im Einsatz, August 2024, https://www.bundeswehr.de/de/einsaetze-bundeswehr.
[3] Zu den Veränderungen der deutschen Sicherheitspolitik im Überblick Sven Bernhard Gareis, Deutschlands Außen- und Sicherheitspolitik, 3. Auflage, Opladen & Toronto 2021.
[4] Vgl. Klaus Brummer/Stefan Fröhlich, Zehn Jahre Deutschland in Afghanistan, Wiesbaden 2013; André Uzulis; Der vergebliche Krieg – 20 Jahre Bundeswehr in Afghanistan. Geschichte und Bilanz, Berlin 2024; siehe auch dessen Beitrag in diesem Jahrbuch Innere Führung.

Deutschlands Veteranen gibt. Im Gegensatz zu anderen Verbündeten blieb Berlin bei der ISAF-Folgemission bis zum bitteren Ende im August 2021 an Bord. Doch letztlich zeigte sich durchweg die immense Asymmetrie zwischen den USA und den restlichen beteiligten Staaten. Ein realistischer Gestalter war Deutschland nicht.[5]

Die dritte Phase umfasst die Verschlechterung der sicherheitspolitischen Lage in Europa, die sich schon mit Wladimir Putins Brandrede bei der Münchner Sicherheitskonferenz 2007 und dem Georgienkrieg 2008 angekündigt hatte und mit Russlands Annexion der Krim und dem Krieg in der Ostukraine ab 2014 eine neue Offensichtlichkeit erreichte. Die in der NATO schon länger geführte Grundsatzdiskussion über das Verhältnis von kollektiver Verteidigung, Krisenmanagement und Partnerschaftspolitik verschob sich in der Folge zurück zur Landes- und Bündnisverteidigung. Mit den Beschlüssen von Wales (2014) und Warschau (2016) ging es zuvorderst um die Verbesserung der eigenen Verteidigungsfähigkeit (etwa durch das Zwei-Prozent-Ziel), die Rückversicherung der östlichen Bündnismitglieder und die Abschreckung Russlands (etwa durch die erweiterte Vornepräsenz der NATO in Polen und im Baltikum). Darüber hinaus dominierte auch auf weltpolitischer Ebene zunehmend der strategische Wettbewerb.[6]

Deutschland forderte die neue europäische und globale Lage besonders. Die Obama-Regierung, die die Aufmerksamkeit auf den asiatisch-pazifischen Raum lenken wollte, und die nachfolgende Trump-Administration, die Europa schonungslos als Trittbrettfahrer kritisierte, stärkten zunächst zwar die US-Präsenz in Europa. Doch an der großen Trendlinie änderte sich nichts: Europa musste in der Verteidigung eigenständiger werden und, so sah es vor allem Obama, Deutschland sollte dabei eine zentrale Rolle übernehmen. Die Bundesrepublik kam diesen Anforderungen nur bedingt nach. Das Land beschwor zwar seit 2014 seine neue außenpolitische Verantwortung und war im Minsker Verhandlungsprozess die führende Kraft, doch blieb es weit davon entfernt, eine sicherheitspolitische Garantiemacht zu werden. Politisch stand ein verklärtes Russlandbild im Weg, das auf Verflechtung und Ausgleich statt Abschreckung setzte.[7]

[5] Vgl. Gerlinde Groitl, Deutschlands Afghanistan-Amnesie, in: SIRIUS – Zeitschrift für strategische Analysen 6.1 (2022), S. 92-93.

[6] Vgl. z.B. im Überblick Günther Maihold et al., Deutsche Außenpolitik im Wandel: Unstete Bedingungen, neue Impulse, SWP-Studie 2021/S 15, 30.09.2021, https://www.swp-berlin.org/publications/products/studien/2021S15_Deutsche_Aussenpolitik.pdf.

[7] Vgl. z.B. Hannes Adomeit, Bilanz der deutschen Russlandpolitik seit 1990, in: SIRIUS – Zeitschrift für strategische Analysen 4.3 (2020), S. 276-292.

Militärisch fehlten Fähigkeiten. Seit 1990 war eine Friedensdividende eingelöst worden. Die Strukturreformen der Bundeswehr hatten sich zunächst am neuen Einsatzbild des nicht-existenziellen Krisenmanagements und an Sparzwängen orientiert, die letztlich auch für die Aussetzung der Wehrpflicht 2011 den Ausschlag gaben. Die erforderliche Rückkehr zur Landes- und Bündnisverteidigung in den 2010er Jahren blieb defizitär.[8]

Die letzte Phase der sicherheitspolitischen Entwicklung reicht vom Februar 2022 bis zur Gegenwart. Russlands Großangriff auf die Ukraine und sein hybrider Krieg gegen den Westen, der eingebettet ist in einen übergeordneten Kampf um die Weltordnung, sind der unvermeidliche Ausgangspunkt für die deutsche und die europäische Sicherheitspolitik. Seit der von Bundeskanzler Olaf Scholz 2022 proklamierten „Zeitenwende" hat sich viel getan – vom Sondervermögen für die Bundeswehr, den Waffenlieferungen an die Ukraine, der geplanten Dauerpräsenz der Bundeswehr in Litauen bis zur nun ernsthaft vollzogenen Besinnung auf die Landes- und Bündnisverteidigung. Und doch sind die Mängel bis heute nicht zu übersehen.[9] Das macht die von Donald Trump befeuerten Zweifel an der bündnispolitischen Verlässlichkeit der USA so gefährlich. Die Anforderungen heute sind so hoch, die Lücken bei der Bundeswehr so groß, die Resilienz der Gesellschaft so fragil, dass es nicht übertrieben scheint, Deutschland an einem wahren Wendepunkt zu sehen.[10]

Strategischer Wandel und Strategiedefizit: Theoretische und empirische Lehren

Welche Lehren lassen sich aus den theoretischen Überlegungen und dem empirischen Abriss ziehen? Im großen Bild muss der Befund lauten, dass es Deutschland in den letzten drei Jahrzehnten an Strategiefähigkeit mangelte. Dies ist nicht einer Partei anzulasten. Es ist auch nicht ein Phänomen, das fallbezogen hier oder da auftrat. Stattdessen handelt es sich um ein strukturelles Problem. Freilich

---

[8] Vgl. z.B. Hans-Peter Bartels/Rainer L. Glatz, Welche Reform die Bundeswehr heute braucht – Ein Denkanstoß, SWP-Aktuell 84 (2020), https://www.swp-berlin.org/publications/products/aktuell/2020A84_Reform_der_Bundeswehr.pdf.

[9] Vgl. Gerlinde Groitl, Die deutsche Zeitenwende: eine erste Bilanz, in: Jahrbuch Innere Führung 2023/24, hrsg. von Uwe Hartmann, Reinhold Janke und Claus von Rosen. Berlin 2024, S. 32-46.

[10] Vgl. zu den Problemen Carlo Masala, Bedingt abwehrbereit: Deutschlands Schwäche in der Zeitenwende, München 2023; Deutscher Bundestag, 66. Bericht der Wehrbeauftragten. Jahresbericht 2024, Drucksache 20/15060, 11.3.2025. https://dserver.bundestag.de/btd/20/150/2015060.pdf.

muss man sich hüten, Vergangenes mit dem Wissen von heute nach anderen Maßstäben zu beurteilen, als es den Entscheidungsträgern dereinst möglich war. Man sollte auch nicht so tun, als ob man selbst immer alles schon besser gewusst hätte. Und doch ist es nötig, auf systemimmanente Defizite hinzuweisen. Konkret werden im Folgenden fünf Punkte zur Veranschaulichung herausgegriffen.

Erstens: Deutschland betreibt tendenziell selbstreferenziell Sicherheitspolitik. Das Handeln orientierte sich zu oft an der eigenen Komfortzone statt der Realität. Hanns Maull attestierte der Bundesrepublik dereinst das Rollenbild einer „Zivilmacht".[11] Das meint ein Selbstverständnis, das politische und ökonomische Instrumente der Politik betont und das militärische Element auch gedanklich marginalisiert. Dieses Mindset produzierte eine verzerrte Weltsicht, die Gefahren unter- und Kooperationschancen überschätzte, da das eigene Denken als universell missverstanden und auf andere projiziert wurde. Insofern sagt das „Märchen vom Wandel durch Handel" mehr über Deutschlands Überzeugungen als den realen Zustand der Welt aus, die durch ökonomische Verflechtung weder demokratischer noch friedlicher wurde.[12] Selbst Antagonisten wie Russland, China oder dem Iran, die die westlich geprägte internationale Ordnung revidieren wollen, wurde lange zugeschrieben, sie tickten so wie die Status quo-orientierte und auf ökonomischen Wohlstand fokussierte Bundesrepublik. Dass andere Staaten imperiale Gelüste und ideologische Ziele verfolgen, Gewalt als Mittel der Politik begreifen und dafür Kosten in Kauf nehmen, schwand aus dem politischen Bewusstsein. Sogar als Russlands Aggressionspotenzial in den 2010er Jahren nicht mehr zu leugnen war, gelang der Schwenk zu einer realistischeren Politik nicht.

Zweitens: Deutschland handelt bislang zu reaktiv. Die Kernaufgabe kluger Sicherheitspolitik ist es, Risiken und Bedrohungen zu antizipieren. Schließlich möchte man Angriffe abschrecken, Konflikte vermeiden und sich gut für die Zukunft rüsten. Obwohl die strategische Vorausschau seit Jahren Hochkonjunktur besitzt, schafft es Berlin bis heute nicht, vorausschauend zu handeln. Sicherheitspolitik wird in einem erstaunlichen Maß als kurzfristige, im Krisenmodus formulierte Antwort auf jeweils akute Problemlagen formuliert und inkrementell entwickelt. Eine Erosion von Verteidigungsfähigkeiten, wie sie Deutschland in

---

11 Hanns W. Maull, Deutschland als Zivilmacht, in: Handbuch zur deutschen Außenpolitik, Hrsg. Siegmar Schmidt, Gunther Hellmann und Reinhard Wolf, Wiesbaden 2007, S. 73-84.
12 Gerlinde Groitl, Das Märchen vom Wandel durch Handel, in: Neue Zürcher Zeitung, 15.6.2021, S. 18.

den letzten zwanzig Jahren erlebt hat, dürfte es eigentlich überhaupt nicht geben, wo doch die Wahrung der inneren und äußeren Sicherheit der Kern von Staatlichkeit ist. An Mahnungen mangelte es nicht.[13] Doch um die eigene Wehrhaftigkeit ist es sogar drei Jahre nach der „Zeitenwende" noch schlecht bestellt. Selbst auf klare Bedrohungen wird mit einer erstaunlichen Trägheit reagiert. Das hat auch mit der Bürokratisierung und einer Kultur der Verantwortungsdiffusion in der Bundeswehr und im Verteidigungsministerium zu tun, die einer proaktiven und agilen Sicherheitspolitik im Wege stehen. So berichtete Minister Boris Pistorius nach seinem Amtsantritt, eine Vorlage erst nach 27 Mitzeichnern erhalten zu haben.[14] Externe Zwänge werden also nur bedingt in adäquaten politischen Output übersetzt, man hinkt immer hinterher.

Drittens: Deutschland agiert sicherheitspolitisch im Windschatten seiner Partner. Die Einbettung in den multilateralen Rahmen der NATO und der europäischen Integration gehört zur politischen DNA des Landes. Das ist grundsätzlich richtig, wichtig und klug. Dennoch sticht ins Auge, dass in der Sicherheitspolitik andere Dynamiken wirken als bei Wirtschafts-, Finanz- oder Europafragen, wo Berlin selbstbewusst Interessen und mögliche Lösungswege formuliert. In der Sicherheitspolitik wurde Deutschland seit den 1990er Jahren bis in die Gegenwart stets von Bündnispartnern gedrängt, mehr zu tun. Die vollzogenen Veränderungen waren von Zwängen und Erwartungen von außen getrieben. Zugleich orientiert sich Berlin gerne am Kurs anderer. Die enge Anbindung an Washington bei der Ausgestaltung der Ukraine-Unterstützung seit 2022 ist nur das jüngste Beispiel dafür. Die Bereitschaft, eigene Lösungen vorzuschlagen, Unterstützung zu mobilisieren und bei Bedarf in Vorleistung zu gehen, gehört nicht zu den Merkmalen der deutschen Sicherheitspolitik. Genau das bräuchte es, um eigenständig handlungs- und führungsfähig zu werden.[15]

---

[13] Vgl. z.B. Bastian Giegerich/Maximilian Terhalle, Verteidigung ist Pflicht – Deutschlands außenpolitische Kultur muss strategisch werden – Teil 1., in: SIRIUS – Zeitschrift für Strategische Analysen 5.3 (2021), S. 203-226; Elbridge Colby, Deutschland am Scheidepunkt – eine aktive Verteidigungs- und Bündnispolitik ist überfällig, in: SIRIUS – Zeitschrift für Strategische Analysen 5.3 (2021), S. 227-238.

[14] Zitiert nach Karl-Heinz Kamp, Bringschuld auf allen Seiten: Sicherheitspolitische Politikberatung in der zweiten Zeitenwende, Arbeitspapier Sicherheitspolitik 2(2025), S. 3. https://www.baks.bund.de/sites/baks010/files/arbeitspapier_sicherheitspolitik_2025_2.pdf.

[15] Vgl. Ulrike Franke/Jana Puglierin, Home alone: Germany's security and defence policy when its closest allies are gone, European Council on Foreign Relations, 23.7.2024. https://ecfr.eu/article/home-alone-germanys-security-and-defence-policy-when-its-closest-allies-are-gone/.

Viertens: Deutschland betreibt seine Sicherheitspolitik nicht zielorientiert genug. Zu oft standen Ziele und Mittel in keinem Kausalzusammenhang oder die Ziele blieben diffus und unrealistisch. Der Afghanistaneinsatz wuchs sich von der bescheidenen Absicherung einer Interimsregierung zur entwicklungspolitisch flankierten Gestaltung demokratisch legitimierter Staatlichkeit aus – ohne adäquate Rückkoppelung an die tatsächliche Lage und die eigenen Interessen. Die Enquete-Kommission Afghanistan konstatierte schonungslos: „Grundsätzlich fehlte eine realistisch umsetzbare kohärente Strategie, die Ziele waren sehr hoch gesetzt, und es mangelte an einer fortlaufenden und selbstkritischen Bestandsaufnahme."[16] Auch bei der Ukraineunterstützung dominierten Waffenlieferungen und einzelne Waffensysteme die politische Debatte, nicht die verfolgten strategischen Ziele. Ohnehin war für die deutsche Sicherheitspolitik immer wieder der Weg das Ziel, weil Missionen primär durch eine allianzpolitische Brille betrachtet wurden. Wenn es in der Hauptsache darum geht, dabei zu sein und Bündnisverlässlichkeit zu beweisen, rückt das eigentliche Einsatzziel zwangsläufig in den Hintergrund. Wie schwer es fällt, Ziele und Mittel in einen kausalen Sinnzusammenhang zu stellen, bewies die erste deutsche Nationale Sicherheitsstrategie von 2023, der das eben auch nicht gelang.[17]

Fünftens: Deutschland ist unehrlich mit sich selbst in der Sicherheitspolitik. Wiederholt vermieden es Bundesregierungen in den vergangenen Jahrzehnten, das eigene Handeln schonungslos zu bilanzieren. Opposition, Medien und Gesellschaft lassen das zu oft durchgehen oder tragen selbst zur Verklärung bei. Die Illusionen der deutschen Russlandpolitik sind hierfür nur ein Beispiel. Die Erzählung von der auf einen Schlag veränderten „Zeitenwende"-Welt, die das eigene Versagen verschleiert, ist ein anderes. Vermeintliche Erfolgsmeldungen müssten viel stärker hinterfragt werden. Deutschland erfüllt das Zwei-Prozent-Ziel der NATO beispielsweise aktuell nur, weil das Sondervermögen anteilig auf den Verteidigungshaushalt angerechnet wurde, der nicht bedeutend gestiegen ist. Ähnlich verhält es sich mit der Ukrainehilfe. Deutschland macht ohne Zweifel viel. Aber die Leistungen für ukrainische Flüchtlinge in Deutschland aus dem Etat des Ministeriums für Arbeit und Soziales sind mit 38 Prozent nach wie vor

---

[16] Deutscher Bundestag, Abschlussbericht der Enquete-Kommission Lehren aus Afghanistan für das künftige vernetzte Engagement Deutschland, Drucksache 20/14500, 27.1.2025, S. 4. https://dserver.bundestag.de/btd/20/145/2014500.pdf.

[17] Vgl. Die Bundesregierung, Wehrhaft. Resilient. Nachhaltig. Integrierte Sicherheit für Deutschland: Nationale Sicherheitsstrategie, 2023, https://www.nationalesicherheitsstrategie.de/Sicherheitsstrategie-DE.pdf.

der größte Einzelposten der gesamten bilateralen Ukrainehilfe des Bundes.[18] Mit dem Beistand Deutschlands und Europas allein wäre die Ukraine längst verloren, wie die jüngsten Verwerfungen um die (zeitweilige) Einstellung der US-Waffenhilfe zeigen. Aktuell wird in der Öffentlichkeit mit großer Entrüstung der (tatsächliche oder vermeintliche) amerikanische „Verrat" an der Ukraine kommentiert.[19] Fakt ist: Die Lage war schon vor Trumps Amtsantritt unhaltbar, weil die westliche Unterstützung der Ukraine nicht ausreichte. Eine kluge Strategie hat Berlin nicht vorgelegt. Es stünde Deutschland gut zu Gesicht, eigene Versäumnisse ehrlich zu benennen.

Fazit: Ehrlich machen und aus Fehlern lernen

Die deutsche Politik hat der Bundeswehr in den vergangenen 30 Jahren substanzielle Lasten auferlegt. Der von veränderten Rahmenbedingungen erzwungene strategische Wandel war eine Konstante. Gleiches gilt aber leider auch für das Strategiedefizit der deutschen Sicherheitspolitik. Aus den Fehlern der Vergangenheit sollte gelernt werden. Die Sicherheitslage ist heute ohne Übertreibung dramatischer als jemals seit Bestehen der Bundesrepublik, weil Russland den Status quo in Europa mit Gewalt ändern will und die Beistandsgarantie der USA durch Präsident Donald Trump in Zweifel gezogen wird. Insofern kann es sich Deutschland nicht mehr leisten, selbstreferenziell, reaktiv, folgend, mäandernd und beschönigend Sicherheitspolitik zu betreiben. Die theoretisch antizipierten intervenierenden Störfaktoren entfalteten sichtbare Wirkung. Berlin muss besser darin werden, das zu tun, was angesichts der externen Zwänge sicherheitspolitisch und militärisch nötig ist, statt das, was politisch genehm ist. Dazu muss die eigene Urteilsfähigkeit gestärkt, Gruppendenken aufgebrochen und der strategische IQ erhöht werden.

Deutschlands strategische Ertüchtigung verlangt auch den Generälen und Admirälen der Bundeswehr etwas ab. Natürlich verantwortet die Politik alle fehlerhaften Weichenstellungen in der Sicherheitspolitik. Und doch bedeutet das nicht, dass die militärische Führung ohne Verantwortung wäre. Sie muss besten professionellen Rat geben. Hinter verschlossenen Türen darf nichts beschönigt werden. Aber auch öffentlich sollte nicht um jeden Preis geschwiegen werden. Die Bundeswehr ist schließlich eine Parlaments-

---

[18] Presse- und Informationsamt der Bundesregierung, Bilaterale Unterstützungsleistungen der Bundesregierung für die Ukraine und Menschen aus der Ukraine. Stand: 31.12.2024, https://www.bundesregierung.de/re-source/blob/975228/2201464/d49bba60e30a4e4c39897f1d79ca8d33/liste-ukr-bilaterale-hilfe-data.pdf?download=1.

[19] Vgl. z.B. Karl Doemens, Kommentar: Verrat im Oval Office, in: Redaktionsnetzwerk Deutschland, 1.3.2025, https://www.rnd.de/politik/kommentar-zum-trump-selenskyj-eklat-verrat-im-weissen-haus-und-selenskyjs-ende-5KBJUH2CYNE3RMIGG7OPL43YVM.html.

armee, und in ihr dienen Staatsbürger in Uniform, die schwören, „der Bundesrepublik Deutschland treu zu dienen und das Recht und die Freiheit des deutschen Volkes tapfer zu verteidigen." Bislang fehlt der wissenschaftliche Einblick, um die Leistung des militärischen Führungspersonals in den letzten zwanzig Jahren fundiert zu bewerten. Haben sie die militärischen und sicherheitspolitischen Probleme gesehen? Sind sie ihrer Verantwortung gegenüber der Regierung, dem Parlament, der Gesellschaft und der Truppe bestmöglich gerecht geworden? Falls nicht, warum nicht? Anekdotische Evidenz lässt vermuten, dass in beiden Dimensionen Dinge im Argen liegen. Sowohl das strategische Denken als auch die Kritikfähigkeit sollten gestärkt werden. Für beides gilt: Das Militärische muss als Instrument der Politik gedacht werden. Die militärische Führung darf sich nicht vor eigenen Urteilen scheuen, ob mit den verfügbaren Mitteln die politisch definierten Ziele erreicht werden können. Zu oft, so scheint es von außen, werden politische Floskeln wiederholt und Konformismus gefördert. Auch die Bundeswehr sollte die Entwicklungen der jüngeren Vergangenheit deshalb sehr selbstkritisch reflektieren.

Zuversicht und Pragmatismus!
Entwicklungen in der deutschen Gesellschaft und deren Bedeutung für Führung und Bildung in der Bundeswehr

Klaus Beckmann

Hybride Gefährdung

Der russische Autokrat, der seine Ziele – auch in Europa – mit militärischer Aggression durchzusetzen gedenkt, hat die deutsche Gesellschaft in einen mühsamen Erkenntnis- und Selbstfindungsprozess gezwungen. Offenkundig holen darin Versäumnisse und Lebenslügen unser Land ein. Verwerfungen brachte zudem die jüngste Bundestagswahl, insbesondere im Abschneiden von Bewerbern, die historische Grundlagen der Bundesrepublik – Westbindung, Zugehörigkeit zu NATO und EU – in Frage stellen und sich Putin regelrecht andienen. Externe Einflussnahmen mit dem Zweck, willfährige Kräfte zu fördern und Deutschland im Innern zu destabilisieren, erreichten ungekannte Dimensionen und lassen sich ohne Übertreibung der hybriden Kriegsführung zuordnen.[1] Im dominanten Wahlkampfthema Überfremdung spiegelten sich labile Züge der Gesellschaft, ebenso freilich ein Versagen der parlamentarischen „Mitte" vor realen Gestaltungsaufgaben.

Mit der Globalisierung wachsen ökonomische Stressfaktoren, während parallel weltumspannende Probleme wie Erderwärmung, Migration oder Transformationen im Energiesektor Regierungen und Regierte strapazieren. Der von Donald Trump gepflegte disruptive Politikstil an der Spitze der USA sorgt global für Verunsicherung, nicht zuletzt unter NATO-Verbündeten, die zur Eigenverantwortung gefordert sind wie nie zuvor. Komplexe Belastungen lassen dabei liberale Gesellschaften für autoritäre Gedanken empfänglich werden. Gleichzeitig legen internationale Institutionen, die ursprünglich nach liberal-rechtsstaatlichen Prinzipien errichtet wurden, ernste Verwahrlosungstendenzen an den Tag – das schlimmste Beispiel gibt die UNO. Ein „schamloses, sarkastisches Spiel" nennt es der israelische Offizier Ron Leshem, „wenn der Menschenrechtsrat der Vereinten Nationen unter dem Vorsitz von Staaten steht, die Jagd auf ihre eigenen Bürger machen und sie foltern, und die Resolutionen fallen dementsprechend

---

[1] Vgl. Jannis Holl/Konrad Schuller, Russland manipuliert westliche Wähler, in: FAS 50/2024, S. 1.

aus."[2] Besorgnis erregt ferner, wie „der weltweite Bund, der zwischen gutherzigen, werteorientierten Menschen aufseiten der Linken und dem islamistischen Fundamentalismus geschlossen wird", längst nicht mehr nur eine „Begleiterscheinung von Mitgefühl und Solidarität" darstellt, sondern zu einer antiliberalen strategischen Kooperation gerinnt, die dem Kalkül Russlands und Chinas folgt.[3]

Neue Kommunikationstechnologien bringen es mit sich, dass lange anerkannte Standards seriöser Nachrichtenverbreitung systematisch hinterschritten und Polarisierung, Verfeindung und Unsicherheitsempfinden geschürt werden – was rabaukisch auftretenden, demokratische Prinzipien verachtenden Akteuren zuarbeitet. Leshem analysiert, „der nicht abschwellende Lärm, der permanente Erregungszustand des Internets und der sozialen Netzwerke" seien „zu einer existenziellen Gefahr für die gesamte Werteskala geworden, an die die freie Welt noch glaubt".[4] In der Draufsicht zeigt sich ein emotionaler Kannibalismus: Die Fähigkeit, in Menschen, die anders denken oder leben, prinzipiell Gleiche anzuerkennen und politisch Kompromisse einzugehen, verzehrt sich in Dauerhysterie. Zunehmende Affektsteuerung liquidiert in immer größerem Maß das, was man in der Politik „Weisheit" nennen könnte, also Umsicht, Abwägen, nachhaltendes Wissen-Wollen, Kontextualisieren und Verantwortungsbereitschaft.[5] Mit aller Zurückhaltung lässt sich von einer *mentalen Rezession* freier Gesellschaften sprechen.

Der „autoritäre Megatrend" materialisiert sich durch populistische Parteien wie *Bündnis Sahra Wagenknecht* (BSW) und *Alternative für Deutschland* (AfD) in unserem Land und erfasst auch Angehörige der Bundeswehr. Die AfD umwirbt junge Männer gezielt und spricht Soldaten explizit an. Die Möglichkeiten des Social Media nutzt sie virtuos.[6]

Globalisierung und Digitalisierung lassen in westlichen Ländern psychische Probleme unter jungen Erwachsenen ansteigen.[7] Dies wiederum beschleunigt einschneidende Entwicklungen der deutschen Parteienlandschaft, besonders im Blick auf den Erfolg der gezielt Angstgefühle bewirtschaftenden, Resilienzräume angreifenden AfD. Festzustellen ist darüber hinaus eine weitreichende Erosion sinnstiftender Großerzählungen und ihrer Traditoren: Christliche Konfessionen,

---

[2] Vgl. Ron Leshem, Feuer. Israel und der 7. Oktober, Berlin 2024, S. 265

[3] Vgl. a.a.O., S. 278.

[4] Vgl. a.a.O., S. 56.

[5] Vgl. Eva Illouz, Explosive Moderne, Berlin 2024, S. 10.

[6] Vgl. Thomas Assheuer, Das Ende des amerikanischen Traums, in: Die Zeit 47/2024, S. 4.

[7] Vgl. Illouz, a.a.O., S. 23.

Gewerkschaften, Vereinswesen, bürgerlicher Konservatismus, teilweise auch „grüne" Narrative verlieren ihre soziale Bindekraft. Mit Olaf Scholz hatte Deutschland seit 2021 zum ersten Mal einen konfessionslosen Bundeskanzler, die Zugehörigkeit zu den beiden großen Kirchen sank unter 50 Prozent der Gesamtbevölkerung. Das Christentum als Stifter von Ethos und Zusammenhalt schwindet, während gleichzeitig unter jungen Menschen durchaus ein virulentes spirituelles Interesse wahrnehmbar ist. Das öffentliche Auftreten der Kirchen ist für diese teils paradoxe Entwicklung fraglos mitverantwortlich.

Erinnert sei an das Diktum des Staatsrechtlers Wolfgang Böckenförde, das die permanente Zuarbeitsbedürftigkeit der liberalen Demokratie formuliert; der freiheitliche Staat kann seinen Bürgern keinen Lebenssinn vorschreiben, ist auf Sinnstiftung und Motivation durch zivilgesellschaftliche Akteure folglich zwingend angewiesen. Er selbst stellt lediglich – möglichst funktionierende – Institutionen bereit: „Der freiheitliche, säkularisierte Staat lebt von Voraussetzungen, die er selbst nicht garantieren kann. Das ist das große Wagnis, das er um der Freiheit willen eingegangen ist. Als freiheitlicher Staat kann er einerseits nur bestehen, wenn sich die Freiheit, die er seinen Bürgern gewährt, von innen her, aus der moralischen Substanz des einzelnen und der Homogenität der Gesellschaft, reguliert. Andererseits kann er diese inneren Regulierungskräfte nicht von sich aus, das heißt mit den Mitteln des Rechtszwanges und autoritativen Gebots zu garantieren suchen, ohne seine Freiheitlichkeit aufzugeben und – auf säkularisierter Ebene – in jenen Totalitätsanspruch zurückzufallen, aus dem er in den konfessionellen Bürgerkriegen herausgeführt hat."[8]

Aus religiöser Prägung zu leben, das kann Böckenförde zufolge resiliente und umsichtige Persönlichkeiten hervorbringen, die auf politische Krisen gelassen reagieren, politischen Gestaltungswillen in sich tragen und so das Gemeinwesen stabilisieren.[9] In einer Hoffnung stiftenden Großerzählung verwurzelt zu sein, die sich der Erregung des Augenblicks verweigert, ermöglicht gesunden Pragmatismus im politischen Handeln.

Wo der Journalist Bernd Ulrich konstatierte, die Wirklichkeit verlange „nach großen, radikalen und synergetischen Antworten, auf die das politische System nicht vorbereitet ist"[10], ließ die Praxis der letzten Jahre jedoch befürchten, „die Politik" leiste sich nicht nur bedenkliche handwerkliche Patzer; vielmehr

---

[8] Ernst-Wolfgang Böckenförde, Recht, Staat, Freiheit. Studien zur Rechtsphilosophie, Staatstheorie und Verfassungsgeschichte, Erweiterte Ausgabe Berlin 2006, S. 112f.
[9] Vgl. Frankfurter Rundschau vom 2.11.2010.
[10] In: Die Zeit 49/2024, S. 4.

betreibe sie, augenscheinlich desinteressiert an aufgestauten massiven Problemen – wie in der öffentlichen Infrastruktur –, durch zweifelhafte Prioritäten und ideologische Schlagseiten ihre eigene Delegitimierung.[11] Das Empfinden, Mehrheitsmeinungen – etwa zur „gendergerechten Sprache" – würden „von oben" moralisch abgewertet, trug dazu bei, dass viele Bürger Politik nurmehr als Irritation wahrnahmen und Ohnmachtsgefühle aufkamen. Im linksliberalen Milieu etablierte sich ein „doktrinärer Geist mit autoritären Kollateraleffekten", der sachliche Anliegen diskreditierte.[12] Dergestalt unglückliches Handeln verschärfte die Vertrauenskrise der Demokratie. Praktisches und moralisches Versagen von Verantwortungsträgern bei Katastrophenereignissen wie der Flut im Ahrtal 2021 begünstigte Anti-„System"-Vorbehalte weiterhin.[13]

In der Bildungsarbeit der Bundeswehr kann nicht ignoriert werden, wie junge Menschen die öffentlichen Schulen erleben – insbesondere unterhalb der gymnasialen Ebene. Misserfolge der vorrangig sozialdemokratisch angestoßenen Bildungsreformen seit den 1970er Jahren dementieren das epochale Versprechen des sozialdemokratischen Narrativs, wonach jeder aufsteigen könne, soweit es nur mit Begabung und Fleiß stimme. Die Schulqualität befindet sich real in Abwärtsbewegung, weshalb die Bildungsgewerkschaft GEW von einem unterbesetzten, unterfinanzierten und ungerechten Bildungssystem spricht.[14] Unbewältigte Migrationsfolgen belasten das fragile, seit langer Zeit „auf Kante genähte" Schulwesen. Bildung, die zugleich Menschenrecht und Grundlage nationaler Wohlfahrt im umfassenden Verständnis ist, kommt in politischen Absichtsbekundungen immer wieder prominent vor. Dem zum Hohn bestimmt aber die soziale Herkunft in steigendem Maß über den Schulerfolg.[15] So verfestigt sich eine gesellschaftliche Schicht junger Menschen, die von Enttäuschung und Misstrauen gegen die Demokratie geprägt sind. Die Soldaten der Bundeswehr haben eben jene Schulen durchlaufen, in denen das ungenügende politische Interesse an effektiver Förderung junger Menschen täglich erfahren wird.

Während bei jungen Soldaten unter diesen Umständen kaum eine ungetrübte Sicht auf das Gemeinwesen vorausgesetzt werden kann, sind seit 2022 die

---

[11] Ein öffentlich kritisiertes Beispiel waren millionenschwere Bonuszahlungen an den Vorstand der in Bundesbesitz befindlichen Deutsche Bahn AG zum Jahr 2022, für die katastrophale Ergebnisse bei Pünktlichkeit und Kundenzufriedenheit u. a. mit einer übererfüllten Frauenquote gegengerechnet wurden; vgl. www.focus.de/finanzen/ vom 11.05.2023.

[12] Vgl. Jochen Bittner, Die Rechts-links-Schwäche, in: Die Zeit 3/2025, S. 37.

[13] Vgl. www.zdf.de/nachrichten/ vom 2.08.2024.

[14] Vgl. www.gew.de/aktuelles/ vom 20.06.2024.

[15] Vgl. Julia Schaaf, Die Misere an unseren Schulen, in: FAS vom 30.06.2024.

Erwartungen an die Bundeswehr stark gestiegen. Indes stellt die Gesellschaft ihrer Armee wiederum keine zureichende Handlungsbasis bereit. Die „Zeitenwende" verzögert sich, was sich durch unverändert eklatante Ausstattungsdefizite, Personalmangel und Beförderungsstau negativ auf die Motivation der Soldaten niederschlägt. Der Theologe Niklas Peuckmann hat angemahnt, die elementare Frage, was eine postheroische Gesellschaft für Freiheit, Sicherheit und Gerechtigkeit aufzubringen bereit ist, harre der Beantwortung.[16]

Anti-Demokratie-Bündnis

Faktisch entsteht ein Bündnis gegen die wehrhafte Demokratie zwischen Resten der kirchlich-friedensbewegten Linken, Teilen der Sozialdemokratie und neuen Parteien an den populistischen Rändern, die sich konfrontativ gegen das vermeintliche Establishment stellen. Begünstigt durch spezifisch „ostdeutsche" Rahmenbedingungen, war bei drei Landtagswahlen im September 2024 zu erleben, dass mit BSW und AfD zwei Parteien zusammen über 40 Prozent Stimmenanteil errangen, die es „Kriegstreiberei" nannten, solche Länder zu unterstützen, deren Bevölkerung nicht unter russische Besatzung geraten möchte.[17] Das prorussisch ausgerichtete Stimmpotential hat sich gegenwärtig im Vergleich zur Bundestagswahl 2021 – damals erzielte die AfD 10,4 Prozent (jetzt 20,8), die Linke 4,9 Prozent (jetzt 8,8), das BSW (jetzt 4,97 Prozent) existierte noch nicht – gesamtdeutsch mehr als verdoppelt.

Weitab jeder positiven konzeptionellen Aussage zur Bundeswehr folgen Linke und BSW überkommenen radikalpazifistischen Schablonen. Größer ist die Gefahr innerer Beeinflussung, der die Bundeswehr durch die AfD ausgesetzt ist, zumal sich diese als „Soldatenpartei" anpreist. In ihren Forderungen lässt sie ein komplexes, ja wirres Bild entstehen; dennoch übt sie eine nicht unerhebliche Anziehung auf eine bestimmte Klientel innerhalb der Bundeswehr aus, namentlich auf in ihrem Rollenverständnis unsichere, vom Gewaltkosmos Militär faszinierte Soldaten. Ein 2019 publiziertes Strategiepapier „Streitkraft Bundeswehr" verbindet Distanz zu den Prinzipien der Inneren Führung mit einem archaisch

---

¹⁶ Vgl. Niklas Peuckmann, Postheroische Ehrlichkeit. Überlegungen zur Friedensethik und Militärseelsorge im Anschluss an Georg Picht, in: Evangelische Theologie 2022, S. 470-480, hier: 478.
¹⁷ Vgl. Stefan Locke, Meine lieben Ostdeutschen, in: FAS 49/2024, S. 9.

anmutenden Kämpferbild, das gegenüber dem von Baudissin geforderten Wertebezug schalltot wirkt.[18]

Sicherlich ginge es fehl, die AfD einfach als „Nazis" abzutun. Zu beachten ist das unscharfe Gleiten zwischen konservativ-bürgerlicher Attitüde und rechtsextremistischen Positionen. In ihrem regelrecht als Markenkern identifizierbaren „Sammelsurium widersprüchlicher Absichten"[19] gebraucht die AfD eine nationalistisch aufgeladene Arbeiterklassenrhetorik der Gleichheit („normal" vs. „abgehoben"), um revoltierende Stimmungen anzuheizen.[20] Wiederholt hat sich die AfD dem Verdacht ausgesetzt, sie sei mit terroristischen Netzen im Inland eng verknüpft.[21] *LobbyControl* zufolge ist die Partei überdies „strukturell offen für illegitime Einflussnahme durch Regierungen anderer Staaten, speziell derer von Russland und China".[22] Plausibel leiten sich ihre Ziele aus der Nähe zur russischen Autokratie ab – sichtbar besonders am Bestreben, zur Energieabhängigkeit von Russland zurückzukehren –, wogegen die zur Schau getragene Vaterlandsliebe als gefällige Tarnung erscheint.[23]

Im Grundsatzprogramm postuliert die AfD strategische Äquidistanz zu den USA und Russland. Schon dies relativiert den Wertekanon des Grundgesetzes. Unverblümt wird das Ende der Sanktionen gegen Moskau verlangt.[24] Im Wahlkampf hieß es sogar, Deutschland solle ein Wirtschaftsbündnis mit Russland eingehen und die Bindung zur NATO lockern.[25] Dass sie das Verhältnis der Deutschen zu den USA als „vasallisch" und „sklavisch" schmäht, hindert die AfD indes nicht, sich dem „System Mump" geradezu einzuschmeicheln.[26]

---

[18] Dazu Klaus Beckmann, Dienstweg – kein Durchgang? Als Pfarrer und Staatsbürger in der Bundeswehr, Berlin 2022, S. 134-139.

[19] Justus Bender, Im blauen Nebel der AfD, in: FAS 49/2024, S. 8.

[20] Vgl. Illouz, a.a.O. (wie Anm. 5), S. 173.

[21] *Patriotische Union* und *Sächsische Separatisten*, jeweils mit AfD-Funktionären in zentralen Positionen, erregten durch Umsturzpläne 2022/23 bzw. 2024 Aufmerksamkeit. Der Mörder des Kasseler Regierungspräsidenten Walter Lübcke (2019) hatte sich für die örtliche AfD engagiert (vgl. Tagesspiegel vom 21.01.2020).

[22] Vgl. www.lobbycontrol.de/schlagwort/afd/

[23] Ostkontakte gehören seit 1945 zum Wesenskern rechtsnationaler deutscher Parteien, vgl. Henning Hansen, Die Sozialistische Reichspartei (SRP). Aufstieg und Scheitern einer rechtsextremen Partei, Düsseldorf 2007, S. 215-222.

[24] Vgl. www.afd.de/grundsatzprogramm/ (2016).

[25] Vgl. Frankfurter Rundschau vom 16.12.2024.

[26] Dem wiedergewählten US-Präsidenten Trump dient die AfD als Vehikel der „America first"-Politik: Neben Vizepräsident J. D. Vance hat sich besonders Trumps Berater, der Unternehmer Elon Musk, dazu eingelassen. Musk platzierte am Jahresende 2024 ein Pamphlet, einzig die AfD könne Deutschland „retten" – dessen reale Absicht offenkundig darin bestand, Deutschland als

Angesichts solcher inhärenter Unruhefaktoren rückt das hervorgekehrte Eintreten für innere Sicherheit in einen kritischen Fokus. Der Kremlnähe wegen muss ferner die Absage an den politischen Islam als vordergründiges, ja bauernfängerisches Moment aufgefasst werden, unterstützt Russland doch mit dem Iran eine militante Vormacht des Islamismus – was die AfD nicht wahrnehmbar kritisiert. Realpolitisch bietet die AfD kaum einen Lösungsansatz für Migrations- und Integrationsprobleme. Vielmehr instrumentalisiert sie gegebene Missstände monomanisch überzeichnend, um – im Rahmen der hybriden Strategie Moskaus – Verunsicherung zu schüren, staatliche Institutionen herabzusetzen und „gesellschaftliche Spaltung für politischen Profit zu nutzen"[27]. Die von Böckenförde angesprochenen sozialen Regulierungskräfte werden planvoll zerrieben; empfundene staatspolitische Versäumnisse der „Mitte" begünstigen dies. Frontleute der AfD „Pessimismusgewinnler und Verzweiflungspornografen" zu nennen, wäre fraglos angemessen.[28]

Die wiederholt beteuerte Absicht, jüdische Menschen gegen Übergriffe von Migranten schützen zu wollen, entpuppt sich in diesem Horizont als Vorwand; folgerichtig warnen der Zentralrat der Juden und andere jüdische Autoritäten vor der AfD, ja sie fordern von den demokratischen Kräften explizit eine „klare Sprache" gegen geschichtsrevisionistische Taktiken der Partei ein.[29] Ob das propagierte reaktionäre („traditionelle") Frauen- und Familienbild nicht zu den Maximen des politischen Islam eine Brücke baut, verdiente eine eigene Untersuchung.[30]

Ihre kremlhörige Grundierung unterscheidet die AfD von der polnischen Partei *Recht und Gerechtigkeit* (PiS), die der AfD gesellschaftspolitisch nahekommt,

---

Rivalen der USA zu schwächen und die europäischen Staaten politisch weiter zu spalten (wozu die AfD-Forderungen bezüglich EU und Euro einen probaten Weg weisen). Vgl. Konrad Schuller, Demokratie unter Mump, in: FAS vom 5.01.2025, S. 8.

[27] So Mina Ahadi, Vorsitzende des Zentralrats der Ex-Muslime, in einem offenen Brief an die AfD-Vorsitzende Alice Weidel, https://hpd.de/artikel/ vom 16.01.2025.

[28] Vgl. Ilja Trojanow, Gegen das tägliche Gift, in: taz vom 23.10.2024.

[29] Vgl. Josef Schuster, So darf es nicht weitergehen, in: Jüdische Allgemeine 51-52/2024, S. 1. Maram Stein, Vizepräsident des Jüdischen Weltkongresses, stellte klar, Äußerungen der AfD zur Solidarität mit Israel kämen „nicht aus echter Verbundenheit mit uns Juden, sondern aus Hass auf die Muslime. Antisemitismus kann man nicht mit Rassismus bekämpfen." (Die Zeit 47/2024, S. 60)

[30] Vor geraumer Zeit schon wurde in der Magdeburger AfD-Landtagsfraktion der in den Maghreb-Staaten übliche Umgang mit offen homosexuell Lebenden als vorbildhaft benannt (vgl. www.volksstimme.de/sachsen-anhalt/ vom 21.06.2016).

sicherheitspolitisch aber klar auf die NATO setzt.[31] Ebenso hält sich Giorgia Meloni, die neofaschistische Ministerpräsidentin Italiens, auf zweifelsfrei transatlantischem Kurs – allerdings in permanenter Spannung zu ihrem Koalitionspartner, der putinistischen *Lega Nord*.[32]

Angst und Gegennarrative

Welchen Stellenwert besitzen demokratische Prinzipien sowie die Menschen- und Bürgerrechte real, wenn die liberale Demokratie weltweit in die Defensive gerät – dabei nicht einmal mehr eine verlässliche Stütze im Weißen Haus hat, wo sich vielmehr ein Zentrum des globalen Populismus herausbildet – und im Innern hochgeputschter Fanatismus Platz greift? In Teilen der deutschen Gesellschaft jedenfalls brodelt es, wobei „Unzufriedenheit, unterdrückte Wut und Unsicherheit […] im Nationalismus zumindest zwei wichtige Dinge vor[finden] – das Versprechen einer Zuflucht und das einer Erhabenheit."[33]

Jeder Dünkel unter „Etablierten" könnte nur schaden. Wer längere Zeit dystopischen Zukunftsbildern und Verfeindungspropaganda ausgesetzt war, muss die demokratische Gesellschaft – auch die Bundeswehr – als angstfreien „Ander-Ort" erfahren können, wo Individualität und Diversität gesichert werden. Unbeschadet der ultima ratio rechtsstaatlichen Durchgreifens verlangt die Zukunft der Demokratie nach einer akzeptanzorientierten Streitkultur, die angstgesteuerte Menschen empathisch annimmt und einende gesellschaftliche Impulse stärkt. Programmatisch hat Thea Dorn formuliert: „Wer Rechtsradikalismus, Rassismus, Antisemitismus, Sexismus, Homo- und Transphobie bekämpfen will, muss besonnener, souveräner, geduldiger, verzeihender sein als diejenigen, die er bekämpft."[34]

Angst erweist sich mehr denn je als Schlüssel zur Destabilisierung freier Gesellschaften. Mit der israelischen Soziologin Eva Illouz kann gesagt werden, dass „derjenige, der die Angst kontrolliert, die gesamte politische Arena kontrolliert".[35] So hat sich SPD-Kanzler(kandidat) Scholz im Wahlkampf seinerseits als Emotionsbewirtschafter versucht, als er seine „Besonnenheit" angesichts des Putinschen Drohens betonte, den christdemokratischen Konkurrenten damit

---

[31] Vgl. https://de.euronews.com/ vom 25.11.2024.

[32] Vgl. www.msn.com/de-de/politik/ vom 28.11.2024.

[33] Vgl. Georgi Gospodinov, Die Vergangenheit als Waffe, in: Die Zeit vom 27.06.2024.

[34] Thea Dorn, Aggressives Mimosentum, in: Die Zeit 36/2020.

[35] Vgl. Illouz, a.a.O. (wie Anm. 5), S. 209.

politisch denunzierte und sich ausdrücklich als demokratisch zertifizierte Variante der Appeasement-Parteien BSW und AfD empfahl.[36]

Anders als Frankreich, Großbritannien oder die USA besitzt die deutsche Demokratie keine positive nationale Gründungserzählung mit entsprechenden Basistexten zivilreligiöser Natur. Unter den Bedingungen zunehmender Multikulturalität muss eingestanden werden: Der Anti-NS-Schwur der deutschen Nachkriegsgesellschaft[37] trägt nicht mehr in dem Maß, wie es vorausgesetzt werden konnte, als die tonangebenden Alterskohorten noch persönlich oder familiär von NS-Erfahrungen geprägt waren. In nicht zu ignorierender Zahl leben Menschen in Deutschland, deren Familiengeschichte von Zweitem Weltkrieg und Nationalsozialismus unberührt ist – oder zumindest so verstanden wird –, die außerdem nicht selten einer Kultur entstammen, die selbst antijüdische Elemente tradiert.[38] Für Deutschland bestätigt sich in zugespitzter Weise Hamed Abdel-Samads These, der Freiheitsgedanke sei „für viele nicht mehr erfüllend, weil diese Freiheit keine Konturen mehr hat und nicht mehr sinnstiftend wirkt"; dem Westen fehle „ein starkes Gegennarrativ zum Rechts- und Linkspopulismus und zum islamischen Fundamentalismus."[39]

Debatten um die „jüngste" Geschichte offenbaren in Deutschland allzu oft eine Art Konvertiteneifer. Da Demokratie und Menschenrechte erst nach 1945 konsensual Akzeptanz gefunden haben, gerät der Umgang mit entsprechenden Anliegen nicht selten fundamentalistischer und weniger pragmatisch als in angestammten westlichen Demokratien. Ein Beispiel liefert die Traditionspflege der Bundeswehr, die im Sommer 2024 einen peinlichen Rückzieher erfuhr: Der

---

[36] Der auf Sowjetrussland spezialisierte Historiker Karl Schlögel urteilte am 24.11.2024 über Scholz' Taktieren: „Ich glaube, dass es die Rücksichtnahme ist auf eine Strömung in Deutschland, die von BSW und AfD bewirtschaftet wird. Für mich sind sie russische Parteien auf deutschem Boden. Sie sind professionelle Bewirtschafter der Angst, die Putin erzeugt. Sie profitieren von dessen Aggressivität. Und Scholz geht offensichtlich auf diesen Druck ein, um nicht noch mehr Stimmen zu verlieren." Vgl. www.zdf.de/nachrichten/ vom 24.11.2024.

[37] Gemäß den Leitsätzen zum Beschluss des Ersten Senats des Bundesverfassungsgerichts vom 4.11.2009 – 1 BvR 2150/08 – ist die Rechts- und Werteordnung der Bundesrepublik als „Gegenentwurf" des „sich allgemeinen Kategorien entziehenden Unrechts und des Schreckens, den die nationalsozialistische Herrschaft über Europa und weite Teile der Welt gebracht hat", zu verstehen. So sehr man der Beurteilung der NS-Herrschaft zustimmen mag, wirkt diese Ex-negativo-Begründung unter veränderten Rahmenbedingungen doch ungenügend.

[38] Für einen differenzierten Einblick: Günther Jikeli, Was Syrer über Juden denken, in: Jüdische Allgemeine 50/2024, S. 19.

[39] Vgl. Hamed Abdel-Samad, Der Preis der Freiheit. Eine Warnung an den Westen, München 2024, S. 27.

154

innerhalb der Truppe willkommene Versuch, die Gründergeneration traditionspolitisch stärker zu würdigen, wurde eilig wieder kassiert – aus Sorge, gegenüber der Wehrmacht als unkritisch zu gelten. Nicht ohne Grund empfanden Soldaten dies als Einknicken vor einer hypermoralischen Cancel Culture. Dies wiederum ist Ausdruck innerer Unsicherheit auf Führungsebene, die das Rollenbild der Soldaten negativ tangiert und dem rechtspopulistischen dystopischen Narrativ zuarbeitet. Sönke Neitzel kommentierte treffend, dass man im Sinne dieses überangepassten Vorgehens die Tradition der Bundeswehr erst „am 3. Oktober 1990 beginnen lassen" könne.[40]

Resilienz stärken, bürgerschaftlich handeln!

Die Bundeswehr verkörpert in eigener Weise das alte sozialdemokratische Versprechen „Aufstieg durch Bewährung". Erinnert sei daher an das Erfurter Programm von 1891: Darin forderten die Sozialdemokraten eine demokratische Volkswehr mit von „unten" nach „oben" organisiertem Aufbau. Bereits im Vorfeld der gescheiterten Märzrevolution von 1848 war eine „volkstümliche Wehrverfassung" politisches Anliegen.[41] Die Sozialdemokraten sprachen sich für eine „Erziehung zur allgemeinen Wehrhaftigkeit" aus. Damit eigneten sie sich die im nationalistischen und völkischen Milieu verankerte Vorliebe für „Wehrerziehung" an und formten diese demokratisch um.

Auch gegenwärtig ist ein gesellschaftliches Potential vorhanden, aus dem sich bürgerschaftlich verwurzelte Soldaten gewinnen lassen. Der Shell-Jugendstudie 2024 zufolge gibt es zwar einen beachtlichen Anteil unzufriedener Jugendlicher, die sich als Modernisierungsverlierer sehen und leicht für Populismus erreichbar sind. Eine Mehrheit der Jugendlichen steht hingegen grundsätzlich positiv zu Staat und Gesellschaft und erkennt für sich Zukunftschancen. Zu jeweils zwei Dritteln sprechen sich die Jugendlichen für die NATO aus und verurteilen den russischen Angriffskrieg. Weniger deutlich, doch mit Mehrheit, bejahen sie die militärische Unterstützung der Ukraine. Dabei haben mehr als 80 Prozent von ihnen Sorge vor einem Krieg in Europa; sie treffen die Aussage zur Militärhilfe folglich unter kritischer Abwägung.[42]

Nach einer im November 2024 durch die Körber-Stiftung präsentierten Umfrage erkennen die Deutschen die von BSW und AfD heruntergespielte

---

[40] Zitiert nach: Georg Ismar, Welche Krieger braucht das Land? In: Süddeutsche Zeitung, 17.08.2024.
[41] Vgl. Heinrich August Winkler, Der lange Weg nach Westen, Band I, München 2000, S. 98.
[42] Vgl. www.shell.de/ueber-uns/ vom 15.10.2024.

russische Bedrohung sehr klar. 82 Prozent der Befragten fassen Putins Autokratie als Gefährdung ihrer Sicherheit auf. Damit liegt Russland weit vor China (57 Prozent) und dem Iran (60 Prozent). Nüchtern bewertet werden höhere Verteidigungsanstrengungen: Die Hälfte unterstützt die Forderung, die deutschen Verteidigungsausgaben von 2 auf 3 Prozent der Wirtschaftsleistung zu erhöhen, 15 Prozent wollen noch höher gehen.[43]

Die von Populisten emittierte Propaganda wirkt also keineswegs flächig in die Gesellschaft hinein. Wo sie einhakt, versteift sie einen anti-zivilen Habitus. Demgegenüber bedarf die Bundeswehr einerseits einer überzeugenden *Idee des Guten* – im Sinne eines Kanons verteidigenswerter Errungenschaften und Prinzipien –,[44] andererseits aber klarer Kante, wo es erforderlich ist, antidemokratische Akteure fernzuhalten.

Mit spürbarer Resonanz in einem bestimmten gesellschaftlichen Segment appelliert die AfD an Verunsicherung und Minderwertigkeitsgefühle. Ein kompensatorisches Männlichkeitsideal, verbunden mit der Ablehnung bürgerschaftlich-eigenverantwortlicher Elemente der Inneren Führung, markiert in einschlägigen Äußerungen der „Soldatenpartei" freilich exakt das Gegenbild jenes Soldaten, den die Statuten der Bundeswehr beschreiben.[45] Dies duldet kein Wegsehen. Verantwortliche der Bundeswehr sollten souverän reagieren und in der militärischen Ausbildung die Persönlichkeitsstärkung nachhaltig betonen.

Im Blick auf solche, die populistischer Manipulation erlegen sind, sollte beherzigt werden: Die Bundeswehr ist – wie der Staat des Grundgesetzes überhaupt – einem versöhnungswilligen, darin unbeirrten und innerlich starken Menschenbild verpflichtet. Auch derjenige, der sich Inhumanes zu eigen macht, bleibt deshalb für das Grundgesetz Träger unverlierbarer Menschenwürde. Bei aller erforderlichen sachlichen Abgrenzung wird eine christlich grundierte, Aufklärung und Humanismus verbundene Gesellschaft doch Menschen final nicht ausgrenzen; Frontenbildungen zwischen „Licht" und „Finsternis" beschleunigen nur atomistische Prozesse. Persönliche Akzeptanz ist Bedingung jeder einladenden Exit-Perspektive. Grundlegende Offenheit für die *conditio humana* sollte ebenso

---

[43] Vgl. Michael Thumann, Nur Populisten rechnen Verteidigung gegen Soziales auf, in: Zeit-online, 15.11.2024.

[44] Vgl. Jochen Bohn, Deutsche Soldaten ohne Identität: Uns fehlt die Idee des „Guten", in: Campus. Zeitung des Studentischen Konvents, Neubiberg 1/2011, S. 18-21.

[45] Ein vormodernes Konzept von Maskulinität spricht gezielt verunsicherte junge Männer an („Echte Männer sind rechts, dann klappt es auch mit der Freundin"); vgl. rp-online vom 30.07.2023.

die Traditionspolitik zur Geltung zu bringen.[46] Krisenhafte Erscheinungen in der demokratischen Ordnung sowie zunehmende psychische Erkrankungen mahnen, „dass etwas im Gefühls- und Sozialleben der Spätmoderne angegangen und verstanden werden muss."[47]

Ziel der Bildungsarbeit in der Bundeswehr sind tief wurzelnde, darum resiliente Persönlichkeiten, die stabilisierend und mobilisierend auf den Zusammenhalt wirken. Fähigkeit und Courage zum eigenen Urteil, zu Abwägen, nachhaltendem Wissen-Wollen, Kontextualisieren, Kompromiss- und Verantwortungsbereitschaft müssen dementsprechend gefördert und angereizt werden. Hingegen gilt es, prekäre Prägungen durch Inferioritätsgefühl, Verfeindung und Dystopien mit positiven Sinnangeboten und stärkenden (Selbst-)Erfahrungen zu bearbeiten. Das Existenzrisiko des freiheitlichen Staates – er kann selbst das bürgerschaftliche Engagement nicht garantieren, auf das er unabdingbar angewiesen ist – steht allem Bildungshandeln voran. Berechtigte Erwartungen an ein kompetent agierendes politisches System jedoch bleiben davon unberührt: Wehrhafte Demokratie muss zuallererst *funktionierende* und *handlungsfähige* Demokratie sein, der es an geistiger Führung und starken politischen Konzepten nicht fehlt.

Im Dienstalltag der Bundeswehr wird es besonders darauf ankommen, Soldaten aller Ebenen transparent in Entscheidungsprozesse einzubeziehen und ihnen diskursiv den Sinn des Auftrags einsichtig zu machen. Bildungstätigkeit sollte nicht primär stumpf von allem NS-Bezogenen abschrecken wollen, sondern vorrangig positiv für demokratische Ziele und Prozesse werben – auch durch Methoden, die in sich demokratisch sind (Einüben kontroverser Argumentation). Trainiert werden muss die Fähigkeit, komplexe Probleme zu analysieren, einzugrenzen, in ihren Kontexten zu verstehen und differenzierte Lösungen zu suchen. Der Mut, im Dienst unkonventionelle Wege zu beschreiten und nötigenfalls sachlich begründete Konflikte zu riskieren, verdient dabei besondere Förderung. Vorgesetzte sollten nicht „pflegeleichte" Untergebene heranziehen, sondern innerlich beteiligte Mitstreiter aufwachsen lassen. Nicht zuletzt eine offene und pragmatische Fehlerkultur ist dazu vonnöten.

---

[46] Vgl. Beckmann, a.a.O. (wie Anm. 18), S. 238-244; ders. Vom moralischen Hochsitz aus. Cancel Culture und evangelisches Menschenbild, in: Deutsches Pfarrerblatt 2024, S. 384-389.

[47] Illouz, a.a.O. (wie Anm. 5), S. 24.

Analyse und Bilanzierung des Afghanistaneinsatzes der Bundeswehr – Folgerungen für kriegstüchtige Streitkräfte

André Uzulis

Zwischen 2001 und 2021 waren deutsche Soldaten als Teil zweier internationaler Missionen – zunächst ISAF, dann Resolute Support – in Afghanistan. Der Afghanistaneinsatz gilt als Einschnitt in der Außen-, Sicherheits- und Entwicklungspolitik Deutschlands – und als gescheitert. Afghanistan wurde weder demokratisiert noch wirtschaftlich entwickelt, im Gegenteil. Dass derzeit von afghanischem Boden kein Terrorismus mehr ausgeht, ist das einzig greifbare positive Ergebnis – aber um welchen Preis wurde dies erreicht? Und wie lange wird die vermeintliche Ruhe, die in Afghanistan die Ruhe eines Friedhofs ist, andauern? Für einen kurzen Moment in seiner Geschichte, nicht einmal für die Dauer einer Generation, kostete eine kleine, westlich orientierte Gruppe innerhalb der afghanischen Gesellschaft von den Früchten der Freiheit – aber dies nur aufgrund eines beispiellosen militärischen und finanziellen Einsatzes Dutzender Nationen. Nach diesem Kraftakt fiel das Land 2021 wieder in die archaische Umnachtung, aus der es kam.

Der Deutsche Bundestag hat in seiner 20. Wahlperiode (2021-2025) versucht, die 20 Jahre des deutschen militärischen Engagements in Afghanistan aufzuarbeiten. Dazu wurden zwei Gremien eingesetzt: ein Untersuchungsausschuss und eine Enquetekommission. Seit dem 8. Juli 2022 befasste sich unter dem Vorsitz des Abgeordneten Dr. Ralf Stegner (SPD) der Untersuchungsausschuss mit den Geschehnissen im Zusammenhang mit dem Abzug der Bundeswehr aus Afghanistan und der Evakuierung des deutschen Personals, der Ortskräfte und anderer Betroffener. Betrachtet wurde der Zeitraum vom 29. Februar 2020 – dem Abschluss des sogenannten Doha-Abkommens zwischen der US-Regierung unter dem Präsidenten Donald Trump und Vertretern der Taliban – bis zum Ende des Mandats mit der militärischen Evakuierung aus Afghanistan am 30. September 2021. Der Ausschuss hatte den Auftrag, sich ein Gesamtbild zu den Erkenntnissen, dem Entscheidungsverhalten und dem Handeln der Bundesregierung einschließlich involvierter Bundesbehörden und Nachrichtendienste zu verschaffen, inklusive des Zusammenwirkens zwischen deutschen und ausländischen Akteuren. Ebenfalls aufgeklärt werden sollte, inwiefern die Bundesregierung auf die Umsetzung des Doha-Abkommens und die Gestaltung des Truppenabzugs durch die USA Einfluss genommen hat. Anhand der Untersuchungsergebnisse sollte der elfköpfige Ausschuss zudem Empfehlungen aussprechen, welche Konsequenzen aus seinen gewonnenen Erkenntnissen zu ziehen sind.

Bei der Vorstellung des Berichts[1] am 18. Februar 2025 sagte der Ausschussvorsitzende Stegner, die Bundesregierung hätte besser auf die Ereignisse im Sommer 2021 vorbereitet sein können. Sie habe nicht ausreichend auf die veränderte Situation reagiert. Während der sich verschärfenden Krise vor Ort habe eine gemeinsame Lageanalyse gefehlt, so Stegner. Die verschiedenen Ressorts hätten ihre Bewertungen zwar regelmäßig vorgetragen. Das habe aber nicht zu einem gemeinsamen Lagebild geführt.[2] Der Bericht macht deutlich: Die Bundesregierung war schlecht informiert und stimmte sich miserabel ab. Statt Entscheidungsfreude herrschten Kompetenzwirrwarr und Wunschdenken vor. Politische Führung war nicht erkennbar, schleppende Verwaltungsabläufe verhinderten ein frühzeitiges effizientes Handeln. Stegner nannte drei zentrale Lehren aus dem überhasteten Abzug: Erstens müsse die Arbeit der deutschen Geheimdienste besser werden. Zweitens müsse sich die Politik immer auf alle Szenarien einstellen – auch die schlimmsten. Und drittens müssten die unterschiedlichen Bundesministerien ihr „Silo-Denken" überwinden. Stattdessen brauche es ein gemeinsames Lagezentrum.[3]

Ebenfalls im Sommer 2022 setzte der Bundestag eine Enquetekommission ein, deren Untersuchungsgegenstand ungleich weiter gefasst war als die des Untersuchungsausschusses. Unter Leitung des SPD-Abgeordneten und früheren Regierenden Bürgermeister von Berlin Michael Müller betrachtete die Kommission das gesamte deutsche Engagement von 2001 bis 2021 in Afghanistan und gab am 27. Januar 2025 Empfehlungen zur Optimierung des vernetzten Ansatzes als Grundprinzip des deutschen Beitrags zum internationalen Krisenmanagement ab. Dieser Ansatz beschreibt die Verzahnung militärischer, polizeilicher, diplomatischer, entwicklungspolitischer und humanitärer Instrumente bei Einsätzen im Rahmen internationaler Friedensmissionen.

Der Enquetekommission gehörten, wie bei diesem Format üblich, nicht nur Bundestagsabgeordnete an, sondern auch Sachverständige – beispielsweise NATO-General a.D. Egon Ramms, der Politik- und Islamwissenschaftler

---

[1] Deutscher Bundestag, 20. Wahlperiode, Beschlussempfehlung und Bericht des 1. Untersuchungsausschusses gemäß Artikel 44 des Grundgesetzes, Drucksache 20/14700.

[2] https://www.br.de/nachrichten/deutschland-welt/deutscher-afghanistan-abzug-vermeidbares-chaos,UdAfJSR (zuletzt abgerufen 23.2.2025)

[3] Vgl. André Uzulis, „Strategisch gescheitert", in: loyal 3/2025, S. 33f.

Michael Lüders, der frühere Grünen-Politiker und Afghanistan-Experte Winfried Nachtwei und Prof. Dr. Carlo Masala von der Universität der Bundeswehr in München. Der Kommission war bewusst, wie es in dem 115-seitigen Abschlussbericht heißt, dass ihre Arbeit, kaum dass sie begonnen hatte, vor dem Hintergrund einer fundamentalen Veränderung der Sicherheitslage in Europa stattfand.[4] Russlands Angriff auf die Ukraine am 24. Februar 2022 markierte das Ende der bis dahin geltenden europäischen Sicherheitsordnung. Auch für Deutschland bedeutete dies und bedeutet es immer noch neue Bedrohungen und Risiken, die Auswirkungen auf die Sicherheits- und Verteidigungspolitik haben. Die Landes- und Bündnisverteidigung genießen seither – zumindest in öffentlichen Reden – wieder Priorität. Die Ära der großen Auslandseinsätze ging mit Afghanistan zu Ende. Nach dem Abzug aus Mali im Dezember 2023, dem nach Afghanistan zweitgrößtem Bundeswehr-Engagement, waren 2025 nur noch kleine Kontingente in internationale Einsätze eingebunden. 2025 waren dies 17 Einsätze und anerkannte Missionen mit insgesamt rund 2.000 Soldaten.[5] Demgegenüber waren in Afghanistan bis zu 5.350 deutsche Soldaten gleichzeitig im Einsatz. In der Summe waren es rund 93.000 über die 20 Jahre Einsatzzeit.[6] 59 Bundeswehrsoldaten verloren in Afghanistan ihr Leben, 35 von ihnen fielen durch Fremdeinwirkung.

In 72 Empfehlungen macht die Enquete-Kommission institutionelle und organisatorische Vorschläge für eine bessere Vorbereitung sowie für die personelle und materielle Ausstattung der Einsätze, für eine effizientere Koordinierung innerhalb der Bundesregierung und für eine stärkere parlamentarische Kontrolle. Die Empfehlungen richten sich vor allem an die Bundesregierung, die Bundesländer und an den Bundestag.

Die mediale Berichterstattung kann bereits während der laufenden Arbeit der Kommission nur als dürftig bezeichnet werden. Auch der Abschlussbericht fand kaum einen Weg in die aktuelle Medienberichterstattung. Die Tagesschau, die Frankfurter Allgemeine Zeitung, die taz und der Deutschlandfunk und einige wenige andere Publikationen nahmen zwar den Bericht mehr oder weniger ausführlich zur Kenntnis. Wer im Internet nach der Berichterstattung zu diesem Thema suchte, stieß vor allem auf institutionelle Quellen wie den Deutschen

---

[4] Deutscher Bundestag, 20. Wahlperiode Unterrichtung durch die Enquete-Kommission Lehren aus Afghanistan für das künftige vernetzte Engagement Deutschlands, Drucksache 20/14500, S. 5 (im Folgenden: Abschlussbericht Enquete-Kommission).

[5] Vgl. https://www.bundeswehr.de/de/einsaetze-bundeswehr (zuletzt abgerufen 10.2.2025)

[6] Vgl. André Uzulis, Der vergebliche Krieg – 20 Jahre Bundeswehr in Afghanistan. Geschichte und Bilanz, Berlin 2024, S. 113.

Bundeswehrverband, das Institut für Friedensforschung und Sicherheitspolitik sowie einzelne Bundestagsabgeordnete. Der Wahlkampf für die Bundestagswahl am 23. Februar 2025 tat ein Übriges, dass das Thema Afghanistan – wieder einmal – unterging. Die mediale Amnesie setzte im Grunde genommen bereits kurz nach dem dramatischen Abzug der letzten westlichen Truppen aus dem Land im August 2021 und der Rückeroberung durch die Taliban ein. Als habe man nichts mehr von dem gescheiterten Einsatz wissen wollen, wurde er fortan konsequent verdrängt.

Seit Sigmund Freud wissen wir, dass die Konfrontation mit Niederlagen, Leid und Stress belastend sein kann. Verdrängung zählt hier zu den häufigsten Phänomenen, um mit unangenehmen Erfahrungen umzugehen. Was für das Individuum gilt, gilt auch für ganze Gesellschaften, wie die Erfahrungen der Kriegsgeneration nach 1945 gezeigt haben. Der Afghanistan-Einsatz war kein Ruhmesblatt für Deutschland, die Bundeswehr, die NATO, den Westen insgesamt. Kaum war er beendet, waren Politik und Öffentlichkeit froh, mit dem leidigen Thema nicht mehr bedrängt zu werden. Der Untersuchungsausschuss und die Enquetekommission waren der letzte Versuch, das Geschehen aufzuarbeiten, bevor der Gegenstand in die Hände der Historiker übergeht. Das geringe Interesse an der Arbeit beider Gremien stellt indes nicht in Frage, wie notwendig sie war.

Die Bundesregierung und insbesondere die Kabinette der Bundeskanzlerin Angela Merkel (CDU) haben über Jahre die Lage in Afghanistan beschönigt. Mit praktisch jeder Mandatsverlängerung beschwor man die vermeintlichen Erfolge bei der Entstehung eines demokratischen Staatswesens und bei der wirtschaftlichen Entwicklung des Landes am Hindukusch. Tatsächlich blieben diese Erfolge punktuell und waren nicht nachhaltig, wie der spätere rasche Zusammenbruch der korrupten Regierung unter Präsident Hamid Karzai und seines Nachfolgers Ashraf Ghani sowie der Afghanischen Nationalarmee zeigte, deren militärischer Wert trotz Milliardeninvestitionen des Westens gegen Null tendierte.

Schon ein Jahr nach dem Abzug der westlichen Truppen stießen die Chinesen in die entstandene Lücke. Während der Westen praktisch alle Verbindungen zu dem Land, das er einst zu einer Demokratie entwickeln wollte, kappte, trat Peking das zerrüttete Erbe an und profitiert nun von der eingetretenen Situation. Afghanistan ist reich an Bodenschätzen, für die sich die Chinesen interessieren: Kupfer, Kobalt, Gold, Beryllium, Lithium, Diamanten, Seltene Erden und einiges mehr. Die USA hatten 2010 die im Boden liegenden Schätze auf einen Wert von 2,6 Billionen Dollar taxiert, wobei sie aber lediglich ein Drittel des afghanischen Territoriums betrachteten.[7] Afghanistan passt aufgrund seiner geografischen Lage gut in die expansionistische chinesische Wirtschaftspolitik, die unter dem Claim Neue Seidenstraße großzügig Kredite vergibt, die an Peking gebundenen Länder rücksichtslos ausbeutet und die sich um Menschenrechte und die Lage der Bevölkerung nicht schert.

Um die ist es im neuen Afghanistan so schlecht bestellt, wie in nur wenigen Ländern der Erde. In kürzester Zeit höhlten die Taliban die Wirtschaft aus, was zu einer Hungersnot führte. Nach Angaben des World Food Programme waren 2023 zwei Drittel der Afghanen auf humanitäre Hilfe angewiesen.[8] Von der Diktatur der Taliban sind besonders die afghanischen Frauen betroffen. Sie erleben seit dem Abzug der westlichen Truppen eine dramatische Verschlechterung ihrer Situation.[9]

Das Flüchtlingshilfswerk UNHCR schätzt die Zahl der Binnenflüchtlinge seit der Machtübernahme der Taliban auf 3,25 Millionen.[10] Noch mehr afghanische Flüchtlinge leben im Ausland – allein im Nachbarland Iran sollen es laut UNHCR 3,4 Millionen sein. Vor der Rückkehr der Taliban waren es weniger als eine Million. Die Zahl der Asylanträge von Afghanen in Deutschland ist seit 2021 deutlich angestiegen. Insgesamt leben 420.000 Afghanen in der Bundesrepublik. 24.800 ehemalige Ortskräfte der Bundeswehr oder anderer deutschen Organisationen sowie weitere 15.800 Gefährdete haben von der Bundesregierung eine Aufnahmezusage erhalten.[11] Deutschland ist das Land in der EU, das die meisten Afghanen aufgenommen hat. Nie zuvor lebten in Deutschland mehr Afghanen als nach dem Eingreifen des Westens in dem Land.

Der deutsche Einsatz stand zunächst unter der Prämisse einer Stabilisierungs-

---

[7] Vgl. ebda, S. 112.

[8] Vgl. https://news.un.org/en/story/2023/03/1134722 (zuletzt abgerufen 10.2.2025)

[9] So erließen die Taliban zahlreiche Verbote, die Frauen und Mädchen daran hindern, ihre grundlegenden Rechte auf Meinungsäußerung, Freiheit, Arbeit und Bildung wahrzunehmen. Frauen, die für ihre Rechte öffentlich eintreten, werden bedroht, verhaftet und gefoltert. Konkret wurde die Bewegungsfreiheit von Frauen beschränkt; sie dürfen in der Öffentlichkeit nur unterwegs sein, wenn sie von einem männlichen Verwandten begleitet werden. Das Haus verlassen dürfen sie nur zu dringenden Besorgungen und vollständig verschleiert. Die Zahl zwangsverheirateter Mädchen stieg nach dem Sieg der Taliban an. Weiterführende Schulen für Frauen wurden geschlossen, auch studieren dürfen Frauen nicht mehr. Die Möglichkeiten zur Berufsausübung wurden stark eingeschränkt. Die Berufsverbote für Frauen stürzen immer mehr Familien in die Armut. Eine politische Beteiligung von Frauen ist im Taliban-Afghanistan nicht vorgesehen.

[10] Vgl. https://data2.unhcr.org/en/documents/details/100884 (zuletzt abgerufen 10.2.2025)

[11] Vgl. https://mediendienst-integration.de/migration/flucht-asyl/afghanische-fluechtlinge.html (zuletzt abgerufen 10.2.2025)

mission, die nicht lange dauern sollte. Für Deutschland weitete sich die Beteiligung an der ISAF-Mission aber schnell zum größten Einsatz in der Geschichte der Bundeswehr aus, für den Westen zum längsten Krieg der Jetztzeit – mit mehr als 3.000 gefallenen NATO-Soldaten, 70.000 toten afghanischen Sicherheitskräften, 100.000 getöteten Zivilisten und einer Billion Dollar Kosten allein für das Militär. Zählt man die zivilen Hilfsgelder hinzu, kommt eine weitere Billion Dollar hinzu.[12]

Erstmals seit Aufstellung der Bundeswehr 1955 gerieten deutsche Soldaten in schwerere Gefechte. Jahrzehntelang hatte die Bundeswehr den Krieg nur geübt, nun lernte eine neue Soldatengeneration, was es bedeutet, kämpfen zu müssen – in einem Krieg, der lange in der Heimat nicht einmal so genannt werden durfte. Die Beteiligung an der ISAF-Mission gab Anstoß für den grundlegenden Wandel der Bundeswehr von einer Verteidigungsarmee zu einer Einsatzarmee. Afghanistan war der Schwerpunkt einer gut 30 Jahre dauernden Epoche in der deutschen Sicherheitspolitik, in der Auslandseinsätze den Aufgabenschwerpunkt der Bundeswehr bildeten. Gekennzeichnet war diese Epoche von einer Vernachlässigung der Bundeswehr auf allen Ebenen. Die Truppe sollte entfernten Weltregionen Frieden bringen, aber sie war dafür weder qualitativ passend noch quantitativ ausreichend ausgestattet. Unterfinanziert, schlecht ausgerüstet, mit schwachem Rückhalt in der Politik und in der Gesellschaft wurde die Bundeswehr in Deutschland in den Jahren der Kanzlerschaft von Angela Merkel an den Rand gedrängt. Die De-facto-Abschaffung der Wehrpflicht 2011 tat ein Übriges, um vor dem Hintergrund einer vorherrschend pazifistischen Grundhaltung der Deutschen die Truppe von der Gesellschaft zu entkoppeln. Die Bundeswehr fand nach dem Kalten Krieg eine neue Existenzberechtigung in Einsätzen auf dem Balkan, in Afghanistan oder am Horn von Afrika. Aber sie war damit auch weit weg von der deutschen Öffentlichkeit. Deutschland unterlag in Afghanistan über lange Zeit einem Selbstbetrug und einer Realitätsverweigerung. Die Zustimmung zum Afghanistaneinsatz schwand in der Bevölkerung von Jahr zu Jahr. Dass Deutschlands Freiheit am Hindukusch verteidigt werden würde, war für die meisten Deutschen nicht plausibel.

Der Afghanistaneinsatz der internationalen Gemeinschaft hatte zu keinem Zeitpunkt Aussicht auf Erfolg. Der Westen traf auf eine Kultur, die ihm fremd war und die er nicht verstand. Das Land nach westlichen Vorstellungen entwickeln zu wollen, war naiv. Die wenigen Erfolge, die es gab, waren Strohfeuer. Auch

---

[12] Vgl. https://www.focus.de/politik/ausland/20-jahre-afghanistan-mission-die-bilanz-ist-ein-desaster_id_14213913.html (zuletzt abgerufen 10.2.2025)

die Arbeit von mehr als 1.100 westlichen Hilfsorganisationen änderte nichts daran, dass Afghanistan nie im 21. Jahrhundert ankam. Durch die westliche Unterstützung floss Geld ins Land, von dem im Wesentlichen nur eine Elite profitierte und von dem ein großer Teil auch durch Korruption versickerte.

Ebenso wie der Versuch, im Irak ein liberales Gesellschaftssystem zu etablieren, ist dieses Vorhaben des Westens auch in Afghanistan gescheitert. In dem vormodernen Land, dessen Bevölkerung sich aus Stämmen zusammensetzt, sich aber kaum als Nation versteht, haben die verschiedenen Gruppen nie ein gemeinsames Ziel verfolgt. Der fehlende Zusammenhalt der afghanischen Gesellschaft ist einer der vielen Gründe, warum das *statebuilding* nach westlichem Vorbild scheitern musste.

Im Nachhinein zeigt sich, wie sehr die Bundesregierung unter Angela Merkel der deutschen Öffentlichkeit ein unrealistisch optimistisches Bild von der Entwicklung in Afghanistan zeichnete. Deutschland war gewiss mit dem ehrlichen Wunsch nach Afghanistan gegangen, das Land wiederaufzubauen. Doch stellte sich dieses Ziel alsbald als vollkommen illusorisch dar. Warum die Bundesregierung nicht die Konsequenzen zog und den Bundeswehreinsatz nicht frühzeitig beendete, hatte einen einzigen Grund: Bündnissolidarität.

Der ehemalige Verteidigungsminister Thomas de Maizière erklärte im Sommer 2023 mit bemerkenswerter Offenheit vor der Enquete-Kommission: „Hätten wir gesagt, wir gehen da raus, weil wir keinen Einsatz sehen, hätten wir ein massives Bündnisproblem gehabt."[13] Statt der Öffentlichkeit reinen Wein einzuschenken, schob man Themen wie Bildung, Frauen und Menschenrechte als Begründung für den Einsatz der Bundeswehr vor. Aber selbst auf diesen weichen Feldern sah der Bundesnachrichtendienst keine Fortschritte. Nach Erinnerung des damaligen BND-Präsidenten Gerhard Schindler war in Afghanistan einfach „alles schlecht", nur der Rauschgifthandel habe geblüht.[14] Die Lageberichte des Dienstes lagen vor, aber in der Regierung verschloss man die Augen.

Die Bundeswehr war im Übrigen nicht in der Lage, ihren Auftrag eigenständig zu erfüllen. Deutsche Soldaten wurden oft aus gefährlichen Situationen gerettet, weil britische oder amerikanische Soldaten sie dort herausholten. So sehr es auch in Wahrheit um Bündnissolidarität ging, so wenig überzeugend war der deutsche Beitrag in den Augen der Verbündeten, weil die Bundeswehr deutscher Befindlichkeiten wegen – Bürokratie, moralische Haltungen, Naivität der militärischen und politischen Führung, Wunschdenken – weder robust genug ausgestattet war

---

[13] Vgl. Jochen Buchsteiner: Schönfärberei, in: FAS vom 9.7.2023
[14] Vgl. ebda.

noch robust genug vorging. Die Professionalität und die Tapferkeit deutscher Soldaten im Karfreitagsgefecht oder bei zahllosen militärischen Operationen gegen die Aufständischen bleiben von dieser Feststellung unberührt.

Aus dem folgenschweren Afghanistaneinsatz entwickelte sich eine Veteranenbewegung, wie sie die Bundeswehr zuvor nicht kannte. Die neuen Veteranen waren keine alten Männer anderer Nationen, die man in den Fernsehnachrichten an Gedenktagen wie dem Beginn der Invasion in der Normandie 1944 sah. Die neuen Veteranen in Deutschland waren die jungen Heimkehrer aus Afghanistan, zum Teil an Leib oder Seele verwundet. Viele leiden auch noch Jahre nach ihrem Einsatz an den Folgen. 2010 gründete sich der Bund Deutscher Einsatzveteranen, der es sich zur Aufgabe gemacht hat, Einsatzveteranen der Bundeswehr und deren Familien und Hinterbliebene zu unterstützen. Einsatzveteranen werden definiert als Soldaten, die im Ausland an humanitären, friedensstiftenden oder friedenserhaltenden Einsätzen teilgenommen haben. Diese Veteranen kämpfen bis heute um echte Anerkennung und Würdigung. Die Bundesrepublik ist weit von einer Veteranenkultur entfernt, wie es sie in anderen NATO-Ländern gibt, wo ehemalige Soldaten hohe öffentliche Anerkennung finden und Vergünstigungen genießen.

Deutschland hat mit dem Thema Afghanistaneinsatz abgeschlossen. Die Folgen für den Einzelnen interessieren hierzulande die Öffentlichkeit kaum. Immerhin tragen Veranstaltungen wie die Invictus Games im September 2023 in Düsseldorf dazu bei, die Versehrten aus dem Afghanistankrieg und der anderen Auslandseinsätze aus dem Dunkel ihres Leidens herauszuholen. Viele von ihnen haben sich durch enorme Anstrengungen und – nicht nur sportliche – Leistungen in ein halbwegs normales Leben zurückgekämpft.

Der Afghanistaneinsatz hat auch die Gedenkkultur der Bundeswehr verändert. 3.377 Bundeswehr-Soldaten haben in Ausübung ihres Dienstes seit 1955 ihr Leben verloren. Ein kleiner Teil von ihnen fiel in Kampfeinsätzen, vor allem in Afghanistan. Die Bundeswehr tat sich lange schwer mit dem Gedenken an ihre Getöteten und Gefallenen. Und der Gesellschaft scheinen die Toten bis heute gänzlich egal zu sein. Kein Geringerer als Generalleutnant Wolf Graf Baudissin, der Begründer der Inneren Führung und einer der maßgeblichen Männer beim Aufbau der Bundeswehr, hatte das Thema schon zu Beginn der Bundeswehrgeschichte klein geredet, indem er befand, dass der Soldatentod eine reine Nebenfolge des soldatischen Auftrags sei. Diese Haltung änderte sich erst mit dem Afghanistaneinsatz.

Es war vor allem eine diffuse Angst vor einem „Heldengedenken", das im post-heroischen Zeitalter, in dem wir in Deutschland leben, eine Gedenkkultur, die diesen Namen verdient, verhinderte. Als es darum ging, einen Platz in Bielefeld nach dem im Karfreitagsgefecht bei Kunduz 2010 gefallenen Hauptgefreiten Martin Augustyniak zu benennen, wurde das von der örtlichen SPD zunächst abgelehnt. Begründung: Man wolle keine Kultstätte für Helden schaffen und nicht die falschen Leute anziehen. Seit dem 1. Oktober 2020 heißt eine unscheinbare Wiese im Bielefelder Stadtteil Brackwede nun doch Martin-Augustyniak-Platz.

Die Gefallenen, nach denen Gebäude, Kasernen und Straßen benannt werden, sind für die heutige Soldatengeneration Vorbilder – nicht nur, weil sie tapfer gekämpft haben, sondern auch, weil sie Menschlichkeit bewiesen haben. So wie Martin Augustyniak, der im Gefecht trotz eigener Verwundung versucht hat, Kameraden zu retten.

Auf dem Hinterhof des Bendlerblocks in Berlin, Sitz des Verteidigungsministeriums, gibt es seit 2009 ein Ehrenmal der Bundeswehr. Ergänzt wird es durch den „Wald der Erinnerungen" auf dem Gelände des Einsatzführungskommandos in Schwielowsee bei Potsdam, wo die Ehrenhaine aus Afghanistan wieder aufgebaut wurden – beides Orte des stillen Gedenkens, aber auch der Information. Jedes Jahr gibt es zudem den „Marsch zum Gedenken". Soldaten marschieren dabei seit 2018 eine bestimmte Strecke plus weitere 3.377 Meter für die 3.377 Bundeswehr-Soldaten, die in Ausübung ihres Dienstes ihr Leben verloren haben. Jeder Marschierer trägt das Namensband eines Toten oder Gefallenen. Am Brandenburger Tor trifft die Marschkolonne auf die Hinterbliebenen. Am Ehrenmal werden Kränze niedergelegt, und man gedenkt der Toten. Das Ganze geschieht allerdings unter äußerst geringer Medienresonanz. Insgesamt ist die militärische Gedenkkultur in der deutschen Gesellschaft – anders als etwa in Frankreich, Großbritannien oder den USA – (noch) nicht verankert.

Wenn Deutschland eine Lehre aus dem vergeblichen Krieg in Afghanistan ziehen sollte, dann diese: Einsatzziele bedürfen einer ausformulierten Strategie, die klare, überprüfbare und realistische Ziele benennt und beabsichtigte Wirkungen definiert. So formuliert es die Enquetekommission in ihrem Abschlussbericht.[15] Notwendig ist auch eine jederzeitige Exit-Strategie. An einem „Plan B" hat es von Anfang an gemangelt; der Afghanistaneinsatz war wie so vieles in der Ära Merkel scheinbar alternativlos. Ein derartiger Einsatz ist, um seinen Erfolg zu garantieren, laufend von unabhängiger Seite zu evaluieren. Überhaupt zielen

---

[15] Abschlussbericht Enquetekommission, S. 8.

viele der 72 Empfehlungen auf Prozesskontrolle und wissenschaftliche Begleitung solcher Einsätze ab.

Um militärische Erkenntnisse ging es in der Arbeit der Enquetekommission weniger. Dass Auslandseinsätze eine angemessen ausgestattete und ausgebildete Bundeswehr brauchen, findet sich im Abschlussbericht kaum. Die Bundeswehr ist aber auch inzwischen längst weiter. Sie ist auf dem Weg von der Armee im Einsatz zurück zu ihrer eigentlichen grundgesetzlich verankerten Aufgabe: der Landes- und Bündnisverteidigung. Der russische Überfall auf die Ukraine hat den Krieg nach Europa zurückgebracht. Auch für Deutschland ist er näher gerückt, wie die fast täglichen Meldungen der hybriden Kriegführung Russlands gegen unser Land und unsere Bündnispartner zeigen. Die Landes- und Bündnisverteidigung erfordern ganz andere Organisationsformen von Streitkräften als Stabilisierungsoperationen in fernen Ländern.

Klassische Verbände und Großverbände wie Brigaden, Divisionen und Korps sind wieder gefragt, Drohnen spielen von Jahr zu Jahr eine größere Rolle in der Militärtechnik, während die Zukunft beispielsweise des Kampfhubschraubers in Frage steht, wie der Krieg in der Ukraine zeigt. Resiliente Logistik- und IT-Verbindungen sind von entscheidender Bedeutung, Künstliche Intelligenz ist das Thema der Stunde. Und im Bereich der Sanität wird man sich nicht mehr den Luxus eines Hubschraubers als MedEvac-Option für einige wenige Verwundete leisten können, wenn im Falle eines Angriffs auf das NATO-Bündnisgebiet mit mehr als 1.000 Verwundeten täglich (!) zu rechnen ist, wovon der Sanitätsdienst der Bundeswehr ausgeht.[16]

Auch die gefechtsfeldnahe Versorgung auf Kreiskrankenhaus-Niveau in High-Tech-Zelten oder spezialisierten Containern mit Air Condition, so wie es in Afghanistan üblich war, wird nicht mehr möglich sein. Solche Einrichtungen sind ein viel zu leichtes Ziel für feindliche Drohnen. Der Ukraine-Krieg zeigt, dass eine kaum vorstellbare Zahl von Verwundeten in kürzester Zeit unter improvisierten Bedingungen in Kellern oder den Ruinen von Häusern versorgt werden müssen.

Die Bundeswehr unserer Tage schaut für ihre politisch verordnete Kriegstüchtigkeit schon lange nicht mehr nach Afghanistan. Sie schaut in die Ukraine. Was dort passiert, ist das militärische Role Model der Zukunft auch für Deutschland. Der Afghanistaneinsatz ist in kürzester Zeit historisiert worden. Er ist ein frisches Kapitel in den Lehrbüchern der Militärgeschichte und ein bleibendes

---

[16] Julia Weigelt, 72 Stunden im Keller, in: loyal 2/2025, S. 11.

Trauma für viele Veteranen. Die Bedrohung kommt heute aus Russland. Das mögliche künftige Gefechtsfeld der Bundeswehr wird indes nichts mehr gemein haben mit dem, was die Generation Einsatz der Bundeswehr in Afghanistan erlebt hat.

Dennoch hat „Afghanistan" eine Bedeutung für die Truppe auch für ihre künftigen Herausforderungen. Denn sollte die Bundeswehr Teil einer wie auch immer gearteten Friedenstruppe in der Ukraine werden, wird man die Erfahrungen aus Afghanistan und die Empfehlungen der beiden Bundestagsgremien direkt als wertvolle praktische Hinweise nutzen können, um einen solchen Einsatz zu einem Erfolg zu führen. Auftrag, Ausrüstung und Bewaffnung müssen realistisch sein, die politischen Akteure müssen gut miteinander kommunizieren und auch das jeweilige Worst-Case-Szenario bedenken. Und es braucht eine Exit-Strategie. Das sind die wichtigsten politischen Lehren aus Afghanistan, die die Politik wird ziehen müssen.

Auch wenn der Einsatz am Hindukusch *politisch* gescheitert ist – für die Truppe war er keinesfalls vergebens. In Afghanistan erwarb eine ganze Generation von militärischen Führern Erfahrungen, wie in komplexen, lebensbedrohlichen realen Situationen zu handeln ist – Erfahrungen, wie sie so in der Heimat nie geübt werden konnten. Bundeswehrsoldaten lernten am eigenen Leibe das Gefecht kennen. Viele von ihnen wurden zum Vorbild für die nachfolgende Generation junger Mannschaften, Unteroffiziere und Offiziere. Es entstand eine neue Veteranenkultur, die die verschiedenen Soldatengenerationen miteinander verbindet, die neue Traditionslinien schuf und durch die die Truppe Brücken in die Gesellschaft hinein bauen kann.

Nicht zuletzt haben sich soldatische Werte und Tugenden in Afghanistan gezeigt und bewährt: Mut, Entschlossenheit, Verantwortungsbewusstsein, Entscheidungsfreude, Tapferkeit und Kameradschaft. Die Auftragstaktik hat sich als überragendes Führungsprinzip erwiesen. Sie wird für künftige Aufgaben in der Landes- und Bündnisverteidigung von Bedeutung sein, denn sie ist ein komparativer Vorteil gegenüber Russland. Als Vorbereitung auf das, was die Bundeswehr in vielleicht schon naher Zukunft erwartet, waren die 20 Jahre in Afghanistan ein Gewinn. Während jahrzehntelang die Maxime galt, „Kämpfen können, um nicht kämpfen zu müssen", haben deutsche Soldaten im Einsatz bewiesen, dass sie kämpfen können, wenn sie kämpfen müssen. Diese Erfahrung wird in einer Zeit tragen, in der es mehr als bislang darauf ankommt, kriegstüchtig zu sein und sich in einem Konflikt auch von größerer Dimension durchzusetzen.

Die Pflicht zum Kompetenzerwerb unter besonderer Berücksichtigung der Gesamtverteidigung

Dirk Freudenberg

Einleitung

Der Primat der Politik enthält nicht nur das Recht, sondern auch die Pflicht zur Entscheidung sowie die Verantwortung für richtige und rechtzeitige Entscheidungen. Daher müssen Politiker handeln, auch wenn es nicht populär ist; die Verantwortung für das ihnen anvertraute Staatswesen muss über politischem Taktieren im Hinblick auf nächstfällige Wahlen stehen.[1]

Die Gewährung von Sicherheit und Ordnung zählt seit alters her zu den klassischen Staatszwecken.[2] Im Zuge der sicherheitspolitischen Entwicklungen[3] und der sich hieraus ableitenden Rechtsfragen[4] bekommen die Regelungen zur Zivilen Verteidigung im Rahmen der Gesamtverteidigung[5] der Bundesrepublik Deutschland neues Gewicht. Der nachstehende Beitrag will der Frage nachgehen, ob es für die Entscheider im politisch-administrativen Bereich eine

---

[1] Hans Ulrich Schroeder, Die Bedeutung der Zivilverteidigung für eine wirksame Gesamtverteidigung, in: Zivilverteidigung 1972, Heft 1, S. 12ff.; 14f.

[2] Sascha Rolf Lüder, Christian Arndt, Steffen Schimanski, Recht und Praxis der nichtpolizeilichen Gefahrenabwehr, 5. Aufl., Berlin 2020; S. 25; Volkmar Götz, Innere Sicherheit, in: Josef Isensee, Paul Kirchhof (Hrsg.), Handbuch des Staatsrechts, Bd. IV, Aufgaben des Staates, 3. Aufl., Heidelberg 2006, S. 671ff.; 672f.; Michael Walter Hebeisen, Staatszweck. Staatsziele. Staatsaufgaben. Leistungen und Grenzen einer juristischen Behandlung von Leitideen der Staatstätigkeit, Zürich 1996, S. 125.

[3] Eberhard Zorn, Auftrag Landes- und Bündnisverteidigung, in: Clausewitzgesellschaft (Hrsg.), Jahrbuch 2020, Hamburg 2021, S. 14ff.

[4] Sebastian Graf von Kielmansegg, Heike Krieger, Stefan Sohm (Hrsg.), Die Wiederkehr der Landes- und Bündnisverteidigung. Neue Rechtsfragen eines alten Szenarios, Baden-Baden 2020

[5] Bundesminister des Innern, Rahmenrichtlinien für die Gesamtverteidigung – Gesamtverteidigungsrichtlinien – Berlin 2024. Grundlage dieser Neufassung war die Konzeption Zivile Verteidigung (KZV) vom 24.08.2016 als ziviles Gegenstück der Konzeption der Bundeswehr (KdB) vom 20.07.2018 sein. (Michael Klinkenberg, Die Rahmenrichtlinien für die Gesamtverteidigung – Teil 1, in: BWV 2019, S. 4ff.; 4; Michael Klinkenberg, Die neue Konzeption Zivile Verteidigung, in: UBWV 2020, S. 118ff.; Michael Klinkenberg, Die neue Konzeption der Bundeswehr, in BWV 2018, S. 227ff.;   Michael Klinkenberg, Die Versorgung und Unterstützung der Streitkräfte – Pfeiler der Zivilen Verteidigung, in: Bevölkerungsschutz 2020, Heft 4, S. 22ff.; Michael Klinkenberg, Die Versorgung und Unterstützung der Streitkräfte – Pfeiler der Zivilen Verteidigung, in: Bevölkerungsschutz 2020 Heft 4, S. 38ff.; 39).

Verpflichtung zum Kompetenzerwerb für das Führen im staatlichen Krisenmanagement gibt. Insofern soll in den folgenden Ausführungen der Schwerpunkt auf der Entscheidungskompetenz des nicht-militärischen staatlichen Krisenmanagements und der Zivilen Verteidigung liegen, zumal bedingt durch die föderalen Strukturen und das Ressortprinzip der Prozess der Entscheidungsfindung im Krisenmanagement auf der jeweiligen administrativ-strategischen Ebene ungleich schwieriger ist, als das im hierarchisch klar gegliederten militärischen Bereich der Fall ist. Fraglich ist hier also, ob das Angebot aus § 4 Abs. 1 Nr. 1 a Gesetz über den Zivilschutz und die Katastrophenhilfe des Bundes (ZSKG), demzufolge dem Bundesamt für Bevölkerungsschutz und Katastrophenhilfe (BBK) die Ausbildung des mit Fragen der Zivilen Verteidigung befassten Personals sowie die Ausbildung von Führungskräften und Ausbildern des Katastrophenschutzes im Rahmen der Zivilen Verteidigung obliegt, sich als materiell-rechtliches Gebot zum Kompetenzerwerb auf verfassungsrechtliche Vorgaben abstützen kann.[6]

1. Zivile Verteidigung als Verfassungsauftrag

Die konkrete Ausgestaltung der äußeren Sicherheit ist Sache des Verfassungs- und Gesetzesrechts.[7] Die Gefahrenabwehr im Allgemeinen wie die Landesverteidigung im Besonderen sind allerdings Ausfluss finaler Staatsaufgaben und somit unmittelbar auf ein bestimmtes staatliches Interesse ausgerichtet.[8] Der demokratische Verfassungsstaat überlässt somit nicht alles tagespolitischen demokratischen Mehrheiten, sondern er versteht die Bundesrepublik als wehrhafte Demokratie nach innen und außen.[9] Diesbezüglich folgt aus der Verbindung von

---

[6] Dirk Freudenberg, Entscheidungsfindung und die Pflicht zum Führen in der Zivilen Verteidigung und im staatlichen Krisenmanagement, in: BWV 2021, Heft 11, S. 241ff.; Dirk Freudenberg, Zu Fragen einer Dienstpflicht des Bürgers sowie die Pflicht zum Kompetenzerwerb von Entscheidern im staatlichen Krisenmanagement, in: Martin H.W. Möllers, Robert van Ooyen (Hrsg.), Jahrbuch Öffentliche Sicherheit 2022/2023, Frankfurt 2023, S. 401ff; Dirk Freudenberg, Das Wesen der Entscheidung und die Pflicht zum Kompetenzerwerb im Bevölkerungsschutz, in: Notfallvorsorge 2021, Heft 4, S. 20ff..

[7] Michael Brenner, Staatsaufgaben, in: Otto Depenheuer, Christoph Grabenwarter (Hrsg.), Verfassungstheorie, Tübingen 2010, S. 837ff.; 874.

[8] Michael Brenner, a.a.O., S. 83ff.; 861.

[9] Alexander Poretschkin, Bevölkerungsschutz als Verfassungsauftrag, in: Christoph Unger, Thomas Mitschke, Dirk Freudenberg, (Hrsg.), Krisenmanagement – Notfallplanung – Bevölkerungsschutz. Festschrift anlässlich 60 Jahre Ausbildung im Bevölkerungsschutz, dargebracht von Partnern, Freunden und Mitarbeitern des Bundesamtes für Bevölkerungsschutz und Katastrophenhilfe, Berlin 2013, S. 513ff.; 514; Otto Depenheuer, Funktionen der Verfassung, in: Otto

170

militärischer und Ziviler Verteidigung, dass der Verfassungsauftrag zur militärischen Landesverteidigung nur neben einem davon nicht trennbaren Auftrag zur Zivilen Verteidigung durchführbar ist. Das Grundgesetz enthält also gleichsam einen Verfassungsauftrag zur Zivilen Verteidigung.[10] Wenn also die Zivile Verteidigung nicht funktioniert, ist auch die Funktionsfähigkeit der militärischen Verteidigung und damit das verfassungsrechtliche Gebot in Frage gestellt.[11] Ohne Zivile Verteidigung ist demzufolge das Prinzip der wehrhaften Demokratie im Falle der Not nicht aufrechtzuerhalten.[12] Dementsprechend lässt sich aus dem verfassungsrechtlichen Gebot der militärischen Verteidigung ein entsprechendes Verfassungsgebot für eine funktionsfähige Zivile Verteidigung ableiten bzw. besteht ein solches gleichermaßen als conditio sine qua non.[13] Fraglich ist an dieser Stelle, wie die Organkompetenz der Staatsleitung in Bezug auf Entscheidungen mit fachlicher Qualifikation unterlegt ist. Denn vor der Neigung zu glauben, dass mit der institutionellen Form, also mit einer vernünftig gefundenen

---

Depenheuer, Christoph Grabenwarter (Hrsg.), Verfassungstheorie, Tübingen 2010, S. 537ff.; 559.

[10] Alexander Poretschkin, Zivilverteidigung als Verfassungsauftrag, Rheinbach 1991, S. 114; Alexander Poretschkin, Bevölkerungsschutz als Verfassungsauftrag, in: Christoph Unger, Thomas Mitschke, Dirk Freudenberg, [Hrsg.], Krisenmanagement – Notfallplanung – Bevölkerungsschutz. Festschrift anlässlich 60 Jahre Ausbildung im Bevölkerungsschutz, dargebracht von Partnern, Freunden und Mitarbeitern des Bundesamtes für Bevölkerungsschutz und Katastrophenhilfe, Berlin 2013, S. 513ff.; 514. In diesem Sinne hatte bereits Steinkamm die Frage nach einer Schutzpflicht des Staates darauf ausgerichtet, für einen wirksamen Zivil- und Bevölkerungsschutz nicht allein aus einer erweiterten Funktion eines Grundrechtes, sondern auch unter dem Gesichtspunkt des Verfassungsauftrages, für eine wirksame Landesverteidigung zu sorgen. (Armin Steinkamm, Zur Frage eines Verfassungsauftrages zum wirksamen Bevölkerungsschutz, in: Hans Joachim Faller, Paul Kirchhof, Ernst Träger [Hrsg.], Verantwortlichkeit und Freiheit. Die Verfassung als wertbestimmte Ordnung. Festschrift für Willi Geiger zum 80. Geburtstag, Tübingen 1989, S. 310ff.; 310f.; Andreas Walus, Katastrophenorganisationsrecht. Prinzipien der rechtlichen Organisation des Katastrophenschutzes, Bonn 2012, S. 30).

[11] Dirk Freudenberg, Wehrhaftigkeit der Medienordnung – Rechtliche und rechtspolitische Probleme vor dem Hintergrund der Konzeption Zivile Verteidigung (KZV), Berlin, 2024, S.26

[12] Alexander Poretschkin, Zivilverteidigung als Verfassungsauftrag, Rheinbach 1991, S. 130; *Das Grundgesetz, das seit der Wehrverfassung von 1954/56*, ergänzt durch die Notstandsverfassung von 1968 mit den Art. 12 a; 17 a, Abs. 2; 73, Abs. 1; 80 a; 87 b, Abs. 2 GG Bestimmungen enthält, welche klarstellt, dass die Verfassung ausdrücklich keine (unmenschlich) technokratische „Verteidigung" im Blick hat, sondern immer zugleich mit der militärischen Verteidigung den Schutz der Zivilbevölkerung verbindet. (Alexander Poretschkin, Bevölkerungsschutz als Verfassungsauftrag, in: Christoph Unger, Thomas Mitschke, Dirk Freudenberg, [Hrsg.], Krisenmanagement – Notfallplanung – Bevölkerungsschutz. a.a.O. S. 513ff.; 516).

[13] Dirk Freudenberg, Wehrhaftigkeit der Medienordnung a.a.O., S. 26f.

Sachlösung, bereits die Probleme als solche gelöst sind, sei hier gewarnt.[14] Denn militärische Planungen müssen politische Entwicklungen berücksichtigen, politische Planungen militärische; erst die Abwägung der Gesichtspunkte gegeneinander ergibt eine verantwortungsvolle Politik.[15] Aus dem Sachzusammenhang mit der Zivilen Verteidigung ergibt sich Entsprechendes. Demzufolge lastet hier auf der Staatsleitung eine besondere Verantwortung.

2. Staatsleitung

Da jeder Staat für sich über die Ausübung der Staatsgewalt entscheidet, muss zur Bestimmung der Staatsleitung und ihres Inhabers die Rechtsordnung des konkreten Staates herangezogen werden.[16] Unter „Staatsleitung" wird das Bemühen um die Erhaltung und Fortentwicklung der grundlegenden Ordnung des Staates verstanden.[17] Der Bundesregierung kommt als einem obersten Verfassungsorgan der entscheidende Anteil an der politischen Staatsleitung zu.[18] Sie ist

---

[14] Hans Herzfeld, Oberbefehl und Regierung in der neueren Geschichte, in: Gerhard A. Ritter, Gilbert Ziebula (Hrsg.), Faktoren politischer Entscheidung. Festgabe für Ernst Fraenkel, Berlin 1963, S. 169ff.; 179

[15] Otto Heinrich v. d. Gablenz, Die Maßstäbe der politischen Entscheidung (Prolegomena zu einer politischen Ethik), in: Gerhard A. Ritter, Gilbert Ziebula (Hrsg.), Faktoren politischer Entscheidung. Festgabe für Ernst Fraenkel, Berlin 1963, S. 11ff.; 24

[16] Siegfried Magiera, Parlament und Staatsleitung in der Verfassungsordnung des Grundgesetzes, Berlin 1979, S. 18

[17] Siegfried Magiera, a.a.O., S. 63

[18] Hans D. Jarass, Art. 62, in: Hans D. Jarass, Bodo Pieroth, Grundgesetz für die Bundesrepublik Deutschland, 16. Aufl. München 2020, RN 1. Vom Ursprung her ergibt zunächst das Gesamtbild des Grundgesetzes, insbesondere die Staatsleitungsaufgabe, also die staatspolitische Führungsaufgabe, dass der Bundeskanzler auch im Verhältnis zu den übrigen Verfassungsorganen des Bundes die Führung der gesamten Staatspolitik haben soll. (Hermann von Mangoldt, Friedrich Klein, Das Bonner Grundgesetz, Bd. II, Berlin, Frankfurt a.M. 1964, S. 1251). Sachlich stellt sich für Magiera die Staatsleitung wegen ihrer gegenseitigen Ergänzungsbedürftigkeit als Zusammenwirken von Bundestag und Bundesregierung etwas differenzierter dar. (Siegfried Magiera, Art. 38, in: Michael Sachs [Hrsg.], Grundgesetz. Kommentar, 9. Aufl., München 2021, RN 24; Siegfried Magiera, Parlament und Staatsleitung in der Verfassungsordnung des Grundgesetzes, Berlin 1979). Zwar sind Regierung und Parlament demokratisch hoch legitimiert und – anders als Gerichte und nachgeordnete Behörden allzuständig – und im Idealfall wenigen verfahrenstechnischen Bindungen unterworfen und treffen entsprechend zukunftsgerichtete Entscheidungen von großer sachlicher Reichweite und sind somit im Verständnis von Gewaltengliederung funktional verwandt; trotzdem sind Regierung und Parlament unterschiedlich organisiert: als hierarchische Behördenorganisation die eine, als deliberierende Versammlung das andere. (Christoph Möllers, Die drei Gewalten. Legitimation der Gewaltengliederung in Verfassungsstaat, Europäischer Integration und Internationalisierung, Weilerswist 2008, S. 121). Gleichwohl sind

zudem zur gubernativen Spitze der vollziehenden Gewalt im Sinne der verantwortlichen Leitung des Ganzen, der inneren und äußeren Politik, bestimmt.[19] Die Staatsleitung umfasst insbesondere die politische Planung, Gestaltung und Kontrolle in eigener Initiative.[20] Der Begriff der Staatsleitung wird im Schrifttum als weder „normierbar" noch „normierungsbedürftig" bezeichnet[21], soweit nicht die Abgrenzung zu Aufgaben anderer Organe des Bundes insbesondere auf dem Gebiet der Gesetzgebung oder zu Aufgaben des Bundes oder der Länder in Rede steht.[22] Gleichwohl bleibt die weitere Konkretisierung der Staatspraxis der Kontrolle von Rechtsprechung und Lehre überlassen.[23] Die Eigenart dieser Regierungsaufgabe wird im Sinne „politischer Staatsführung" und „verantwortlicher Leitung des Ganzen der inneren und äußeren Politik" in Informationsmanagement, schöpferischer Gestaltung, politischer Initiative, zusammenfassender Leitung und dirigierender Kontrolle gesehen.[24] „Führen" und „leiten" werden

---

durch ein Parlament, welches in der Führungs- und Planungsarbeit des Staates wesentliche Impulse gibt und Wegmarken aufstellt, Möglichkeiten offener demokratische Entscheidungen eröffnet, welche das Parlament wieder an seine Funktion im Gesetzgebungsstaat anknüpfen lässt. (Wilfried Schaumann, Staatsführung und Gesetzgebung in der Demokratie, in: Peter Saladin, Luzius Wildhaber [Hrsg.], Der Staat als Aufgabe. Gedenkschrift für Max Imboden, Basel 1972, S. 313ff.; 331).

[19] Arnd Uhle, Bundesregierung. I. Rechtlich, in: Görres-Gesellschaft (Hrsg.), Staatslexikon. Recht – Wirtschaft – Gesellschaft, 1. Bd., 8. Aufl., Freiburg im Breisgau 2017, Sp. 832ff.; 832. Der Gewaltenteilung kann im Staatsgefüge heutiger Prägung nicht mehr als strikte Trennung der Staatsorgane verstanden werden, sondern ist mit Rücksicht auf das Parlamentarische Regierungssystem nur als Funktionsordnung aufzufassen. (Deutscher Bundestag, Wissenschaftliche Dienste, Der Kernbereich exekutiver Eigenverantwortung – Ausarbeitung – WD 3 38/06, 2006, S. 4 f.). Dementsprechend wirkt das Parlament heute in die früher dem exekutiven Ermessen überlassene Zonen politischen Handelns der Außen- und Verteidigungspolitik hinein. (Ulrich Scheuner, Verantwortung und Kontrolle in der demokratischen Verfassungsordnung, in: Theo Ritterspach, Willi Geiger, Festschrift für Gebhard Müller. Zum 70. Geburtstag des Präsidenten des Bundesverfassungsgerichtes, Tübingen 1970, S. 379ff.; 381.

[20] Andreas Voßkuhle, Grundwissen – Öffentliches Recht: Die Bundesregierung, in: JuS 2020, S. 736ff.; 736.

[21] Meinhard Schröder, Aufgaben der Bundesregierung, in: Handbuch des Staatsrechts der Bundesrepublik Deutschland, Bd. III, Demokratie – Bundesorgane, 3. Aufl. Heidelberg 2005, S. 1115ff.; 1119.

[22] Georg Hermes, Art. 62, in: Horst Dreier Grundgesetzkommentar, Bd. 2, 3. Aufl. 2015, RN 31

[23] Meinhard Schröder, Aufgaben der Bundesregierung, in: Handbuch des Staatsrechts der Bundesrepublik Deutschland, Bd. III, Demokratie – Bundesorgane, 3. Aufl. Heidelberg 2005, S. 1115ff.; 1119.

[24] Georg Hermes, Art. 62, a.a.O.

im Recht grundsätzlich synonym gebraucht.[25] Obwohl weder das Grundgesetz noch die Geschäftsordnung der Bundesregierung die mit der Ressortleitungsbefugnis gem. Art. 65 S. 2 GG verbundenen Zuständigkeiten vollständig beschreiben, gehören zu ihnen unter anderem die Weisungs-, Selbstentscheidungs- und Kontrollrechte.[26] Die Verfassung eines Staates bestimmt die Spielregeln der Politik. Die unterschiedlichen Meinungen über die Auslegung und Anwendung dieser Spielregeln werden mitunter in den politischen Streit hineingezogen.[27] Regierungen haben allerdings Raum für Entscheidungen; ihre Befugnisse können strenge, harte Lenkung erlauben, womöglich verlangen.[28] Begriffsanalysen, Lagebeurteilungen und Positionsbezüge sind in der Politik nur eine Vorstufe der eigentlichen Aktivität, wobei es letztlich immer darum geht, konkrete Entscheidungen zu treffen.[29] In deren Kern steht die (politische) Urteilskraft als eine quantitativ nicht exakt ermittelbare Fähigkeit, politische Sachverhalte möglichst angemessen in ihren allgemeinen Aspekten und in ihren Auswirkungen zu erkennen, entsprechende Schlussfolgerungen aus dieser Lageanalyse zu ziehen und sein eigenes Handeln daran auszurichten.[30] Die oberste politische Richtungsbestimmung stellt für den Bereich der Exekutive eine rechtliche Befugnis dar und äußert in dem ihr zugewiesenen Bereich auch eine rechtliche Verbindlichkeit; auch wenn Legislative und Rechtsprechung nicht gebunden werden können, so wird innerhalb der Exekutive doch eine Kompetenz zuerkannt.[31] So verweist der Krisenbegriff im juristischen Sinn auf einen subjektiven Entscheidungsakt.[32] Das

---

[25] Gerhard Köbler, Etymologisches Rechtswörterbuch, Tübingen 1995, S. 139; Gerhard Köbler, Juristisches Wörterbuch, 9. Aufl., München 1999, S. 263.

[26] Meinhard Schröder, Aufgaben der Bundesregierung, a.a.O., S. 1115ff.; 1125.

[27] Nils Stjernquist, Konstitutionelle Krisenbereitschaft und konstitutionelles Notstandsrecht, in: Karl Dietrich Bracher, Christopher Dawson, Willi Geiger, Rudolf Smend, Die Demokratie und ihr Recht. Modern Constitutionalism and Democracy. Festschrift für Gerhard Leibholz zum 65. Geburtstag, 2. Bd. Tübingen 1966, S. 923ff.; 923.

[28] Hermann Jahrreiß, Demokratie. Selbstbewußtheit – Selbstgefährdung – Selbstschutz (Zur deutschen Verfassungsproblematik seit 1945), in: NN. Festschrift für Richard Thoma zum 75. Geburtstag am 19. Dezember 1949, Tübingen 1950, S. 71ff; 71.

[29] Robert Nef, Politische Grundbegriffe. Auslegeordnung und Positionsbezüge, Zürich 2002, S. 26.

[30] Wilfried von Bredow, Thomas Noetzel, Politische Urteilskraft, Wiesbaden 2009, S. 11.

[31] Ulrich Scheuner, Politische Koordination in der Demokratie, in: in: Karl Dietrich Bracher, Christopher Dawson, Willi Geiger, Rudolf Smend, Die Demokratie und ihr Recht. Modern Constitutionalism and Democracy. Festschrift für Gerhard Leibholz zum 65. Geburtstag, 2. Bd. Tübingen 1966; S. 899ff.; 900.

[32] Armin Steil, Krise, in: Görres-Gesellschaft (Hrsg.), Staatslexikon. Recht – Wirtschaft – Gesellschaft, 3. Bd., 8. Aufl., Freiburg im Breisgau 2019, Sp. 1139ff., 1139.

Bundesverfassungsgericht hat deutlich gemacht, dass in bestimmten Lagen keine schematische gleiche Entscheidung geboten sein kann, welche weder generell im Voraus normiert noch aus einem Individualgrundrecht als Norm hergeleitet werden kann und es somit in der Entscheidung der Exekutive liegt, welche Maßnahmen zur Erfüllung der ihnen obliegenden Schutzpflichten zu ergreifen sind.[33] Das Gericht geht somit davon aus, dass es eine Befugnis zur Entscheidung und demzufolge auch eine Pflicht zur Entscheidung gibt, auch wenn es eine solche der Exekutive inhaltlich nicht auferlegen und vorgeben kann.[34] Dieser Kernbereich exekutiver Eigenverantwortung, der im Gewaltenteilungsgrundsatz verortet ist, schließt einen nicht ausforschbaren Initiativ-, Beratungs-, und Handlungsbereich ein. Folglich obliegt die Entscheidung, welche selbstredend an rechtsstaatlichen Grundsätzen gebunden sein muss, der Exekutive. Das setzt allerdings voraus, dass die Entscheidungsträger auch fachlich in der Lage sind, Entscheidungen zu treffen, das heißt im Zuge eines Entscheidungsfindungsprozesses sachgerechte Entschlüsse zu fassen. Das setzt wiederum eine bestimmte Befähigung voraus, damit die Entscheider nicht gleich dem Blinden, der von der Farbe spricht, agieren.

3. Entscheidung und Entschluss

Der Begriff „Entscheidung" wird am häufigsten im Zusammenhang mit rechtlichen und ethisch-politischen Fragen gebraucht und meint dort insgesamt, dass etwas Ungewisses, Zweifelhaftes zur Klärung kommt.[35] Entscheidung heißt der (freie) Entschluss von einzelnen oder von Gruppen, mit denen sie aus verschiedenen Handlungsmöglichkeiten eine als die eigene ergreifen und sich dadurch zu ihrem Tun oder Lassen bestimmen.[36] Etymologisch wird darauf abgestellt, dass Begriffsinhalt von „entscheiden" ist, Aussagen, Ansichten usw. von einander zu trennen, um zur richtigen Einsicht zu kommen.[37] Entschließen bedeutet in heutigem Sinne grundsätzlich, sich für eine Sache zu öffnen, sich zu

---

[33] BVerfG, 16. Oktober 1977 - 1 BVQ 5/77 – S. 5f.

[34] BVerfGE 67, 100 (101). Dieser Kernbereich wird auch als Geheim- oder Arkanbereich bezeichnet. Deutscher Bundestag, Wissenschaftliche Dienste, Der Kernbereich exekutiver Eigenverantwortung – Ausarbeitung – WD 3 38/06, 2006, S. 5, FN 11.

[35] C. v. Bormann, Entscheidung, in: Joachim Ritter (Hrsg.), Philosophisches Wörterbuch der Philosophie, Bd. 2, Darmstadt 2019, Sp. 541ff.; 541.

[36] Ottfried Höffe, Entscheidung, in: Görres-Gesellschaft (Hrsg.), Staatslexikon. Recht, Wirtschaft, Gesellschaft, Bd. 2, Freiburg im Breisgau 2018, Sp. 141ff.; 141.

[37] Kluge, Etymologisches Wörterbuch der deutschen Sprache, 23. Aufl., Berlin, New York 1999, S. 224.

entscheiden.[38] Der Begriff des Entschlusses hängt also eng mit dem der Entscheidung zusammen, ist aber nicht zwingend mit diesem identisch. Der Entschluss, der als ein Akt der Freiwilligkeit auf der Grundlage des Wollens bzw. entschiedenen Wünschens eines Ziels gesetzt wird, gilt der vollziehenden Entscheidung zwischen mehreren zu dessen Erreichung erwogenen Mitteln.[39]

4. Wesen der Entscheidung

Entscheidungen zu treffen, die von weitreichender, oftmals existenzieller Bedeutung sind und die somit einer Verantwortung entspringen und zugleich einer solchen bedürfen[40], ist ein Kernthema der Führungslehre, in deren Zentrum der Entscheidungsfindungsprozess steht. Entscheidungssituationen haben oftmals dilemmatischen Charakter. Demzufolge ist in einer Situation eine Entscheidung erforderlich, in der schwerwiegende Argumente unvereinbare Empfehlungen geben.[41] Das Dilemma bezeichnet also eine Situation, in denen zwischen einander ausschließenden Alternativen, welche entweder beide inakzeptabel sind oder negative Konsequenzen aufzeigen, gewählt werden muss.[42] Gleichwohl entsteht im Bevölkerungsschutz oftmals der Druck, zu einer Entscheidung zu kommen. Entscheidungen werden zuweilen aufgezwungen. Das zentrale Problem der Entscheidung kreist also darum, dass der Entscheider sich in einer Situation befindet, in der ihm gewisse Handlungsweisen zur Wahl offenstehen, von denen er genau eine ergreifen muss.[43] Dabei spricht man von Entscheidung unter Sicherheit, wenn jede Handlung eine eindeutig bestimmte Konsequenz hat; von Entscheidung unter Risiko spricht man hingegen dann, wenn eine objektive Wahrscheinlichkeit dafür angegeben werden kann, dass eine Handlung zu einer von

---

[38] Kluge, Etymologisches Wörterbuch der deutschen Sprache, a.a.O., S. 224.

[39] H. Reiner, Entschluß, in: Joachim Ritter (Hrsg.), Philosophisches Wörterbuch der Philosophie, Bd. 2, Darmstadt 2019, Sp. 547f.; 547; in diesem Sinne gebraucht auch das Bundesverfassungsgericht den Begriff. (BVerfG, 16. Oktober 1977 - 1 BVQ 5/77 – S. 5).

[40] Dirk Freudenberg, Entscheidung aus sittlicher Verantwortung versus die „Majestät des Rechts" – Politik- und rechtstheoretische Anmerkungen zu einem ewig aktuellen Spannungsverhältnis von Verpflichtung und Ungehorsam, in: Uwe Hartmann, Claus von Rosen (Hrsg.), Jahrbuch Innere Führung 2020, Zur Weiterentwicklung der Inneren Führung: Themen und Inhalte, Berlin 2020, S. 334ff.; 334.

[41] Bernd Gräfrath, Dilemma, in: Petra Kolmer, Armin G. Wildfeuer (Hrsg.), Neues Handbuch philosophischer Grundbegriffe, Bd. 1, Freiburg im Breisgau 2011, S. 532ff.; 532

[42] Wilhelm G. Jacobs, Dilemma, in: Hans Jörg Sandkühler, Enzyklopädie Philosophie, Bd. 1, Hamburg 2010, S. 421ff.; 421.

[43] K. Wöhler, Entscheidungstheorie, in: Joachim Ritter (Hrsg.), Philosophisches Wörterbuch der Philosophie, Bd. 2, Darmstadt 2019, Sp. 544ff.; 544.

176

mehreren Konsequenzen führt.[44] Der Entscheider besitzt im Allgemeinen keine vollständige Kontrolle über die Faktoren, die die Folgen, also auch das Ergebnis bestimmen, da außer von der gewählten Handlungsweise der Ausgang von mehr oder weniger zahlreichen, vom Entscheider nicht beeinflussbaren Randbedingungen abhängt; gleichwohl wird vorausgesetzt, dass dem Entscheider die „Ergebnisfunktion", welche die Abhängigkeit der möglichen Ergebnisse von den möglichen Handlungsweisen und von den möglichen „Zuständen" der für die Entscheidungssituation relevanten Umwelt zum Ausdruck bringt, im Wesentlichen bekannt ist.[45]

An dieser Stelle unterscheidet sich die (politische) Entscheidung in der Krise vom herkömmlichen Verwaltungshandeln. Der Verwaltungsbeamte wird streng nach dem Legalitätsprinzip tätig werden, wenn er vom Recht dazu ermächtigt ist und den Willen des geltenden Rechts in Form eines Verwaltungsaktes dem Bürger kommuniziert.[46] Dagegen muss der Entscheider häufig in unklaren Lagen in das Ungewisse hinein agieren. Somit können Entscheidungen eine richtige Möglichkeit treffen oder verfehlen; zum anderen beinhalten sie das grundsätzliche Problem, dass jene richtige Möglichkeit in vielen Situationen nicht unmittelbar erkennbar ist.[47] Die Entscheidung dreht sich also um die Analyse von Sachverhalten und Informationen und filtert, beurteilt, gewichtet, wägt ab und trifft hieraus Feststellungen zur Festlegung von Zweckmäßigkeiten zur Zielerreichung im Sinne der vorher festgelegten Absicht. Hieraus erwachsen nun verschiedene Möglichkeiten des Handelns. Aus der Gewichtung und Abwägung der Vor- und Nachteile der jeweiligen Möglichkeiten des Handelns fließt schlussendlich der Entschluss. Dieser Entscheidungsfindungsprozess weist insofern eine gewisse

---

[44] Matthias Hild, (Hrsg.) Entscheidung/Entscheidungstheorie, in: Hans Jörg Sandkühler, Enzyklopädie Philosophie, Bd. 1, Hamburg 2010, S. 535ff.; 535.

[45] K. Wöhler, Entscheidungstheorie, a.a.O., Sp. 544ff.; 544.

[46] Kristina Riedl, Der Wille im Recht. Gibt es eine juristische strategische Kultur?, in: Wolfgang Peischel (Hrsg.), Wiener Strategie-Konferenz 2019, Strategie neu denken, S. 622ff.; 624. Das Recht ist gleichwohl die bejahende Ordnung eines ganz bestimmten zwischenmenschlichen Verhaltens, nämlich des Befehlens. (Hermann Jahrreiß, Legum Prudentia, in: Horst Ehmke, Josef H. Kaiser, Wilhelm A. Kewenig, Karl Matthias Meessen, Wolfgang Rüfner [Hrsg.], Festschrift für Ulrich Scheuner zum 70. Geburtstag, Berlin 1973; S. 227ff.; 230) Die Verfassung des demokratischen Rechtsstaates, die als die wesentliche Regelungsform das Gesetz vorsieht, setzt notwendig die Grundpflicht des Adressaten zum Gesetzesgehorsam voraus. (Josef Isensee, Die Staatlichkeit der Verfassung, in: Otto Depenheuer, Christoph Grabenwarter (Hrsg.), Verfassungstheorie, Tübingen 2010, S. 199 ff.; 249).

[47] Dietmar Hübner, Entscheidung, in: Petra Kolmer, Armin G. Wildfeuer (Hrsg.), Neues Handbuch philosophischer Grundbegriffe, Bd. 1, Freiburg im Breisgau 2011, S. 635ff.; 635.

Ähnlichkeit mit der Klarheit des systematischen und logisch-analytischen Denkens sowie mit der juristischen Methode der Subsumtion auf.

5. Entscheidungspflicht als Ableitung aus der Kompetenz zur Staatsführung

Die Pflicht zur Entscheidung könnte sich als Kehrseite der Befugnis zur Entscheidung aus der Staatsführungskompetenz gem. Art. 62 ff. GG ableiten. Eine solche Kompetenz ist jedenfalls für die Informations- und Öffentlichkeitsarbeit anerkannt. Die Informations- und Öffentlichkeitsarbeit des Staates basiert auf dessen Kompetenz zur inneren Staatsführung.[48] Das Bundesverfassungsgericht hat dementsprechend festgestellt: „Aufgabe der Staatsleitung und der von ihr als integralem Bestandteil umfassten Informationsarbeit der Bundesregierung ist Ausdruck ihrer gesamtstaatlichen Verantwortung."[49] Das Gericht sieht zwar im Grundgesetz keine ausdrückliche Regelung, führt aber aus, dass es stillschweigend von entsprechenden Kompetenzen ausgehe, etwa beispielsweise in den Normen über die Bildung und Aufgaben der Bundesregierung gemäß Art. 62 ff. GG und die Pflicht zur Unterrichtung des Bundestages und seiner Ausschüsse.[50] Ebenso wird in der Literatur Art. 65 GG[51] bzw. Art 65 S. 2 GG auch als allgemeine Aufgabennorm, die der Bundesregierung bzw. Teile von ihr als

---

[48] Herbert Bethge, Presserecht, in: Görres-Gesellschaft (Hrsg.), Staatslexikon. Recht. Wirtschaft. Gesellschaft, 4. Bd., 8. Aufl., Freiburg im Breisgau 2020, Sp. 997 ff.; 999; Meinhard, Schröder, Aufgaben der Bundesregierung, in: Josef Isensee, Paul Kirchhof (Hrsg.), Handbuch des Staatsrechts der Bundesrepublik Deutschland, Bd. III, Demokratie – Bundesorgane, 3. Aufl. Heidelberg 2005, S. 1115ff.; 1129; Frank Schürmann, Staatliche Öffentlichkeitsarbeit – unerwünschte Postwurfsendungen?, in: NJW 1992, S. 1072ff.; 1273f.

[49] BVerfG, Beschl. v. 26. Juni 2002 – 1 BvR 558/91; S. 21.

[50] BVerfG, Beschl. v. 26. Juni 2002 – 1 BvR 558/91; S. 22. An gleicher Stelle führt das Gericht aus, dass die Bundesregierung überall dort zur Informationsarbeit berechtigt ist, wo ihr eine gesamtstaatliche Verantwortung der Staatsleitung zukommt, die mit Hilfe von Informationen erfüllt werden kann. Insofern ergänzt das Bundesverfassungsgericht an anderer Stelle, dass „[d]iese Kompetenz zur Staatsleitung als integralen Bestandteil die Befugnis der Bundesregierung zur Informations- und Öffentlichkeitsarbeit ein[schließt]." Sodann ergänzt das Gericht weiter: „Die Bundesregierung ist überall dort zur Informationsarbeit berechtigt, wo ihr eine gesamtstaatliche Verantwortung der Staatsleitung zukommt, die mit Hilfe von Informationen erfüllt werden kann." BVerfG, Beschl. v. 26. Juni 2002 – 1 BvR 558/91; S. 22

[51] Art. 65 GG wird als „die Hauptvorschrift des Grundgesetzes über die innere Verfassung und die staatspolitische Führungsaufgabe der Bundesregierung als das Staatskabinett der Bundesrepublik Deutschland angesehen. (Hermann von Mangoldt, Friedrich Klein, Das Bonner Grundgesetz, Bd. II, Berlin, Frankfurt a.M. 1964, S. 1250

178

Ermächtigungsgrundlage für staatsleitendes Handeln dient, für das eine ausdrückliche Ermächtigungsgrundlage nicht vorhanden ist, angeführt.[52] Dementsprechend stellt die Verpflichtung staatlicher Stellen zur Öffentlichkeitsarbeit eine Verfassungsdirektive dar.[53] Mithin ist nicht nur eine Befugnis des Staates zu Medienarbeit gegeben, sondern sogar eine Pflicht. Dementsprechend muss es auch eine Pflicht zur Führung geben.

6. Pflicht zum Kompetenzerwerb als Ausfluss des Rechts zur Entscheidung

Der Ansicht, dass man keine Fachkenntnisse mitbringen müsse, wenn man in der Politik ein Spitzenamt erreichen wolle[54], kann an dieser Stelle insofern nicht gefolgt werden, als mit der Verantwortlichkeit auf der administrativ-politischen Ebene Entscheidungsverantwortung verbunden ist, welche sich besonders in Krisenlagen bewähren muss. Demzufolge sind Krisenmanagementkompetenzen zu fordern, damit die Verantwortlichen auf der jeweiligen Ebene nicht wie „administrative Dilettanten"[55] agieren. Die Warnungen der Politik vor den Folgen unzureichender Kenntnisse und ungenügender Urteilskraft ist nicht neu.[56] Es ist eine Selbstverständlichkeit, dass die Ausbildung des militärischen Fachpersonals im Rahmen der Verteidigung zuvörderst in der Zuständigkeit des Geschäftsbereiches des BMVg wahrgenommen wird, der hierzu eine breite Ausbildungslandschaft aufgebaut hat, an deren Spitze die Führungsakademie der Bundeswehr (FüAkBw) als höchste militärische und zentrale Ausbildungsstätte für die Aus-, Weiter- und Fortbildung aller Stabsoffiziere und Generale sowie Admirale der Bundeswehr steht. Insofern müssen sich militärische Führungskräfte

---

52 Volker Epping, Christian Hillgruber (Hrsg.), Beck'scher Online Kommentar Grundgesetz, Art. 65, RN 21, Stand: 15.02.2021;   Meinhard Schröder, Aufgaben der Bundesregierung, in: Josef Isensee, Paul Kirchhof (Hrsg.), Handbuch des Staatsrechts der Bundesrepublik Deutschland, Bd. III, Demokratie – Bundesorgane, 3. Aufl. Heidelberg 2005, S. 1115ff.; 1122.

53 Hans D. Jarass, Rechtsfragen der Öffentlichkeitsarbeit. Zugleich ein Beitrag zum Thema „Werbung und Recht", in: NJW 1981, S. 193ff.; 195.

54 Thomas de Maizière, Schaltstellen der Demokratie – Führen in der Politik, in: Karl-Ludwig Kley, Thomas de Maizière, Die Kunst guten Führens. Macht in Wirtschaft und Politik, Freiburg im Breisgau 2021, S. 13ff.; 13.

55 Arnold Köttgen, Struktur und Funktion öffentlicher Verwaltung, in: Karl Dietrich Bracher, Christopher Dawson, Willi Geiger, Rudolf Smend, Die Demokratie und ihr Recht. Modern Constitutionalism and Democracy. Festschrift für Gerhard Leibholz zum 65. Geburtstag, 2. Bd. Tübingen 1966, S. 771ff.; 793.

56 Helmut Schmidt, Zur Spitzengliederung der Bundeswehr – Ein Jahrzehnt später, in: Helmut Schmidt, Beiträge, Stuttgart-Degerloch 1967, S. 434ff.; 442.

und Entscheider von der taktischen bis zur militärstrategischen Ebene qualifizierenden Laufbahnlehrgängen unterziehen. Desgleichen obliegt gemäß § 4 Abs. 1 S. 1 DHPolG der Deutschen Hochschule der Polizei die einheitliche Ausbildung des Personals für den höheren Polizeidienst des Bundes und der Länder. Auch für den Katastrophenschutz der Länder ist eine strukturierte Führungsorganisation gefordert, deren Kompetenzen klar abgegrenzt sein müssen, um effektiv zu sein.[57] Dementsprechend hat für den Bereich der nichtpolizeilichen Gefahrenabwehr gemäß § 32 Abs. 1 S. 3 BHKG NRW das Institut der Feuerwehr (IdF) des Landes Nordrhein-Westfalen die Aufgabe, die Führungsaus- und -fortbildung im Brand- und Katastrophenschutz des Landes durchzuführen und zugleich zentral die Laufbahnprüfung für den höheren feuerwehrtechnischen Dienst für alle Länder der Bundesrepublik Deutschland durchzuführen. Insofern ist die Ausbildung zumindest auf der Ebene der operativ-taktischen Führungsverantwortlichen der staatlichen Gefahrenabwehr durchgängig rechtsverbindlich organisiert. Für die administrativ-politische Ebene, welcher im Bereich der nichtpolizeilichen Gefahrenabwehr im Bevölkerungsschutz, also im Katastrophenschutz und in der Zivilen Verteidigung, eine strategische Führungsverantwortung zukommt, fehlt eine ausdrücklich rechtlich normierte Verpflichtung. Aus den vorstehenden Ausführungen könnte sich allerdings eine grundsätzliche Verpflichtung zur Ausbildung aus § 4 Abs. 1 Nr. 1 a ZSKG ableiten lassen, um dem Verfassungsauftrag für eine effektive Zivile Verteidigung gerecht zu werden.

7. Demokratieprinzip und Freiheit des Mandats als Schranke der Pflicht

Einer Verpflichtung von politischen Mandatsträgern auf der Ebene des Bundes zum Kompetenzerwerb, die zumeist aus dem Parlament heraus ernannt werden, könnte zunächst allerdings das Demokratieprinzip gemäß Art. 20 GG i.V.m. der Gewähr der Freiheit des Mandats gemäß Art. 38 Abs. 1 HS 2 GG entgegenstehen. Entsprechendes gilt für die Mandatsträger auf Landesebene.[58] Hieraus ergeben sich zugleich als grundlegend für die Demokratie die gleichen Mitwirkungsmöglichkeiten, wobei hierfür elementar die staatsbürgerliche Gleichheit der Rechte des status activus, also bei Wahlen und Abstimmungen sowie zum

---

[57] Michael Kloepfer, Handbuch des Katastrophenrechts, Baden-Baden 2015, S. 230.
[58] Beispielsweise: Art. 30 Abs. 2 Verf. NRW; Art. 13 Abs. 2 S. 2 BayVerf.

Ämterzugang sind.[59] Es geht hier also um die Bewahrung des staatlichen Entscheidungshandelns im Willen des Volkes[60], aus welcher sich die Ableitung und Legitimierung aller staatlichen Machtausübung begründet.[61] Gleichwohl macht die Herrschaftsorganisation der Willenszurechnung die Realität und zugleich das Problem der Demokratie aus.[62] Vorrangiges Ziel der Mandatsfreiheit gemäß Art. 38 Abs. 1 GG ist es, die Abgeordneten von Fremdbestimmung freizustellen und den Staatswillen rechtsverbindlich und autonom im Parlament zu bilden.[63] Zudem sind bestimmte Vorgaben zur Qualifizierung von aus dem Parlament gewählten Funktionsträgern nicht mit dem Demokratieprinzip zu vereinbaren, da entsprechende Vorgaben einen Widerspruch zur streng formal zu verstehenden Wahlgleichheit aller sich um eine Kandidatur bewerbenden Personen bedeuten könnte.[64] Art. 20 GG bildet den durch Art. 79 Abs. 3 GG für unabänderlich erklärten Verfassungskern.[65] Demzufolge würde eine Verpflichtung von politischen Mandatsträgern zum Kompetenzerwerb auf Bundes- und Landesebene gegen die unabänderlichen Verfassungsprinzipien des Demokratieprinzips und der Freiheit des Mandats verstoßen. Wenngleich in der Literatur darüber diskutiert wird, welche konstitutive Bedeutung der Amtseid gemäß Art. 56 GG für die Wirksamkeit der Übernahme bzw. Ausübung von Staatsämtern, also auch des Bundeskanzlers und der jeweiligen Ressortminister, hat, so ist man sich doch einig, dass er hinsichtlich der inhaltlichen Bedeutung[66] – anders als der Eid des Soldaten gemäß § 7 SG, der programmatisch die Dienstpflicht des Soldaten zu treuem Dienen umreißt und somit schlechthin die sachgerechte Erfüllung aller Obliegenheiten umfasst, die den auf Art. 87 a GG gegründeten Erfordernissen

---

[59] Michael Sachs, Art. 20, in: Michael Sachs, Grundgesetz. Kommentar 9. Aufl., München 2021, RN 19.

[60] Hans-Detlef Horn, Demokratie, in: Otto Depenheuer, Christoph Grabenwarter (Hrsg.), Verfassungstheorie, Tübingen 2010, S. 743ff.; 754.

[61] Ulrich Scheuner, Das repräsentative Prinzip in der modernen Demokratie, in: NN. (Hrsg.), Verfassungsrecht und Verfassungswirklichkeit, Festschrift für Hans Huber zum 60. Geburtstag, Bern 1961, S. 222ff; 226.

[62] Hans-Detlef Horn, Demokratie, a.a.O., S. 743ff.; 771.

[63] Siegfried Magiera, Art. 38, in: Michael Sachs, Art. 20, in: Michael Sachs, Grundgesetz. Kommentar 9. Aufl., München 2021, RN 46.

[64] Christoph Degenhart, Staatsrecht I. Staatsorganisationsrecht, 36. Aufl., Heidelberg 2020, S. 45.

[65] Bernd Grzeszick, Art. 20, in: Theodor Maunz, Günter Dürig (Hrsg.), Grundgesetz. Loseblattkommentar, München, Oktober 1993, RN 3.

[66] Michael Sachs, Art. 56, in: Michael Sachs, Grundgesetz. Kommentar 9. Aufl., München 2021, RN 3.

des militärischen Dienstes zur Erhaltung der Funktionsfähigkeit der Bundeswehr notwendig sind[67] – lediglich promissorische Wirkung entfaltet, die lediglich die Verpflichtung impliziert, ein bestimmtes Verhalten in Zukunft zu zeigen oder eine Handlung zu vollziehen[68], aus der sich allerdings lediglich eine Bindung des Gewissen des den Eid Leistenden und keine rechtsbegründende Wirkung ableiten lässt.[69] Mithin wird bei politischen Führungsämtern, insbesondere bei Wahlämtern, das Risiko des Amtsmissbrauchs weniger durch rechtliche Determinanten als durch die Möglichkeit der Abwahl nach Maßgabe der Periodizität demokratischer Wahlen gemindert.[70] Gleichwohl könnte der Eid die gewählten Funktionsträger aus der ethischen Selbstbindung des Schwörenden[71] zu einer freiwilligen Selbstverpflichtung bewegen, um ihre Amtspflichten auch in Zeiten der Not kompetent und effektiv ausführen zu können.[72] Beamtete Funktionsträger auf der Bundes- und Landesebene unterliegen allerdings nicht den vorgenannten verfassungsrechtlichen Schranken, so dass diese nach der hier vertretenen Auffassung der Verpflichtung zum Fähigkeits- und Kompetenzerwerb unterliegen. Fraglich könnte hier allerdings sein, ob diese verfassungsrechtlichen Schranken auch auf die gewählten Funktionsträger der kommunalen Ebene

---

[67] Hans Jürgen Wipfelder, Wehrrecht in der Bundesrepublik Deutschland, Regensburg 1991, S. 73; Alexander Sanne, Pflichten der Soldaten, in: Christian Raap (Hrsg.), Wehrrecht. Grundlagen, Stuttgart 2021, 111ff.; 112f.

[68] Joachim Wiemeyer, Eid, in: Görres-Gesellschaft (Hrsg.), Staatslexikon. Recht – Wirtschaft – Gesellschaft, 2. Bd., 8. Aufl., Freiburg im Breisgau 2018, Sp. 1ff.; 1.

[69] Hermann von Mangoldt, Friedrich Klein, Das Bonner Grundgesetz, Bd. II, Berlin, Frankfurt a.M. 1964, S. 1093ff.; Michael Sachs, Art. 56, in: Michael Sachs, Grundgesetz. Kommentar 9. Aufl., München 2021, RN 2; Roman Herzog, Art 56 in: Theodor Maunz, Günter Dürig, Roman Herzog, Grundgesetz. Kommentar, Bd. I, München 2020, RN 6f.

[70] Otto Depenheuer, Amt II. Rechtlich, in: Görres-Gesellschaft (Hrsg.), Staatslexikon. Recht – Wirtschaft – Gesellschaft, 1. Bd., 8. Aufl., Freiburg im Breisgau 2017, Sp. 139ff.; 149.

[71] Michael Sachs, Art. 56, in: Michael Sachs, Grundgesetz. Kommentar 9. Aufl., München 2021, RN 2.

[72] Herzog weist bezeichnender Weise darauf hin, dass die Vorschrift, sich mit der Selbstdarstellung und dem Selbstverständnis des Staates befasst, mit denen sich Öffentlichkeit und Staatsrechtslehre wegen „… der Nüchternheit, ja Verklemmtheit der in solchen Fragen heute üblichen Betrachtungsweise …" schwertun. (Roman Herzog, Art 56 in: Theodor Maunz, Günter Dürig, Roman Herzog, Grundgesetz. Kommentar, Bd. I, München 2020, RN 1). Dementsprechend scheint für Depenheuer die Idee des Amtes vielerorts als antiquiert, überholt, überflüssig, zwielichtig und als verfassungsrechtliches Relikt, da das Denken in Pflichten derzeit nicht wieder zeitgemäß sei und die Kategorie des Gemeinwohls im Zeitalter der territorialen Entgrenzung von Recht und Politik als fragwürdig erscheine. (Otto Depenheuer, Amt II. Rechtlich, in: Görres-Gesellschaft (Hrsg.), Staatslexikon. Recht – Wirtschaft – Gesellschaft, 1. Bd., 8. Aufl., Freiburg im Breisgau 2017, Sp. 139ff.; 149)

Anwendung finden. Wenngleich Einzelheiten des Grundgesetzes mit demokratischer Relevanz als solche durch das Demokratieprinzip nicht festgeschrieben sind, erstreckt sich dessen Anwendungsbereich grundsätzlich auf die Staats-gewalt in Bund und Ländern sowie in den Kommunen.[73] Allerdings ist für die gewählten Hauptverwaltungsbeamten (HVB)[74] auf der kommunalen Ebene, also den Landräten und Oberbürgermeistern kreisfreier Städte, diese Mandatsfreiheit wegen des Fehlens einer entsprechenden Rechtsgrundlage analog 38 GG nicht gegeben. Für die HVB der kommunalen Ebene gelten aus den dargelegten Gründen keine verfassungsrechtlichen Schranken. Dagegen bezeichnet beispielsweise § 35 Abs. 2 des Gesetzes über den Brandschutz, die Hilfeleistung und den Katastrophenschutz in Nordrhein-Westfalen (BHKG NRW) eine konkrete Rechtspflicht des Landrats oder Oberbürgermeisters einer kreisfreien Stadt zur Führung im Krisenmanagement.

8. Ergebnis

Die vorstehenden Ausführungen haben aufgezeigt, dass es eine grundsätzliche Verpflichtung zum Kompetenzerwerb zur Entscheidungsfindung gibt, welche sich aus der staatlichen Kompetenz zur Staatsführung ableiten lässt; die allerdings für Wahlamtsträger auf Bundes- und Landesebene ihre Schranken als materiell rechtliches Gebot im unabänderlichen Demokratieprinzip sowie in der Freiheit des Mandats findet. Aus dem Verfassungsauftrag, für eine effektive Zivile Verteidigung zu sorgen, ergibt sich schlussendlich, dass dann jedenfalls für die beamteten Funktionsträger auf Bundes- und Landesebene sowie sämtliche Funktionsträger auf die kommunalen Ebene ein zielführender Fähigkeits- und Kompetenzerwerb zu organisieren ist, der auch entsprechend angenommen werden muss.[75] Ansonsten könnte an das Bundesverfassungsgericht die Aufgabe herangetragen werden, diesen Verfassungsauftrag gegenüber der Staatsleitung

---

[73] Michael Sachs, Art. 20, in: Michael Sachs, Grundgesetz. Kommentar 9. Aufl., München 2021, RN 14f.

[74] In NRW beispielsweise ist der politisch Gesamtverantwortliche auf der Bezirksebene der Regierungspräsident; auf der Ebene der Landesregierung liegt die politische Gesamtverantwortlichkeit Beim Innenministerium im Rahmen seiner Koordinierungskompetenz. (Sascha Rolf Lüder, Christian Arndt, Steffen Schimanski, Recht und Praxis der nichtpolizeilichen Gefahrenabwehr, 5. Aufl., Berlin 2020, S. 114)

[75] Dirk Freudenberg, Zu Fragen einer Dienstpflicht des Bürgers sowie die Pflicht zum Kompetenzerwerb von Entscheidern im staatlichen Krisenmanagement, in: Martin H.W. Möllers, Robert van Ooyen (Hrsg.), Jahrbuch Öffentliche Sicherheit 2022/2023, Frankfurt 2023, S. 401ff; 414.

durchzusetzen. Dementsprechend sind der Bundesakademie für Bevölkerungsschutz und Zivile Verteidigung (BABZ)[76] als organisatorischem Teil des Bundesamtes für Bevölkerungsschutz und Katastrophenhilfe (BBK) gem. § 4 Abs.
1, S. 2 Nr. 2 lit. a u. lit. b sowie § 14 ZSKG die Unterweisung des mit Fragen der
Zivilen Vereidigung befassten Personals sowie die Ausbildung von Führungskräften und Ausbildern des Katastrophenschutzes im Rahmen ihrer Zivilschutz-
aufgaben zugewiesen.[77] In diesem Sinne führt die BABZ auch als Kompetenz-
zentrum für das Bund-Länder-Krisenmanagement Aus- und Fortbildungsmaß-
nahmen im Bereich des Katastrophenmanagements durch[78] und nutzt auch hier
somit wechselseitig die vorhandenen Synergien zum Kompetenzerwerb.[79]

---

[76] Vormals Akademie für Krisenmanagement, Notfallplanung und Zivilschutz (AKNZ).

[77] Michael Kloepfer, Handbuch des Katastrophenrechts, Wiesbaden 2015, S. 74ff.

[78] Michael Kloepfer, Handbuch des Katastrophenrechts, a.a.O., S. 238.

[79] Dirk Freudenberg § 34, Führung und Krisenmanagement, in: Dirk Freudenberg, Kai von Le-
winski (Hrsg.), Handbuch Bevölkerungsschutz, München S. 583ff.; 603.

IV Soziologische und psychologische Themen

Einsatzmotivation und Kampfmoral in der Zeitenwende. Militärsoziologische Einsichten für die sicherheitspolitischen und militärischen Herausforderungen unserer Zeit

Heiko Biehl

Die Beziehungen zwischen Armeen und Sozialwissenschaften gelten gemeinhin als spannungsvoll und konfliktreich (Klein 2002). Zu unterschiedlich seien die jeweiligen Standards, die Professionsverständnisse und Identitäten, zu gegensätzlich der militärische und der sozialwissenschaftliche Habitus. Doch in einem Punkt herrscht seltene Einigkeit: Sowohl das Militär als auch die Forschung betrachten Einsatzmotivation und Kampfmoral als wesentlich für die soldatische Leistungsfähigkeit. Militärische Stärke hinge nicht nur vom Können der Soldatinnen und Soldaten ab, sondern auch von deren Wollen. Zum Können, d.h. zu den Fähigkeiten und Kapazitäten von Armeen, sind deren Ausrüstung, ihre Ausbildung, ihre Organisation, innermilitärische Prozesse und Abläufe sowie die gute Führung der Truppe durch die Vorgesetzten zu rechnen. Zum Wollen gehört die Bereitschaft der Soldatinnen und Soldaten, diese Ressourcen, Fähigkeiten und Kompetenzen auch im Sinne der politischen Leitung und militärischen Führung einzusetzen. Hinweise auf die Relevanz der Kampfmoral finden sich bei den Klassikern militärischen Denkens wie Tolstoi (1965 [1869]: 563) und Clausewitz (1999 [1832]: 153) sowie in militärfachlichen Handbüchern (etwa Oetting 1988). Die Relevanz soldatischer Motivation ist mithin in der militärischen Praxis wie in der Forschung unstrittig.

Seit dem russischen Überfall auf die Ukraine 2022 hebt die Bundeswehr in ihrer Binnen- und Außenkommunikation die Bedeutung der soldatischen Motivation verstärkt hervor. Die Verteidigungspolitischen Richtlinien aus dem Jahr 2023 verlangen „jederzeit die Bereitschaft zum Kampf im hochintensiven Gefecht" (BMVg 2023: 9). Anlässlich des Erlasses einer neuen Führungsweisung durch den Generalinspekteur heißt es, die Bundeswehr brauche „Kräfte, deren Kampfkraft und Kampfmoral dem Gegner überlegen sind".[1] So unstrittig die Relevanz der Kampfmoral ist, so unterschiedlich sind die Bezeichnungen und Labels, unter denen diese firmiert: Die Bundeswehr spricht etwa von der mentalen

---

[1] Neue Führungsweisung: Klarheit in der Aufgabenerfüllung (Zugriff am 23. Jan 2025)

Einsatzbereitschaft, der Kampfmoral, der Entschlossenheit oder dem Mindset.[2] Letztlich handelt es sich – ungeachtet der abweichenden Terminologie – um die motivationale Komponente militärischen Handelns, um den Willen der Soldatinnen und Soldaten, im Sinne der übergeordneten Führung zu handeln, unter Einsatz des eigenen Lebens.

Dieser Beitrag erörtert die Relevanz der sozialwissenschaftlichen Forschung zur soldatischen Motivation für die gegenwärtige Ausrichtung der Bundeswehr auf die Landes- und Bündnisverteidigung in zwei Schritten. Zunächst werden die wesentlichen Einsichten der umfangreichen und differenzierten Forschung zusammengefasst und eingeordnet. Wissenschaftliche Untersuchungen haben verschiedene Faktoren und Bedingungen identifiziert, die Einfluss auf die Ausprägung soldatischer Einsatzbereitschaft nehmen. Einige Einsichten bestätigen gängige militärische Vorstellungen und Praktiken. Andere Befunde relativieren oder widersprechen den Überzeugungen, die in den Streitkräften verbreitet sind. Aus den wissenschaftlichen Befunden lassen sich nur dann praxisrelevante Empfehlungen ableiten, wenn sie in Bezug zu konkreten Situationen, Absichten und Anforderungen gestellt werden. Dies versucht der darauffolgende Abschnitt zu leisten, in dem diskutiert wird, welche konkreten Schlüsse sich aus der Forschung für die gegenwärtige Lage der Bundeswehr ergeben. Wie die Zusammenschau der (möglichen) Ableitungen und Maßnahmen zeigt, legt das gegenwärtige Verteidigungsszenario andere Schlüsse nahe als die militärischen Interventionen und Auslandseinsätze, die noch die Einsatzwirklichkeit der deutschen Streitkräfte in den letzten Jahrzehnten geprägt haben.

Einflussfaktoren soldatischer Motivation – der militärsoziologische Forschungsstand

In der wissenschaftlichen Literatur ist es üblich, Forschungslücken zu identifizieren und Untersuchungsbedarfe zu reklamieren. Sicherlich kann die soldatische Motivation keinesfalls als ausgeforscht gelten. Aber es ist zu konstatieren, dass der einschlägige Kenntnisstand umfassend, fundiert und differenziert ist. Die zahlreichen Befunde und belastbaren Einsichten sind darauf zurückzu-

---

[2] https://www.bundeswehr.de/de/organisation/weitere-bmvg-dienststellen/zentrum-innere-fuehrung/einsatzbereitschaft-5710752 (Zugriff am 23. Januar 2025); https://www.bundeswehr.de/de/organisation/weitere-bmvg-dienststellen/zentrum-innere-fuehrung/mentale-staerke-durchhalten-orientieren-wachsen-5369992 (Zugriff am 23. Januar 2025).

führen, dass die Militärsoziologie seit dem Zweiten Weltkrieg systematisch, kontinuierlich und zunehmend international vergleichend zur Kampfmoral forscht. Den Anfang machte die *Research Branch* der Information and Education D des US-Heeres, die namhafte Sozialwissenschaftler (etwa Guttman, Janowitz, Lazarseld, Shils) und wenige Sozialwissenschaftlerinnen (Star) mit umfangreichen und innovativen Studien beauftragte. Wie die Naturwissenschaften den Kriegsanstrengungen dienten (Stichwort Manhattan-Projekt), so sollten und wollten die Sozialwissenschaften einen Beitrag leisten und damit ihre militärische und noch mehr ihre politische und gesamtgesellschaftliche Relevanz dokumentieren (Schweber 2002). Die Forschenden untersuchten die Kampfmoral der US-Streitkräfte in über 200 Einzelstudien mit insgesamt mehr als einer halben Million befragter US-Soldaten (Stouffer et al. 1949). Ebenso untersuchten sie die Kampfmoral des militärischen Gegners, indem etwa gefangene Wehrmachtssoldaten befragt wurden (Shils/Janowitz 1948). Dieser Forschungsstrang hat sich in den USA kontinuierlich bis heute fortgesetzt. Es liegen Studien zu den Kriegen in Korea (Little 1964), in Vietnam (Moskos 1970) und im Nahen Osten (Wong et al. 2006) vor. An diese Untersuchungen knüpfte die internationale Forschung an, so dass mittlerweile in vielen westlichen Streitkräften Studien zur Einsatzmotivation durchgeführt wurden (etwa Hedlund 2011 für Schweden; King 2013 für Großbritannien und Ruffa 2015 für Italien). Insbesondere Befragungen in der eingesetzten Truppe sind – mittlerweile auch in der Bundeswehr – üblich (Pietsch 2012; Seiffert/Heß 2019). Neben den Sozialwissenschaften hat sich die Geschichtswissenschaft mittels historischer Quellen wie Aufzeichnungen, Briefen, Tagebüchern, Feldberichten oder Abhörprotokollen an einer Rekonstruktion soldatischer Motivation versucht (Neitzel/Welzer 2011; Römer 2012; Watson/Porter 2010). Weitere Disziplinen wie die Psychologie, die Ethnologie und die Militärmedizin tragen zum differenzierten Forschungsstand bei (Wessely 2006). Welche Befunde haben diese immensen Forschungsanstrengungen zutage gefördert? Und welche Relevanz ergibt sich daraus für die Streitkräfte? Nimmt man die Gesamtheit der Untersuchungen in den Blick, dann lassen sich in einer groben Vereinfachung folgende Kernfaktoren soldatischer Motivation identifizieren: Wesentlich sind der kameradschaftliche Zusammenhalt (*social cohesion*), die Überzeugung von der Richtigkeit des eigenen Tuns (latente Ideologie), die gemeinsame Ausrichtung auf die militärische Aufgabe samt des Glaubens, dass diese zu bewältigen ist (*task cohesion*), sowie die Trennung von der Familie (*family-army adjustment*) – letztere weniger als Motivations-, sondern vornehmlich als Belastungsfaktor. Und nicht zuletzt ist das Zusammenspiel militärischen Könnens und Wollens in den Blick zu nehmen. Soldatinnen und Soldaten sind motivierter, wenn sie adäquat ausgebildet und ausreichend ausgerüstet sind und sich gut geführt wissen. Nachstehend wird der Forschungsstand zu diesen Kernfaktoren soldatischer Motivation genauer betrachtet.

Kameradschaft: Militärischer Zusammenhalt nicht nur unter Gleichen

Den Ausgangspunkt der wissenschaftlichen Debatten bilden zwei Veröffentlichungen, die bis heute nicht nur in der Militärsoziologie Standardreferenzen sind. Das vierbändige Werk „The American Soldier" (Stouffer et al. 1949) zeichnet ein Porträt der US-Soldaten im Zweiten Weltkrieg beginnend mit der Anpassung der Rekruten an die soldatische Lebenswelt, über deren Erfahrungen im dienstlichen Alltag bis hin zum Agieren in konkreten Kampfhandlungen. Dem entschlossenen militärischen Widerstand der Wehrmacht gehen Shils und Janowitz (1948) mit ihrer Befragung von Kriegsgefangenen nach. Im Ergebnis kommen beide Publikationen zum gleichen Befund: Wesentlich für die Kampfmoral sei vor allem die kleine Kampfgemeinschaft, der Zusammenhalt unter den Soldaten und die Bindung an den unmittelbaren Vorgesetzten. Diese Kohäsion garantiere die Einbindung aller Soldaten in die militärische Gruppe. Die integrative Funktion der Kameradschaft sei am ehesten gewährleistet, wenn die Angehörigen der soldatischen Gruppe sich ähnlich seien. Soziale Homogenität gewährleiste militärische Kohäsion. Daher sollten sich militärische Einheiten möglichst aus Soldaten mit gleichen sozialen Charakteristika zusammensetzen. Diese Logik war über Jahrhunderte gelebte Praxis in den Streitkräften und führte nicht nur dazu, dass Einheiten sich regional rekrutierten (etwa in Großbritannien). Das militärische Homogenitätsideal legitimierte ebenso, und legitimiert bis in unsere Tage, den Ausschluss von Frauen, Homosexuellen und (ethnischen) Minderheiten. Die sich anschließenden Studien haben die Thesen von der Zentralstellung der kleinen Kampfgemeinschaft und der soziokulturellen Homogenität als deren Voraussetzung relativiert. Die gegenwärtige Forschung geht davon aus, dass eine Vielzahl von Faktoren und Aspekten Einfluss auf die soldatische Motivation nimmt. Zudem können auch zusammengestellte – und mitunter wild zusammengewürfelte – Einheiten funktionieren, wenn sie sich einer gemeinsamen Herausforderung stellen und ausreichende militärische Standards aufgrund von militärischer Ausbildung und Führung vorhanden sind. Eine solche gemeinsame Ausrichtung auf ein geteiltes Ziel bezeichnet die Literatur als *task cohesion*.

Task Cohesion: Wie die Bewältigung einer gemeinsamen Aufgabe den soldatischen Zusammenhalt stärkt

Militärische Kohäsion ist – im Gegensatz zur Wahrnehmung vieler Soldatinnen und Soldaten – nicht davon abhängig, dass man sich persönlich sympathisch ist oder dass man sich seit längerer Zeit kennt. Untersuchungen haben nachgewiesen, dass und wie militärische Standards und Kompetenzen sowie die Bewältigung gemeinsamer Herausforderungen militärisches Miteinander entstehen lassen kann – und dies teilweise recht zügig (Ben-Ari et al. 2005). Zwar hängen Streitkräfte weiterhin dem Ideal eingespielter Einheiten, die über einen längeren Zeitraum zusammengewachsen sind, die sich vertraut und eingespielt sind, an. Aber die militärische Praxis ist in der Regel eine andere: Einheiten werden ad hoc aufgestellt und das Personal rotiert permanent. Soldatinnen und Soldaten werden versetzt oder fallen (aus). Da Armeen unabhängig von persönlichen Bekanntschaften und Beziehungen funktionieren müssen, verfügen sie über eine Reihe von Maßnahmen, von Symbolen, wie Uniformen und Dienstgraden, über Ausbildungs- und Fähigkeitsstandards bis hin zu definierten Prozessen und Abläufen, um den bzw. die Einzelne ersetzbar zu machen. Austauschbarkeit des bzw. der Einzelnen ist für Armeen ein Muss – und war es auch schon immer, insbesondere in Kriegen und Gefechten. Wie die Militärsoziologie nachgewiesen hat, funktionieren diese Standardisierungen durchaus und sind in der Lage, militärische Teams rasch zusammenzuschweißen (MacCoun 1993; MacCoun et al. 2006). Entscheidend ist, dass diese auf eine gemeinsame Aufgabe ausgerichtet werden. Die gemeinsam zu bewältigende Herausforderung bildet dann den Fluchtpunkt der sozialen Beziehungen innerhalb einer militärischen Gruppe. Sie verschafft ein Ziel, definiert militärische Anforderungen, legt Zuständigkeiten fest und verlangt ein kameradschaftliches Miteinander. Vertrautheit, soziale Ähnlichkeiten und persönliche Bekanntschaften sind in einer solchen Perspektive nachrangig für die soldatische Leistungsfähigkeit und wären aus militärischer Sicht auch eher dysfunktional. Auch eigens zusammengestellte, hybride und diverse Teams können funktionieren, wenn sie die Standardisierungen nutzen, um sich auf gemeinsame Aufgaben vorzubereiten und einzuschwören.

Politische Überzeugungen: Latente Ideologie als die Gewissheit, auf der richtige Seite zu kämpfen

Den Studien aus dem Zweiten Weltkrieg galten Kohäsion und Kameradschaft als zentral und politische Ziele und ideologische Überzeugungen noch als nachrangig. Diese Sichtweise relativierte Charles Moskos (1970) mit seinen

Untersuchungen unter US-Soldaten in Vietnam. Er zeigte, dass der Soldatenberuf eine zutiefst politische Profession ist und sich dies in der militärischen Kampfmotivation niederschlägt. Allerdings sind die politischen Überzeugungen, die Soldatinnen und Soldaten in Einsatz und Gefecht antreiben, eher sublim. Die politische Motivation zeigt sich nicht in plakativen Bekenntnissen zu den politisch Verantwortlichen, zu den offiziellen Kriegszielen oder auch nur zur eigenen Armee. Im soldatischen Diskurs dominieren vielmehr Distanzierungen von der Politik und der Bevölkerung im Heimatland. Ebenso verbreitet sind ein Zynismus gegen offizielle Verlautbarungen und Zweifel an den Versprechungen der Vorgesetzten. Dennoch steckt hinter dieser Kritik, wie Moskos aufzeigt, die Gewissheit, auf der richtigen Seite zu stehen und für eine gute Sache zu kämpfen. Diese grundlegende Identifikation mit dem eigenen System kennzeichnet Moskos daher als latent und nicht als manifest.

Family-Army-Adjustment: Einsatzbedingte Trennung als Belastung für Soldaten und Familie

Ein weiterer Faktor, den die Literatur vermehrt seit den 1980er Jahren in den Blick nimmt, ist die Balance zwischen Familie und Dienst bzw. zwischen Familie und Einsatz (Wechsler Segal 1986). Es scheint naheliegend und keiner weiteren Plausibilisierung zu bedürfen, dass die Trennung von der Familie ein entscheidender (De-)Motivationsfaktor ist. Der Soldat im Einsatz ist aus seinem familiären Umfeld gerissen. Ihm fehlen der soziale Austausch und die emotionale Unterstützung. Die Familie im Heimatland sorgt sich um sein Wohlergehen, was den Soldaten bzw. die Soldatin zusätzlich belastet. All diese Aspekte sind keineswegs neu, sondern galten stets für die eingesetzten Truppen. Bereits die Studien aus dem Zweiten Weltkrieg berichten, wie sehr die Soldaten unter der Trennung von der Familie leiden (Shils/Janowitz 1948; Neitzel/Welzer 2011). Die sich stetig verbessernden Kommunikationsmöglichkeiten von der Feldpost über das Telefon bis hin zu Videocalls haben zwar den Austausch zwischen Front und Heimat intensiviert und Unsicherheiten über die Lage oder gar den Verbleib von Soldaten und Familien reduziert. Diese kommunikativen Verdichtungen haben die trennungsbedingten Belastungen jedoch keineswegs reduziert. Im Gegenteil hält der permanente Austausch die Trennung sowohl im soldatischen wie im familiären Bewusstsein erst recht präsent. Nicht wenige Studien sehen deshalb in der Abwesenheit der Familie den zentralen Belastungsfaktor für die soldatische Motivation (Pietsch 2012). Um dem zu begegnen, haben zumindest die westlichen Armeen ihre Strukturen zur Unterstützung der Familien eingesetzter Soldatinnen und Soldaten in den vergangenen Jahrzehnten massiv ausgebaut.

Soldatische Motivation in der Zeitenwende

Wie dargelegt, hat die Forschung mittlerweile eine ganze Reihe von Größen identifiziert, die Einfluss auf die soldatische Motivation nehmen. Diese Breite an relevanten Faktoren erschwert die Bemühungen von Armeen, die Motivation ihrer Angehörigen zu stärken. Die Streitkräfte können sich nicht auf einen Bereich oder einzelne Aspekte (etwa die Kameradschaft als vermeintliche Schlüsselgröße) konzentrieren, sondern müssen eine ganze Reihe von Faktoren in den Blick nehmen. Im Folgenden wird erörtert, wie sich die vorgestellten Motivationsaspekte für die Bundeswehr unter den spezifischen Bedingungen der Zeitenwende darstellen. Das Zusammenspiel von wissenschaftlichen Einsichten, aktuellen Gegebenheiten und praktischen Notwendigkeiten soll konkrete Hinweise liefern, wie die Bundeswehr die Motivation ihrer Angehörigen gestalten – und möglichst steigern – kann.

Kameradschaft: Unterschiedlich und dennoch gemeinsam

Dass Kameradschaft für Streitkräfte wesentlich ist, und zwar nicht nur hinsichtlich soldatischer Motivation, ist unstrittig. Worauf sie aber beruht, unterliegt zuweilen noch falschen Vorstellungen. Auch in der Bundeswehr findet sich weiterhin die Überzeugung, Kameradschaft könne nur zwischen sozial oder kulturell ähnlichen und einander vertrauten Personen entstehen oder bedürfe vieler und langjähriger Gemeinsamkeiten. Überspitzt formuliert ist das Gegenteil der Fall: Es ist gerade die Stärke von Militärs, dass sie Zusammenhalt zwischen Ungleichen fördern können. Dazu kennen Armeen verschiedenste Elemente und Prozesse, die sich auch in der Bundeswehr finden: Angefangen vom Ice-Breaker, der Lehrgangsteilnehmende bekannt machen soll, über die vereinheitlichte Militärsprache, die Kommunikation vereinfachen soll, bis hin zur Standardisierung von Anforderungen und Fähigkeiten. Diese Werkzeuge werden künftig an Relevanz gewinnen, denn die Zusammenführung von Personen mit unterschiedlichen Hintergründen und Erfahrungen ist alleine schon aufgrund der fortschreitenden gesellschaftlichen Pluralisierung gefordert. Unterschiedlich sind die Soldatinnen und Soldaten mit Blick auf ihren soziokulturellen Hintergrund sowie auf ihre Normen und Werte. In der Bundeswehr dienen Junge und Alte, Personen verschiedener Religionen und Glaubensrichtungen, Weltanschauung, Bildung, Herkunft und Prägung. In der Bündnisverteidigung ist zudem, wie bereits in den Auslandseinsätzen, die Kooperation mit Angehörigen anderer Armeen gefordert. Dabei kann Kameradschaft und militärischer Zusammenhalt auch über nationale Grenzen hinweg entstehen. Voraussetzung sind eine Sensibilität für kulturelle Unterscheide und Gemeinsamkeiten, ein Bewusstsein für den internationalen Zeichenvorrat von Armeen und nicht zuletzt ausreichende Sprachkenntnisse. In der Ära der Auslandseinsätze galt interkulturelle Kompetenz im Umgang mit der einheimischen Bevölkerung als ein Schlüssel zum militärischen Erfolg. Unter den Bedingungen der Bündnisverteidigung sind solche Kompetenzen weiterhin gefordert – sei es im Austausch mit der Bevölkerung (in Litauen und an anderen Einsatzorten), im Zusammenspiel mit den Partnerarmeen oder im Zusammenwirken mit den Kameradinnen und Kameraden innerhalb der Bundeswehr. Der vermeintliche Gegensatz zwischen gesellschaftlicher Liberalisierung und Pluralisierung einerseits und militärischer Stärke andererseits ist daher keiner. Der Politikwissenschaftler Carlo Masala hat diese Einsicht auf die Formel gebracht, er wünsche sich eine Bundeswehr, die „woke und wehrhaft" sei.[3] Wehrhaftigkeit und Wokeness sind keine Gegensätze, wie einige Kulturkritiker glauben machen möchten – sie bedingen einander.

Task Cohesion: Wie aus Fremden Gleichgesinnte werden können

Wie die Militärsoziologie aufgezeigt hat, kann Zusammenhalt entstehen, wenn Soldatinnen und Soldaten auf eine gemeinsame Aufgabe hin orientiert sind. Auch unter den Bedingungen der Landes- und Bündnisverteidigung wird es darauf ankommen, durch die Bewältigung von Herausforderungen Kohäsion zu schaffen. Bezogen etwa auf die in Litauen stationierte Brigade bedeutet dies, dass deren Angehörige den Sinn der Verlegung einsehen sollten. Sie müssen der Überzeugung sein, dass sie mit ihrem Engagement zur Abschreckung beitragen und dadurch verhindern, dass es zu einem russischen Überfall auf NATO-Gebiet kommt. Ob eine solche Überzeugung vorliegt, ist bislang nicht bekannt. Befragungen der seit 2017 im Baltikum stationierten Truppe (EFP-Bataillone) hat die Bundeswehr im Unterschied zu den Einsatzkontingenten auf dem Balkan und in Afghanistan noch nicht durchgeführt. Blickt man auf die versprochene Verlegung einer Brigade nach Litauen, die 2023 entschieden worden ist, machen sich jedoch Zweifel breit. Zwei Jahre nach Ankündigung dieser Maßnahme befindet sich dort lediglich ein Aufbaustab von ca. 150 Personen. Es darf bezweifelt werden, ob die doch eher zähe Umsetzung dieser zentralen Maßnahme der Zeitenwende den Soldatinnen und Soldaten die verbal von der Generalität

---

[3] https://taz.de/Carlo-Masala-ueber-die-Bundeswehr/!5884220/

immer wieder gebotene Dringlichkeit der Verteidigungsanstrengungen[4] glaubhaft vermittelt. Der Auf- und Ausbau einer belastbaren *Task Cohesion*, d.h. die Einsicht in den konkreten militärischen Auftrag, muss daher stets im Zusammenspiel mit der latenten Ideologie, der Grundübereinstimmung mit dem eigenen System und dem politischen Auftrag der Streitkräfte, sowie den Erfolgsaussichten der militärischen Maßnahmen stehen. So verstanden stellt die *Task Cohesion* eine direkte Ableitung der politischen Absichten und Planungen dar.

Latente Ideologie: Wofür dienen? Bündnisverteidigung als Sinn und Zweck militärischen Dienens

Soldatinnen und Soldaten müssen von ihrem Tun überzeugt sein. Dies gibt die Vorschrift zur Inneren Führung explizit vor. Diese geht von inhaltlich motivierten Soldatinnen und Soldaten aus und verfolgt das Ziel, „die Frage nach der Sinnhaftigkeit des Dienens zu beantworten, d.h. ethische, rechtliche, politische und gesellschaftliche Begründungen für soldatisches Handeln zu vermitteln und dabei den Sinn des militärischen Auftrages, insbesondere bei Auslandseinsätzen, einsichtig und verständlich zu machen" (BMVg 2017: 21). Die Militärsoziologie hat die motivierende Wirkung politischer Überzeugungen nachgewiesen. Mit Blick auf die Zeitenwende sollte die Legitimation militärischer Mittel leichter fallen, als dies in der Ära der Auslandseinsätze oftmals der Fall war. Denn ein Schlüsselaspekt der Zeitenwende ist der kaum thematisierte Umstand, dass Verteidigung leichter zu legitimieren ist als Interventionen. Interventionen sind stets *wars of choice*. Sie können durchgeführt werden, müssen aber nicht. Sie sind das Ergebnis politischer Interessen, Abwägungen und Entscheidungen. Sie weisen ein voluntaristisches Moment auf und stehen damit – zumindest in Demokratien – zur politischen und gesellschaftlichen Debatte. Verteidigung ist hingegen eine Notwendigkeit. Verteidigung geschieht aus Notwehr gegen die Bedrohung durch einen Gegner – im konkreten Fall gegen die Aggressionen und imperialen Ansprüche Russlands, das die europäische Ordnung gefährdet und NATO-Partner bedroht. Gerade angesichts dieser Voraussetzungen ist es erstaunlich, wie wenig (und wie wenig überzeugend) bislang von politischer Seite und erst recht von der Bundeswehr kommuniziert und argumentiert wird. Zwar gibt es einen gewissen Alarmismus, der Kriegstüchtigkeit fordert und Russland Ende der 2020er Jahre für angriffsfähig und für angriffswillig hält. Aber die Logik der Verteidigung wird noch zu wenig dargelegt und erklärt. Abschreckung als zentrale

---

[4] https://ynside.extranet-bw.de/de/aktuelles/meldungen/nachtrag-informationsreihe-2024-5820136 (Zugriff am 17. Februar 2025).

194

Kategorie kollektiver Verteidigung und als ein Erfolgsrezept des Kalten Krieges findet kaum Eingang in öffentliche Diskurse – nicht als Konzept und erst recht nicht mit den vielfältigen Aspekten, Perzeptionsmustern, Signal- und Rezeptionsfähigkeiten, die Abschreckung erst glaubhaft machen.

Nicht nur für die soldatische Motivation ist aber eine überzeugende Kommunikation seitens der Bundeswehr notwendig. Schließlich werden in Demokratien aus der politischen Arena stets unterschiedliche Signale gesendet. Die Mehrheit der hiesigen politischen Akteure stützt zwar die Zeitenwende, den Aufbau militärischer Fähigkeiten, die Solidarität in NATO und EU und sieht die Notwendigkeit, die östlichen Partner gegen die russischen Bedrohungen zu schützen. Andere zweifeln jedoch an diesen Schritten, halten die westlichen Bündnisse für mitverantwortlich für den russischen Überfall auf die Ukraine, werfen der deutschen Politik und Gesellschaft eine schleichende Militarisierung vor (Käßmann 2024) oder übernehmen gleich ganz die russische Propaganda. Zwar stellen diese Stimmen nicht die Mehrheit der politischen Akteure und sie haben auch nicht die Unterstützung der Mehrheit der Bürgerinnen und Bürger (s. den Beitrag von Timo Graf in diesem Band). Dennoch kann der öffentliche Streit, der Demokratien auszeichnet und ausmacht, bei den Soldatinnen und Soldaten den Eindruck vermitteln, ihnen fehle es an gesellschaftlichem Rückhalt. Der perzipierte Mangel an Unterstützung ist ohnehin ein Dauerbefund der militärsoziologischen Forschung (Feaver 2023). Dies gilt selbst in Ländern wie USA oder Israel, in denen aus deutscher Perspektive die gesellschaftliche Unterstützung der Armee weitaus stärker ist. Die soldatischen Klagen sind jedoch nicht per se demotivierend. Sie haben für die Truppe auch eine entlastende Funktion, wie bereits Moskos (1970) in seinen Vietnamstudien aufzeigt. Die Abgrenzung von den undankbaren und zweifelnden Zivilisten kann die soldatische Identität und den kameradschaftlichen Zusammenhalt stärken. Zugleich wertet sie das Tun und die Opfer auf, die die Soldatinnen und Soldaten für das Gemeinwesen auf sich nehmen. Damit stabilisieren sie die soldatische Gemeinschaft, wenngleich auf Kosten des Zusammenhalts zwischen Front und Heimat. Für die Bundeswehr lässt sich aus diesen Einsichten ableiten, dass sie den Sinn und Zweck von Bündnisverteidigung und Abschreckung sowohl in die Truppe als auch in die breite Bevölkerung intensiver und überzeugender kommunizieren sollte, als dies bislang der Fall ist.

Family-Army-Adjustment: **Wie einsatzbedingte Belastungen für Soldaten und Familie reduziert werden können**

Für die Bundeswehr stellt die Rückkehr zur Verteidigung neue Anforderungen an die Betreuung der Soldatenfamilien. Im Zuge der Auslandseinsätze hat die Bundeswehr in den letzten Jahren ihre Familienbetreuungsorganisation massiv ausgebaut. Die Missionen fernab der Heimat verlangten Angebote für die eingesetzten Soldatinnen und Soldaten sowie für deren Familienmitglieder in der Heimat. Zugleich haben sich die Familienstrukturen der Bundeswehrangehörigen (wie die der Gesamtbevölkerung) in den letzten Jahrzehnten verändert. Die Zeiten des familiären Standardmodells, bei dem der Mann als Soldat seiner Berufstätigkeit nachgeht, während seine Frau sich um Haushalt und Kinder kümmert, sind unwiederbringlich vorbei. War im Jahr 1980 in Westdeutschland nur jede zweite Frau erwerbstätig, so sind es heute drei von vier Frauen, womit sich die Erwerbsquote der Geschlechter fast vollständig angeglichen hat. Die daraus folgende Pluralisierung der Familienformationen geht mit unterschiedlichen Ansprüchen und Bedürfnissen einher. Dies erschwert die adäquate Betreuung der Angehörigen, die von der minderjährigen Freundin eines jungen Zeitsoldaten bis zu den Partnerinnen und Partnern samt Kindern von lebensälteren Berufssoldatinnen und -soldaten reicht. Die Familienbetreuungsorganisation ist bislang auf die Fragen und Probleme spezialisiert, die die Auslandseinsätze mit sich gebracht haben. Die Ausrichtung auf die Bündnisverteidigung und insbesondere die Stationierung einer Brigade in Litauen bringen andere Bedarfe mit sich. Derzeitiger Planungsstand ist, dass die Familien im Zuge der Verlegung der Brigade das Angebot erhalten, mit nach Litauen zu ziehen. Damit ist die Bundeswehr aufgefordert, ein infrastrukturelles Umfeld in Litauen aufzubauen, das den unterschiedlichsten Bedürfnissen Rechnung trägt. In der Diskussion ist gegenwärtig die gesamte Bandbreite von der Bereitstellung von Arbeitsplätzen über die Einrichtung von Schulen bis hin zur Etablierung von Freizeitorganisationen, die man bislang nur von den Stationierungen der US-Armee im Ausland kannte. Die Mannigfaltigkeit der Interessen und Bedürfnisse der Angehörigen macht es schwierig, passgenaue Angebote für die Soldatinnen und Soldaten und ihre Familien zu unterbreiten. Die Bundeswehr betritt hier Neuland und ist gut beraten, stets die Rückwirkungen ihrer Unterstützungsleistungen auf die soldatische Motivation mitzudenken.

Fazit: Kämpfen wollen, aber auch kämpfen können

Ausgangspunkt des Beitrags war die Frage, welchen Einfluss die soldatische Motivation auf militärische Leistungen nimmt, welche Faktoren die Kampfmoral der Truppe beeinflussen und welche Folgerungen sich aus diesen wissenschaftlichen Zusammenhängen und Erkenntnissen für die Zeitenwende der Bundeswehr ziehen lassen. Wie gezeigt hat die Forschung im Wesentlichen vier Bereiche identifiziert, die Einfluss auf die Einsatzmotivation nehmen: Erstens ist der kameradschaftliche Zusammenhalt (*social cohesion*) zu nennen, der auch in heterogenen Gruppen entstehen kann – etwa durch Ausrichtung auf ein gemeinsames Ziel. *Task cohesion* gilt daher als zweiter Einflussfaktor der soldatischen Motivation. Drittens erleichtern geteilte Überzeugungen – in Form der latenten Ideologien – einen solchen aufgabenbezogenen Zusammenhalt. Und viertens stellen die Beziehungen zur Familie einen wesentlichen Motivationsfaktor dar. Die Bundeswehr hat verschiedene Möglichkeiten, auf einzelne oder mehrere dieser Aspekte Einfluss zu nehmen. Die damit einhergehenden Chancen und Hemmnisse sind vorgestellt und diskutiert worden. So wichtig es ist, die Motivation der Soldatinnen und Soldaten zu stärken, sollten diese Bemühungen aber nicht dazu führen, das militärische Wollen zu überschätzen.

Die Forschung weist zurecht auf das Zusammenspiel von militärischem Können und Wollen hin (King 2013). Soldatinnen und Soldaten sind motivierter, wenn sie adäquat ausgerüstet, gut ausgebildet und kompetent geführt sind. Dann sind die Chancen für einen militärischen Erfolg größer und dies wirkt wiederum motivierend auf die Soldaten und Soldatinnen ein. Blickt man vor diesem Hintergrund auf die derzeitige Lage der Bundeswehr, macht sich Ernüchterung breit. Die Ausstattung der Bundes-wehr ist seit Jahren und Jahrzehnten mangelhaft. Zu Beginn der Vollinvasion Russlands bekannte der Inspekteur des Heeres, seine Teilstreitkraft sei „blank". Die derzeitige Ausstattungs- und Materiallage wird zuweilen als noch schlechter bewertet[5]. All diese Mängel sind weithin bekannt und werden öffentlich kommuniziert. Es ist kaum anzunehmen, dass diese Defizite ein Vertrauen in die eigenen Fähigkeiten und Fertigkeiten entstehen lassen. Zuweilen vermitteln die wiederholten Appelle an Resilienz und Kriegstüchtigkeit der Bevölkerung und die Kriegswilligkeit und Kampfmoral der Truppe den Eindruck, sie dienten als Ersatz – oder gar als Ablenkungsmanöver – für eine angemessene materielle Ausstattung und organisatorische Aufstellung der

---

[5] So Oberst André Wüstner, der Vorsitzende des Deutschen BundeswehrVerbands (DBwV). https://www.dbwv.de/aktuelle-themen/blickpunkt/beitrag/blanker-als-blank (Zugriff: 17. Februar 2025).

Bundeswehr (eine ähnliche Position findet sich bei Graf 2014). Der reine Fokus auf motivationale Aspekte, der sich auch im Motto des Kommandos Spezialkräfte findet (*facit omnia voluntas* – Der Wille entscheidet), steht in einer unguten Tradition deutscher Militärkultur und deutschen militärischen Denkens. Ähnlich wie die Auftragstaktik kann die Überbetonung des soldatischen Willens als Ausdruck und Ergebnis der Ressourcenunterlegenheit eines Landes und seiner Armee gelten (Groß 2012: 311). Auch für die Bundeswehr gilt angesichts der derzeitigen und künftigen Herausforderungen der Landes- und Bündnisverteidigung aber: Militärische Leistungsfähigkeit hängt ab von soldatischem Wollen *und* vom militärischen Können. Trotz aller Appelle an die Kriegstüchtigkeit von Militär und Gesellschaft, derzeit mangelt es nicht am Wollen. Es mangelt am militärischen Können, an Material, Waffen, Munition, Personal sowie an einer angemessenen Organisation der Streitkräfte. Erst wenn diese vorhanden sind, führt die Motivation der Truppe zu militärischer Stärke.

Literatur

Ben-Ari, Eyal/Ben-Shalom, Uzi/Lehrer, Zeev (2005): Cohesion During Military Operations. A Field Study on Combat Units in the Al-Aqsa Intifada. In: Armed Forces & Society, 31: 1, S. 63-79.

Bundesministerium der Verteidigung (2017): Innere Führung. Selbstverständnis und Führungskultur der Bundeswehr – A-2600/1. Berlin.

Bundesministerium der Verteidigung (2023): Verteidigungspolitische Richtlinien 2023. Bonn.

Clausewitz, Carl von (1999 [1832]): Vom Kriege. Berlin: Ullstein.

Feaver, Peter (2023): Thanks for Your Service. The Causes and Consequences of Public Confidence in the US Military. Oxford: Oxford University Press.

Graf, Timo (2014): Auf einer Skala von 1 bis 10. Wie wehrhaft sind die Deutschen? In Hartmann, Uwe/Janke, Reinhold/von Rosen, Claus (Hrsg.): Jahrbuch Innere Führung 2023/24. Der Krieg in der Ukraine. Folgerungen für die Sicherheits- und Militärpolitik Deutschlands sowie für die Bundeswehr. Berlin: Miles-Verlag, S. 63-90.

Groß, Gerhard (2012): Mythos und Wirklichkeit. Geschichte des operativen Denkens im deutschen Heer von Moltke d. Ä. bis Heusinger. Paderborn: Schöningh.

Hedlund, Erik (2011): What Motivates Swedish Soldiers to Participate in Peace-keeping Missions. Research Note. In: Armed Forces & Society, 37: 1, S. 180-190.

Käßmann, Margot (2024): Schleichende Militarisierung. Beobachtungen zur Veränderung der Zivilgesellschaft. In: Aus Politik und Zeitgeschichte, 74: 47/48, S. 41-46.

King, Anthony (2013): The Combat Soldier. Infantry Tactics and Cohesion in the Twentieth and Twenty-First Centuries. Oxford: Oxford University Press.

King, Anthony (Hrsg.) (2015): Frontline. Combat and Cohesion in the Twenty-First Century. Oxford: Oxford University Press.

Klein, Paul (2002): Das Sozialwissenschaftliche Institut der Bundeswehr in der Politikberatung. In: Kümmel, Gerhard (Hrsg.): Wissenschaft, Politik und Politikberatung. Erkundungen zu einem schwierigen Verhältnis. Frankfurt a.M.: Peter Lang, S. 31-49.

Roger W. Little (1964): Buddy Relations and Combat Performance. In: Janowitz, Morris (Hrsg.): The New Military. Changing Patterns of Organization. New York: Russell Sage, S. 195-224.

Tolstoi, Lew (1965 [1869]): Krieg und Frieden. Berlin: Rütten & Loening Verlag.

MacCoun, Robert (1993): What is Known About Unit Cohesion and Military Performance. In: Sexual Orientation and U.S. Military Personnel Policy. Options and Assessment. Santa Monica: RAND.

MacCoun, Robert/Kier, Elizabeth/Belkin, Aaron (2006): Does Social Cohesion Determine Motivation in Combat? An Old Answer to an Old Question. In: Armed Forces & Society, 32: 4, S. 646-654.

Moskos, Charles C. (1970): The American Enlisted Man. New York: Russell Sage Foundation.

Neitzel, Sönke/Welzer, Harald (2011): Soldaten. Protokolle vom Kämpfen, Töten und Sterben. 2. Aufl. Frankfurt a. M.: Fischer.

Oetting, Dirk (1988): Motivation und Gefechtswert. Vom Verhalten des Soldaten im Krieg. Frankfurt a M./Bonn: Report Verlag.

Pietsch, Carsten (2012): Zur Motivation deutscher Soldatinnen und Soldaten für den Afghanistaneinsatz. In: Seiffert, Anja/Langer, Phil/Pietsch, Carsten (Hrsg.): Der Einsatz der Bundeswehr in Afghanistan. Sozial- und politikwissenschaftliche Perspektiven. Wiesbaden: Springer VS, S. 101-121.

Römer, Felix (2012): Kameraden. Die Wehrmacht von innen. München/Zürich: Piper Verlag.

Ruffa, Chiara (2015): Cohesion, Political Motivation, and Military Performance in the Italian Alpini. In: King, Anthony (Hrsg.): Frontline. Combat and Cohesion in the Twenty-First Century. Oxford: Oxford University Press, S. 250-268.

Schweber, Libby (2002): Wartime Research and the Quantification of American Sociology. The View From "The American Soldier". In: Revue d'Histoire des Sciences Humaines, 6: 1, S. 65-94.

Seiffert, Anja/Heß, Julius (2019): Leben nach Afghanistan – Die Soldaten und Veteranen der Generation Einsatz der Bundeswehr. Ergebnisse der sozialwissenschaftlichen Langzeitbegleitung des 22. Kontingents (Forschungsbericht 119). Potsdam: Zentrum für Militärgeschichte und Sozialwissenschaften der Bundeswehr.

Shils, Edward A./Janowitz, Morris (1948): Cohesion and Disintegration in the Wehrmacht in World War II. In: Public Opinion Quarterly, 12: 2, S. 280-315.

Stouffer, Samuel A. et al. (1949): The American Soldier. Studies in Social Psychology in World War II (Bd. 1–4). Princeton: Princeton University Press.

Watson, Alexander/Porter, Patrick (2010): Bereaved and Aggrieved. Combat Motivation and the Ideology of Sacrifice in the First World War. In: Historical Research, 83: 219, S. 146-164.

Wechsler Segal, Mady (1986): The Military and the Family as Greedy Institutions. In: Armed Forces & Society, 13: 1, S. 9-38.

Wessely, Simon (2006): Twentieth-Century Theories on Combat Motivation and Breakdown. In: Journal of Contemporary History, 41: 2, S. 268-286.

Wong, Leonard (2006): Combat Motivation in Today's Soldiers. In: Armed Forces & Society, 32: 4, S. 659-663.

Erkenntnisse der Umfrageforschung: Schluss mit den falschen Glaubenssätzen über das Verhältnis der Deutschen zum Militär

Timo Graf

Einleitung

Wie allgemein bekannt ist, haben die Deutschen ein äußerst schwieriges Verhältnis zur Bundeswehr. Die öffentliche Meinung zu den Auslandseinsätzen der Bundeswehr, insbesondere jener in Afghanistan, lässt sich dann auch bestenfalls als „freundliches Desinteresse" beschreiben. Kein Wunder, sind die meisten Deutschen doch überzeugte Pazifisten. Und jetzt, wo eine militärische Konfrontation mit Russland droht, wäre wohl kaum jemand in der deutschen Bevölkerung bereit, sich persönlich militärisch zu engagieren.

So denken viele in der Bundeswehr, der Politik und den Medien über das Verhältnis der deutschen Bevölkerung zum Militär. Ähnliche Beschreibungen finden sich in der wissenschaftlichen und sicherheitspolitischen Literatur. Und auch in der aktuellen Debatte rund um die „Zeitenwende" werden derartige Glaubenssätze oftmals geäußert. Dies ist äußerst problematisch, denn die Ergebnisse jahrzehntelanger Umfrageforschung zeichnen ein gänzlich anderes und sehr viel differenziertes Bild vom Verhältnis der Deutschen zum Militär.

Seit über 40 Jahren werden im Auftrag des Bundesministeriums der Verteidigung regelmäßig Bevölkerungsbefragungen durchgeführt. Seit 1996 existiert die Umfragestudie „Sicherheits- und verteidigungspolitisches Meinungsbild in der Bundesrepublik Deutschland", bei der einmal jährlich eine repräsentative Stichprobe der deutschen Bevölkerung in persönlichen Interviews befragt wird. Seit 2012 wird die Studie vom Zentrum für Militärgeschichte und Sozialwissenschaften der Bundeswehr (ZMSBw) in Potsdam durchgeführt, wobei die Daten von einem externen und professionellen Befragungsinstitut erhoben werden. Drei Gründe sprechen dafür, dass diese Studie *der* Gradmesser für das Verhältnis der Deutschen zum Militär ist.

Erstens: Während andere Umfragestudien in der Regel nur vereinzelt Fragen mit Bezug zur Bundeswehr erheben, umfasst der Fragebogen der ZMSBw-Bevölkerungsbefragung *300 Variablen* zur Verteidigungspolitik und gesellschaftlichen Akzeptanz der Bundeswehr. Zweitens: Beschränkt sich die Auswertung der allermeisten Umfragedaten auf die Darstellung deskriptiver Befunde („60 Prozent der Befragten glauben…"), werden in den Publikationen des ZMSBw auch sehr *komplexe und spezifische Zusammenhänge* untersucht („Welche Faktoren beeinflussen die öffentliche Meinung zur Verteidigung der NATO-Ostflanke?"). Drittens: Die ZMSBw-Bevölkerungsbefragung ist eine Dauerbefragung, d.h. zentrale Fragen werden teilweise seit Jahrzehnten unverändert erhoben, was die verlässliche *Identifikation von Trends und Brüchen* wie auch die historische Einordnung aktueller Befunde ermöglicht.

Die Ergebnisse der ZMSBw-Bevölkerungsbefragung werden seit jeher in umfassenden Forschungsberichten veröffentlicht, dennoch wurden diese in der Vergangenheit kaum zur Kenntnis genommen und nur selten kritisch reflektiert (vgl. Wagner/Biehl 2013). In der Truppe bewertet man das Verhältnis zur Bevölkerung stattdessen auf der Grundlage von Erzählungen über „persönliche Erfahrungen". In den Medien wird oft nur das (ab)geschrieben, was seit Jahrzehnten unverändert über das Verhältnis der Deutschen zur Bundeswehr berichtet wird. In der Politik schaut man lieber auf das Meinungsbild im jeweiligen Wahlkreis als auf die Ergebnisse repräsentativer Bevölkerungsbefragungen. Selbst in der Wissenschaft und der Strategic Community erfolgt die Aufnahme empirischer Befunde in den Wissenskanon nicht selten gegen intellektuelle Widerstände. Und so wird der Diskurs über das Verhältnis der Deutschen zum Militär weiterhin maßgeblich von anekdotischer Evidenz, falschen Narrativen und tradierten Glaubenssätzen geprägt.

Als Deutschland „von Freunden umgeben" war, konnte man sich eine solche Ignoranz und geistige Trägheit noch leisten. Vermutete Spannungen im Verhältnis zwischen Bundeswehr und Bevölkerung waren hinnehmbar, weil es keine existenzielle militärische Bedrohung Europas und Deutschlands gab. Seit Russlands Vollinvasion der Ukraine ist das anders. Deutschland muss wieder kriegstauglich werden und die zivil-militärischen Beziehungen sind der Schlüssel für eine effektive und nachhaltige Gesamtverteidigung Deutschlands. Die tradierten Glaubenssätze über das Verhältnis der Deutschen zum Militär schränken die Formulierung einer gesamtgesellschaftlichen Antwort auf Russlands aggressiven Revanchismus und Imperialismus unnötig ein. Dieser Zustand ist nicht länger hinnehmbar, weshalb alle, die Verantwortung für die Verteidigung Deutschlands tragen oder sich mit guten Absichten am Diskurs beteiligen möchten, sich spätestens jetzt mit einer Reihe von empirischen Befunden über das Verhältnis der Deutschen zum Militär auseinandersetzen müssen, die vielleicht nicht in ihr bisheriges Weltbild passen.

1. Glaubenssatz: „Die Deutschen haben ein schwieriges Verhältnis zur Bundeswehr"

Das Thema der gesellschaftlichen Akzeptanz der Streitkräfte besitzt aus Sicht der Bundeswehr besondere Relevanz, denn sowohl die öffentliche Legitimation ihrer Aufgaben und Einsätze als auch die gesellschaftliche Integration der Streitkräfte stellen zentrale Zielsetzungen des Selbstverständnisses der Bundeswehr, der Inneren Führung, dar. Eine weitere zentrale Zielsetzung der Inneren Führung, die durch die beiden erstgenannten Aspekte beeinflusst werden kann, ist die soldatische Motivation. Je geringer der gefühlte Rückhalt in der Bevölkerung, desto geringer ist die Motivation (Biehl 2012). Eine Truppe, die die Bevölkerung, die sie tapfer und unter Einsatz ihres Lebens verteidigen soll, nicht hinter sich weiß, ist eine psychologisch angeschlagene Truppe.

In den letzten dreißig Jahren wurde das Verhältnis der deutschen Bevölkerung zur Bundeswehr von vielen Beobachtern als überwiegend negativ beschrieben. So warnten mehrere Bundespräsidenten vor einer größer werdenden Kluft zwischen Zivilgesellschaft und Bundeswehr (Köhler 2005; Steinmeier 2020). Die Medien attestierten der deutschen Bevölkerung einen „ideologisch verhärteten Blick auf die ungeliebte Armee" (Stephan 2012). Bundeswehrvertreter klagten regelmäßig über die aus ihrer Sicht fehlende gesellschaftliche Anerkennung für die Soldatinnen und Soldaten. Auch in Streitkräftebefragungen wurde diese Kritik geäußert (Seiffert/Heß 2020).

Eine ablehnende Haltung gegenüber der Bundeswehr ist in der deutschen Bevölkerung empirisch jedoch nicht belegt. Im Gegenteil: Die seit Jahrzehnten positive Grundeinstellung der Bürgerinnen und Bürger zur Bundeswehr erreichte im Jahr 2023 einen historischen Höchstwert (vgl. Abb. 1): Annähernd neun von zehn Befragten (86 Prozent) gaben an, eine positive Einstellung zur Bundeswehr zu haben. Ebenso viele Befragte (87 Prozent) vertrauen der Bundeswehr (Graf 2024a: 48). Im Zeitverlauf zeigt sich auch sehr deutlich, wie stabil die positive Grundeinstellung der deutschen Bevölkerung zur Bundeswehr ist. Unabhängig von der sicherheits- und verteidigungspolitischen Lage hatten im vergangenen Vierteljahrhundert mindestens drei Viertel der Bürgerinnen und Bürger eine positive Einstellung zur Bundeswehr (vgl. Abb. 1). Russlands Vollinvasion der Ukraine hat seit 2022 also zu keiner Veränderung in der positiven Grundhaltung der deutschen Bevölkerung zur Bundeswehr geführt.

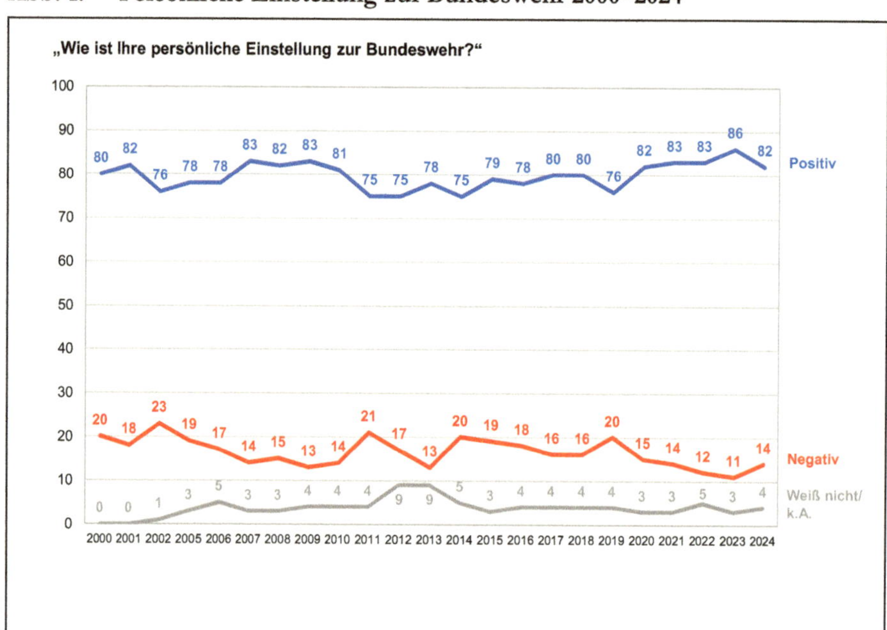

Anmerkungen: Angaben in Prozent. Die Antwortanteile „Sehr positiv", „Positiv" und „Eher positiv" sowie „Sehr negativ", „Negativ" und „Eher negativ" wurden jeweils zusammengefasst. Nicht alle Prozentangaben ergeben in der Summe 100, da die Einzelwerte gerundet wurden. Datenbasis: ZMSBw-Bevölkerungsbefragung 2000–2024.

Auch das Verhältnis zwischen Bundeswehr und Gesellschaft wird seit vielen Jahren von einer klaren Mehrheit positiv bewertet (vgl. Abb. 2). Selbst die Aussetzung der Wehrpflicht im Jahr 2011 wirkte sich nicht negativ auf diese Einschätzung aus (Graf 2020). Darüber hinaus genießt die Bundeswehr bei der Mehrheit der Bürgerinnen und Bürger ein hohes oder eher hohes Ansehen (59 Prozent), 61 Prozent der Befragten bringen dem Dienst der Soldatinnen und Soldaten volle oder hohe Anerkennung entgegen und 76 Prozent sind außerdem davon überzeugt, dass die Bundeswehr für Deutschland wichtig ist (Graf 2024a: 47-49). Werden die vorstehenden Einstellungen zur Bundeswehr in einer einzigen Variable zusammengefasst und deren Ausprägung in den soziodemographischen Teilgruppen der deutschen Bevölkerung betrachtet, offenbart sich, dass in allen Gruppen im Durchschnitt eine positive Grundhaltung zur Bundeswehr besteht – unabhängig von Alter, Geschlecht, Bildungsniveau, Einkommen, Region oder Wahlpräferenz (Graf 2024a: 50).

Abb. 2: Zustimmung zu Aussagen über das Verhältnis zwischen Bundeswehr und Gesellschaft 2013–2024

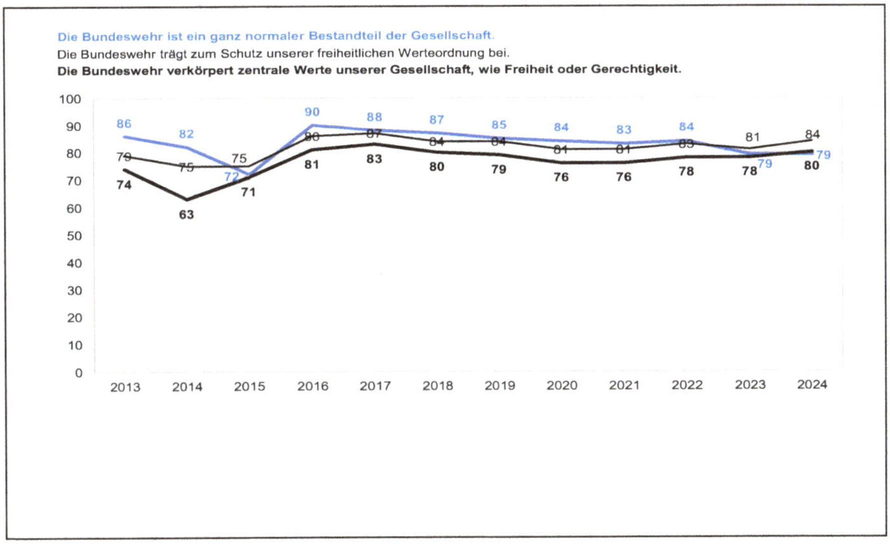

Anmerkungen: Angaben in Prozent. Die Antwortanteile „Stimme völlig zu" und „Stimme eher zu" wurden jeweils zusammengefasst. Datenbasis: ZMSBw-Bevölkerungsbefragung 2013–2024.

Diese positive Grundhaltung zur Bundeswehr quer durch die deutsche Bevölkerung wird jedoch nur selten öffentlich artikuliert und ist somit für die große Mehrheit der Soldatinnen und Soldaten kaum erfahrbar. Es handelt sich also um die Meinung einer „stillen Mehrheit", die vielleicht auch deshalb nur selten geäußert wird, weil sie nicht der „veröffentlichten Meinung" oder den etablierten Narrativen entspricht. Die Diskrepanz zwischen persönlicher Meinung und Meinungsklimawahrnehmung kann eine „Schweigespirale" zur Folge haben (Wanner 2019).

2. Glaubenssatz: „Zu den Auslandseinsätzen bestand ein freundliches Desinteresse"

Bis zu Russlands Vollinvasion der Ukraine war das internationale Krisenmanagement für ein Vierteljahrhundert der Hauptauftrag der Bundeswehr. Stellvertretend für diese Ära der Bundeswehr steht der Einsatz in Afghanistan, der größte und verlustreichste Auslandseinsatz ihrer Geschichte. Vor dem Hintergrund des Afghanistan-Einsatzes unterstellte der damalige Bundespräsident Horst Köhler

(2005) der deutschen Bevölkerung ein „freundliches Desinteresse" an der Bundeswehr als Einsatzarmee. Köhlers Kritik fand Eingang in die mediale Berichterstattung über den Afghanistan-Einsatz und wurde in publizierten Erfahrungsberichten der Einsatzsoldaten reflektiert. Die Einsatzsoldaten und Afghanistan-Veteranen interpretierten das wahrgenommene „freundliche Desinteresse" oftmals als fehlende gesellschaftliche Anerkennung ihrer Leistungen im Einsatz. Befragungen in den ISAF-Einsatzkontingenten zeigten wiederholt, dass die Mehrheit der Soldaten Zweifel am gesellschaftlichen Rückhalt für die Mission äußerte (Biehl/Keller 2009; Seiffert/Heß 2020). Köhlers Begriff des „freundlichen Desinteresses" gebar ein wirkmächtiges Narrativ, welches nicht nur den Tenor der öffentlichen Debatte über den Afghanistan-Einsatz prägte, sondern auch die Diskussion über den Zustand der zivil-militärischen Beziehungen in Deutschland insgesamt (Biehl/Fiebig 2011; Graf 2021; Stöhr 2012). Die empirischen Befunde des ZMSBw zeichnen jedoch ein sehr viel differenzierteres Bild – gerade mit Blick auf den Einsatz in Afghanistan.

Erste Erkenntnis: Von einem öffentlichen Desinteresse speziell am Afghanistan-Einsatz kann keine Rede sein. Der Stabilisierungs- und Kampfeinsatz ISAF in Afghanistan war im Zeitraum von 2006 bis zu dessen Ende im Jahr 2014 der in der Bevölkerung bekannteste Auslandseinsatz der Bundeswehr. Zwischen 43 und 65 Prozent der Bundesbürger gaben an, zumindest einen grundlegenden Kenntnisstand zu diesem Einsatz zu haben (Graf 2021, 2023). Auch der Nachfolgeeinsatz Resolute Support (2015–2021) war in der Bevölkerung bekannter als viele andere Auslandseinsätze. Diese Befunde machen klar: Afghanistan eignet sich nicht als Paradebeispiel für eine vermutete fehlende öffentliche Kenntnisnahme der Auslandseinsätze der Bundeswehr. Im Gegenteil: Wenn einer ihrer Auslandseinsätze von einem größeren Teil der deutschen Bevölkerung zur Kenntnis genommen wurde, dann der in Afghanistan.

Zweite Erkenntnis: Die Haltung der Bürgerinnen und Bürger zum Afghanistan-Einsatz war nicht durchgängig kritisch. Gerade zu Beginn des ISAF-Einsatzes überwog in der Bevölkerung noch eine im Durchschnitt eher positive Grundhaltung (vgl. Abb. 3). Ein erster Einbruch ist im Jahr 2006 zu verzeichnen, in welchem die deutschen Medien prominent über Anschläge auf Bundeswehrsoldaten und Leichenschändungen durch deutsche Einsatzkräfte berichteten (Bulmahn 2017). Im Jahr darauf stieg die Zustimmung zum Einsatz bereits wieder, wenn auch nur kurzfristig. Parallel zur sukzessiven Verschlechterung der Sicherheitslage ab 2008 sowie der verstärkten Medienberichterstattung insbesondere über den Luftangriff von Kundus im September 2009 und das „Karfreitagsgefecht" im April 2010 trübte sich auch das öffentliche Meinungsbild ein. Mit dem
206

Wechsel vom multidimensionalen Stabilisierungs- und Kampfeinsatz ISAF zur reinen Ausbildungsmission Resolute Support (RS) im Jahr 2015 stieg die öffentliche Zustimmung zum Afghanistan-Engagement der Bundeswehr wieder. Im weiteren Verlauf von RS nahm der Zuspruch etwas ab, blieb aber bis zuletzt in einem insgesamt neutralen bzw. ambivalenten Bereich. Auch der geordnete Abzug der deutschen Kräfte aus Afghanistan zum Zeitpunkt der Bevölkerungsbefragung 2021 hat keine erkennbare Einstellungsänderung zur Folge gehabt.

Abb. 3   Einstellung, Kenntnisstand und Erfolgswahrnehmung zum Afghanistan-Einsatz der Bundeswehr 2003-2021

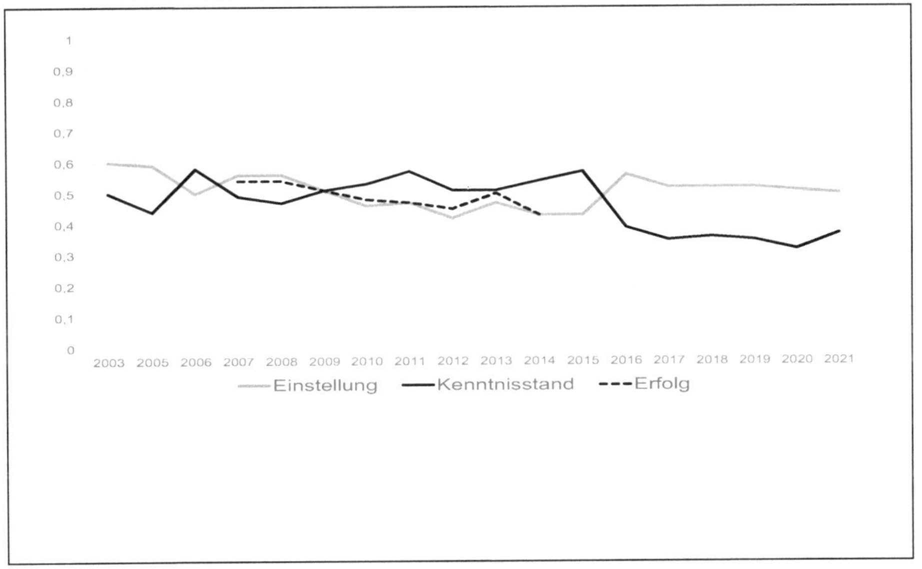

Anmerkungen: Fragetext „Kenntnis" (gekürzt): Haben Sie schon einmal von den folgenden Einsätzen der Bundeswehr gehört oder gelesen? Dem ISAF / Resolute Support Einsatz in Afghanistan. Umkodierter Wertebereich „Kenntnis": 0 (Ich habe noch nie davon gehört bzw. gelesen); 0,33 (Ich habe davon gehört bzw. gelesen, weiß aber nichts Konkretes); 0,66 (Ich habe davon gehört bzw. gelesen und kenne einige Fakten); 1 (Ich habe mich intensiv damit beschäftigt und kenne alle wesentlichen Fakten und Zusammenhänge). Fragetext „Einstellung" (gekürzt): Bitte sagen Sie mir, ob Sie der Beteiligung der Bundeswehr an den folgenden Auslandseinsätzen zustimmen oder diese ablehnen. Dem ISAF / Resolute Support Einsatz in Afghanistan. Umkodierter Wertebereich „Einstellung": 0 (lehne völlig ab), 0,25 (lehne eher ab); 0,5 (teils/teils); 0,75 (stimme eher zu); 1 (stimme völlig zu). Fragetext „Erfolg" (gekürzt): Was meinen Sie: Ist der ISAF-Einsatz der Bundeswehr in Afghanistan, nach allem was Sie darüber wissen, ein Erfolg oder ein Misserfolg? Umkodierter Wertebereich „Erfolg": 0 (Ein völliger Misserfolg); 0,25 (Eher ein Misserfolg); 0,5 (teils/teils); 0,75 (Eher ein Erfolg); 1 (Ein voller Erfolg). Datenbasis: Bevölkerungsbefragungen des SOWI und des ZMSBw.

Dritte Erkenntnis: Ein wichtiger Einflussfaktor für die zeitweise kritische öffentliche Meinung zum ISAF-Einsatz war die durchaus realistische Einschätzung vieler Bürgerinnen und Bürger, dass die Taliban militärisch nicht zu besiegen waren und das Risiko für die deutschen Truppen vor Ort zu hoch wurde (Graf 2021, 2023). Die Reaktion der Bevölkerung auf die sich verschlechternde Sicherheitslage vor Ort als Beleg für „casualty shyness" abzutun, greift jedenfalls zu kurz. Eine pazifistische bzw. anti-militaristische Einstellung erwies sich in weiterführenden Untersuchungen des ZMSBw nämlich als weitgehend unerheblich für die Haltung zum Einsatz (Steinbrecher/Wanner 2021). Sehr viel einflussreicher war die wahrgenommene (fehlende) Erfolgsperspektive des Einsatzes (ibid.).

Vierte Erkenntnis: Zu einer Entfremdung zwischen der Bundeswehr und der deutschen Bevölkerung kam es während des gesamten Afghanistan-Einsatzes nicht. Die positive Grundhaltung der Deutschen zur Bundeswehr hat sich im gesamten Zeitraum des Afghanistan-Einsatzes nicht verändert (vgl. Abb. 1). Auch werden die Leistungen der Soldatinnen und Soldaten in den Auslandseinsätzen regelmäßig von einer absoluten Mehrheit positiv bewertet (Graf 2024a: 52). Gleichwohl können bestimmte Einsatzmandate von der Bevölkerung kritisch hinterfragt werden. In Anbetracht dessen wäre es wünschenswert, wenn die Einsatzsoldatinnen und -soldaten öffentliche Kritik an „ihren Einsätzen" nicht als allgemeine Kritik an der „Truppe" bzw. ihren Leistungen verstünden, sondern wenn überhaupt als Kritik an den ihnen von Bundesregierung und Bundestag erteilten Aufträgen. Andernfalls besteht die Gefahr, dass Narrative wie das „freundliche Desinteresse" zu einer *self-fulfilling prophecy* werden. Wenn überhaupt, dann bestand im Kontext des Afghanistan-Einsatzes der Bundeswehr ein Spannungsverhältnis zwischen Gesellschaft und Politik, weil insbesondere das ISAF-Einsatzmandat entgegen einer bisweilen kritischen öffentlichen Meinung mehrfach verlängert wurde (vgl. Abb. 3). Kurzum: Die Volksvertreter haben die Stimme des Volkes über viele Jahre ignoriert (vgl. Chauvistré 2009; Schoen 2010). Die positive Grundhaltung der Deutschen zur Bundeswehr blieb davon unberührt.

Der neue Aufgaben- und Einsatzschwerpunkt liegt seit 2022 nicht mehr im Bereich des internationalen Krisenmanagements (IKM), sondern im Bereich der Landes- und Bündnisverteidigung. Und die konkreten Missionen in diesem Bereich (z.B. im Baltikum) genießen einen deutlich größeren öffentlichen Zuspruch als die IKM-Einsätze (Graf 2024: 73). Somit wird in der aktuellen sicherheitspolitischen Lage nicht nur die Bundeswehr weiterhin als Institution geschätzt, sondern auch ihr Hauptauftrag mehrheitlich unterstützt, was ein neues Kapitel in den zivil-militärischen Beziehungen eröffnet.

3. Glaubenssatz: „Die Mehrheit der Deutschen sind Pazifisten"

Russlands Angriffskrieg gegen die Ukraine hat eine andauernde öffentliche Debatte über den Pazifismus der Deutschen in der „Zeitenwende" ausgelöst (Graf 2024b, 2024c). Verteidigungsminister Boris Pistorius und Generalinspekteur Carsten Breuer haben vielfach einen gesellschaftlichen Mentalitätswandel hin zu mehr Wehrhaftigkeit angemahnt. Vertreter pazifistischer Positionen befürchten deshalb eine grundlegende Abkehr der deutschen Bevölkerung vom Pazifismus und eine „bellizistische Umerziehung" der deutschen Gesellschaft (Wiesendahl 2022; Mika 2022). Den Befürwortern der verteidigungspolitischen „Zeitenwende" geht der gesellschaftliche Mentalitätswandel derweil nicht schnell oder weit genug (Masala 2023). Was Falken und Tauben in der „Pazifismus-Debatte" eint, sind ihre Grundannahmen: Die deutsche Bevölkerung sei bis 2022 mehrheitlich pazifistisch geprägt gewesen und der Ukraine-Krieg habe in diesem Punkt Veränderungen bewirkt. Wird Pazifismus als persönliche Präferenz *für* den Einsatz ziviler Mittel und *gegen* den Einsatz militärischer Mittel in der Außen- und Sicherheitspolitik definiert, dann zeigen die Daten der ZMSBw-Bevölkerungsbefragung, dass beide Annahmen über den „Pazifismus der Deutschen" falsch sind.

Seit 2016 enthält die ZMSBw-Bevölkerungsbefragung eine umfangreiche Fragebatterie, die die Einstellung der Befragten zum Einsatz verschiedener ziviler und militärischer Mittel in der deutschen Außen- und Sicherheitspolitik erfasst. Im gesamten Erhebungszeitraum befürwortet eine Mehrheit der deutschen Bevölkerung den Einsatz von zivilen *und* militärischen Mitteln in der Außen- und Sicherheitspolitik, wobei die Gruppe der zivilen Mittel im Durchschnitt höhere Zustimmungswerte als die Gruppe der militärischen Mittel erhält, das heißt, es besteht eine *relative* Präferenz für den Einsatz ziviler Mittel (vgl. Tab. 1). Gleichwohl ist zu beobachten, dass die Aufnahme von Flüchtlingen als Mittel der deutschen Außenpolitik im Durchschnitt ähnlich kritisch gesehen wird wie Kampfeinsätze und dass Stabilisierungs- und Ausbildungsmissionen der Bundeswehr mitunter vergleichbar viel Zustimmung erfahren wie Wirtschaftssanktionen. Diese Vergleiche machen bereits deutlich, dass nicht jedes zivile Mittel mehr öffentliche Zustimmung erfährt als jedes militärische Mittel.

Tab. 1: Zustimmung zum Einsatz ziviler und militärischer Mittel in der Außen- und Sicherheitspolitik, 2016–2024

Jahr: 20-	16	17	18	19	20	21	22	23	24
Zivile Mittel	*61*	*60*	*56*	*62*	*64*	*64*	*65*	*64*	*62*
Diplomatische Verhandlungen	81	84	85	85	81	84	84	85	84
Rüstungskontrolle	-	-	-	73	73	71	70	71	75
Entwicklungszusammenarbeit	74	71	62	71	71	70	63	70	62
Wirtschaftssanktionen	52	56	54	56	57	61	68	63	64
Aufnahme von Flüchtlingen	37	30	22	27	36	34	40	29	23
Militärische Mittel	*43*	*44*	*41*	*42*	*47*	*46*	*52*	*49*	*50*
Ausbildungseinsätze der Bw	60	59	59	60	64	60	61	57	61
Stabilisierungseinsätze der Bw	56	56	54	56	61	57	58	56	56
Militärische Maßnahmen zur NATO-Bündnisverteidigung	-	-	-	-	-	-	57	52	55
Waffenlieferungen an befreundete Staaten	25	27	24	26	30	33	48	44	47
Kampfeinsätze der Bw	31	34	27	27	33	34	38	34	33

Anmerkungen: Angaben in Prozent. Einzelne Prozentangaben wurden gerundet. Fragetext: „Was meinen Sie, welche Mittel sollte Deutschland in der Außen- und Sicherheitspolitik einsetzen?" Die Antwortanteile „Stimme völlig zu" und „Stimme eher zu" wurden zusammengefasst. Datenbasis: ZMSBw-Bevölkerungsbefragung 2016–2024.

Werden die Einstellungen zu den zivilen und zu den militärischen Mitteln (vgl. Tab. 1) jeweils in einer Indexvariable zusammengefasst, die auf einen Wertebereich von 0 (völlige Ablehnung) bis 1 (völlige Zustimmung) rekodiert ist, können die Befragten aufgrund ihrer individuellen Werte auf den beiden Mittel-Skalen einem von vier außen- und sicherheitspolitischen Einstellungstypen zugeordnet werden (vgl. Abb. 4). Die Betrachtung der Verteilung dieser vier Einstellungstypen in der deutschen Bevölkerung im Zeitverlauf 2016 bis 2023 offenbart, dass Russlands Angriffskrieg gegen die Ukraine seit 2022 in zweifacher Hinsicht *nicht* zu einer „Abkehr vom Pazifismus" in der deutschen Bevölkerung geführt hat: Erstens waren die meisten Deutschen bereits vor dem Ukraine-Krieg *keine* Pazifisten (sondern Realisten bzw. Pragmatiker) und der Anteil der Pazifisten in der deutschen Bevölkerung ist infolge des Kriegsausbruchs auch nur kurzfristig zurückgegangen (vgl. Abb. 5).

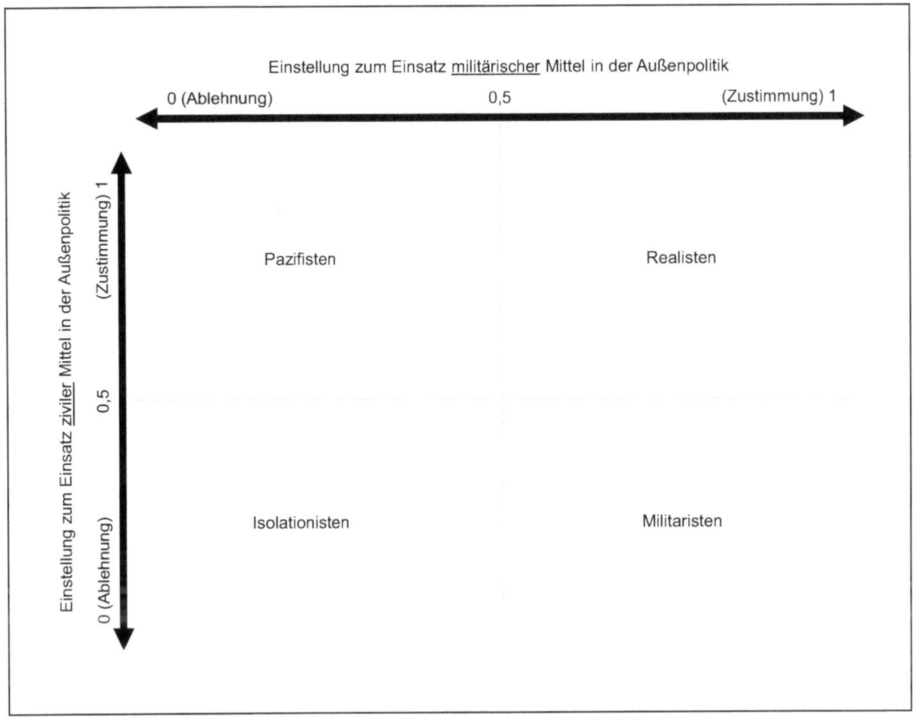

Weiterführende Untersuchungen zeigen, dass der politische Realismus (oder Pragmatismus) sogar die dominante „Denkrichtung" in *allen* soziodemografischen Gruppen und Wählergruppen in Deutschland ist – vor und nach Kriegsausbruch (Graf 2024b). Darüber hinaus gibt es auch keine empirische Evidenz für eine „Militarisierung im Denken" der Deutschen, denn die Gruppe der Militaristen stellte bereits vor dem Krieg eine Minderheit dar, die seit Kriegsausbruch nicht größer geworden ist (vgl. Abb. 5). Das Gleiche gilt im Übrigen für die Gruppe der Isolationisten. Russlands Angriffskrieg gegen die Ukraine hat also bisher zu keinem tiefgreifenderen Wandel der strategischen Kultur in der deutschen Bevölkerung geführt (vgl. Mader/Schön 2023) – die Mehrheit ist und bleibt offen für den Einsatz militärischer Mittel.

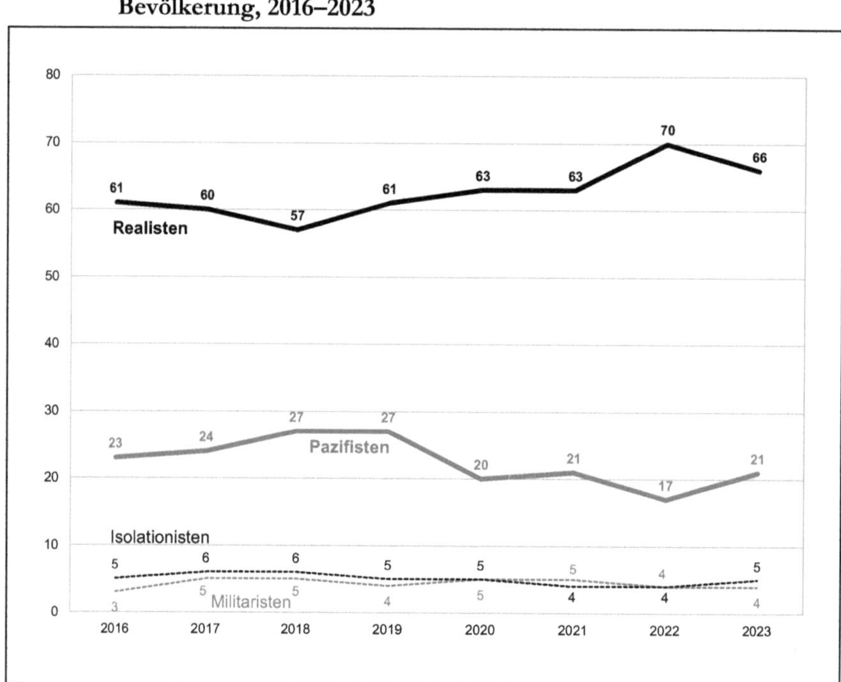

Anmerkungen: Nicht alle Prozentangaben ergeben in der Summe 100 Prozent. Fehlende Werte zu 100 Prozent entsprechen den Anteilen „Weiß nicht" und „Keine Ahnung". Datenbasis: ZMSBw-Bevölkerungsbefragung 2016–2023.

Auch die zweckgebundene Gewaltanwendung durch die Bundeswehr stellt für die deutsche Bevölkerung kein Tabu dar. Die Mehrheit (55 bis 87 Prozent) der Bürgerinnen und Bürger ist der Auffassung, dass die Bundeswehr zur Erfüllung ihrer grundlegenden Aufgaben Waffengewalt als äußerstes Mittel einsetzen dürfen sollte – und zwar im gesamten Aufgabenspektrum (Graf 2024d: 62-67). In allen soziodemografischen Gruppen und Wählergruppen in der deutschen Bevölkerung besteht eine im Durchschnitt positive Einstellung zur zweckgebundenen Anwendung von Waffengewalt durch die Bundeswehr (Graf 2024d: 65-67). Die Bevölkerungsmehrheit akzeptiert also den militärischen Kernauftrag der Bundeswehr: die organisierte Anwendung militärischer Gewalt zur Erreichung nationaler Interessen.

Einschränkend ist jedoch hinzuzufügen, dass die Gewaltanwendung explizit als „äußerstes Mittel" benannt wird. Es ist folglich nicht zulässig, aus den Befunden zu schließen, die Mehrheit der Befragten betrachte die Anwendung von Waffengewalt grundsätzlich als „Mittel der Wahl". Eine solche Interpretation steht auch den Befunden entgegen, dass in der deutschen Bevölkerung seit vielen Jahren eine *relative* Präferenz für den Einsatz ziviler Mittel in der Außen- und Sicherheitspolitik besteht (vgl. Tab. 1) und dass die Gruppe der expliziten Militaristen nur eine Minderheit in der Bevölkerung darstellt (vgl. Abb. 5).

4. Glaubenssatz: „Die Deutschen sind nicht wehrbereit"

Wenn die Deutschen mehrheitlich Pazifisten wären, dann sollten Überlegungen zu einem neuen verpflichtenden Wehrdienst in der Bevölkerung auf Widerstand stoßen. Dies ist jedoch klar erkennbar nicht der Fall. Seit 2023 wurde eine Vielzahl von Befragungen zur Akzeptanz eines neuen Wehrdienstes in der deutschen Bevölkerung erhoben. Alle kommen zu demselben Ergebnis: Eine absolute Mehrheit befürwortet einen neuen Wehrdienst.[1] Selbst unter den jüngeren Befragten (16 bis 29 Jahre) zeichnet sich eine überwiegende Zustimmung ab (Graf 2024a: 33-38).

Neben der Diskussion um einen neuen Wehrdienst rückt die Frage nach dem Potenzial der militärischen Personalreserve in Deutschland in den Fokus. Die hohen personellen Verluste der ukrainischen Streitkräfte in ihrem erbitterten Abwehrkampf gegen die russischen Invasionstruppen zeigen, wie wichtig es für die personelle Durchhaltefähigkeit der Streitkräfte ist, dass diese im Verteidigungsfall auf ein möglichst großes Potenzial an freiwilligen Kämpferinnen und Kämpfern in der Bevölkerung zurückgreifen können, getreu dem Motto: Die aktive Truppe beginnt im Krieg, die Reserve beendet ihn. Wie groß wäre dieses Potenzial in Deutschland?

Aktuell geben 42 Prozent der Befragten an, Deutschland im Falle eines militärischen Angriffs mit der Waffe verteidigen zu wollen, während 52 Prozent dies ablehnen (Graf 2024a: 38-41). Das liegt aber vor allem an der Zurückhaltung der Frauen, denn in allen Erhebungsjahren (2021-2024) ist die persönliche Verteidigungsbereitschaft der Männer (52 bis 61 Prozent) deutlich stärker ausgeprägt als die der Frauen (11 bis 22 Prozent). Heißt: Eine absolute Mehrheit der Männer im wehrfähigen Alter wäre bereit, mit der Waffe zu kämpfen. In der Altersgruppe der 20- bis 40-jährigen Männer liegt dieser Anteil aktuell bei 60 Prozent,

---

[1] Zustimmungswerte zu einem neuen Wehrdienst in verschiedenen Bevölkerungsbefragungen: Ipsos (März 2023) = 61 Prozent; MDR fragt (Februar/März 2023) = 70 Prozent; Civey (Dezember 2023) = 63 Prozent; NDR fragt (Februar 2024) = 66 Prozent; INSA (März 2024) = 52 Prozent; Yougov (Juni 2024) = 60 Prozent; IfD Allensbach (Januar 2025) = 55 Prozent.

was gemäß Zensus einem demografischen Potenzial von etwas mehr als 6 Millionen entspräche. Selbst wenn nur die Hälfte dieser Männer sich tatsächlich zum Dienst an der Waffe einfinden würde, wäre dies ein enormes Potenzial. Die Durchhaltefähigkeit der Bundeswehr im Verteidigungsfall würde also weniger von einer fehlenden persönlichen Verteidigungsbereitschaft in der (männlichen) deutschen Bevölkerung als von den noch immer gravierenden Ausrüstungsdefiziten der Bundeswehr beeinträchtigt werden.

Fazit

Wie bekannt sein dürfte, haben die Deutschen ein äußerst positives Verhältnis zur Bundeswehr. Die bisweilen kritische öffentliche Meinung zu den Auslandseinsätzen der Bundeswehr, insbesondere jener in Afghanistan, ist vor allem auf die wahrgenommene Erfolgslosigkeit zurückzuführen und nicht auf mangelndes Interesse. Kein Wunder, sind die meisten Deutschen doch außen- und sicherheitspolitische Realisten. Und jetzt, wo eine militärische Konfrontation mit Russland droht, wären Millionen Bürgerinnen und Bürger bereit, sich persönlich militärisch zu engagieren.

Die Truppe kann sich also darauf verlassen, dass eine große Mehrheit in der deutschen Bevölkerung hinter ihr steht. Dieser Kernbefund jahrzehntelanger Umfrageforschung sollte den Grundstein legen für ein neues gemeinsames Verständnis der zivil-militärischen Beziehungen in Deutschland – in Politik, Medien, Bundeswehr und Bevölkerung. Die Motivation der Soldaten würde dadurch steigen, der Dienst im Militär würde attraktiver werden und auch der Abschreckungswert gegenüber dem russischen Aggressor ist nicht gering zu schätzen. Vor allem aber könnte die bisherige Politik der „Selbstabschreckung", geleitet durch die falsche Annahme einer mehrheitlich pazifistischen und militärkritischen deutschen Bevölkerung, überwunden werden.

Was muss also getan werden, damit die negativen Glaubenssätze endgültig überwunden werden und die „Schweigespirale" durchbrochen wird? Es müssen keine Maßnahmen ergriffen werden, um auf die Einstellung der Bevölkerung zu ihren Streitkräften einzuwirken, sondern vielmehr sollte daran gearbeitet werden, dass Bevölkerung und Bundeswehrangehörige wahrnehmen, wie positiv die Mehrheit der Deutschen der Bundeswehr bereits seit vielen Jahren gegenübersteht. Neue öffentliche Veranstaltungen wie der Veteranentag können nur ein „symbolischer" Anfang sein. Sehr viel bedeutender für einen umfassenden Austausch zwischen Bevölkerung und Bundeswehr wäre die Einführung einer neuen Wehrpflicht: „Durch sie bleibt die Bundeswehr in stetem Austausch mit der

Gesellschaft [...] Die allgemeine Wehrpflicht sichert die Verankerung der Bundeswehr in der Gesellschaft" (BMVg 2006: 76).

Die „guten Zahlen" zur öffentlichen Meinung über die Bundeswehr liegen schon seit Langem vor. Mehr denn je müssen sie auch effektiv kommuniziert werden – in Truppe, Medien, Politik und Gesellschaft. Deshalb sollte dem aktiven Wissenstransfer mehr Bedeutung beigemessen werden, als dies in der Vergangenheit der Fall war. Dem ZMSBw ist dies im Bereich Wissenstransfer in den vergangenen Jahren durchaus gelungen. Im Zeitraum 2022 bis 2024 fanden die Ergebnisse der ZMSBw-Bevölkerungsbefragung Erwähnung in über 200 Medienberichten und waren Grundlage für annähernd 100 Vorträge, 60 populäre und wissenschaftliche Publikationen sowie eine Vielzahl von Seminaren und Informationsveranstaltungen an der Führungsakademie der Bundeswehr, der Bundesakademie für Sicherheitspolitik, diversen Botschaften und im Bundestag. Darüber hinaus sollten die vorliegenden Befunde zum Verhältnis der Deutschen zum Militär Pflichtbestandteil in der Ausbildung der Jugendoffiziere sowie in der politischen Bildung in der Bundeswehr sein.

Zusätzlich sollte der wissenschaftlichen Politikberatung im Geschäftsbereich des BMVg eine größere Bedeutung beigemessen werden, d.h. das BMVg sollte die ihm bereits zur Verfügung stehenden Möglichkeiten der wissenschaftlichen Politikberatung und die hierdurch generierten Befunde verstärkt für die Weiterentwicklung seiner Informations- und Öffentlichkeitsarbeit nutzen. Wie dieser Text belegt, lässt sich aus den vorliegenden Umfragedaten weitaus mehr ableiten als ein rein deskriptives Lagebild über die aktuelle öffentliche Meinung zur Verteidigungspolitik. Dabei geht es aber nicht um Ableitungen für die operativ-taktische Ebene, sondern um die Entwicklung möglicher Leitlinien für die strategische Kommunikation. In der Vergangenheit hat das BMVg jedoch weitgehend darauf verzichtet, sich über die Implikationen der wissenschaftlichen Befunde für die strategische Kommunikation auszutauschen. Warum gibt es zum Beispiel keinen halbjährlich stattfindenden Roundtable, bei dem ZMSBw, das Zentrum Informationsarbeit Bundeswehr (ZInfoABw) und das Zentrum Operative Kommunikation der Bundeswehr (ZOpKomBw) ihre jeweiligen Erkenntnisse zum Meinungs-, Presse- und Informationsraum abgleichen und gemeinsam mit den Fachreferaten im BMVg daraus (praktische) Implikationen für die strategische Kommunikation ableiten?

Grundsätzlich sind alle Verantwortungs- und Entscheidungsträger in der Politik, alle Angehörigen der Bundeswehr und alle meinungsbildenden Leitmedien gehalten, sich wissenschaftlichen Befunden zu öffnen und ihren Kenntnisstand fortlaufend zu überprüfen und zu aktualisieren. Aus geistiger Trägheit an den falschen Glaubenssätzen über das Verhältnis der Deutschen zum Militär festzuhalten, birgt jedenfalls große Risiken. Wer weiterhin glaubt, die Deutschen seien mehrheitlich Pazifisten, läuft Gefahr, eine Politik der „Selbstabschreckung" zu betreiben anstatt einer effektiven Verteidigungspolitik, wie sie eine klare Mehrheit der Bürgerinnen und Bürger fordert. Wer weiterhin verkündet, die Bevölkerung stehe nicht hinter der Bundeswehr, der nimmt (ab jetzt wider besseren Wissens) in Kauf, die Motivation unserer Soldatinnen und Soldaten zu schwächen — und fällt der Truppe so letztlich in den Rücken. Durch ein Festhalten an den negativen Glaubenssätzen über das Verhältnis der Deutschen zum Militär schaden wir uns nur selbst und die Feinde unserer freiheitlich-liberalen Gesellschaftsordnung profitieren. Schluss damit!

Literatur

Bulmahn, Thomas (2008): Medienberichte über die Bundeswehr und deren Wirkung auf die öffentliche Meinung zu den Streitkräften und den Auslandseinsätzen. In: Ose, Dieter (Hrsg.): Sicherheitspolitische Kommunikation im Wandel. Baden-Baden: Nomos, S. 153-170.

Chauvistré, Eric (2009): Robuste Illusionen. In: Internationale Politik 64(3), S. 84-95.

Biehl, Heiko (2012): Einsatzmotivation und Kampfmoral. In: Leonhard, Nina/Werkner, Ines-Jacqueline (Hrsg.): Militärsoziologie: Eine Einführung. Wiesbaden: Springer VS, S. 447-474.

Biehl, Heiko/Fiebig, Rüdiger (2011): Zum Rückhalt der Bundeswehr in der Bevölkerung. Empirische Hinweise zu einer emotional geführten Debatte. SOWI Thema 02/2011. Strausberg: Sozialwissenschaftliches Institut der Bundeswehr.

Biehl, Heiko/Keller, Jörg (2009): Hohe Identifikation und nüchterner Blick — Die Sicht der Bundeswehrsoldaten auf ihre Einsätze. In: Jaberg, Sabine/Biehl, Heiko/Mohrmann, Günter/Tomforde, Maren (Hrsg.): Auslandseinsätze der Bundeswehr. Sozialwissenschaftliche Analysen, Diagnosen und Perspektiven. Berlin: Duncker & Humblot, S. 121-141.

Graf, Timo (2024a): Zwischen Kriegsangst und Kriegstauglichkeit: Sicherheits- und verteidigungspolitisches Meinungsbild in Deutschland 2024. Forschungsbericht 137. Potsdam: Zentrum für Militärgeschichte und Sozialwissenschaften der Bundeswehr.

Graf, Timo (2024b): Plötzlich kriegstüchtig? Der Pazifismus der Deutschen in der Zeitenwende. In: Ethik und Militär, Ausgabe 2/2024, S. 12-23.

Graf, Timo (2024c): Auf einer Skala von 1 bis 10: Wie wehrhaft sind die Deutschen? In: Hartmann, Uwe/Janke, Reinhold/von Rosen, Claus (Hrsg.): Jahrbuch Innere Führung 2023/24: Der Krieg in der Ukraine: Folgerungen für die Sicherheits- und Militärpolitik Deutschlands sowie für die Bundeswehr. Berlin: Miles-Verlag, S. 63-90.

Graf, Timo (2024d): Was bleibt von der Zeitenwende in den Köpfen? Sicherheits- und verteidigungspolitisches Meinungsbild in der Bundesrepublik Deutschland 2023. Forschungsbericht 136. Potsdam: Zentrum für Militärgeschichte und Sozialwissenschaften der Bundeswehr.

Graf, Timo (2023): Wie die Deutschen wirklich zum Afghanistan-Einsatz standen. In: Hansen, Stefan/Bartscher, Michael/Rohschürmann, Michael (Hrsg.): 20 Jahre Einsatz in Afghanistan: Ein Paradigmenwechsel des Internationalen Krisen- und Konfliktmanagements der Bundesrepublik Deutschland. Baden-Baden: Nomos, S. 359-402.

Graf, Timo (2021): Freundliches Desinteresse als Bilanz? Die Einstellung der Deutschen zum Bundeswehreinsatz in Afghanistan auf dem Prüfstand. In: Zeitschrift für Außen- und Sicherheitspolitik 14(4), S. 411-436.

Graf, Timo (2020): Zur Integrationsfunktion der Inneren Führung: Eine empirische Betrachtung der öffentlichen Meinung zur gesellschaftlichen Einbindung der Bundeswehr von 2005 bis 2019. In: Hartmann, Uwe/von Rosen, Claus (Hrsg.): Jahrbuch Innere Führung 2020 – Zur Weiterentwicklung der Inneren Führung: Themen und Inhalte. Berlin: Miles-Verlag, S. 105-122.

Köhler, Horst: Rede von Bundespräsident Horst Köhler bei der Kommandeurtagung der Bundeswehr in Bonn am 10. Oktober 2005.

Masala, Carlo (2023): Ich halte unsere Gesellschaft für nicht besonders wehrhaft. In: Internationale Politik Special 4/2023, S. 4-11.

Mika, Bascha (2022): Ukraine-Krieg und Pazifismus: Wie der Militarismus einen Siegeszug durch unsere Köpfe angetreten hat: In: Frankfurter Rundschau, 24.2.2023.

Schoen, Harald (2010): Ein Bericht von der Heimatfront: Bürger, Politiker und der Afghanistan-Einsatz der Bundeswehr. In: Politische Vierteljahresschrift Nr. 51, S. 395-408.

Seiffert, Anja/Heß, Julius (2020): Leben nach Afghanistan: Die Soldaten und Veteranen der Generation Einsatz der Bundeswehr. Potsdam: Zentrum für Militärgeschichte und Sozialwissenschaften der Bundeswehr.

Steinbrecher, Markus/Wanner, Meike (2021): Alles eine Frage des Erfolgs? Einstellungen zum internationalen Engagement Deutschlands und zum Einsatz in Afghanistan. In: Maurer, Jochen/Rink, Martin (Hrsg.): Einsatz ohne Krieg? Die Bundeswehr nach 1990 zwischen politischem Auftrag und militärischer Wirklichkeit. Göttingen: Vandenhoeck & Ruprecht, S. 255-275.

Steinmeier, Frank-Walter (2020): Rede des Bundespräsidenten beim feierlichen Gelöbnis zum 65. Gründungstag der Bundeswehr am 12. November 2020.

Stephan, Cora (2012): Deutschland braucht ein neues Verhältnis zum Militär. In: Die Welt, 26.01.2012.

Stöhr, Florian (2012): Politische und gesellschaftliche Rahmenbedingungen deutscher Auslandsmissionen am Beispiel Afghanistan. In: Chiari, Bernhard (Hrsg.): Auftrag Auslandseinsatz: Neueste Militärgeschichte an der Schnittstelle von Geschichtswissenschaft, Politik, Öffentlichkeit und Streitkräften. Freiburg i. Br.: Rombach Verlag, S. 215-223.

Wagner, Armin/Biehl, Heiko (2013): Bundeswehr und Gesellschaft. In: Aus Politik und Zeitgeschichte 43-44, S. 23-30.

Wanner, Meike (2019): Das Ansehen der Bundeswehr: Persönliche Einstellung versus Meinungsklimawahrnehmung. Baden-Baden: Nomos.

Wiesendahl, Elmar (2022): Der Ukraine-Krieg und die bellizistische Remedur Deutschlands. Positionspapier. Zentrum für ethische Bildung in den Streitkräften.

Von der Freiwilligenarmee zurück zur Wehrpflicht? Was man aus der Jugendforschung lernen kann

Gregor Richter

1. Einleitung und Fragestellung

Am 1. Juli 2011 wurde die Wehrpflicht in Deutschland ausgesetzt. Die Bundesrepublik folgte dabei einem europaweiten Trend nach dem Ende des Kalten Krieges und vollzog den Übergang von einer „Pseudo-Wehrpflichtstreitkraft" zu einer „Freiwilligenstreitkraft" (Werkner 2023a: 101; siehe auch für den europäischen Trend: Szvircsev Tresch/Leuprecht 2010). Eine Besonderheit im internationalen Vergleich stellte die Einführung des Freiwilligen Wehrdienstes (FWD) in Deutschland dar, mit dem die Möglichkeit für ein kurzfristiges und niederschwelliges Engagement bei der Bundeswehr geschaffen wurde (vgl. Haß 2015).

Neu waren und sind die Herausforderungen der Freiwilligenrekrutierung für die Bundeswehr nicht, denn auch zu Zeiten der Wehrpflichtarmee bestand der Großteil des Personalkörpers im Frieden aus Berufssoldaten (BS) und Soldaten auf Zeit (SaZ), die entsprechend angeworben werden mussten. Etwa 50 Prozent des personellen Regenerationsbedarfs bei länger dienenden Soldatinnen und Soldaten konnten aus Grundwehrdienst Leistenden gedeckt werden. Der Vorteil dieses Rekrutierungssystems bestand zudem darin, dass sich viele Personen bei der Bundeswehr verpflichteten, „[...] nachdem sich die Bewerber bereits in der Truppe bewährt hatten" (Kujat 2011: 7).

Wie sich das Gesicht der Bundeswehr und die Kommunikationsstrategien der Freiwilligenwerbung immer wieder an den Zeitgeist und sich wandelnde gesellschaftliche Anforderungen angepasst haben bzw. anpassen mussten, zeigt mit entsprechendem Bildmaterial die historische Studie von Thorsten Loch (2008). Verstärkt werden die Anforderungen an die Personalrekrutierung, die heute in der Verantwortung des Bundesamtes für das Personalmanagement der Bundeswehr (BAPersBw) und seines nachgeordneten Bereichs liegt, durch demografische Herausforderungen und immer weniger Schulabgänger und -abgängerinnen, die dem Arbeitsmarkt in Deutschland generell zur Verfügung stehen (vgl. Apt 2014).

Obwohl die Herausforderungen der Personalgewinnung infolge des Wechsels des Rekrutierungssystems gestiegen sind, brach das wissenschaftliche Monitoring durch die Jugendstudien des damaligen Sozialwissenschaftlichen Instituts der Bundeswehr (SOWI) mit dem letzten Forschungsbericht über die Umfrage 2011 ab (Hentschel 2013). Ab 2012 wurden keine weiteren Befragungen der Zielgruppe der jungen Personen mit Blick auf die Arbeitgeberattraktivität und ein Engagement bei der Bundeswehr beauftragt.

Der Fokus wurde in den Jahren ab 2012 in der Nachfolgeeinrichtung, dem Zentrum für Militärgeschichte und Sozialwissenschaften der Bundeswehr (ZMSBw), auf empirische Umfragen innerhalb der Bundeswehr gelegt: zur „Agenda Attraktivität", zur Attraktivität der Bundeswehr als Arbeitgeber und zur Personalbindung. Hierzu kann auf mittlerweile drei bundeswehrweite, repräsentative Befragungswellen in den Jahren 2013, 2016 und 2020 zurückgegriffen werden (letztmals: Richter 2020c). Für ausgewählte Gruppen wurden zudem Sonderauswertungen erstellt, so z.B. für einzelne Dienstgradgruppen (Richter 2019) und Angehörige des Zentralen Sanitätsdienstes der Bundeswehr (Richter 2021). Darüber hinaus liegen berufsgruppen- und genderspezifische Analysen vor (Kümmel 2020; Richter 2016; 2020a; 2020b).

Nicht zuletzt unter dem Eindruck des im Februar 2022 begonnenen Angriffskrieges der Russischen Föderation auf die Ukraine, der zum Zeitpunkt der Erstellung dieses Beitrags noch anhält und die Sicherheits- und Verteidigungsarchitektur der Bundesrepublik Deutschland massiv beeinflusst, ist eine Renaissance der Personalgewinnungsperspektive in der Forschung des ZMSBw zu verzeichnen. Hierzu wurde 2023 eine repräsentative Umfrage unter jungen Personen zur Attraktivität der Bundeswehr als Arbeitgeber vom BMVg beauftragt. Der vorliegende Beitrag greift auf die Untersuchungsergebnisse zurück (Richter 2024).

Nicht nur in der politischen Öffentlichkeit, sondern auch in der Wissenschaft wird zurzeit vor dem Hintergrund des Krieges in der Ukraine über eine Reaktivierung der Wehrpflicht, gegebenenfalls in modifizierter Form, diskutiert (vgl. Werkner 2023b). Vorbild könnte dabei das sogenannte Schwedische Modell sein: Die Wehrpflicht gilt in Schweden sowohl für Männer als auch für Frauen. Die Dauer der Pflicht beträgt zwölf Monate. Rekrutiert werden die jungen Personen jedoch vor allem auf Basis ihrer Bereitschaft, dem Land zu dienen. Das Schwedische Modell wird in Deutschland vorwiegend als „Kontakt-Wehrpflicht" wahrgenommen: Junge Personen sollen wenigstens einmal im Leben mit der Bundeswehr in Berührung oder ins Gespräch kommen, letztlich aber selbst entscheiden, ob sie sich verpflichten. Das von Verteidigungsminister Boris Pistorius präferierte Wehrpflichtmodell ist aufgrund der innerpolitischen Veränderungen vom November 2024 wohl kaum umsetzbar. Das Inkrafttreten des

Gesetzes zur Einführung eines neuen Wehrdienstes ist derzeit ungewiss. Vielmehr wird über die Wiedereinführung der alten Wehrpflicht diskutiert. Die CDU/CSU hat sie bereits in ihr Parteiprogramm aufgenommen.

Im Gegensatz zu diesen politischen Überlegungen wird in diesem Beitrag argumentiert, dass die personalpolitischen Potenziale der Freiwilligenarmee ergänzt durch ein zielgruppenspezifisches Kontakt-Modell noch nicht ausgeschöpft sind. Dabei werden ausgewählte Ergebnisse der 2023 durchgeführten Umfrage unter jungen Personen vorgestellt, die dieses Argument stützen. Hierzu wird folgender Bogen gespannt. In Abschnitt 2 wird die methodische Anlage der Studie erläutert. Es folgen in Abschnitt 3 zentrale Ergebnisse, die die hier vorgetragene These stützen. In Abschnitt 4 folgt dann die Einordnung der Ergebnisse vor dem Hintergrund der aktuellen Wehrpflichtdebatte und es wird ein Kontakt-Modell skizziert, dass einen Beitrag zu Rekrutierung und Führung einer kriegstüchtigen Bundeswehr leisten kann.

2. Umfrage 2023 unter der Generation Z zur Attraktivität der Bundeswehr als Arbeitgeber

Die Befragten der Studie aus dem Jahr 2023 stammen aus der sogenannten Generation Z, d.h. den Geburtskohorten der 1996 bis 2012 Geborenen („Zoomer"). Der Jugendforscher Klaus Hurrelmann charakterisiert die berufsbezogenen Bedürfnisse der Generation Z – in seiner Diktion die „Generation Greta"– wie folgt: „Die Generation Greta will etwas aus ihrem beruflichen Leben machen. Der Beruf soll ihr persönlich auf den Leib geschneidert sein, soll Spaß machen, soll sicher sein, den eigenen Fähigkeiten und Neigungen entsprechen und persönlich erfüllen. Selbstbestimmtheit, Sinnhaftigkeit und Nutzen für die Gemeinschaft sind weit oben in den Rankings, ebenso persönliche Wertschätzung, ein gutes Betriebsklima, flache Hierarchien mit dem Versprechen, mitmischen zu können und dafür regelmäßiges und ausführliches Feedback zu erhalten. Die jungen Leute wollen wahrgenommen werden." (Hurrelmann/Albrecht 2020: 199)

Diese Charakterisierung der Generation Z scheint auf den ersten Blick nicht fundamental neu. Vertreterinnen und Vertreter früherer Generationen, die seit Längerem im Berufs- und Arbeitsleben stehen, würden diese Liste mit Anforderungen an einen Arbeitgeber sicherlich in ähnlicher Weise für sich reklamieren. Die generationsvergleichende empirisch-wissenschaftliche Forschung kommt jedenfalls für die Vorgängergenerationen zu einer relativierenden Einschätzung: Vergleichende Untersuchungen der Babyboomer, der Generation X und der

Generation Y „… zeigen, dass sich die Generationen durchaus in der Ausprägung vieler Arbeitsmotive unterscheiden. Die Unterschiede sind aber geringer als man erwarten würde, wenn man die Debatte um die Generation Y verfolgt, die teilweise in Praxispublikationen geführt wird." (Kanning 2017: 42) Demnach sind die Generationen mental oft nicht so weit voneinander entfernt, wie dies von Personalberatungen kolportiert wird, die ein einträgliches Geschäftsmodell entwickelt haben, um Unternehmen die jeweils jüngste Generation – heutzutage die Generation Z – zu erklären.

In Infobox 2.1 sind die wesentlichen Informationen zur Methode der vorliegenden Umfrage zusammengefasst. Die Konzeption der Studie, die Entwicklung des Fragebogens sowie die Berichterstellung wurden vom Autor übernommen. Die Erhebung, d.h. die Ansprache der Zielgruppe und die Durchführung der Interviews, wurde an ein kommerzielles Meinungsforschungsinstitut vergeben. Nach einer bundesweiten Ausschreibung wurde hierfür ein Dienstleistungsvertrag zwischen der Bundeswehr und dem Institut IPSOS Public Affairs geschlossen.

Grundgesamtheit:	Deutschsprachige Personen im Altersband von 16 bis 25 Jahren, die in Privathaushalten in der Bundesrepublik Deutschland leben und die deutsche Staatsangehörigkeit besitzen
Auswahlverfahren:	Quotenverfahren
Quotenvorgaben:	Geschlecht, Alter, Bundesland, Schulbildung und Migrationshintergrund
Methode:	Computergestützte persönliche Interviews (CAPI)
Durchführung:	IPSOS Public Affairs mit Unterauftragnehmer Foerster & Thelen Marktforschung Feldservice GmbH (kurz: F&T)
Befragungszeitraum:	10.11.2023 bis 13.12.2023
Anzahl Interviews (brutto):	2.106
Gewichtung:	Ex post mit IPF-Wichtung (Iterative Proportional Fitting nach Deming) aus dem Quantum-Programmpaket. Rim Weighting Efficiency: 97,8 Prozent
Anzahl verwertbarer Interviews (netto) mit deutscher Staatsbürgerschaft: (Hinweis: Mit Blick auf die Außenwirkung der Bundeswehr wurden die Interviews auch dann durchgeführt, wenn keine deutsche Staatsbürgerschaft vorlag. Somit sollte ein Abbruch des Gesprächs nicht als Desinteresse der Bundeswehr an der Person gedeutet werden können.)	2.055

3. Forschungsergebnisse

Aufmerksamkeit und Interesse: Potenzialanalyse an Bewerberinnen und Bewerbern

In der Umfrage zur Attraktivität der Bundeswehr als Arbeitgeber bei jungen Personen 2023 wurde ein Teil der Fragen von der letzten SOWI-Jugendstudie 2011 (Hentschel 2013) übernommen. Dies erlaubt einen Längsschnittvergleich für zentrale Indikatoren, etwa das Interesse an einer Tätigkeit für die Bundeswehr, der den gesamten Zeitraum der Bundeswehr als einer Freiwilligenarmee nach Aussetzung der Wehrpflicht umspannt.[1]

Zwei Fragen werden hier eingehender untersucht: Einerseits die Frage nach der Aufmerksamkeit, d.h. ob man schon einmal Überlegungen angestellt hat, zur Bundeswehr zu gehen, und andererseits die Frage nach dem Interesse an einer beruflichen Tätigkeit bei der Bundeswehr. Die Kombination der Antworten in einer Matrix erlaubt eine Potenzialanalyse möglicher Bewerberinnen und Bewerber (Tabelle 3.1).

Erst einmal fällt auf, dass die Bundeswehr in Hinblick auf das Bewerberinteresse nicht schlechter dasteht als vor zwölf Jahren, vielmehr ist der Anteil der „Uninteressierten" (rot) von 56 Prozent auf 50 Prozent gesunken. Die Aufmerksamkeit und das Interesse für die Bundeswehr sind 2023 im Großen und Ganzen auch nicht wesentlich anders verteilt als noch 2011. Für die Potenzialanalyse ist insbesondere interessant, wie sich die Werte der „Zögernd Interessierten" (hellgrün) und der „Spontan Interessierten" (gelb) im Zeitverlauf entwickelt haben, denn gerade diese sind (oder sollten zumindest) vor allem Zielgruppe des Personalmarketings (sein), da sie die Bundeswehr als Arbeitgeber grundsätzlich nicht ausschließen. Ihr Anteil beträgt 2023 zusammen 40 Prozent; 2011 lag er noch bei 32 Prozent. Trotz des Umstandes, dass die Bundeswehr heute mit ihren Marketingmaßnahmen aktiver auf die Zielgruppe zugeht, hat sich dieses latente Potenzial von Interessentinnen und Interessenten sogar um 8 Prozentpunkte erhöht. Während die „Uninteressierten" (rot) und „Spontan Uninteressierten" (orange) wohl nicht oder nur mit großem kommunikativem Aufwand für eine Tätigkeit in der Bundeswehr gewonnen werden können, gelänge dies bei den 40 Prozent „Zögernd Interessierten" (hellgrün) und „Spontan Interessierten" (gelb)

---

[1] Das Altersband der Umfrage 2011 erfasste 14- bis 23-Jährige, das der Umfrage 2023 16- bis 25-Jährige. Somit ist eine Vergleichbarkeit für das Altersband 16 bis 23 Jahre gegeben. Die Anzahl der verwendbaren Interviews für den Längsschnitt beträgt 2.852 im Jahr 2011 und 1.549 im Jahr 2023.

224

sicher mit geeigneten Marketingmaßnahmen, da schon ein gewisses Grundinteresse bei ihnen vorhanden ist. Zusammen mit den 5 Prozent „Ernsthaft Interessierten" stellen sie ein erhebliches Potenzial von 45 Prozent der jungen Personen, die für die Bundeswehr grundsätzlich ansprechbar sind!

Tabelle 3.1: Potenzialanalyse nach Aufmerksamkeit und Interesse

	Ohne Klammern: 2023 In Klammern: 2011	Könnten Sie sich zumindest für eine gewisse Zeit eine berufliche Tätigkeit bei der Bundeswehr vorstellen – entweder als Soldat/Soldatin oder als ziviler Mitarbeiter/zivile Mitarbeiterin?			Randverteilung
		Ja	Vielleicht	Nein	
Haben Sie schon einmal daran gedacht, für eine gewisse Zeit eine berufliche Tätigkeit bei der Bundeswehr aufzunehmen – entweder als Soldat/Soldatin oder als ziviler Mitarbeiter/zivile Mitarbeiterin?	Ja, ich habe diese Möglichkeit schon einmal ernsthaft erwogen.	5 (7)	2 (3)	1 (2)	8 (12)
	Ja, ich habe schon einmal mit dem Gedanken gespielt.	12 (11)	6 (4)	4 (2)	22 (17)
	Nein, ich habe noch nie daran gedacht.	5 (4)	15 (10)	50 (56)	70 (70)
	Randverteilung	22 (22)	23 (17)	55 (60)	100 (100)

Anmerkungen: Angaben in Prozent. Einzelne Prozentangaben ergeben mitunter in der Summe nicht 100 Prozent, da sie gerundet wurden. Altersband: 16–23 Jahre. Datenbasis: SOWI-Jugendstudie 2011 und ZMSBw-Umfrage zur Attraktivität der Bundeswehr als Arbeitgeber 2023.

Kommunikationskanäle bei der Suche nach Arbeitgebern

Die Datenanalyse beruht im Weiteren nur auf der Erhebung von 2023 und umfasst deshalb das komplette Altersband von 16 bis 25 Jahren. Die jungen Personen wurden gebeten anzugeben, welche Informationsquellen sie für die Berufs- und Arbeitgebersuche ganz allgemein nutzen. Hierzu waren insgesamt 20 Quellen vorgegeben, für die die Befragten die Wichtigkeit mit den Antwortoptionen „sehr wichtig", „eher wichtig", „teils/teils", „eher unwichtig" und „überhaupt nicht wichtig" bewerten konnten. Tabelle 3.2 gibt die Mittelwerte der fünfstufigen Likert-Skalen wieder. Hohe Werte indizieren eine hohe Wichtigkeit. Die Unterschiede zwischen den Mittelwerten lassen sich als Prozentpunkte des durchschnittlichen Antwortverhaltens interpretieren.

Tabelle 3.2:   *Informationsquellen bei der Berufs- und Arbeitgebersuche – geschlossene Antworten*

Ganz allgemein: Wie wichtig sind Ihnen die folgenden Quellen, wenn Sie sich über Arbeitgeber, Berufs- und Bewerbungsmöglichkeiten informieren?			
Quellen 1–10 (high ranking)	M	Quellen 11–20 (low ranking)	M
Praktika	0,80	Instagram	0,49
Gespräche mit Freunden/Freundinnen	0,78	Youtube	0,47
Gespräche mit den Eltern, der Familie und Verwandten	0,77	Flyer	0,45
Internetauftritte der Arbeitgeber	0,73	Plakate	0,43
Gespräche mit dem Partner/der Partnerin	0,72	Fernsehen	0,43
Job- und Berufsmessen	0,71	Zeitungen und Zeitschriften (Print)	0,42
Tag der offenen Tür	0,69	TikTok	0,34
Berufsberatung der Job-Center/Arbeitsagenturen	0,63	Radio	0,33
Private Berufsberatungen	0,59	Facebook	0,30
Foren und Blogs im Internet	0,58	Telegram	0,20

Anmerkungen: Angaben: Mittelwerte M [0; 1]. Sortierung absteigend. Datenbasis: ZMSBw-Umfrage zur Attraktivität der Bundeswehr als Arbeitgeber 2023.

Gespräche im Freundeskreis, mit dem Partner oder der Partnerin, mit Eltern, Familie und Bekannten nehmen eine zentrale Rolle für die eigene berufliche Orientierung der Zielgruppe ein. Praktika, Job- und Berufsmessen sowie Tage der offenen Tür, also die Möglichkeit eines direkten Kennenlernens des potenziellen Arbeitgebers vor Ort, stehen an der Spitze der Informationssuche (high ranking). Klassische Medien (Print, Fernsehen, Radio) verlieren offenbar weiter an Bedeutung für die Zielgruppe. Die Befragten messen aber auch den Sozialen Medien, jedenfalls was die Informationssuche zu potenziellen Arbeitgebern und Berufen angeht, eine eher untergeordnete Rolle zu (low ranking). Wer hätte dies bei der sonst so digitalaffinen Generation Z gedacht, die täglich mehrere Stunden im Cyberraum und am Smartphone verbringt?

Praktika (0,80) sind der Generation Z um ganze 46 Prozentpunkte wichtiger als TikTok (0,34) bei der Suche nach Arbeitgebern. Will man die Generation für eine berufliche Aufgabe ganz allgemein interessieren, muss man als Arbeitgeber eine persönlich angenehme Atmosphäre schaffen an einem Tag, der für sie unvergesslich ist (vgl. Maas 2024: 99). Diese kann in Praktika bei der Bundeswehr, die es heute schon als Personalgewinnungsinstrument gibt, oder eben in einem „Tag bei der Bundeswehr als Teil der Kontaktwehrpflicht" stattfinden (siehe Abschnitt 4).

Erklärungsmodell zum Interesse am Arbeitgeber Bundeswehr

Ziel dieses Abschnitts ist die Entwicklung eines Erklärungsmodells auf Basis einer Multivariaten Linearen Regression (MLR), mit der die Effekte mehrerer (z.B. sozialdemografischer) Erklärungsvariablen gleichzeitig geprüft werden können. Dies hat gegenüber bivariaten Berechnungen den Vorteil, dass die statistische Analyse um überlagernde Effekte bereinigt ist (Tabelle 3.3). Als abhängige Variable wird hierzu die bereits eingeführte Frage aus Tabelle 3.1 zum Interesse verwendet.

Tabelle 3.3: Erklärungsmodelle zum Interesse an einer Tätigkeit für die Bundeswehr

Abhängige Variable: „Könnten Sie sich zumindest für eine gewisse Zeit eine berufliche Tätigkeit bei der Bundeswehr vorstellen – entweder als Soldat/Soldatin oder als ziviler Mitarbeiter/zivile Mitarbeiterin?"	Modell 1		Modell 2	
	Beta	Signifikanz	Beta	Signifikanz
Geschlecht (weiblich = 1)	-0,17	***	-0,16	***
Alter	-0,12	***	-0,06	**
Ost/West (Ostdeutschland = 1)	0,00	n.s.	0,00	n.s.
Migrationshintergrund? (ja = 1)	-0,02	n.s.	-0,02	n.s.
Ortsgröße Wohnort	-0,01	n.s.	0,00	n.s.
Partnerschaft? (verheiratet/feste Partnerschaft = 1)	0,02	n.s.	0,01	n.s.
Verwandte, Freunde und Bekannte, die bei der Bundeswehr tätig sind? (ja = 1)	0,11	***	0,07	**
Schon einmal von der Bundeswehr angesprochen oder angeschrieben? (ja = 1)	0,08	***	0,10	***
Chancen auf dem Arbeitsmarkt	-0,06	**	-0,09	***
Informiertheit über Arbeitgeber Bundes-	0,18	***	0,10	***
Beurteilung gegenwärtige Sicherheitslage in Deutschland	0,01	n.s.	-0,03	n.s.
Persönliche Einstellung zur Bundeswehr			0,45	***
Korrigiertes R^2	0,12		0,31	

Anmerkungen: Multivariate Lineare Regression (MLR). Signifikanzniveau: *** p < 0,001; ** p < 0,01; * p < 0,05; n.s. = nicht signifikant. Das Vorzeichen der Kennzahl Beta gibt die Richtung des Effektes an. Datenbasis: ZMSBw-Umfrage zur Attraktivität der Bundeswehr als Arbeitgeber 2023.

Folgende Faktoren haben demnach keinen signifikanten Effekt auf das Interesse an einer Tätigkeit bei der Bundeswehr, und zwar

- ob der aktuelle Lebensmittelpunkt in Ost- oder Westdeutschland liegt,
- ob ein Migrationshintergrund vorliegt,
- die Größe des Wohnorts, d.h., ob man eher im ländlichen Raum oder in Ballungszentren lebt,
- ob man in einer festen Partnerschaft lebt und
- wie man die aktuelle Sicherheitslage in der Bundesrepublik Deutschland einschätzt.

Folgende Faktoren haben hingegen einen Einfluss auf das Interesse an einer Tätigkeit in der Bundeswehr:

- Frauen sind weniger an einer Tätigkeit bei der Bundeswehr interessiert als Männer.
- Das Interesse an der Bundeswehr nimmt selbst innerhalb des relativ engen Altersbandes von 16 bis 25 Jahren mit steigendem Alter ab.
- Der bloße Umstand, jemanden im sozialen Umfeld zu kennen, der bei der Bundeswehr tätig ist, hat einen positiven Effekt auf das Interesse für diesen Arbeitgeber.
- Eine aktive Ansprache der Zielgruppe durch das Personalmarketing erhöht das Interesse am Arbeitgeber Bundeswehr.
- Junge Personen, die ihre eigenen Chancen auf dem Arbeitsmarkt generell schlechter einschätzen, haben ein höheres Interesse an einer Tätigkeit bei der Bundeswehr.
- Je besser informiert man über den Arbeitgeber Bundeswehr ist, desto größer ist das Interesse an einem entsprechenden Engagement in dieser Organisation.
- Je positiver die Einstellung zur Bundeswehr, desto eher besteht ein Interesse an einer beruflichen Tätigkeit für die deutschen Streitkräfte.[2]

---

[2] Die Integration des erwartbar starken Erklärungsfaktors „Einstellung zur Bundeswehr" hat methodische Gründe. Damit kann geprüft werden, ob die anderen (sozialstrukturellen) Faktoren auch in Modell 2 und nicht nur im Basismodell 1 ihre Wirkungsrichtung und Effektstärke beibehalten.

Folgendes fällt auf: Der Lebensmittelpunkt (Ost/West) und der Migrationshintergrund haben keinen Einfluss, das heißt, das Interesse an der Bundeswehr als Arbeitgeber sind bei Personen, die in Ost- oder in Westdeutschland leben, gleich hoch. Jedenfalls dürfte dies wieder einmal als eine Absage gegen die kursierende Diskussion um eine „Ossifizierung" der Streitkräfte als Freiwilligenarmee verstanden werden.

Dasselbe gilt für einen etwaigen Migrationshintergrund. Dass Einstellungen zur Bundeswehr nicht vom Migrationshintergrund abhängen, bedeutet nicht, dass vom Durchschnitt abweichende Einstellungsmuster bei Personen ohne deutsche Staatsbürgerschaft vorliegen könnten. Dies müsste jedoch, sobald sich eine entsprechende politische Willensbildung für eine Öffnung der Bundeswehr für Nichtdeutsche abzeichnen sollte, in einer weiteren Studie mit einem gesonderten methodischen Design untersucht werden.

Für die hier interessierende Wehrpflichtdebatte ist der Fokus auf folgendem Ergebnis zu legen: Ein direktes Zugehen auf die Zielgruppe und zielgruppenadäquate Informationen über den Arbeitgeber Bundeswehr (z.B. im Rahmen eines „Tages bei der Bundeswehr als Teil der Kontaktwehrpflicht") hätten erwartbar positive Effekte auf das Interesse und somit in Konsequenz auf die Bewerbungsabsicht bei der Freiwilligenarmee Bundeswehr.

4. Was bedeuteten die Forschungsergebnisse für die Wehrpflichtdebatte?

Kritische Stimmen einer neuen Wehrpflicht weisen auf die erwartbaren Verwerfungen auf dem Arbeits- und Ausbildungsmarkt hin: Junge Personen, die ohnehin ein immer knapperes Gut auch infolge der demografischen Entwicklungen werden, stehen der deutschen Wirtschaft im Zweifelsfall ein Jahr während ihrer militärischen Grundausbildung nicht zu Verfügung. Die Bundeswehr verfügt zumindest mittelfristig weder über die infrastrukturellen Kapazitäten für den Ausbildungsbetrieb (Unterkünfte, Truppenübungsplätze, Lehrgebäude usw.), noch kann sie die personellen Kapazitäten für eine militärische Grundausbildung kurzfristig bereitstellen. Zudem fehlt es schlicht an Material, Waffensystemen und Munition für die adäquate Ausstattung einer Wehrpflichtarmee.

Für eine Kontakt-Wehrpflicht nach dem Schwedischen Modell spricht der Umfrage zufolge, dass noch erhebliche latente Potenziale an spontan und zögerlich Interessierten identifiziert werden konnten, dass die junge Zielgruppe einen direkten und persönlichen Kontakt zu potenziellen Arbeitgebern schätzt und eine aktive Ansprache der Zielgruppe und zielgruppenspezifische Informationen nachweislich das Interesse am Arbeitgeber Bundeswehr steigern. Die Pflicht zu einem einmaligen, direkten Kontakt dürfte positive Effekte auf die Freiwilligenwerbung haben, auch ohne den nächsten Schritt, nämlich einer flächendeckenden Reaktivierung der Wehrpflicht bzw. einer allgemeinen Dienstpflicht (für alle Geschlechter), die bei der jungen Zielgruppe auf eine eher verhaltene Unterstützung träfe.

Die Umfrageergebnisse sprechen für ein Modell mit einem verpflichtenden „Tag bei der Bundeswehr als Teil der Kontaktwehrpflicht", ggf. für beide Geschlechter, der über einen unverbindlichen und anonymen Online-Fragebogen hinaus reicht, der ohnehin nur die Möglichkeit zum strategischen Antwortverhalten eröffnet: Will man nicht zur Musterung eingeladen werden, muss man einfach ein fehlendes Interesse ankreuzen und auf einen angeblich schlechten Gesundheitszustand verweisen. Der Tag bei der Bundeswehr wäre dagegen ein einmaliges Erlebnis, das bei der Zielgruppe für den Arbeitgeber Bundeswehr echte Aufmerksamkeit erzeugen würde. Er könnte vielleicht so aussehen: Vormittag Begrüßung, Informationsvortrag mit persönlichem Gespräch in einem Karrierecenter der Bundeswehr. Nachmittag (nach Verlegen und Verpflegung) Besuch einer militärischen Liegenschaft, persönlicher Austausch mit Soldatinnen und Soldaten und ggf. Vorführung mit militärischem Großgerät. Ein solcher Tag bleibt mehr im Gedächtnis als das Ausfüllen eines unpersönlichen und verpflichtenden Online-Fragebogens.

Was folgt daraus für die Führungskräfte der Bundeswehr? Auch wenn die Personalgewinnung organisatorisch im BAPersBw aufgehängt ist, können die Herausforderungen nur gemeistert werden, wenn diese Aufgabe als Aufgabe für die Bundeswehr insgesamt und vor allem für die Führungskräfte gesehen wird. Praktika, Tage der Offen Tür bis hin zu dem skizzierten Modell eines Kontakt-Tages können nur gelingen, wenn die Dienststellenleitungen, die Truppenführer und Führungskräfte vor Ort „committed" sind, d.h. nach Tat und Kraft unterstützen. Die Daten zeigten zudem, dass durch die bloße Konfrontation mit einer Umfrage ganze 20 Prozent der Zielgruppe sich die Bundeswehr als Arbeitgeber durchaus vorstellen können; bis zu diesem Zeitpunkt hatten sie die Bundeswehr noch nicht einmal als potenziellen Arbeitgeber auf dem Schirm. Aufmerksamkeit bei der Zielgruppe ist also das A und O des Erfolgs bei der Rekrutierung; sie zu erzeugen, ist eine latente Aufgabe allen Führungshandels innerhalb und bei Bedarf auch außerhalb des Dienstes.

Kriegstüchtigkeit wird nicht herzustellen sein, indem man Luftschlösser über eine Wiedereinführung der Wehrpflicht baut. Gefragt sind aktuell kurzfristig tragfähige Lösungen für das Personalproblem der Bundeswehr mit dem entsprechenden Commitment auf allen Führungsebenen, die nicht durch langfristige politische Debatten auf die lange Bank geschoben werden dürfen.

Literatur

Apt, Wenke (2014): Germany's New Security Demographics. Military Recruitment in the Era of Population Aging. Dordrecht: Springer.

Haß, Rabea (2015): Der Freiwillige Wehrdienst in der Bundeswehr. Ein Beitrag zur kritischen Militärsoziologie. Wiesbaden: Springer VS.

Hentschel, Katrin (2013): Ergebnisse der Jugendstudie 2011. Berufswahl Jugendlicher und Einstellungen zum Arbeitgeber Bundeswehr. Forschungsbericht 100. Potsdam: Zentrum für Militärgeschichte und Sozialwissenschaften der Bundeswehr.

Hurrelmann, Klaus/Albrecht, Erik (2020): Generation Greta. Was sie denkt, wie sie fühlt und warum das Klima erst der Anfang ist. Weinheim/Basel: Beltz.

Kanning, Uwe Peter (2017): Personalmarketing, Employer Branding und Mitarbeiterbindung. Forschungsbefunde und Praxistipps aus der Personalpsychologie. Berlin/Heidelberg: Springer.

Kümmel, Gerhard (2020): Truppenbild mit General (w)? Eine Untersuchung zur Chancengerechtigkeit in den Karrierewegen von Soldatinnen und Soldaten anhand berufsbiografischer Interviews. Forschungsbericht 125. Potsdam: Zentrum für Militärgeschichte und Sozialwissenschaften der Bundeswehr.

Kujat, Harald (2011): Das Ende der Wehrpflicht. In: Aus Politik und Zeitgeschichte, 61: 48, S. 3-7.

Loch, Thorsten (2008): Das Gesicht der Bundeswehr. Kommunikationsstrategien in der Freiwilligenwerbung der Bundeswehr 1956 bis 1989. München: Oldenbourg.

Maas, Rüdiger (2024): Generation arbeitsunfähig. Wie uns die jungen zwingen, Arbeit und Gesellschaft jetzt neu zu denken. 2. Aufl. München: Goldmann.

Richter, Gregor (2016): Herausforderung Personalbindung – Ergebnisse einer Befragung von Sanitätsstabsoffizieren 2015. In: Wehrmedizinische Monatsschrift, 60: 2, S. 98-105.

Richter, Gregor (2019): Mannschaftsdienstgrade: Eine besondere Zielgruppe des Personalmanagements? In: Elbe, Martin/Richter, Gregor (Hrsg.): Personalmanagement in der Bundeswehr. Strategien, Zielgruppen, Kompetenzen. Berlin: Berliner Wissenschafts-Verlag, S. 93-110.

Richter, Gregor (2020a): Explaining Retention of Medical Officers: A Comparison of Person-Organization Fit and the I/O Model. In: Kümmel Gerhard (Hrsg.): Was es (heute) heißt, Soldat zu sein. Baden-Baden: Nomos, S. 175-189.

Richter, Gregor (2020b): Genderspezifisches Personalmarketing? Ergebnisse und Analysen der Befragung von Sanitätsstabsoffizieren im 14./15./16. Dienstjahr. Forschungsbericht 124. Potsdam: Zentrum für Militärgeschichte und Sozialwissenschaften der Bundeswehr.

Richter, Gregor (2020c): Wie attraktiv ist die Bundeswehr als Arbeitgeber? Ergebnisse der Personalbefragung 2020. Forschungsbericht 126. Potsdam: Zentrum für Militärgeschichte und Sozialwissenschaften der Bundeswehr.

Richter, Gregor (2021): Attraktivität der Bundeswehr als Arbeitgeber – die Sicht der Angehörigen des Zentralen Sanitätsdienstes. In: Wehrmedizinische Monatsschrift, 65: 7, S. 277-283.

Richter, Gregor (2024): Attraktivität der Bundeswehr als Arbeitgeber bei jungen Personen. Ergebnisse der Umfrage 2023. ZMSBw-Forschungsbericht (in Veröffentlichung).

Szvircsev Tresch, Tibor/Leuprecht, Christian (Hrsg.) (2010): Europe Without Soldiers? Recruitment and Retention across the Armed Forces of Europe. Montreal/Kingston: McGill-Queen's University Press.

Werkner, Ines-Jacqueline (2023a): Die Bundeswehr im neuen Modus der Landes- und Bündnisverteidigung – Wehrpflicht revisited? Baden-Baden: Nomos.

Werkner, Ines-Jacqueline (2023b): Wehrsysteme. In: Leonhard, Nina/Werkner, Ines-Jacqueline (Hrsg.): Militärsoziologie – Eine Einführung. 3. Aufl. Wiesbaden: Springer VS, S. 85-111.

Die Organisationskultur der Bundeswehr und der Wandel von Wissens-, Lern- und Führungsprozessen im Zuge der Digitalisierung

Martin Elbe

1. Organisationskultur und Digitalkultur

Die Gesellschaft und mit ihr die Bundeswehr haben in der zweiten Hälfte des 20. Jahrhunderts eine Entwicklungsdynamik der Informations- und Kommunikationstechnologien erlebt, die wohl an kaum einer Nische der militärischen Organisation und der soldatischen Lebenswelt vorbeigegangen ist. Das betrifft auch die Organisationskultur der Bundeswehr. Mit Organisationskultur werden die kollektiv in einer Organisation akzeptierten Werte und Normen, die Verfahren und Vorschriften, die Hierarchien, die Sprache, Symbole und Rituale bezeichnet. Die Organisationskultur prägt den Umgang miteinander und auch das Verhalten der Organisationsmitglieder nach außen. Damit erbringt die Organisation in der Gesellschaft Anpassungsleistungen, wie z.B. hinsichtlich der zunehmenden Digitalisierung. Aber auch das Individuum in der Organisation passt sich im Zuge der betrieblichen Sozialisation an die kulturellen Muster der Organisation an. Führungskräfte spielen hierbei eine besondere Rolle – sie beruht auf der Erwartungshaltung der Geführten, Sinnvermittlung und damit Unsicherheitsabsorption zu erfahren. Nach Luhmann (1964) kann man Führung als funktionales Äquivalent zur Institutionalisierung von Normen (also zu organisationalen Regeln und organisationskulturell bedingten Erwartungen) bezeichnen. Führung ist, als personalisierte Form der Einflussnahme, an die Prinzipien von Selektion und Sozialisation gebunden und leistet damit einen besonderen Beitrag zum Aufbau der Organisationskultur. Den Zusammenhang zeigt Abb. 1 (in Anlehnung an Robbins 2001, Elbe 2016) am Beispiel der Bundeswehr.

Für die Bundeswehr stellen die Prinzipien und die Personen, die in der Gründungsphase in den 1950er Jahren prägend waren, die Grundlage der Organisationskultur dar – dies gilt in besonderem Maß für die Konzeption der Inneren Führung, die sowohl den Rahmen für das Führungshandeln der Vorgesetzten darstellt als auch die Gesamtheit an Werten, Normen und Verhaltensweisen in der Bundeswehr. (Stiller 2024, BMVg 1985) Die Gründergeneration hat dies nicht nur unmittelbar im Rahmen der betrieblichen Sozialisation weitergegeben, sondern auch durch die Auswahl der Soldaten (Selektion) dafür gesorgt, dass diese Prinzipien und damit die Organisationskultur der Bundeswehr dauerhaft wirken können. Dieser Zusammenhang zwischen Selektion und betrieblicher Sozialisation als zentrale Mechanismen der kulturellen Weitergabe gilt dauerhaft bis heute und prägt alle Facetten der organisationalen Kultur der Bundeswehr.

Abb. 1: Aufbau der Organisationskultur der Bundeswehr

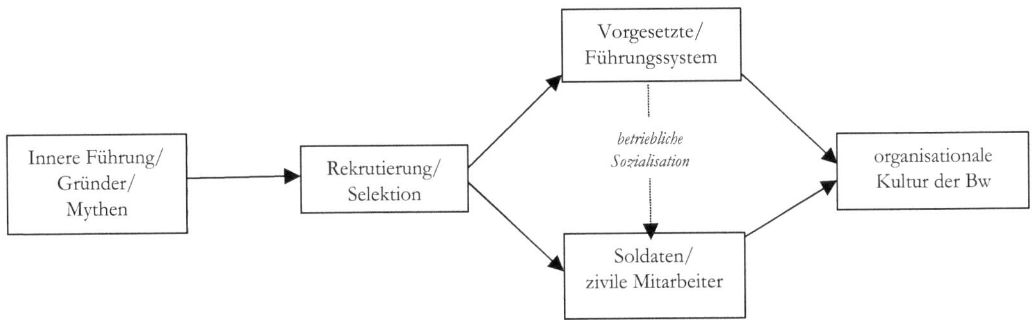

Die aktuellen Herausforderungen für die Entwicklung der Organisationskultur sind schon seit einiger Zeit gesellschaftlich wirksam: Die Folgen der veränderten Bedrohungslage aufgrund der Aggression Russlands und die damit verbundenen ökonomischen Verwerfungen, die Grenzen der Globalisierung sowie die Herausforderungen aus der demografischen Entwicklung und der Migration bedingen für Organisationen generell und für die Bundeswehr im Speziellen einen erheblichen Veränderungsdruck. Dies bedeutet, sich anzupassen, zu lernen, sich neu zu erfinden oder sich dem Vorwurf auszusetzen, als unflexibel, unmodern, nicht zukunftsfähig zu gelten (Elbe/Erhardt 2020). Speziell die vorhandene Dynamik der wirtschaftlichen und technologischen Entwicklung (digitale Transformation, Industrie 4.0, agiles Management) erzeugen einen Innovationsbedarf, der auch die Bundeswehr betrifft und hier zur Konstruktion eines Leitbildes „Digitalkultur" führte. Dieses betrifft nicht nur die Kommunikation und Zusammenarbeit (Kollaboration) in Bereichen der Verwaltung und Führung, sondern reicht bis in die Kernbereiche militärischer Handlungsfelder. So sind für die Digitalisierung landbasierter Operationen bis 2030 aus dem Sondervermögen der Bundeswehr, das aufgrund der – auch in Deutschland empfundenen – Bedrohung nach dem russischen Einmarsch in die Ukraine vom Bundestag beschlossen wurde, 8,6 Milliarden Euro eingeplant (Cleven 2024). Die Digitalisierung der Kernbereiche militärischen Handelns war bisher allerdings noch nicht Gegenstand sozialwissenschaftlich-empirischer Untersuchungen.

Die Möglichkeiten der Informationsbeschaffung, der Informationsgenerierung und des Informationsaustauschs führen insgesamt zu neuen Formen sozialen Handelns. Es entstehen neue Räume, die sich von örtlicher Bindung lösen und mit synchronen und asynchronen Formen der Kooperation neue Gruppenerfahrungen generieren. Die Verbindung von Raum, Zeit, Individuum und Gruppe – speziell aus der Perspektive des Lernens – hat Kurt Lewin in seiner Feldtheorie[1] hergestellt. In seinem Ansatz zum sozialen Wandel als dreistufigem Veränderungsprozess (unfreeze – change – refreeze), hat Lewin (1947, 1968). dies zur Grundlage der Organisationsentwicklung und damit einem kollektiven Lernprozess gemacht. Organisationskulturen unterliegen so einem ständigen Wandel im Austausch zwischen individueller und kollektiver Wirklichkeitskonstruktion, wodurch sich auch das Wissen der Organisation ändert. Hierbei sind folgende Arten kulturellen Wissens beteiligt (Sackmann 1991):

1. Handlungswissen (Directory Knowledge): kausal-analytische Zuschreibungen und Erwartungen über Beziehungen und Handlungsabläufe;

2. Rezeptwissen (Recipy Knowledge): normative Zuschreibungen als hypothetische Grundlage des Handlungswissens;

3. Lexikalisches Wissen (Dictionary Knowledge): beschreibende Kategorien für Gegenstände und Sachverhalte;

4. Axiomatisches Wissen (Axiomatic Knowledge): zugrundeliegende Annahmen, die wertbildend wirken.

Diese Wissensarten sind prinzipiell hierarchisch organisiert, mit dem Handlungswissen als unmittelbar handlungsleitend und dem axiomatischen Wissen als tiefliegende Schicht grundlegender Vorstellungen und Annahmen von der Natur der Welt und ihrer Beziehungen.

---

[1] Erste Überlegungen hierzu stellte Lewin (2018) anhand seiner Erfahrungen auf den Gefechtsfeldern des Ersten Weltkrieges an.

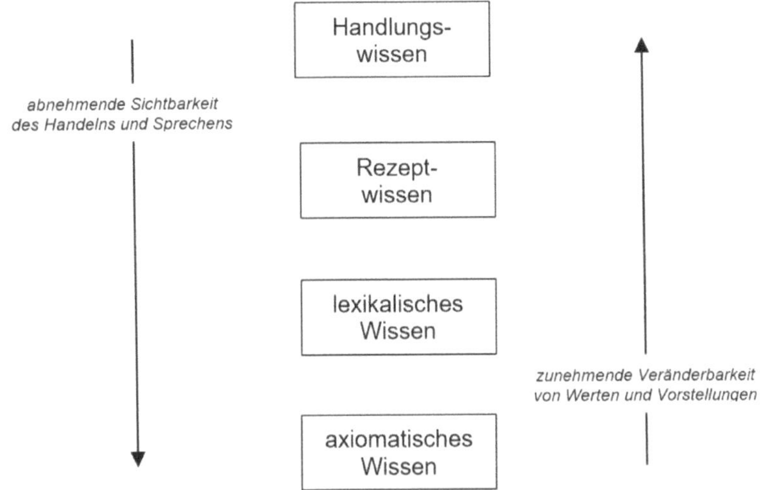

Das Handlungswissen manifestiert sich durch Handlungen, Sprechakte und Sprachspiele unmittelbar und ist damit leicht zu erfassen. Über die vier Stufen organisationskulturellen Wissens nimmt diese Sichtbarkeit ab und es wird immer schwieriger, diese Wissensaspekte offenzulegen. Entgegengesetzt ist die hierarchische Wirkung der Veränderbarkeit von Werten und Vorstellungen – diese nimmt, ausgehend vom axiomatischen Wissen bis hin zum Handlungswissen, immer weiter zu. Wissen über Erwartungen, Beziehungen und Handlungsabläufe hingegen ist relativ volatil und lässt sich leicht beeinflussen. Der hierarchische Aufbau wissensbasierter Organisationskultur korrespondiert mit dem Organisationskulturmodell von Schein (1984), in dem menschliche Kreationen (insbesondere Artefakte wie Technologie, Design, Schriftstücke), aber auch Handlungen auf der obersten Ebene hohe Sichtbarkeit zeigen und leicht beeinflussbar sind. Grundlegende Annahmen über den Menschen, Raum und Zeit befinden sich im Schein'schen Modell hingegen auf der tiefsten kulturellen Ebene und sind kaum sichtbar oder beeinflussbar. Die Wissensarten bestimmen letztlich, inwiefern Übereinstimmungen zwischen der Organisationskultur und dem Einzelnen bestehen und – als Aggregat gedacht – inwiefern dies tatsächlich ein gemeinsam gehaltenes Wissen darstellt. Sie sind damit von besonderer Bedeutung als Mittler zwischen einer abstrakten Organisationskultur und dem konkreten Erleben der Organisationsmitglieder. (Sackmann 1991, Elbe 2002)

In der Organisationskultur der Bundeswehr äußert sich konkretes Handlungs-wissen im Umgang der Soldatinnen und Soldaten untereinander (z.B. in der An-sprache der oder des Nächsten, in der Befehlsgebung, im Umgang mit Waffen-technik und sonstigen Technologien, aber auch in Symbolen wie Dienstgradab-zeichen oder Grußformen und Ritualen, wie sie im Formaldienst eingeübt wer-den). Hierbei prägt die Innere Führung die Führungs- und Organisationskultur der Bundeswehr (ZInFü 2023), wobei diese die Werte und Normen des Grund-gesetzes in der Bundeswehr sowohl verankert als auch realisiert. In tiefliegenden Wissensebenen der Organisationskultur der Bundeswehr sind dies Fragen nach dem Sinn des Dienens, der Integration der Bundeswehr in Staat und Gesellschaft bis hin zur Bedeutung von Menschenwürde als axiomatischem Wissenselement. Obwohl nicht sichtbar, wirken sich die Vorstellung und unhinterfragbare Ak-zeptanz von Menschenwürde konkret auf den Umgang miteinander und mit möglichen Gegnern aus. Dies betrifft auch die Digitalkultur in der Bundeswehr als einer Facette der Organisationskultur, deren Bedeutung seit Jahren zunimmt, wie die Bundesregierung in Hinblick auf die Bundeswehr betont:

„Abgeleitet aus den steigenden Anforderungen und angesichts der Größe, Diversität und Komplexität der Organisation Bundeswehr ergibt sich die Not-wendigkeit zu folgenden Weiterentwicklungen:

- Erhöhung der Strategie-, Steuerungs- und Führungsfähigkeit;
- Steigerung der Agilität;
- Ausbau der Digitalisierung und Vernetzung sowie
- Stärkung und Weiterentwicklung einer gemeinsamen Organisationskultur.“ (Bundesregierung 2016: 134)

2. Digitalkultur und Lernkultur

Die Dimensionen der von der Bundeswehr propagierten und auch empirisch erfassten Digitalkultur sind Innovationsfreude, Technologieaffinität, Agilität, Ei-genverantwortung, Risikofreude, Veränderungsbewusstsein, Kollaboration und Vernetzung sowie Digital Leadership, Sicherheitsbewusstsein und Ethik, wie Richter/Elbe (2021) in ihrer Studie zur Digitalkultur der Bundeswehr feststellen. Diese Dimensionen lassen sich in zwei Skalen zur Digitalkultur hinsichtlich des individuellen digitalen Mindsets sowie der kollektiven digitalen Umgebung mes-sen und auch hinsichtlich des oben dargelegten Wissensmodells der Organisati-onskultur interpretieren. Mit dem Grundverständnis von Digitalkultur wird ein Zielbild für die Organisationskultur der Bundeswehr formuliert, welches den digitalen Wandel in der Bundeswehr tragen soll, wofür die bundeswehrinternen Umfragen einen Beitrag leisten. (Richter/Elbe 2021, BMVg 2024)

Die Ergebnisse aus der ersten Digitalisierungsstudie des ZMSBw (Richter/Elbe 2021) lassen sich folgendermaßen zusammenfassen: Die sich ändernden Rahmenbedingungen der VUCA-Welt[2] (mit Digitalisierung, Vernetzung und Beschleunigung) stellen erhebliche Herausforderungen für die Organisationskultur der Bundeswehr und die in ihr tätigen Individuen dar. Die notwendigen Anpassungs- und Lernprozesse erfassen alle Bereiche unseres täglichen Lebens: Erhebliche Teile der Kommunikation und der Prozesse haben sich ins Internet verlagert, was neue Handlungsmuster und, damit verbunden, auch Lernprozesse mit sich bringt. All dies ist für viele Nutzer neu. Mit der Kommunikationsplattform haben sich auch Räume und Regeln geändert. Es wird massenhaft, schnell und nachhaltig gelernt.

Die zweite bundeswehrweite Umfrage zur „Digitalisierung und Digitalkultur im Geschäftsbereich BMVg" 2022 des ZMSBw ist zwar bisher nicht in Gänze der Öffentlichkeit zugänglich (Richter/Elbe 2023, Elbe 2023), zentrale Aspekte wurden aber im sechsten Digitalbericht (BMVg 2024) vorgestellt. Demnach wurden bei der Studie folgende Zielsetzungen verfolgt:

- Es soll eine Messung des Zielbildes zur Digitalkultur in der Bundeswehr (einschließlich BMVg) erfolgen, wobei der Ist-Zustand des Digitalen Mindsets und des Digitalen Umfelds zu messen ist.

- Außerdem ist eine bessere Anbindung der Digitalkultur an das wissenschaftliche Konzept der Organisationskultur durch das neu entwickelte Messinstrument der Umfrage zu gewährleisten.

- Die Entwicklung wesentlicher Aspekte der Digitalisierung in der Bundeswehr seit der ersten Befragung unter Bedingungen einer Pandemie (Corona) sowie einer seit der ersten Erhebung (Richter/Elbe 2021) fortentwickelten IT-Ausstattung.

- Die Zielgruppe der Umfrage sollte erweitert werden, da in der ersten Erhebung als reine Online-Befragung keine Angehörigen des Geschäftsbereich BMVg ohne persönliche E-Mail-Adresse erfasst worden waren.

---

[2] VUCA steht als Akronym für Volatility (Volatilität), Uncertainty (Ungewissheit), Complexity (Komplexität) und Ambiguity (Mehrdeutigkeit) und soll Ausdruck der Flüchtigkeit in modernen Gesellschaften sein (Elbe/Erhardt 2020).

In dieser (zweiten) Studie 2022 zeigt sich eine grundsätzlich positive Grundein-stellung zur Digitalisierung in der Bundeswehr, wobei die Zufriedenheit mit der Digitalisierung seit der ersten Studie 2020 leicht abgenommen hat.[3] Insbeson-dere Motivationswirkungen und ökonomische Aspekte wie Effektivitäts- und Effizienzvorteile durch die Digitalisierung werden im Jahr 2022 kritischer be-wertet (BMVg 2024: 18). Das lernkulturelle Mindset ist weiterhin stark ausge-prägt: Die Bedeutung von Lernorientierung im Arbeitsalltag der Angehörigen des Geschäftsbereichs des BMVg deutet auf eine hohe Bereitschaft hin, eine starke Digitalkultur zu verinnerlichen. Eine überwiegende Mehrheit artikuliert große Offenheit für neue Technologien und den Wunsch der Nutzung zeitge-mäßer digitaler Technologie am Arbeitsplatz. Selbstständiges Planen und Ent-scheiden, eine positive Fehlerkultur und eine starke Innovationskultur sind dabei von besonderer Bedeutung. Für eine gelebte Digitalkultur ist das Führungsver-halten der Vorgesetzten ein zentraler Aspekt. Dazu zählt insbesondere, ein lern-förderliches Arbeitsklima zu schaffen, die IT-gestützte Arbeitsmethoden und Kommunikationsmittel selber zu nutzen und dies auch im unterstellten Bereich zu fördern. Auf der Ebene der Artefakte gehen die Bundeswehrangehörigen im Jahr 2022 von einer IT auf dem aktuellen Stand der Technik aus, was eine Ver-besserung zum Jahr 2020 darstellt. Insgesamt zeigt die Studie zur Digitalkultur anhand der zehn Dimensionen des Digitalen Grundverständnisses prinzipiell ein positives digitales Mindset, wobei die organisationale Seite des digitalen Umfelds noch gestärkt werden muss (BMVg 2024: 19).

Ein eigenständiger Teil der Digitalkultur der Bundeswehr ist die „digitale Kriegs-tüchtigkeit" im Cyber- und Informationsraum (CIR), die der Inspekteur CIR einfordert. (Daum 2024) Dies betrifft nicht nur die Elektronische Kampffüh-rung und die Auseinandersetzung auf dem digitalen Gefechtsfeld, sondern alle Prozesse innerhalb der Bundeswehr (z.B. Führungs-, Steuerungs- und Bildungs-prozesse, aber auch Logistik und Beschaffung). Das gilt insgesamt für die Digi-talkultur und damit für die Bundeswehr generell: „Das Entscheidende zur Errei-chung der Kriegstüchtigkeit ist das richtige Mindset!", wie der Amtschef des Pla-nungsamts der Bundeswehr betont. (Gäbelein 2024) Hierzu bedarf es aber einer Teilhabe an der Digitalkultur. Die Befragung der Bundeswehrangehörigen ohne persönliche E-Mail-Adresse hatte ein konkretes Defizitempfinden hinsichtlich

---

[3] In den zwei online-Studien wurden bei der Bundeswehr der Umgang mit der Digitalisierung und der Digitalkultur in umfassenden Stichproben erhoben (Rücklauf 2020: n=1.997; Rücklauf 2022: n=2.452).

der Zugangs- und Nutzungsmöglichkeiten bei digitalen Standarddiensten für diese Personengruppe aufgezeigt. Bis Jahresende 2023 erfolgte die BMVg-interne Auswertung der Studie mit dem Ziel der Ableitung möglicher Maßnahmen zur weiteren Stärkung der Digitalkultur und dem Abbau aufgezeigter möglicher Defizite. (BMVg 2024: 18f.) Der Aufbau der Digitalkultur mit dem notwendigen Mindset bedarf einer Anpassung in der Struktur des organisationskulturellen Wissens.

Hiermit ist ein sozialer Wandel verbunden, der sich nicht nur in veränderten Kommunikations- und Abstimmungsprozessen im täglichen Dienstbetrieb zeigt, sondern auch durch die Arbeit im „Homeoffice", die nun zu einem üblichen Arbeitsmodell geworden ist[4] und die Führungskräfte in der Bundeswehr vor neue Herausforderungen stellt (Elbe/Erhardt 2020). In der Bundeswehr findet sich dies u.a. in Formen der Telearbeit und des mobilen Arbeitens.[5] Es eröffnen sich virtuelle Räume, die neue Arenen der Kooperation und der Konkurrenz schaffen und damit auch neue Formen mikropolitischer Interaktion und Konfliktaustragung (Crozier/Friedberg 1993). Mit den Räumen des Arbeitens und Kommunizierens verändert sich nicht nur die Zeitstruktur des Individuums, sondern generell die Temporalisierung der Organisationen (Elbe/Peters 2016) als Grundmuster der Kombination von Wissen und Lernen, auch in der Bundeswehr. Dies sind keine individuellen Phänomene, sondern unterziehen die gesamte Organisation mit allen Teilstreitkräften und Organisationsbereichen einem Kulturwandel, der nur dann aktiv gestaltet werden kann, wenn individuelle und kollektive Lernprozesse so koordiniert werden, dass es zu veränderten institutionellen Settings kommt (Elbe 2020). Gängige Handlungs- und Interpre-

---

[4] Mit dem Aufbrechen eines der zentralen Muster der modernen (Organisations-) Gesellschaft, der Trennung von Haushalt und Betrieb, verändern sich die Arbeitsformen und Arbeitsbeziehungen im Zuge der Digitalisierung in hohem Maß. Weber (1980, S. 127) hatte die völlige „Trennung von den Verwaltungsmitteln" und dem Beamten oder Arbeitnehmer zu einem der zentralen Kriterien der rational-legalen Herrschaft mittels Verwaltungsstab, der Bürokratie, erklärt. Damit ist ein wichtiges Muster der Rationalisierung der Lebensführung angesprochen, das nun, aufgrund veränderter technischer Möglichkeiten und plötzlicher sozialer Akzeptanz bzw. Erfordernis, durchbrochen wird. Die räumlichen und zeitlichen Grenzen der Organisation erfahren eine Neuordnung.

[5] Zum ortsunabhängigen Arbeiten im BMVg gibt es eine Studie von Richter (2023), in der deutlich wird, dass 83 Prozent der Angehörigen des BMVg meint, dass ihr Arbeitsbereich grundsätzlich für ortsunabhängiges Arbeiten geeignet sei, wobei bei bereits 40 Prozent der Angehörigen des BMVg der Ist-Zustand mit dem artikulierten Wunsch über den zeitlichen Umfang einer Tätigkeit im Homeoffice übereinstimmt. Allerdings können sich 52 Prozent der Mitarbeiter des BMVg vorstellen, den zeitlichen Umfang an mobilem Arbeiten noch zu steigern.

tationsmuster müssen überwunden (‚entlernt‘) werden, um neue Routinen und Bewertungen zu ermöglichen. Dieser Wandel der Wissensstruktur und Wissensinhalte – als organisationskultureller Wandel – erfordert eine neue Lernkultur, die noch stärker als bisher auf die lernförderliche Arbeitsgestaltung und auf das Lernen im Prozess der Arbeit setzt. Dies geschieht in einem gemeinsamen, organisationalen Sozialisationsprozess, wobei im Wechselspiel von Lernen und ‚Entlernen‘ neue Verhaltensmuster von Einzelnen, Gruppen und letztlich der gesamten Organisation erst erprobt und dann verfestigt werden. Hier greifen die Prinzipien der lernenden Organisation und es kann vermieden werden, immer wieder die gleichen Fehler zu machen (Senge 2011). Die Organisationskultur als neue Lernkultur ermöglicht die Digitalisierung betrieblicher Lernorte im Prozess der Arbeit und weist damit auch den institutionellen Bildungsangeboten einen neuen Raum im Rahmen der stattfindenden, vielfach unfreiwilligen Organisationsentwicklungsprozesse zu (Elbe/Erhardt 2020).

3. Kulturwandel und neues Wissen für Führungskräfte in der Bundeswehr

Wir erleben einen Kulturwandel, der einen Sozialisationsprozess in Gang setzt, in dem sich der oder die Einzelne „… abgesehen von dem Erlernen einer Reihe neuer Handgriffe – ein neues System von Gewohnheiten, Maßstäben und Werten zulegen …“ muss. (Lewin 1968, S. 95) Dies betrifft Denkstrukturen und Gefühle ebenso wie soziale Interaktionen. Erst die Anerkennung veränderter gemeinsamer Werte und Ansichten führt nach Lewin (1968) zu einem neuen, heute digital vermittelten, Gruppenverständnis: Wir im digitalen Raum. Dies selbst zu bewerkstelligen und dann im digitalen Lernprozess in die Bundeswehr hinein zu vermitteln und zu begleiten ist die neue Herausforderung, der sich alle Beteiligten (Vorgesetzte, Kameradinnen und Kollegen, aber auch die bundeswehreigenen Bildungsinstitutionen) zu stellen haben. Die Betroffenen in räumlich und zeitlich verteilten Arbeitsprozessen (z.B. Telearbeit) haben sich bei der Digitalisierung der Lernorte meist schon selbst beteiligt und die Lernanforderung im Prozess der Arbeit weitestgehend unbegleitet bewältigt – z.B. den Umgang mit Videokonferenztools wie WebEx und sonstiger Soft- und Hardware. Die in digitalen Arbeitsbeziehungen tätigen Soldatinnen und Soldaten sowie zivilen Mitarbeitenden müssen ihre eigene berufliche Entwicklung (Employography: Elbe 2013) sowohl in dinglicher Hinsicht, z.B. hinsichtlich Hardware, Kommunikationsverbindungen, als auch im Kompetenzaufbau (Fach-, Methoden-, Sozialkompetenzen) selbst organisieren. Aus- und Weiterbildungsangebote können nun räumlich getrennt und ggf. zeitlich asynchron nachgefragt werden, was auch zu einer neuerlichen Verschiebung der Verantwortlichkeit in beruflichen und betrieblichen Bildungsprozessen führen wird.

Die Studie zur Digitalkultur von 2020 zeigt, dass bereits heute der Alltag der Soldatinnen und Soldaten in hohem Maß von der Digitalisierung geprägt wird (Richter/Elbe 2021). Die Antworten zum Fragenkomplex des Lernens in der Bundeswehr zeigen eine hohe Lernorientierung und Bereitschaft, proaktiv mit neuen und sich wandelnden Arbeitsbedingungen und -anforderungen umgehen zu wollen. Lernbedarfe im Umgang mit der Digitaltechnologie am Arbeitsplatz waren bei einem Drittel der Befragten vorhanden. Die Vor- und Nachteile der Digitalisierung als Prozess der Organisationsentwicklung wurden im Rahmen dieser Studien mit Hilfe qualitativer Inhaltsanalyse aus zwei offenen Fragen heraus entwickelt. Abbildung 3 zeigt das Kategoriensystem zu den Vorteilen der Digitalisierung. (Richter/Elbe 2021: 28)

Abb. 3: Kategoriensystem zu den Vorteilen der Digitalisierung

Vorteile der Digitalisierung		
Organisatorische Effizienz	**Soziale Effizienz**	**Veränderungsdynamik**
Flexibleres Arbeiten	Erhöhte Arbeitgeberattraktivität	Pandemiebewältigung
Effizienteres Arbeiten	Arbeiten zu Hause	Ungewissheit
Informationen besser verfügbar	Work-Life-Balance	Chancen
Weniger Verwaltung	Bessere Zusammenarbeit	Kein analoges Denken mehr
Zeitersparnis	Mobiles Arbeiten	Innovation
Weniger Papier	Möglichkeit zur Weiterbildung	Neue Technik
Weniger Reisen	Neuer Dienstposten	
Fehlerreduktion		
Qualitätsverbesserung	*Führungsprozesse*	
Kontinuierliche Verbesserung	*werden nicht genannt*	

Anmerkungen: Kategoriensystem zur Frage „Bitte geben Sie in freier Wortwahl an, welche Vorteile die Digitalisierung in Ihrem direkten Arbeitsumfeld für Sie hatte oder voraussichtlich noch haben wird" aufgrund von Generalisierung und Kategorisierung. Datenbasis: ZMSBw-Bundeswehrumfrage zur Digitalkultur 2020.

Es fällt auf, dass sowohl aus Sicht der organisatorischen Effizienz wie auch der sozialen Effizienz und auch aus der Perspektive der dynamischen Effizienz (Veränderungsdynamik) das Thema Führung nicht als Vorteil der Digitalisierung angesprochen wird. (Elbe 2024) Anders verhält es sich hinsichtlich der Nachteile der Digitalisierung. Abbildung 4 zeigt das diesbezügliche Kategoriensystem. (Richter/Elbe 2021: 31)

Abb. 4: Kategoriensystem zu den Nachteilen der Digitalisierung

Nachteile der Digitalisierung		
Organisatorische Effizienz	**Soziale Effizienz**	**Veränderungsdynamik**
Mehr Bürokratie	Fehlende Führung (LoNo)	Keine Nachteile
Mehr Arbeit	Ausbildungsmängel	Umdenken
Doppelung von Arbeit	Fehlende soldatische Ausbildung	Widerstände
Vielzahl von Kommunikationswegen	Fehlende Arbeitszeitregelungen	Alte Hardware
Zu viele Informationen	Schulungsaufwand	Unterschiedliche Einführungsstände
Insellösungen	Verlust von Arbeitsplätzen	Einführungsturbulenzen
Interpretationsspielräume	Verlust sozialer Kontakte	Verlust analoger Verfahren
Standardisierung von Prozessen	Verlust an Autonomie	
Mangelnde Transparenz	Intensivierung von Arbeit	
Informationsverlust	Entmenschlichung	
Mangelnde Funktionalität	Homeoffice als Ausrede	
Technikabhängigkeit	Vermischung von Dienstlichem und Privatem	

Anmerkungen: Kategoriensystem zur Frage „Bitte geben Sie in freier Wortwahl an, welche Nachteile die Digitalisierung in Ihrem direkten Arbeitsumfeld für Sie hatte oder voraussichtlich noch haben wird" aufgrund von Generalisierung und Kategorisierung. Datenbasis: ZMSBw-Bundeswehrumfrage zur Digitalkultur 2020.

Aus Sicht der Digitalkultur ist vor allem relevant, inwieweit Vorgesetzte ein lernförderliches Klima schaffen und die Nutzung IT-gestützter Arbeitsmethoden und Kommunikationsmittel vorantreiben und diese auch selbst anwenden (Elbe/Peters 2021). Dies wird in der Studie zum ortsunabhängigen Arbeiten im BMVg deutlich. (Richter 2023) Ortsunabhängiges Arbeiten bezeichnet dabei Telearbeit mit umfassender digitaler Ausstattung zuhause, oder sonstiges mobiles Arbeiten (auch von einem anderen geeigneten Ort aus, mit mobiler digitaler Ausstattung) – jeweils im Kontrast zum Arbeiten im Büro mit dort umfassend vorhandener digitaler Ausstattung. Als wichtige Erkenntnisse hinsichtlich des Zusammenhangs zwischen Führung und Lernen im Rahmen der Digitalisierung und der Flexibilisierung von Arbeit in der Bundeswehr ist festzuhalten:

1) Fehlende Führung wird als Nachteil der Digitalisierung beschrieben.

2) Es besteht ein Bedarf nach Vorgesetzten, die Lernprozesse aktiv fördern.

3) Führungskräfte nutzen selbst einen geringeren Umfang an flexibler Arbeit.

4) Führungsprozesse erscheinen nicht als Stärke im Digitalisierungsprozess.

Es konnte festgestellt werden, dass Mitarbeiter und Mitarbeiterinnen mit Führungsverantwortung das Angebot zum ortsflexiblen Arbeiten in geringerem Ausmaß nutzen als solche ohne Führungsverantwortung. Ebenso nutzten Soldatinnen und Soldaten das Angebot weniger als zivile Mitarbeitende. Abbildung 5 macht dies deutlich (Richter 2023: 13).

Abb. 5: Führungsverantwortung beim ortsunabhängigen Arbeiten im BMVg

Unter „ortsunabhängigem Arbeiten" wird im Folgenden Telearbeit oder mobiles Arbeiten II, d.h. Arbeiten von zu Hause oder einem anderen geeigneten Ort aus, und nicht Arbeiten im Büro im BMVg verstanden. An wie vielen Tagen arbeiten Sie aktuell durchschnittlich ortsunabhängig?	Anteil durchschnittliches ortsunabhängiges Arbeiten			
	Mit Führungsverantwortung	Ohne Führungsverantwortung	Militärisches Personal	Ziviles Personal
Nie	6,3	5,6	5,0	6,1
An 1 Tag im Monat und seltener	13,8	5,5	10,2	5,0
An 2 bis 3 Tagen im Monat	19,0	9,3	16,9	7,4
An 1 Tag pro Woche	13,4	9,1	14,4	6,8
An 2 Tagen pro Woche	23,4	27,7	26,8	26,9
An 3 Tagen pro Woche	12,6	21,6	16,6	22,2
An 4 Tagen pro Woche	6,3	14,5	6,5	17,5
An 5 Tagen pro Woche	5,2	6,7	3,4	8,0

Anmerkungen: Angaben in Prozent. Einzelne Prozentangaben ergeben mitunter in der Summe nicht 100 Prozent, da sie gerundet wurden.

Datenbasis: ZMSBw-Umfrage zum ortsunabhängigen Arbeiten im BMVg.

Zentral für die Umsetzung von Digitalisierung und flexiblen Arbeitens ist die Förderung und eigene Nutzung durch Vorgesetzte. (Elbe 2024) Sowohl das Individuum als auch die Organisation in ihrer Gesamtheit sind in die organisationskulturelle Ausgestaltung des digital vermittelten, räumlich differenzierten Arbeitens eingebettet: die Digitalkultur. Diese wird in der Studie von 2022 durch das Digitale Mindset (als individueller Perspektive) und das Digitale Umfeld (als kollektiver Perspektive) mit jeweils 20 Items operationalisiert. Erfasst werden Innovationsfreude, Technologieaffinität, Agilität, Eigenverantwortung, Risikofreude, Veränderungsbewusstsein, Kollaboration und Vernetzung, Digital Leadership, Sicherheitsbewusstsein sowie Ethik im Umgang mit der Digitalisierung. Mit den Items wird auch die (digitale) Organisationskultur nach Wissenskategorien im Sinne von Sackmann (1991) und Elbe (2002) gemessen. Es lässt sich eine wissensorientierte Digitalkultur mit den Kategorien Handlungswissen, Rezeptwissen, lexikalisches Wissen sowie axiomatisches Wissen beschreiben. Lernen wird zum Grundprinzip und Grundproblem der Digitalisierung, die Digitalkultur wird zur Lernkultur.

4. Integration von Kultur, Lernen und Digitalisierung

Das individuelle Lern-Verhalten wird dabei von Können, Wollen und Dürfen sowie der situativen Rahmung beeinflusst. (Rosenstiel 2013) Diese grundlegenden Einflüsse auf das individuelle Verhalten stehen in Wechselwirkung zueinander. Speziell im vierten, organisationskulturellen Faktor, der situativen Ermöglichung, finden im Zuge der Digitalisierung nun radikale Veränderungen statt, die Anpassungen in den drei anderen Faktoren erfordern. Der Aufbau digitaler Kompetenz beim Individuum (Können) ist immer auch an die Motivation des oder der Einzelnen (Wollen) gebunden, hier Lernprozesse und damit Veränderungen zuzulassen. Wie bei allen Veränderungsprozessen werden dabei Gewinne (z. B. an individueller Freiheit und Flexibilität) und Verluste (z. B. an Verfügung über Ressourcen und Einfluss in der Organisation) scharf kalkuliert, und im Zweifelsfall werden hoher Anpassungsaufwand und die kalkulierten Verluste dazu führen, dass die Einzelnen den Veränderungsprozess nur begrenzt mittragen. Dies hat sich auch empirisch im Vergleich der Vor- und Nachteile der Digitalisierung in der Bundeswehr gezeigt. (Richter/Elbe 2021) Die Anpassung der Regeln und Normen (Dürfen und Sollen) erfolgt im Rahmen des Digitalisierungsprozesses als organisationskulturellem Wandel zunehmend entlang der situativen Ermöglichung. Es entstehen eng gekoppelte sozio-technische Gesamtsysteme, deren Digital-, Lern und Organisationskultur der dominanten Technik folgen. In diesem Sinn gilt Chandlers (1973: 314) Aussage „structure follows strategy" – wenn denn die Strategie ist, sich der normativen Kraft des Faktischen im Zuge der Digitalisierung anzupassen. Digitalkulturen erfordern mehr als nur die Einführung gängiger Verfahren und Systeme, um mit den Konkurrenten mithalten und potentielle Gegner von Drohungen mit technischer Überlegenheit abhalten zu können. Im Sinne neuer Digitalkulturen sind Organisationen als Räume zu konzipieren, die sich an spezifischen Orten lokalisieren lassen; die Frage ist dann aber, ob „… Synthesen unterschiedlicher Personengruppen von einem Ort aus mehr Gemeinsamkeiten aufweisen als von unterschiedlichen Orten." (Löw 2019: 202)

Damit wird deutlich, dass es auch für die Bundeswehr einer Integration von Lernen und Digitalisierung in der Organisationskultur bedarf, um dem Paradoxon der Temporären Organisation zu entgehen (Elbe/ Peters 2016: 46): „Während Organisationen stabile Lösungen zu Kooperationsproblemen darstellen, unterliegen sie selbst der Relativität sozialen Wandels." Dies bedarf einer ständigen Anpassung der Wissensebenen der Organisationskultur.

In einer zunehmend digitalisierten militärischen Umwelt wollen auch Soldatinnen und Soldaten einerseits Freiheiten der Selbst-Organisation nutzen (z. B. von Handlungs- und Lernangebote), andererseits aber die sichernde formale Einbindung in die Linienstruktur als Sicherheit behalten. (Elbe/Peters 2021) Für militärische Führungskräfte bedeutet dies, dass sie Führungsaufgaben im Sinne zunehmender Rollendiversität flexibilisieren müssen und dabei nur aufgrund klarer Lageerfordernisse auf Hierarchie zurückgreifen können. Hierbei gilt es immer wieder zu klären, wann im Expertenmodus gehandelt wird und wann Führungsaufgaben übernommen werden – und dies kann situationsspezifisch wechseln.

Natürlich bleiben auch unter sich wandelnden organisationskulturellen Bedingungen die militärspezifischen Anforderungen an Führung (sowohl für Offiziere als auch für Unteroffiziere) bestehen und das bedeutet, dass sie noch mehr als bisher durch ihre Vorbildfunktion führen werden. Sie müssen Digitalisierung und flexibles Arbeiten einerseits fördern und andererseits auch selbst nutzen, um glaubhaft zu sein. Die Führungserwartung der Geführten ist auch bei digitaler Kommunikation aufrechtzuerhalten – eine regelmäßig individuelle und gruppenbezogene Kommunikation muss auch per E-Mail und durch sonstige Systeme gelebt werden.

Literatur

ABWF (2020): Manifest 2020. In: ABWF Bulletin, 1/2020, S. 2-3.

BMVg (1985): Von Himmerod bis Andernach. Dokumente zur Entstehungsgeschichte der Bundeswehr. Bonn: BMVg FüSK III 3.

BMVg (2024): Sechster Bericht zur Digitalen Transformation des Geschäftsbereichs des Bundesministeriums der Verteidigung. URL: https://ynside.extranet-bw.de/resource/blob/5729966/44f9fc60325fb62bf9665cd53d771dc6/sechster-digitalbericht-reinschrift-data.pdf vom 26.11.2024.

Bühl, Achim (2000): Die virtuelle Gesellschaft des 21. Jahrhunderts. Sozialer Wandel im digitalen Zeitalter. 2. Aufl. Wiesbaden: Westdeutscher.

Chandler, Alfred (1973): Strategy and Structure. Chapters in the History of the Industrial Enterprise. 3. Aufl. Cambridge/Mas.: M.I.T. Press.

Cleven, Simon (2024): Bundeswehr: 100-Milliarden-Sondervermögen – Wie viel ist noch übrig? URL: https://www.msn.com/de-de/finanzen/top-stories/bundeswehr-100-milliarden-sonderverm%C3%B6 gen-wie-viel-ist-noch-%C3%BCbrig/ar-AA1uIHGV vom 26.11.2024.

Crozier, Michel/Friedberg, Erhard (1993): Die Zwänge kollektiven Handelns. Über Macht und Organisation. Neuausgabe. Frankfurt a. M.: Athäneum.

Daum, Thomas (2024): Voraussetzung für die „digitale Kriegstüchtigkeit". Interview mit Vizeadmiral Dr. Thomas Daum, Inspekteur CIR. In: Hardthöhenkurier 5/2024, S. 14-18.

Elbe, Martin (2002): Wissen und Methode: Grundlagen der verstehenden Organisationswissenschaft. Opladen: Springer VS (Leske + Budrich).

Elbe, Martin (2013): Employography: Flüchtige Identitäten in Zeiten der Ungewissheit. In: Journal für Psychologie. Jg. 21/2013, Heft 3, S. 1-24.

Elbe, Martin (2016): Sozialpsychologie der Organisation: Verhalten und Intervention in sozialen Systemen. Berlin: Springer Gabler.

Elbe, Martin (2020): Lernkultur und Digitalkultur – Zur Integration zweier Entwicklungsfelder. In: ABWF Bulletin. 1/2020, S. 16-19.

Elbe, Martin (2023): Digitalisierung und Digitalkultur im Geschäftsbereich des Bundesministeriums der Verteidigung. Teil II: Auswertung der offenen Fragen der Umfrage 2022. Unveröffentlichter Forschungsbericht. Potsdam: ZMSBw.

Elbe, Martin (2024): Führung und Lernen im Rahmen der Digitalkultur und des ortsunabhängigen Arbeitens in der Bundeswehr. In: BAuA – Bundesanstalt für Arbeitsschutz und Arbeitsmedizin (Hrsg.): Hybrides, Ortsflexibles, Multilokales Arbeiten? Wissenschaft im Dialog II. baua: Fokus, S. 21-25.

Elbe, Martin /Erhard, Ulrich (2020): Konstruktive Organisationsentwicklung: Menschen verstehen · Organisationen gestalten · Lernkulturen entwickeln. Baltmannsweiler: Schneider Verlag Hohengehren.

Elbe, Martin /Peters, Sibylle (2016): Die temporäre Organisation. Heidelberg: Springer Gabler.

Elbe, Martin /Peters, Sibylle (2021): Neue Räume – neue Rollen? Ungewissheit im Kontext der Temporären Organisation. In: Gruppe. Interaktion. Organisation. Zeitschrift für Angewandte Organisationspsychologie, 52. Jg. Heft 4/2021, S. 589 – 599.

Gäbelein, Wolfgang (2024): Das Entscheidende zur Erreichung der „Kriegstüchtigkeit" ist das richtige Mindset! Interview mit Generalmajor Wolfgang Gäbelein, Amtschef des Planungsamts der Bundeswehr. In: Hardthöhenkurier 5/2024, S. 20-23.

Lewin, Kurt (1947): Frontiers in Group Dynamics. In: Human Relations, 1, S. 5-41.

Lewin, Kurt (1968): Die Lösung sozialer Konflikte: Ausgewählte Abhandlungen über Gruppendynamik. 3. Aufl. Bad Nauheim: Christian-Verlag.

Lewin, Kurt (1982): Feldtheorie. Kurt Lewin Werkausgabe. Band 4. Bern: Huber/Klett-Cotta.

Lewin, Kurt (2018): Kriegslandschaften. In: Dünne, Jörg/Günzel, Stefan (Hrsg.): Raumtheorie. Grundlagentexte aus Philosophie und Kulturwissenschaft. 9. Aufl. Frankfurt a. M.: Suhrkamp, S. 129-140.

Löw, Martina (2019): Raumsoziologie. 10. Aufl. Frankfurt a.M.: Suhrkamp.

Luhmann, Niklas (1964): Funktion und Folgen formaler Organisationen. Berlin: Duncker & Humblot.

Richter, Gregor (2023): Ortsunabhängiges Arbeiten im Bundesministerium der Verteidigung: Ergebnisse der Umfrage 2022. Forschungsbericht 135. Potsdam: ZMSBw

Richter, Gregor/Elbe, Martin (2021): Digitalkultur im Geschäftsbereich des Bundesministeriums der Verteidigung. Ergebnisse der bundeswehrweiten Umfrage 2020. Potsdam: ZMSBw.

Richter, Gregor/Elbe, Martin (2023): Digitalisierung und Digitalkultur im Geschäftsbereich des Bundesministeriums der Verteidigung. Ergebnisse der bundeswehrweiten Umfrage 2022. Unveröffentlichter Forschungsbericht. Potsdam: ZMSBw

Robbins, Stephen (2001): Organisation der Unternehmung. 9. Aufl. München: Pearson.

Rosenstiel, Lutz von (2013): Erleben und Verhalten: Ich und die Organisation. In: Werner, Christian/Elbe, Martin (Hrsg.): Handbuch Organisationsdiagnose. München: Utz, S. 55-70.

Sackmann, Sonja (1991): Cultural Knowledge in Organizations. Exploring the Collective Mind. Newbury Park (CA): Sage.

Schein, Edgar (1984): Coming to a New Awareness of Organizational Culture. Sloan Management Review, 25(2), S. 3-16.

Stiller, Christian (2024): Anfang. In: Dörfler-Dierken, Angelika (Hrsg.): Innere Führung konkret. 2. Aufl. Potsdam: ZMSBw, S. 6-8.

Weber, Max (1980): Wirtschaft und Gesellschaft. Grundriss der verstehenden Soziologie. 5. Aufl. Tübingen: Mohr Siebeck.

ZInFü - Zentrum Innere Führung (2023): Handbuch Innere Führung. Koblenz: ZInFü.

Politischer Extremismus in der Bundeswehr. Eine Analyse der Ergebnisse der Berichte der Koordinierungsstelle für Extremismusverdachtsfälle (KfE) 2019 bis 2023

Markus Steinbrecher/Heiko Biehl/Nina Leonhard

Einleitung

Politischer Extremismus ist eine permanente Herausforderung für die Bundeswehr seit ihrer Aufstellung vor 70 Jahren. Fälle wie Franco A. und seine Vorbereitungen für schwere staatsgefährdende Gewalttaten oder die Entwendung von Waffen und Munition beim Kommando Spezialkräfte (KSK) sind nur zwei prominente Beispiele aus den letzten Jahren. Extremismusfälle lassen in regelmäßigen Abständen – zumindest bei Teilen von Politik und medialer Öffentlichkeit – Zweifel an der politischen Zuverlässigkeit und der Verfassungstreue der Bundeswehr aufkommen (z.B. Laabs 2021; Meisner/Kleffner 2019; Naumann 2020). Dabei sind die normativen und gesetzlichen Vorgaben zum Verhältnis von Bundeswehr und politischem Extremismus eindeutig: „In der Bundeswehr werden keine Personen, von denen extremistische Bestrebungen und Verhaltensweisen ausgehen, die extremistischen Personenzusammenschlüssen angehören oder die solche Personenzusammenschlüsse unterstützen, geduldet. (…) Bereits dem Anschein extremistischer Tendenzen ist entschieden entgegen zu wirken" (BMVg 2024a: Nr. 102). Extremismus wird auf Basis des §4 Bundesverfassungsschutzgesetz (BVerfSchG) und der Rechtsprechung des Bundesverfassungsgerichts als Ablehnung der freiheitlichen demokratischen Grundordnung (FDGO) der Bundesrepublik Deutschland definiert. (BMVg 2024a, Nr. 112-113). Für alle Angehörigen der Bundeswehr gilt die Pflicht zur Verfassungstreue und zum aktiven Eintreten für die FDGO.

Die Bundeswehr verfügt zum Thema Extremismus über eine Vielzahl an Vorschriften und Grundlagendokumenten (z.B. das Soldatengesetz, die zitierte Vorschrift zur Extremismusbekämpfung, aber auch andere Regelungen aus dem Bereich Innere Führung), vielfältige Maßnahmen (z.B. die Soldateneinstellungsüberprüfung, Sicherheitsüberprüfungen oder Disziplinarmaßnahmen bis hin zur Entlassung) und Materialien für die Sensibilisierung, Schulung und Information (z.B. für die Politische Bildung über das Portal Innere Führung oder durch den BAMAD (Bundesamt für den Militärischen Abschirmdienst) oder das Zentrum

Innere Führung [ZInFü]). Hinzu kommen Meldesysteme (z.B. zur Inneren und Sozialen Lage [ISOLA]), Antworten auf parlamentarische Anfragen (z.B. Deutscher Bundestag 2024), empirische Studien wie die zum Zeitpunkt der Erstellung des Beitrags (Februar 2025) noch nicht veröffentlichte Studie „Armee in der Demokratie" (Steinbrecher et al. 2024, i.E.) und Berichte wie diejenigen der Koordinierungsstelle für Extremismusverdachtsfälle (KfE), die seit 2020 erscheinen. All diese Informationen und Quellen helfen, einen Überblick über Häufigkeit, Muster und Erklärungsfaktoren des politischen Extremismus in der Bundeswehr zu erhalten und daraus Schlussfolgerungen für Maßnahmen zur Vorbeugung und Bekämpfung abzuleiten.

Dieser Beitrag konzentriert sich auf ausgewählte Ergebnisse der KfE-Berichte für den Zeitraum 2019 bis 2023 (BMVg 2020, 2021, 2022, 2023, 2024b). Zunächst werden einige grundlegende Informationen zu den KfE-Berichten dargestellt. Auch werden mögliche Motive für das Melden oder Nicht-Melden von mutmaßlichen Extremismusfällen und damit die Zuverlässigkeit der Daten in den Berichten diskutiert. Im Mittelpunkt des Beitrags steht eine Auswertung der KfE-Berichte im Hinblick auf Verdachtsfälle, relevante Phänomenbereiche, die Über- und Unterrepräsentation bestimmter Gruppen bei den Verdachtsfällen und ausgewählte Maßnahmen gegen Extremismus im Zeitverlauf. Im Anschluss an die Analyse finden sich im Schlussteil Empfehlungen für den Umgang mit Extremismus in der Bundeswehr.

Grundlegende Informationen zu den KfE-Berichten und Überlegungen zum Meldeverhalten

Die KfE-Berichte werden seit 2020 jährlich durch das Bundesministerium der Verteidigung (BMVg) veröffentlicht. Die Berichte dokumentieren ab dem Berichtsjahr 2019 den Umfang der extremistischen Verdachtsfälle in der Bundeswehr, zu denen das BAMAD ermittelt. Hinzu kommen Statistiken zu erkannten Extremistinnen und Extremisten, Verdachtspersonen und abgeschlossenen Fällen, Disziplinarmaßnahmen und Entlassungen aufgrund von Extremismus. Die Berichte arbeiten mit einem Kategoriensystem zur Einstufung der Fälle, der sogenannten „Farbenlehre" (z.B. BMVg 2024a, 2024b). Rechtsgrundlage dafür sind §1 des Gesetzes über den Militärischen Abschirmdienst (MADG) und §4 BVerfSchG. Genauere Erläuterungen zur „Farbenlehre" finden sich in der Allgemeinen Regelung „Extremismusbekämpfung" (A-2600/7; BMVg 2024a: Nr. 139-148). Fälle in der Kategorie „gelb" sind solche Personen, bei denen tatsächliche Anhaltspunkte für den Verdacht extremistischer Bestrebungen vorliegen.

Als erkannte Extremistin oder erkannter Extremist eingestufte Verdachtspersonen werden in die Kategorie „rot" eingeordnet. Die Kategorie „orange" fasst die Fälle zusammen, bei denen sich der Verdacht fehlender Verfassungstreue bestätigt hat, jedoch noch zu ermitteln ist, ob extremistische Bestrebungen vorliegen. Fälle, bei denen sich der Verdacht extremistischer Bestrebungen nicht bestätigt hat, werden der Kategorie „grün" zugeordnet. Neben dem aktiven militärischen und zivilen Personal der Bundeswehr werden auch Reservistinnen und Reservisten betrachtet.

Die KfE-Berichte stellen die zuverlässigste Quelle zur Häufigkeit und Verteilung des politischen Extremismus in der Bundeswehr dar, weil sie auf erfolgten Meldungen und durchgeführten Maßnahmen basieren. Es ist aber durchaus plausibel, dass nicht alle Vorfälle von Extremismus gemeldet werden und das Ausmaß extremistischer Vorkommnisse durch die Berichte möglicherweise unterschätzt wird. Gegen diese Annahme spricht allerdings, dass nach der Vorschriftenlage extremistische Vorfälle stets zu melden sind, da sie für die „Innere und Soziale Lage, die Einsatzbereitschaft sowie das Ansehen der Bundeswehr in der Öffentlichkeit von besonderer Bedeutung sein können" (BMVg 2018: Nr. 102, 363). Dies setzt eine Eindeutigkeit voraus, die in der Praxis nicht immer gegeben ist. Im Einzelfall kann strittig sein, ob es sich um eine Äußerung handelt, die von der Meinungsfreiheit gedeckt ist, um einen nicht ernst gemeinten oder verunglückten „Witz" oder um eine tatsächlich extremistische Einlassung. Zudem wirkt sich eine Meldung einschneidend auf die sozialen Beziehungen zwischen den Soldatinnen und Soldaten aus, d.h. auf die Kameradschaft. Das Soldatengesetz verpflichtet alle Streitkräfteangehörigen in § 12 zur Kameradschaft, und Armeen gelten als Organisationen, die funktional auf eine starke soziale Kohäsion unter ihren Angehörigen besonders angewiesen sind. Daher hegen manche Beobachterinnen und Beobachter den Verdacht, dass ein größerer Teil der Vorkommnisse in den Streitkräften – und nicht nur solche extremistischer Natur – die Öffentlichkeit oder auch nur die Organisationsleitung gar nicht erreiche, es also eine hohe Dunkelziffer gebe (z.B. Laabs 2021: 61, 72-75, 115, 125-126). Aus falsch verstandenem Korpsgeist würden in Streitkräften, ähnlich wie in der Polizei (Derin/Singelnstein 2022: Kap. 3.3), viele Vorfälle heruntergespielt, vertuscht oder verheimlicht. Für die Polizei wird diese Annahme im Ergebnisbericht zur sogenannten Megavo-Studie bestätigt: So wurden nur in 5% der Fälle rassistische Äußerungen im Polizeidienst an Vorgesetzte gemeldet (Andree et al. 2024: 126-133). Für die Bundeswehr zeigte sich exemplarisch beim Umgang der Vorgesetzten von Franco A. mit dessen Masterarbeit, in der sein extremistisches

Gedankengut bereits offenkundig geworden war, wie ein besonders gravierender Vorfall unter den Teppich gekehrt wurde (z.B. Laabs 2021).

Stefan Kühl (2020) hat mit seinen Analysen zur „brauchbaren Illegalität", in denen er explizit auf Vorkommnisse in Sicherheitsorganisationen Bezug nimmt, dargelegt, welchen unterschiedlichen Logiken, Ansprüchen und Forderungen Organisationsmitglieder ausgesetzt sind. Beim Umgang mit Fehlern, Verstößen und Vergehen ist es für die Einzelnen mitunter schwierig, eine Balance zu finden, die den organisationsinternen und -externen Interessen gerecht wird. Wer gegen die offiziellen Vorgaben und Regeln verstößt, um Fehlverhalten und Schwächen von Kameradinnen und Kameraden zu decken, sieht sich dem Vorwurf ausgesetzt, er handle aus „falsch verstandener Kameradschaft".[1] Umgekehrt läuft derjenige, der Kameradinnen und Kameraden an Vorgesetzte oder gar Außenstehende meldet bzw. „verpfeift", Gefahr, als unkameradschaftlich oder, um im Jargon zu bleiben, als „Kameradenschwein" zu gelten. An dieser Ambivalenz zeigt sich exemplarisch das Spannungsverhältnis zwischen kameradschaftlicher Kohäsion, militärischer Hierarchie, politischen Kalkülen und öffentlichen Erwartungen. Bislang ist sozialempirisch kaum analysiert worden, wie innerhalb der Bundeswehr mit Vorkommnissen und Ereignissen umgegangen wird (siehe jedoch Bulmahn et al. 2010 und vor allem Steinbrecher et al. i.E.).

In der Literatur und im öffentlichen Raum finden sich vereinzelt Vermutungen, warum und wann bestimmte Vorfälle offiziell gemeldet, intern geregelt oder mehr oder weniger ignoriert werden. So wird zuweilen angenommen, dass Personen, die eine hohe dienstliche Kohäsion (Kameradschaft oder Kollegialität) erleben, seltener erwarten, dass Fehlverhalten gemeldet wird (Derin/Singelnstein 2022: 139-142; Kühl 2020: 89-96; Laabs 2021). Es wird zudem davon ausgegangen, dass in Bereichen mit hohem innerorganisatorischem Zusammenhalt häufiger über Verfehlungen hinweggesehen wird, um zu verhindern, dass (unangenehme) Interna an die Öffentlichkeit gelangen. Damit einher geht die Vermutung, dass in den Kampftruppen oder bei den Spezialkräften (extremistische) Vorfälle seltener gemeldet werden. Nicht zuletzt sollten auf Basis der Annahmen der genannten Autorinnen und Autoren höhere Dienstgrade verstärkt von Meldungen über extremistische Vorkommnisse berichten. Denn diese sind aufgrund ihrer höheren Position zum einen formal dazu verpflichtet, solche Vorfälle, wenn sie diese denn wahrnehmen, selbst zu melden; zum anderen erfahren sie oftmals von derartigen Meldungen in ihrer Eigenschaft als Vorgesetzte und sind

---

[1] Vgl. hierzu die Aussagen des damaligen Wehrbeauftragten Hans-Peter Bartels über mögliche Rechtsextremismusfälle in der Bundeswehr (Merkur 2020).

254

durch Schulungen, Informationen und ihre Vorgesetztenrolle stärker für das Thema Extremismus sensibilisiert (BMVg 2024a: Nr. 223-230, 301, 313-316, 401-406).

Empirische Ergebnisse zu Extremismus und Extremismusverdachtsfällen in der Bundeswehr

Dieser Abschnitt präsentiert und diskutiert ausgewählte Ergebnisse aus den KfE-Berichten: Tabelle 1 liefert einen Überblick über die Entwicklung der neu aufgenommenen Verdachtsfälle, der Gesamtzahl der Verdachtsfälle zwischen 2019 und 2023 sowie den Anteil der Gesamtfälle, der auf die einzelnen Phänomenbereiche entfällt. Zu den Verdachtsfällen zählen ganz unterschiedliche Vergehen. Die Bandbreite reicht von schweren Straftaten wie beim schon erwähnten Franco A., über das Hören rechtsextremistischer Musik in Kasernen und den Besitz von Propagandamaterial bis hin zu extremistischen Äußerungen in Chats oder sozialen Medien, die das Gros der Verdachtsfälle ausmachen (z.B. Deutscher Bundestag 2024). Was die Gesamtfälle angeht, zeigte sich von 2019 bis 2021 ein deutlicher Anstieg. Die Zahl der insgesamt bearbeiteten Fälle hat sich von 743 auf 1.452 fast verdoppelt. In den Jahren 2022 und 2023 wurden jeweils etwa 1.000 Fälle durch das BAMAD bearbeitet. Ob dieser Entwicklung ein tatsächlicher Anstieg extremistischer Vorfälle in der Bundeswehr, eine geänderte, höhere Meldebereitschaft (z.B. Der Spiegel 2022) oder andere Faktoren zu Grunde liegen, lässt sich anhand der in den KfE-Berichten genannten Zahlen nicht klären. Es fällt aber auf, dass der Anstieg der neu gemeldeten Fälle nicht proportional zum Anstieg der Gesamtfälle erfolgte. Die Zahl der neu aufgenommenen Fälle erhöhte sich von 2019 bis 2021 um 42 Prozent. 2022 und 2023 war die Zahl der neuen Fälle jeweils weniger als halb so hoch wie im Jahr 2021. Die Differenz zwischen den neuen Fällen und den Verdachtsfällen insgesamt zeigt zudem, dass die Bearbeitung der meisten Fälle mehrere Jahre dauert. Genauere Informationen hierzu bieten die KfE-Berichte nicht. Aus der Gesamtzahl für 2023 (1.049 Fälle) und den neuen Fällen aus den Jahren 2022 und 2023 (zusammen 548 Fälle, entspricht etwa 52 Prozent) lässt sich schließen, dass 48 Prozent der Gesamtfälle, die 2023 Teil der Statistik waren, schon mindestens zwei Jahre bearbeitet wurden. Hilfreich für mehr Nachvollziehbarkeit und einen höheren Mehrwert der Daten in den KfE-Berichten wären daher eine Aufschlüsselung der Gesamtfälle nach dem Jahr der Aufnahme in das Melde- bzw. Fallbearbeitungssystem und detailliertere Angaben zur Bearbeitungsdauer.

Tabelle 1: Extremismusverdachtsfälle in der Bundeswehr nach Phänomenbereichen 2019 bis 2023

Phänomenbereich	2019	2020	2021	2022	2023
Neue Fälle	482	574	688	241	307
Fälle insgesamt	743	1016	1452	962	1049
davon, in Prozent					
Rechtsextremismus	79,7	83,0	85,5	80,4	74,0
Reichsbürger	4,6	5,2	6,3	5,7	5,9
VDS	-	-	-	7,0	7,7
Linksextremismus	1,5	1,6	1,6	1,6	2,1
Islamismus	9,3	7,7	5,5	4,0	4,9
Ausländerextremismus	5,0	2,6	1,0	1,5	5,3
Scientology	0,0	0,0	0,0	0,0	0,1

Anmerkung: Angegeben sind absolute Fallzahlen (obere zwei Zeilen) und Anteilswerte (in Prozent: übrige Zeilen). VDS: Verfassungsschutzrelevante Delegitimierung des Staates.

Datenbasis: KfE-Berichte 2019 bis 2023 (BMVg 2020, 2021, 2022, 2023, 2024b).

Ein Großteil der Fälle stammte in allen Jahren aus dem Phänomenbereich Rechtsextremismus. In den Jahren 2019 bis 2022 lag der Anteil der Fälle aus diesem Bereich zwischen 79,7 und 85,5 Prozent. 2023 wurde der niedrigste Anteil erreicht, mit 74,0 Prozent waren aber immer noch fast drei von vier Fällen rechtsextremistisch einzuordnen. Weitere relevante Phänomenbereiche mit Anteilswerten von mindestens 4,0 Prozent über alle Jahre hinweg sind Reichsbürger- und Selbstverwalter, „Verfassungsschutzrelevante Delegitimierung des Staates" (VDS) und Islamismus. Während sich der Anteil der Verdachtsfälle aus dem Reichsbürger- und Selbstverwaltermilieu im gesamten Zeitraum in einem schmalen Band zwischen 4,6 und 6,3 Prozent bewegte, zeigten sich für islamistische Verdachtsfälle stärkere Schwankungen. 2019 und 2020 waren mit 9,3 bzw. 7,7 Prozent die höchsten Werte zu verzeichnen. In den Jahren zwischen 2021 und 2023 war dieser Phänomenbereich mit Anteilen zwischen 4,0 und 5,5 Prozent weniger wichtig. VDS ist eine Kategorie, die mit den Anti-Covid-Protesten von den Verfassungsschutzbehörden definiert wurde und daher erst seit 2022 separat ausgewiesen wird. 2022 und 2023 kam aus diesem Bereich jeweils der zweithöchste Anteil an Verdachtsfällen. Die Relevanz von Ausländer- bzw. auslandsbezogenem Extremismus schwankte relativ stark zwischen den einzelnen Erhebungszeitpunkten. 2019 und 2023 waren mit Werten um die 5 Prozent die höchsten Anteile zu verzeichnen. 2023 stand der zu verzeichnende Anstieg laut KfE-Bericht besonders mit dem Ukrainekrieg in Verbindung (BMVg 2024b: 10).

Tabelle 2: Anteil verschiedener Gruppen an den Extremismusverdachtsfällen in der Bundeswehr 2020 bis 2023, Teil 1

Gruppe	2020	2021	2022	2023	Mittlerer Anteil am Personal
Statusgruppe (mil/ziv)					
Soldatinnen und Soldaten	92	92	91	89	69
Beamtinnen und Beamte	3	3	4	5	11
Arbeitnehmerinnen und Arbeitnehmer	5	5	5	6	20
Teilstreitkraft/Organisationsbereich					
Heer	50	48	53	42	25
Luftwaffe	9	9	9	9	12
Marine	7	6	7	5	7
Streitkräftebasis	14	17	11	17	12
Sanitätsdienst	7	7	7	9	9
Cyber- und Informationsraum	2	2	2	4	6
Verwaltung	6	6	9	12	25
Andere Bereiche	6	5	2	2	4
Altersgruppe					
Unter 25 Jahre	21	19	15	13	17
25 bis 34 Jahre	47	44	43	39	33
35 bis 44 Jahre	18	21	24	26	22
45 bis 54 Jahre	10	11	12	14	15
55 bis 65 Jahre	4	5	6	8	13
Über 65 Jahre	0	0	0	0	0

Anmerkung: Angegeben sind Anteilswerte (in Prozent). Die Anteilswerte in den KfE-Berichten liegen nur gerundet vor. Mittlerer Anteil am Personal: Mittelwert über die Jahre 2020 bis 2023, Bezug Personalkörper Geschäftsbereich BMVg.

Datenbasis: KfE-Berichte 2019 bis 2023 (BMVg 2020, 2021, 2022, 2023, 2024b).

Die Tabellen 2 und 3 zeigen die Anteile verschiedener Gruppen an den Extremismusverdachtsfällen in der Bundeswehr zwischen 2020 und 2023. Für 2019 liegen diese Daten nicht vor. Die KfE-Berichte liefern Ergebnisse für die Kategorien Statusgruppe militärisch/zivil, Teilstreitkraft/Organisationsbereich, Altersgruppe, Dienstgradgruppe, Statusgruppe militärisch und Laufbahngruppe zivil. Hinzu kommen noch Informationen über das Bundesland, in dem die hinter dem Verdachtsfall steckende Person wohnt und in dem sie Dienst tut. Die letzten beiden Merkmale sind tabellarisch nicht ausgewiesen, sondern die wesentlichen Ergebnisse werden textlich wiedergegeben. Ob die jeweilige Gruppe unter den Verdachtsfällen über- oder unterrepräsentiert ist, ergibt sich im Vergleich mit der letzten Spalte in beiden Tabellen, die den mittleren Anteil der Gruppe am Personalkörper widerspiegelt.

Tabelle 2 lässt sich entnehmen, dass 89 bis 92 Prozent aller Verdachtsfälle auf die Soldatinnen und Soldaten entfielen. Damit waren diese, im Vergleich zu den Zivilangehörigen der Bundeswehr, überrepräsentiert. Bei der Kategorie Teilstreitkraft/Organisationsbereich fallen besonders Angehörige des Heeres auf, da sie im Vergleich zu ihrem Anteil am Personalkörper deutlich stärker unter den Verdachtsfällen vertreten sind. 2020 bis 2022 war der Anteil des Heeres an den Verdachtsfällen etwa doppelt so groß, wie aufgrund des Anteils am Personal zu erwarten wäre. 2023 sank der Anteil an den Verdachtsfällen auf 42 Prozent, war aber immer noch etwa 1,7 Mal höher als der Anteil am Gesamtpersonalkörper. Unterrepräsentiert waren Angehörige der Luftwaffe, von CIR und insbesondere aus der Bundeswehr-Verwaltung außerhalb der Teilstreitkräfte oder militärischen Organisationsbereiche. Blickt man auf die Altersgruppen, dann waren die 25- bis 34-Jährigen in allen Jahren stärker unter den Verdachtsfällen vertreten. Auffällig ist die Abnahme des Anteils der Altersgruppe unter 25 Jahren im Zeitverlauf: War diese Gruppe 2020 und 2021 noch überrepräsentiert, war sie 2022 und 2023 in geringerem Maße unter den Verdachtsfällen zu finden, als man auf Basis ihres Anteils am Gesamtpersonalkörper erwarten würde. Konsistent in geringerem Maße tauchen Personen ab 45 Jahren unter den Verdachtsfällen auf.

Wie Tabelle 3 zeigt, waren unter den Dienstgradgruppen Mannschaften in allen Jahren unter den Verdachtsfällen deutlich überrepräsentiert, während Unteroffiziere und Offiziere geringere Anteile aufwiesen. Bei den militärischen Statusgruppen ergibt sich eine Überrepräsentation für Zeitsoldaten, während Freiwillig Wehrdienst Leistende und Berufssoldaten eine geringere Wahrscheinlichkeit aufweisen, unter den Verdachtsfällen vertreten zu sein. Unter den zivilen Laufbahngruppen zeigt sich eine leichte Überrepräsentation von Angehörigen des mittleren und gehobenen Dienstes. Bei den tabellarisch nicht ausgewiesenen geografischen Bezügen wird deutlich, dass Personen, die in Baden-Württemberg, Sachsen, Thüringen, Bayern und Mecklenburg-Vorpommern Dienst tun, bei den Verdachtsfällen systematisch überrepräsentiert waren. Blickt man auf den Wohnort, so waren besonders Personen mit Wohnsitz in Sachsen, Baden-Württemberg und Thüringen unter den Verdachtsfällen stärker vertreten. Dass Baden-

Württemberg zweimal in der Liste auftaucht, ergibt sich wohl daraus, dass das Kommando Spezialkräfte (KSK) seinen Dienstsitz in Calw hat und sich in den Verdachtsfällen die langjährigen Ermittlungen nach den medial bekannt gewordenen Vorfällen seit 2017 widerspiegeln.

Tabelle 3: Anteil verschiedener Gruppen an den Extremismusverdachtsfällen in der Bundeswehr 2020 bis 2023, Teil 2

Gruppe	2020	2021	2022	2023	Mittlerer Anteil am Personal
Dienstgradgruppe					
Mannschaften	42	42	42	37	28
Unteroffizierinnen und Unteroffiziere	42	42	44	46	51
Offizierinnen und Offiziere	16	16	14	17	22
Statusgruppe (mil)					
Freiwilligen Wehrdienst Leistende	5	6	5	4	5
Zeitsoldatinnen und Zeitsoldaten	77	76	75	74	65
Berufssoldatinnen und Berufssoldaten	18	18	20	22	31
Laufbahngruppe (ziv)					
Tarifbeschäftigte	62	60	55	55	65
Einfacher Dienst	0	0	0	0	0
Mittlerer Dienst	16	20	22	22	15
Gehobener Dienst	16	14	16	16	13
Höherer Dienst	6	6	7	7	7

Anmerkung: Angegeben sind Anteilswerte (in Prozent). Die Anteilswerte in den KfE-Berichten liegen nur gerundet vor. Mittlerer Anteil am Personal: Mittelwert über die Jahre 2020 bis 2023, Bezug Personalkörper Geschäftsbereich BMVg militärisch: Dienstgradgruppe, Statusgruppe (mil); Bezug Personalkörper Geschäftsbereich BMVg zivil: Laufbahngruppe (ziv.). Datenbasis: KfE-Berichte 2019 bis 2023 (BMVg 2020, 2021, 2022, 2023, 2024b).

Bei den bislang berichteten Zahlen handelt es sich, wie dargelegt, um Verdachtsfälle, von denen sich einige bestätigen, viele aber als unbegründet erweisen (Kategorie „grün"). Weitaus geringer sind daher die Zahlen der erkannten Extremistinnen und Extremisten im Sinne des §4 BVerfSchG (Kategorie „rot") und der Fälle, bei denen sich der Verdacht auf fehlende Verfassungstreue bestätigt hat (Kategorie „orange"). Tabelle 4 zeigt eine Übersicht der entsprechenden Fallzahlen und enthält zudem Angaben zu Kündigungen und Entlassungen sowie zu Ablehnungen im Bewerbungs- und Auswahlverfahren.

Im Bewerbungs- und Auswahlverfahren ausgeschlossen werden in den meisten Jahren fast 100 Personen. In Anbetracht einer mittleren Zahl an Bewerbungen pro Jahr von über 40.000 (Elbe 2023: 5) ist dies ein Anteil von maximal 0,25 Prozent. Die Anzahl der Kündigungen und Entlassungen liegt im Betrachtungszeitraum 2020 bis 2023 zwischen 47 und 89. Aufgrund der Schwankungen der Werte von Jahr zu Jahr lässt sich kein zeitlicher Trend identifizieren. Die Entfernung erkannter Extremisten aus dem Dienst war bislang sehr langwierig. Selbst bei einem eindeutigen Fall wie Franco A. war die Entlassung aus der Bundeswehr erst nach mehreren Jahren möglich.[2] Eine Gesetzesnovelle von 2023 soll die Verfahren beschleunigen, damit Angehörige der Bundeswehr, die nicht auf dem Boden der FDGO stehen, schneller entlassen werden können. Die Zahl der Entlassungen und Kündigungen liegt deutlich höher als die Summe der Fallzahlen aus den Kategorien „rot“ und „orange“. Daraus lässt sich schlussfolgern, dass das gewählte Kategorienschema nicht alle Fälle erfasst bzw. erfassen kann oder dass auch Personen die Bundeswehr verlassen, bei denen die Fallbearbeitung noch nicht abgeschlossen ist. Diese Personen kommen somit einer etwaigen Entlassung möglicherweise zuvor – darauf deuten auch die Antworten der Bundesregierung auf eine parlamentarische Anfrage zu Rechtsextremismusfällen in der Bundeswehr und dem Umgang mit ihnen hin (Deutscher Bundestag 2024).

Die Zahl der erkannten Extremisten („rot“) lag mit Ausnahme von 2022 (7) in einem engen Bereich zwischen 13 und 17. Auch die Zahl der Fälle, bei denen sich der Verdacht auf fehlende Verfassungstreue bestätigt hat („orange“), variiert nur wenig und lag pro Jahr zwischen 29 und 38 Fällen. Die größte Gruppe in Tabelle 4 sind die Fälle, bei denen sich der Extremismusverdacht nicht bestätigt hat („grün“). Hier zeigt sich eine deutliche Schwankung im Zeitverlauf: Wurden 2019 159 Fälle dieser Kategorie zugeordnet, wurde 2020 mit 97 Fällen der niedrigste Wert erreicht. Seitdem stieg der Wert der nicht bestätigten Verdachtsfälle von Jahr zu Jahr und erreichte 2023 mit 185 Fällen den höchsten Wert in der gesamten Zeitreihe. Diese Zahlen, insbesondere das Verhältnis zwischen „grünen“ und „roten“ Fällen, lassen sich so interpretieren, dass in der Praxis die Hemmschwelle, einen Verdachtsfall zu melden, relativ gering zu sein scheint und man lieber auf „Nummer sicher“ geht. Ist diese Annahme korrekt, würde dies bedeuten, dass die Dunkelziffer nicht gemeldeter Fälle verhältnismäßig klein ist

---

[2] Bundesgerichtshof, Verurteilung eines Bundeswehroffiziers wegen eines beabsichtigten Terroranschlags bestätigt. Beschluss vom 8. August 2023, 3 StR 499/22, Pressemitteilung Nr. 146, Karlsruhe 2023.

und zudem nicht alles, was als extremistischer Vorfall gemeldet wird, am Ende als extremistisch einzustufen ist. Plausiblerweise kann man aber auch davon ausgehen, dass nicht jeder extremistische Vorfall gemeldet, nicht immer ein Verdächtiger oder Täter gefunden oder aber die Schwelle zur Ahndung/Bestrafung nicht überschritten wird. Wie die bereits zitierte Antwort der Bundesregierung auf eine parlamentarische Anfrage zu Rechtsextremismusfällen in der Bundeswehr und dem Umgang mit ihnen verdeutlicht, trifft dies bei einer größeren Zahl an Fällen zu (Deutscher Bundestag 2024). Es ist unklar, wie mit diesen Fällen in den KfE-Berichten umgegangen wird, so dass hier möglicherweise Notwendigkeiten zur Anpassung des Kategorienschemas und einer umfassenderen Berichterstattung bestehen.[3]

Tabelle 4: Entwicklung der Fallzahlen ausgewählter Kategorien der Extremismusbekämpfung im Geschäftsbereich BMVg 2020 bis 2023

Gruppe	2019	2020	2021	2022	2023
Ablehnungen im Bewerbungs- und Auswahlverfahren	-	71	98	97	94
Kündigungen/Entlassungen	-	47	89	55	76
Erkannte Extremisten (Kategorie „rot")	14	15	17	7	13
Verdacht auf fehlende Verfassungstreue bestätigt (Kategorie „orange")	38	29	35	35	38
Verdacht nicht bestätigt (Kategorie „grün")	159	97	110	114	185

Anmerkung: Angegeben sind absolute Fallzahlen.

Datenbasis: KfE-Berichte 2019 bis 2023 (BMVg 2020, 2021, 2022, 2023, 2024b).

Empfehlungen für den Umgang mit politischem Extremismus in der Bundeswehr

Was ist aus den vorangehenden Ausführungen für den Schutz der Bundeswehr vor politischem Extremismus und im Hinblick auf Führung und Ausbildung in der Bundeswehr abzuleiten?

---

[3] Weitere, tiefer gehende empirische Ergebnisse zum Meldeverhalten und zum Umang mit Meldungen sind auf Basis der Ergebnisse der Studie „Armee in der Demokratie" zu erwarten (Steinbrecher et al. i.E.).

Legt man die Fallzahlen aus den KfE-Berichten zugrunde, dann ist der Rechtsextremismus mit deutlichem Abstand der relevanteste Phänomenbereich für die Bundeswehr. Da sich die Nähe und teilweise Überlappung von rechtsextremer Ideologie und militärischen Prinzipien und Praxen wie Disziplin, Befehl und Gehorsam, (Unter-)Ordnung, Pflichterfüllung, Opferbereitschaft und Kollektivismus aufgrund ihrer Relevanz für die Sozialisation im Militär und die Erfüllung der soldatischen Kernaufgaben nur schwer verhindern lassen (z.B. Naumann 2020), sollte unbedingt unterbunden werden, dass sich unter Soldatinnen und Soldaten ein elitäres Bewusstsein herausbildet. Daher sollten die Vorkehrungen gegen politischen Extremismus – wie bislang – so früh wie möglich einsetzen, um bestensfalls zu verhindern, dass Extremisten überhaupt in die Bundeswehr gelangen. Angesichts der gesellschaftlichen Entwicklungen, der zunehmenden Verbreitung extremistischer Positionen in der Gesellschaft (z.B. Zick et al. 2023) und des wachsenden Wahlerfolgs extremistischer bzw. in Teilen extremistischer Parteien gilt dies umso mehr. Die vor einigen Jahren etablierte Soldateneinstellungsüberprüfung hat neben der Identifikation von Extremisten eine abschreckende Wirkung auf potenziell Interessierte, wenngleich neben der Zahl der ausgeschlossenen Bewerberinnen und Bewerber (s.o.) schwierig zu beziffern ist, wie groß dieser Effekt eigentlich ist.

Die Daten der KfE-Berichte zeigen für einige demografische Merkmale und Gruppen deutliche und über die Jahre konsistente Muster hinsichtlich der Überrepräsentation von Verdachtsfällen. In stärkerem Maße unter den Verdachtsfällen vertreten sind Soldatinnen und Soldaten generell, Angehörige des Heeres, 25- bis 34-Jährige, Mannschaften, Zeitsoldatinnen und Zeitsoldaten, Beamte im mittleren Dienst, Personen mit Dienstorten in Baden-Württemberg, Sachsen, Thüringen, Bayern und Mecklenburg-Vorpommern sowie Personen mit Wohnsitz in Sachsen, Baden-Württemberg und Thüringen. Teilweise handelt es sich bei diesen Mustern um aus der Forschung zu extremistischen Einstellungen bekannte Zusammenhänge (etwa bei Bildung, Alter und geografischen Bezügen; vgl. z.B. Arzheimer 2020; Jungkunz 2023; Neu/Pokorny 2018). Auf die genannten Gruppen sollte bei Einstellung, Sicherheitsüberprüfungen und Präventionsmaßnahmen genauso wie im Rahmen von Schulungen und Politischer Bildung sowie bei der Dienstaufsicht der Vorgesetzten ein größeres Augenmerk gelegt werden. Bezüglich des Berichtswesens ist zu überlegen, ob nicht noch weitere demografische Merkmale, wie zum Beispiel Geschlecht, in den KfE-Berichten ausgewiesen werden können.

Der niedrige Wert für den Ausschluss von Personen aus dem Bewerbungs- und Auswahlverfahren könnte einerseits für die Annahme sprechen, dass sich Extremistinnen und Extremisten in weiten Teilen überhaupt nicht bei der Bundeswehr bewerben und durch die klaren normativen und gesetzlichen Vorgaben sowie die Sicherheitsüberprüfungen abgeschreckt werden. Andererseits könnte es aber auch sein, dass Extremistinnen und Extremisten ihre wahren Haltungen und Absichten gut verbergen können und somit unerkannt durch das Bewerbungsverfahren kommen und die Zahlen deswegen so gering sind. Unabhängig davon, welche Annahme eher zutrifft, sollte die Bundeswehr auf jeden Fall Screenings und Prüfverfahren im Bewerbungsprozess auf dem vorliegenden Niveau halten und mögliche Schwächen verbessern.

Es ist auf Basis der vorliegenden Ergebnisse nicht auszuschließen, dass Unsicherheiten im Umgang mit Vorkommnissen und deren Meldung bei Angehörigen der Bundeswehr bestehen, obwohl die Vorschriftenlage eindeutig ist (z.B. BMVg 2024a: Nr. 301-306). Dabei ist in Rechnung zu stellen, dass es eine Musterlösung nicht gibt. Vorgaben wie „Alles ist zu melden" würden Misstrauen in das soziale Geflecht der Streitkräfte tragen und die militärische Bürokratie überfordern (Kühl 2020). Den Soldatinnen und Soldaten sollte vielmehr vermittelt werden, welche Vergehen mit Bezug zum Extremismus unbedingt zu melden sind, welches Verhalten durch interne Ansprachen geklärt werden kann und welche Handlungen oder Äußerungen zulässig bzw. von den Freiheitsrechten des Einzelnen gedeckt sind. Auch wenn es ein nachvollziehbares Ziel ist, den Angehörigen der Bundeswehr Handlungssicherheit in diesem Bereich zu vermitteln, ist der dahinterstehende Konflikt per se nicht gänzlich aufzulösen. Streitkräfte sind auf kameradschaftlichen Zusammenhalt und gegenseitiges Vertrauen angewiesen. Extremisten gefährden diese soziale Kohäsion. Militärische Gruppen und Einheiten müssen Verfahren entwickeln, um mit Fehlverhalten umzugehen und soziale Konflikte – bis zu einem rechtlich definierten Rahmen – intern zu regeln. Solche Konfliktlösungsmethoden stärken wiederum den militärischen Zusammenhalt.

Literatur

Andree, Christoph/Fischer, Jule/Horn, Sabine/Peters, Annalena/Schiemann, Anja/Sevenig, Eva/Wittenberg, Jochen (2024): MEGAVO-Studie. Projektbericht 2021-2024. Münster: Deutsche Hochschule der Polizei.

Arzheimer, Kai (2020): Extremismus. In: Faas, Thorsten/Gabriel, Oscar W./Maier, Jürgen (Hrsg.): Politikwissenschaftliche Einstellungs- und Verhaltensforschung. Handbuch für Wissenschaft und Studium. Baden-Baden: Nomos, S. 296-308.

Bundesministerium für Verteidigung (BMVg) (2018): Innere Führung. Selbstverständnis und Führungskultur. Zentrale Dienstvorschrift A-2600/1, Version 2.1. Berlin: BMVg.

BMVg (2019): Extremismus. Vorbeugung und Bekämpfung. Zentrale Dienstvorschrift A-2600/7. Berlin: BMVg.

BMVg (2020): Erster Bericht der Koordinierungsstelle für Extremismusverdachtsfälle zur Unterrichtung der Leitung des BMVg, des parlamentarischen Raums und der Öffentlichkeit. Bonn: BMVg.

BMVg (2021): Zweiter Bericht der Koordinierungsstelle für Extremismusverdachtsfälle zur Unterrichtung der Leitung des BMVg, des parlamentarischen Raums und der Öffentlichkeit. Bonn: BMVg.

BMVg (2022): Jahresbericht KfE 2021. BMVg R II 5 – Koordinierungsstelle für Extremismusverdachtsfälle. Bonn: BMVg.

BMVg (2023): Jahresbericht KfE 2022. BMVg R II 5 – Koordinierungsstelle für Extremismusverdachtsfälle. Bonn: BMVg.

BMVg (2024a): Extremismusbekämpfung. Allgemeine Regelung A-2600/7, Version 2. Berlin: BMVg.

BMVg (2024b): Jahresbericht KfE 2023. BMVg RO II 5 – Koordinierungssstelle für Extremismusverdachtsfälle. Bonn: BMVg.

Bulmahn Thomas/Fiebig, Rüdiger/Wieninger, Victoria/Greif, Stefanie/Flach, Max H./Priewisch, Manon A. (2010): Ergebnisse der Studentenbefragung an den Universitäten der Bundeswehr Hamburg und München 2007. Forschungsbericht 89. Strausberg: Sozialwissenschaftliches Institut der Bundeswehr.

Derin, Benjamin/Singelnstein, Tobias (2022): Die Polizei. Helfer, Gegner, Staatsgewalt. Inspektion einer mächtigen Organisation. Berlin: Econ.

Deutscher Bundestag (2024): Antwort der Bundesregierung auf die Kleine Anfrage der Abgeordneten auf die Kleine Anfrage der Abgeordneten Martina Renner, Dr. André Hahn, GökayAkbulut, weiterer Abgeordneter und der Gruppe Die Linke– Drucksache 20/13376. Rechtsextreme Vorfälle in der Bundeswehr 2023. Drucksache 20/14002. Berlin: Deutscher Bundestag.

Elbe, Martin (2023): Bewerberstudie 2022. Vom anfänglichen Interesse bis zur abgeschlossenen Bewerbung bei der Bundeswehr. Forschungsbericht 134. Potsdam: Zentrum für Militärgeschichte und Sozialwissenschaften der Bundeswehr (ZMSBw).

Jungkunz, Sebastian (2023): Politischer Extremismus. Struktur und Ursachen links- und rechtsextremer Einstellungen in Deutschland. Cham: Springer VS.

Kühl, Stefan (2020): Brauchbare Illegalität. Vom Nutzen des Regelbruchs in Organisationen. Frankfurt a.M./New York: Campus.

Laabs, Dirk (2021): Staatsfeinde in Uniform. Wie militante Rechte unsere Institutionen unterwandern. Berlin: Econ.

Meisner, Matthias/Kleffner, Heike (Hrsg.) (2019): Extreme Sicherheit. Rechtsradikale in Polizei, Verfassungsschutz, Bundeswehr und Justiz, Freiburg i.Br.: Herder.

Merkur (2020): „Ungewöhnlich, dass ...“: Extremisten in der Bundeswehr – Wehrbeauftragter fordert Aufklärung. In: Merkur, 26.1.2020 https://www.merkur.de/politik/bundeswehr-rechtsextremismus-wehrbe-auftragter-ksk-mad-kramp-karrenbauer-zr-13414553.html (letzter Zugriff 8.12.2023).

Naumann, Klaus (2020): Nicht ganz dicht am rechten Rand? Rechtsextremismus und Rechtspopulismus als Probleme der Bundeswehr. In: Aus Politik und Zeitgeschichte 70 (16/17), S. 25-30.

Neu, Viola/Pokorny, Sabine (2018): Extremistische Einstellungen und empirische Befunde. In: Jesse, Eckhard/Mannewitz, Tom (Hrsg.): Extremismusforschung. Handbuch für Wissenschaft und Praxis. Baden-Baden: Nomos, S. 161-203.

Der Spiegel (2022): Wehrbeauftragte fordert mehr Personal zur Bekämpfung des Rechtsextremismus, 3.6.2022 https://www.spiegel.de/politik/deutschland/bundeswehr-wehrbeauftrag-te-eva-hoegl-spd-fordert-mehr-personal-zur-bekaempfung-des-rechtsextre-mismus-a-f9f7eddd-eb55-4879-8431-440d847aa3bb (letzter Zugriff: 2.10.2023).

Steinbrecher, Markus/Biehl, Heiko/Leonhard, Nina (2024): Extremismus in der Bundeswehr. In: Aus Politik und Zeitgeschichte 74 (47-48), S. 23-28.

Steinbrecher, Markus/Biehl, Heiko/Leonhard, Nina (i.E.): Armee in der Demokratie. Ausmaß, Ursachen und Wirkungen von politischem Extremismus in der Bundeswehr. Forschungsbericht. Potsdam: ZMSBw.

Zick, Andreas/Küpper, Beate/Mokros, Nico (Hrsg.) (2023): Die distanzierte Mitte. Rechtsextreme und demokratiegefährdende Einstellungen in Deutschland 2022/23. Bonn: Dietz.

‚Task Force Wachbataillon beim BMVg‘.
Innere Führung und Psychologischer Dienst gestalten einen Veränderungsprozess

Reinhold Janke und Jörn Ungerer

Einleitung und Ausgangslage

Das Wachbataillon beim Bundesministerium der Verteidigung (WachBtl BMVg) steht wie kein anderer Verband der Bundeswehr im ständigen Rampenlicht. Als einzigartige Formation repräsentiert das Bataillon das militärische Gesicht der deutschen Staatsmacht. Hinter dieser Tradition und Symbolik stehen aber zugleich die Werte und Normen der deutschen Verfassung, die es zu verteidigen gilt. Damit ist das Wachbataillon das erste sinnfällige Aushängeschild unserer wehrhaften Demokratie.

Das Bataillon ist nach Gliederung und Ausstattung als infanteristischer Verband aufgestellt und nimmt zwei wesentliche Aufgabenfelder wahr. Bei Staatsbesuchen und anderen besonderen Anlässen übernimmt es im Zusammenwirken mit dem Stabsmusikkorps der Bundeswehr den protokollarischen Ehrendienst und das militärische Zeremoniell für die Bundesrepublik Deutschland.

Im Rahmen des infanteristischen Auftrags schützen die Soldatinnen und Soldaten die Einrichtungen und Dienstsitze der Bundesregierung im Spannungs- und Verteidigungsfall. Der damit verbundene ständige Ausbildungsauftrag wird mit derselben Professionalität wie die Präzision des protokollarischen Ehrendienstes engagiert wahrgenommen. Die Gleichwertigkeit und Gleichzeitigkeit dieser beiden Schwerpunkte in der Auftragserfüllung machen das Bataillon zu einem einzigartigen Verband in der Bundeswehr. Das WachBtl BMVg hat seinen Dienstsitz in der Julius-Leber-Kaserne in Berlin.

Lageentwicklung und Auftrag

Das Wachbataillon verfügte in den letzten Jahren aus verschiedenen Gründen nicht mehr über den erforderlichen Personalumfang, um alle Aufträge hinreichend zu erfüllen. Aufgrund dieser Auftragsüberlastung in Verbindung mit Führungsproblemen und weiteren Ursachen hatte das Innere Gefüge des Verbandes erkennbar gelitten. Es häuften sich in der jüngeren Vergangenheit Vorfälle und Beschwerden, die Anlass zur Sorge gaben und bereits in der Öffentlichkeit und Presse thematisiert wurden.

Um diesen Fehlentwicklungen wirkungsvoll und nachhaltig zu begegnen, richtete die dem Wachbataillon vorgesetzte Führung des Territorialen Führungskommandos der Bundeswehr (TerrFüKdoBw) im September 2023 eine ‚Task Force WachBtl BMVg (TF WachBtl BMVg)‘ ein. Diese Task Force wurde beauftragt, die Innere Lage des Verbandes zu untersuchen und anhand einer Problem- und Defizitanalyse geeignete Maßnahmen zu entwickeln und zu initiieren. Als Zielstatus definierte man

- eine wahrnehmbare Verbesserung des Inneren Gefüges,
- die Schaffung eines richtigen Rollen- und Selbstverständnisses,
- eine neue positive ‚Aufladung‘ des Leitspruchs ‚Semper talis‘.

Alle Maßnahmen waren auf die beiden wesentlichen Aufträge des Verbands (protokollarischer Dienst und infanteristischer Schutzauftrag) auszurichten und hatten den gesamten Verband zu umfassen.

Die TF WachBtl und ihr Konzept

Der Abteilungsleiter Personal (J 1) des TerrFüKdoBw wurde mit der Leitung der TF WachBtl BMVg beauftragt. Die Abteilung Personal initiierte vorrangig Maßnahmen zur Personalregenerierung und zum mittelfristigen Personalaufwuchs des WachBtl BMVg als Voraussetzung der künftigen soliden Auftragserfüllung. Bezüglich der gleichwertigen Aufgabenfelder bei der Inneren Führung und psychologischen Betreuung wurde die weitere Planungs- und Durchführungsverantwortung den beiden Autoren dieses Beitrags übertragen. Oberst a.D. Janke und Leitender Regierungsdirektor Dr. Ungerer hatten bereits zuvor bei der Konsolidierung des Kommandos Spezialkräfte zusammengearbeitet und zum Teil ähnliche Herausforderungen bewältigt.

Oberst a.D. Janke befasste sich in der Projektarbeit der TF WachBtl mit der Konzeption, Planung, Organisation, Analyse, Wissens- und Methodenvermittlung sowie Führungsberatung. Zudem wirkte er bei der Durchführung der Maßnahmen als Dozent, Moderator, Seminarleiter, Traditionsberater, Initiator und fachlicher Begleiter des Leitbildprozesses sowie als Bindeglied zum Zentrum Innere Führung. Leitender Regierungsdirektor Dr. Ungerer war mit seinem Referat ‚Psychologischer Dienst‘ (insbesondere Regierungsdirektor René Klein, Oberregierungsrat Marten Schröder und Oberregierungsrätin Katja Kabis) für die truppenpsychologische Betreuung des WachBtl BMVg und die gesamte fachpsychologische Entwicklung und Implementierung der Projektarbeit der Task Force verantwortlich, wie sie im Folgenden dargestellt wird.

268

Zum Auftakt wurde eine Informationsveranstaltung für alle Angehörigen des Wachbataillons durchgeführt, um den Auftrag der Task Force und das weitere Vorgehen transparent auf „Augenhöhe" mit den Betroffenen zu besprechen. Dabei wurde den Angehörigen des Bataillons als Zielsetzung und Leitlinie des Projekts vermittelt, dass sie von Anfang an in diesen Führungsprozess und Kulturwandel mitverantwortlich eingebunden waren. Anstelle passiver Hinnahme war aktive Beteiligung gefordert, um den notwendigen Veränderungsprozess erfolgreich gestalten zu können.

Das gesamte Projekt strukturierte sich konzeptionell in Lagefeststellung, entsprechende Ableitung und Implementierung der Maßnahmen sowie Evaluation. Ein Vierphasenmodell (Abb. 1) bildete dafür die Grundlage:

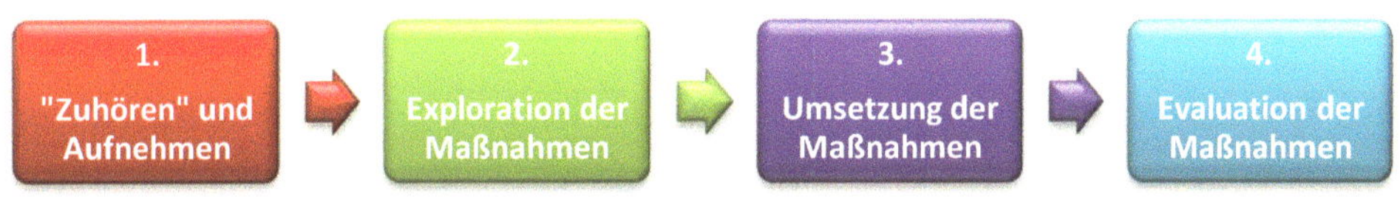

Methodik

Auf Grundlage bereits vorhandener Erkenntnisse zur Inneren Lage des WachBtl BMVg verdichtete und aktualisierte die Task Force zunächst mithilfe strukturierter psychologischer Verfahren das Gesamtlagebild. Zum Aufgabenportfolio der Truppenpsychologie gehört neben der truppenpsychologischen Versorgung auch das wichtige Themengebiet der Organisations- und Führungsberatung. Hierfür stehen unterschiedlichste fachliche Methoden zur Verfügung. Quantitative und qualitative Messinstrumente werden insbesondere bei der Initiierung und Begleitung von Organisationsentwicklungsprozessen eingesetzt, um einen Führungs- und Kulturwandel in einer Organisation zu beraten und zu unterstützen. Hinter dem harmlos erscheinenden Begriff ‚Mitarbeiterbefragung' als wissenschaftliche Methode verbirgt sich eine höchst effektive Systematik. Es geht hierbei im Vergleich zu früher primär um die strategische Bedeutung im Rahmen übergreifender Organisationskonzepte, wobei die Handhabung der Daten und die Einbindung der Ergebnisse in laufende Veränderungsprozesse im Vordergrund steht. Es handelt es sich dabei um ein zentrales Element des Qualitäts-

und Innovationsmanagements, bei dem wissenschaftlich fundierte Erhebungen, Analysen und Darstellungen eingesetzt werden[1].

Bei einer Organisationsdiagnose auf Basis einer Mitarbeiterbefragung können zwei unterschiedliche Untersuchungsansätze verfolgt werden. Erstens kann versucht werden, umfassend und objektiv das Erleben und Verhalten möglichst aller Organisationsmitglieder zu erfassen und zu bestimmen. Dafür wäre die schriftliche Befragung der Gesamtbelegschaft mit einem standardisierten Fragebogen die Methode der Wahl. Mit dieser Befragung werden Wirkungszusammenhänge aber nur näherungsweise erschlossen. Die Datenerfassung durch standardisierte Fragebögen garantiert eine Quantifizierung der Daten und entsprechende quantitative Analysemöglichkeiten. Das bedeutet aber auch, dass nur solche Wirkungszusammenhänge erschlossen werden können, die sich über statistische Zusammenhangs- oder Unterschiedsanalysen von vorab genau definierten Merkmalen abbilden lassen. Diese Art der Analyse schließt aber weite Bereiche der organisationskulturellen Realität aus, weil die kritischen Merkmale entweder nicht erkannt wurden, sich nicht eindeutig genug messen lassen oder die vorhandenen Wirkungszusammenhänge ganz einfach zu komplex oder auch zu subtil sind. Standardisierte Fragebögen eignen sich deshalb zur Erfassung klar umgrenzter, gut definierter Themenbereiche, zu denen bereits hinreichende Vorkenntnisse vorhanden sind. Um Wirkungszusammenhänge so detailliert erschließen zu können, dass sich aus der Analyse konkrete Empfehlungen für Gestaltungsmaßnahmen herleiten lassen, bedarf es oft einer anderen Herangehensweise.

Bei dem zweiten Untersuchungsansatz wird versucht, bei einer begrenzten Stichprobe von Organisationsmitgliedern das Erleben und Verhalten und auch die subjektiv erlebten Wirkungszusammenhänge detailliert in einem längeren Diskurs aufzudecken. Dafür wäre die Methode der Wahl eine nicht- oder teilstandardisierte mündliche Befragung (Gruppengespräch), die Nachfragen und weitergehende Analysen ermöglicht. Die Task Force wählte daher einen aufwendigen methodischen ‚Königsweg', der die Vorteile beider Methoden miteinander kombiniert und komplementiert:

- das Gruppengespräch als qualitative Erfassungsmethode und
- der standardisierte Fragebogen als quantitative Methode für die systematische und objektive Datenerfassung.

---

[1] Liebig, C. (2007): Mitarbeiterbefragungen als Interventionsinstrument. Deutscher Universitätsverlag.

‚Zuhören und Aufnehmen' als Einstieg in das Vierphasenhasenmodell (Abb. 1) beinhaltete insgesamt elf mehrstündige Gesprächsrunden mit jeweils etwa 20 Vertretern verschiedener Zielgruppen, die wesentliche Führungs- und Funktionsbereiche des Bataillons (z.B. Stab, KpFührung, junge Offiziere, Zugführer, etc.) repräsentierten. Mit diesem Format wurden bereits etwa 200 Verantwortungsträger des Verbands erreicht. Die Gesprächsergebnisse dieser Workshops wurden so protokolliert, dass eine vertrauliche Gesprächsführung durch Anonymität gewährleistet war.

Dabei war es Ziel, möglichst konkrete Hinweise zu den Problem- und Handlungsfeldern im Wachbataillon aus unterschiedlichen Perspektiven zu erhalten. Dies wurde durch vorgegebene Leitfragen erreicht, die von den Gesprächsteilnehmenden in Kleingruppen oder individuell zu beantworten und am Flipchart vorzustellen waren. Die Leitfragen verfolgten das Ziel, die Problemfelder und daraus hergeleitet die entsprechenden Handlungsfelder mit Lösungsvorschlägen möglichst konkret zu identifizieren. Dabei lag ein deutlicher Fokus auf dem persönlichen und vor allem zukunftsorientierten Lösungsbeitrag, um das Bewusstsein für die Mitverantwortung und Selbstwirksamkeit zu erhöhen.

Zudem wurde eine standardisierte Befragung entwickelt und angewendet. Diese quantitative Befragung (Fragebogen) wurde mit einem Paper-Pencil-Verfahren durchgeführt. Insgesamt umfasst der Fragebogen 142 Einzelitems aus folgenden fünf Kategorien: Deskriptive Angaben, Dienstzufriedenheit und -motivation, Attraktivität des Dienstes, Moral Injury sowie Personalgewinnung und -bindung.

Um eine hohe Validität zu erzielen, wurde der Fragebogen hauptsächlich aus bestehenden Studieninstrumenten entwickelt. Einige Fragen sind Teil etablierter psychologischer Testverfahren wie dem ‚Copenhagen Psychosocial Questionnaire'[2], das für Befragungen zu psychischen Belastungen am Arbeitsplatz konzipiert wurde. Zur Erfassung moralischer Verletztheit wurde das Format ‚Moral Injury Events Scale'[3] eingesetzt. Einige Items wurden von dem Psychologischen Dienst des TerrFüKdoBw im Zuschnitt auf die Spezifika des WachBtl BMVg zusätzlich entwickelt.

---

[2] Kristensen, T.S, Hannerz, H., Høgh, A.: The Copenhagen psychosocial questionnaire. Scand J Work Environ Health. 2005; 31(6):438-49.
[3] Nash, W. P., Carper, T. L. M., Mills, M. A. (2013): Moral Injury Events Scale. APA PsycTests.

Ergebnisse

Sowohl die Informationen aus den Gesprächsrunden als auch die Ergebnisse der schriftlichen Befragung korrelieren sehr hoch miteinander. Die Problemfelder im Wachbataillon konnten so methodisch valide und reliabel erfasst werden. Zur Konsolidierung des Inneren Gefüges wurden zusammenfassend folgende zwölf Handlungsfelder identifiziert (Abb. 2):

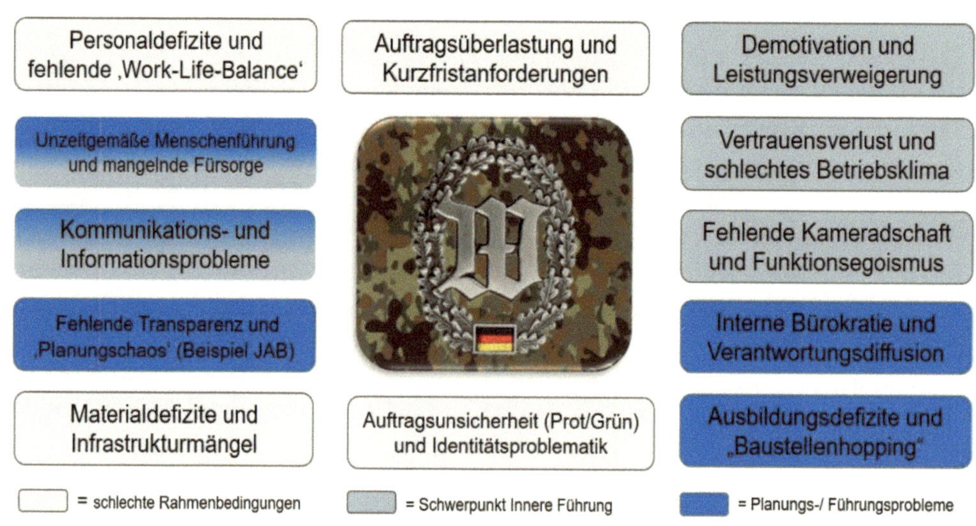

Daraus konnten wiederum drei große Themenblöcke als konkrete Handlungsfelder und Verantwortungsbereiche herauskristallisiert werden:

1. Eigenverantwortliche Verbesserung der Rahmenbedingungen
2. Schwerpunkt Innere Führung zur Stärkung des Inneren Gefüges
3. Behebung der identifizierten Planungs- und Führungsdefizite.

Das bestehende Personalproblem und die monierten Infrastrukturmängel und Materialdefizite wurden zur Exploration der Maßnahmen nicht weiter betrachtet, da sie größtenteils von externen Faktoren abhängig sind. Gleichwohl sind gerade diese Faktoren für die anderen Handlungsfelder teils symptomatisch und ursächlich zugleich. Sie wirken mit ihrer Negativwahrnehmung auf das Innere Gefüge im Wachbataillon zurück.

Bei den anderen Handlungsfeldern wurde überdeutlich, dass das WachBtl BMVg die Umsetzungsproblematik der Inneren Führung, wie sie in der gesamten Bundeswehr nach wie vor besteht, wie in einem Brennglas der Betrachtung geradezu beispielhaft verkörperte. „Klassiker" wie schlechte Führung, mangelnde Fürsorge, unzureichende Kommunikation, überbordende Bürokratie, fehlendes Vertrauen, Funktionsegoismus und Verantwortungsdiffusion sind in der gesamten Bundeswehr mehr oder weniger vorhanden. Insofern war dieses konkrete Ergebnis exemplarisch.

Maßnahmen

In der zweiten Phase des Vierphasenmodells wurden die gewonnenen Informationen (qualitativ und quantitativ) ausgewertet und als Grundlage für anschließende Maßnahmen und Formate analysiert. Diese Ergebnisse wurden in Informationsveranstaltungen und Workshops transparent und partizipativ kommuniziert. Niemand im Wachbataillon sollte das Gefühl haben, dass die Maßnahmen des Veränderungsprozesses „von oben" über die Köpfe hinweg verordnet würden. Diese aufwendige Vorgehensweise gewann verlorengegangenes Vertrauen langsam zurück und förderte die Bereitschaft zur Mitgestaltung.

Im weiteren Verlauf (Phase 3) wurden die Handlungsempfehlungen und Maßnahmen gemeinsam mit den Angehörigen des Wachbataillons umgesetzt. Das dabei ins Boot geholte Zentrum Innere Führung (ZInFü) unterstützte durch Führungskräftecoachings für die Vorgesetzten des Bataillons und die Einplanung der Einheitsführer und Spieße zu den entsprechenden Pflichtlehrgängen. Mit dem bewährten Aktionsprogramm „Modernes Führen" wurden die Führungskräfte mit Methoden und Strategien zeitgemäßer Führungskompetenz vertraut gemacht. Weitere Maßnahmen zur Verbesserung der Rahmenbedingungen und der Inneren Lage hatte der neue Kommandeur des WachBtl BMVg in Abstimmung mit dem TerrFüKdoBw bereits selbst initiiert und erfolgreich etabliert. So wurde beispielsweise das bis dahin übliche, aber als sinnlos oder schikanös empfundene Nachüben nach Protokolleinsätzen abgeschafft. Außerdem wurde erprobungsweise eine Barttrageerlaubnis erteilt, die damit einem lange gehegten Wunsch vieler Protokollsoldaten entgegenkam. Dank dem mittlerweile durch gezielte Anstrengungen erreichten Aufwuchs des Personalumfangs hat sich auch die brisante Auftragsüberlastung im Protokolldienst entspannt. Mit einem Workshop für Mannschaften und dem Leitbildprozess wurden zwei weitere erfolgreiche Formate für den Veränderungsprozess im WachBtl BMVg entwickelt und implementiert.

Workshop Innere Führung mit Mannschaften

Die Dienstgradgruppe der Mannschaften bildet ein signifikantes Segment im Personalkörper des Wachbataillons. Als tragendes Element bei der Auftragserfüllung war es gerade für diese vernachlässigte Zielgruppe angezeigt, eine maßgeschneiderte Maßnahme zu konzipieren, die eine Wertschätzung durch Teilhabe am Veränderungsprozess vermittelt und damit die Selbstwirksamkeit stärkt. Die Ausbildungsziele dieses Workshops waren eine Sensibilisierung für die aktuelle Problematik im Verband, das Erkennen von Optimierungsbedarf sowie die Förderung des eigenen Reflexionsvermögens; zudem die Motivation zur aktiven Gemeinschaftsleistung, eine positive Entwicklung durch Vorbild sowie die Kenntnisse über Unterstützungsmöglichkeiten im Rahmen von Fürsorge- und Betreuungsnetzwerken und soldatischer Gemeinschaft. In vierstündigen Workshops wurden auf Grundlage der wesentlichen Erkenntnisse aus den Gesprächsrunden aktuelle Problemfelder des Dienstalltags in Form bereitgestellter kleiner Lagen in Gruppen bearbeitet, präsentiert und diskutiert. Zu Beginn durften die Teilnehmer anonym einen kurzen Impulsfragebogen zur eigenen Erwartungshaltung, zur Praxis der Politischen Bildung im Verband, zur Inneren Führung und zur Bedeutung des Leitspruchs „Semper talis" beantworten. Das Format diente noch einmal zur Verdichtung und Aktualisierung des Lagebildes. Die dabei festgestellten Bewusstseins-, Wissens- und Ausbildungsdefizite bestätigten erneut eine eklatante Unkenntnis, wie sie durch das Zentrum für Militärgeschichte und Sozialwissenschaften der Bundeswehr (ZMSBw) bereits 2013 in einer wissenschaftlichen Streitkräftebefragung zur Praxis und Umsetzung der Inneren Führung aufgezeigt worden war.[4]

Bei den Bearbeitungen und Besprechungen der Lagen zum Handlungsfeld einer zeitgemäßen Menschenführung wurde auch deutlich, dass selbst bei betroffenen Mannschaften das Bewusstsein für die Unrechtmäßigkeit von Vorgesetztenwillkür nicht immer vorhanden war. Der in diesem Zusammenhang ständig zitierte alte „Geist von Siegburg" als Ausdruck von sinnloser Härte und stumpfer Ergebung scheint noch immer in etlichen Köpfen herumzuspuken, obwohl er schon längst ausgedient hat.

An den sechs Durchgängen nahmen ca. 120 Mannschaftsdienstgrade teil. Da dieses Format bei der Zielgruppe großen Anklang fand, wurde eine stringente Fortführung in Bataillonsverantwortung festgelegt, um alle Mannschaftsdienstgrade zu erreichen und zu den Grundlagen der Inneren Führung weiterzubilden.

---

[4] Angelika Dörfler-Dierken / Robert Kramer: Innere Führung in Zahlen. Streitkräftebefragung 2013. Hrsg. vom ZMSBw. Carola Hartmann Miles-Verlag, Berlin 2014.

274

Nun kommt es darauf an, im Verband eine nachhaltige Ausbildungskontinuität zu gewährleisten.

Der Leitbildprozess

Zur Verbesserung des Inneren Gefüges war auch die Schaffung eines besseren Rollen- und Selbstverständnisses des Verbands und einer neuen positiven ‚Aufladung‘ des Leitspruchs ‚Semper talis‘ angeordnet worden.

Hierzu wurde eine Arbeitsgruppe von zehn Freiwilligen aus allen Kompanien und Dienstgradgruppen des Verbands eingerichtet, die zunächst eine Unterrichtung zu Tradition und Leitbildgrundsätzen als Grundlage für die weitere Leitbilderstellung erhielten. Ihr Auftrag lautete, ein gemeinsames, abgestimmtes und zeitgemäßes Leitbild zu erstellen. In einem mehrwöchigen engagierten Erstellungsprozess wurde ein in alle Kompanien kommunizierter Entwurf verfasst, der in einem weiteren Workshop kritisch überprüft, fachlich diskutiert und zu einer Endfassung geführt wurde. Als Ergebnis liegt nunmehr ein gelungenes Faltblatt vor, das für die Identitätsbildung, Ausbildung und Personalrekrutierung genutzt wird. Der Flyer liefert Leitsätze zum Selbstverständnis des Wachbataillons als „Aushängeschild einer wehrhaften Demokratie“ mit den Hauptaufträgen ‚protokollarischer Ehrendienst‘ und ‚infanteristischer Schutz‘ der Regierungseinrichtungen. Der Leitspruch ‚Semper talis‘ wurde in Form eines Akrostichons (Leistenvers) mit zeitgemäßen Aussagen zum eigenen Rollenbild hinterlegt. Die inhaltliche Befassung und verbandsinterne Kommunikation beim Erstellungsprozess dienten bereits als wertvoller Baustein zur Herausbildung des bislang ungeklärten Rollen- und Selbstverständnisses. Nach anfänglicher Skepsis konnte dieser Leitbildprozess erfolgreich abgeschlossen werden. Der Flyer fand auch externe Aufmerksamkeit und Anerkennung.

Abb. 3: Rückseite Leitbild-Flyer mit einklappbaren Vorderseitenteilen

Abb. 4: Innenseite Leitbild-Flyer mit einklappbaren Halbseitenteilen

Ausblick und Fazit

In der vierten und letzten Modellphase muss noch nach einer definierten Zeitspanne eine fundierte Evaluation der Maßnahmen stattfinden. Hierzu sollten aus methodischen Gründen die bereits angewandten Erhebungsinstrumente dienen, um eine Veränderung in den jeweiligen Dimensionen und Themenfeldern möglichst passgenau „messen" zu können. Dabei ist zu berücksichtigen, dass die Evaluation nicht zu früh stattfinden darf, weil die Umsetzung und Wirkung einer Maßnahme sich erst entfalten und ihre Nachhaltigkeit erst beweisen muss. Als Fazit sind folgende fünf wesentlichen Erkenntnisse und Empfehlungen anzuführen:

- Ein Führungs- und Kulturwandel in einer Organisation sollte möglichst wissenschaftlich begleitet werden. Er benötigt dafür ein solides Konzept, eine klare Struktur, einen stringenten Ablauf, fachliche Kompetenz, vor allem aber die notwendige Zeit. Die Erwartungshaltung von investitionsarmen „quick wins" geht fehl.
- Die Bundeswehr verfügt, wie das hier vorgestellte Beispiel zeigt, oftmals über genügend fachliche Eigenexpertise. Man muss diese „latenten Talente" allerdings auch (aner)kennen und im Sinne der Auftragstaktik dann auch eigenständig und kreativ wirken lassen. Diese Prämisse war in vorliegendem Fall vorbildlich gewährleistet.
- Die Brems- und Gegenwirkungen durch Vertrauensverluste, Vorbehalte, Beharrungsvermögen und Bürokratie dürfen bei derartigen Prozessen nicht unterschätzt werden. Das erfordert Geduld, Enttäuschungsfestigkeit und ein positives Menschenbild.
- Wenn die Innere Führung in engem Zusammenwirken mit einer anerkannten Fachwissenschaft einen konkret wahrnehmbaren Mehrwert generiert, baut sie damit die alten Vorurteile von Theorielastigkeit, Praxisferne und „Elfenbeinturmdasein" ab.
- Die TF WachBtl BMVg konzipierte und erprobte im Rahmen ihrer Auftragserfüllung ein valides Kriseninterventionsmodell mit Schwerpunkt auf Innerer Führung und Truppenpsychologie. Dieses erfolgreiche Modell stellt mit den dafür entwickelten Modulen – cum grano salis – auch für künftige Krisensituationen ein wissenschaftsbasiertes und empirisches Handlungsformat dar.

Die Entwicklung einer nationalen Veteranenkultur und deren Bedeutung für die Truppe

Marcel Bohnert

> *„Hunderttausende Männer und Frauen wurden von unserem Land in die Einsätze geschickt. Ihnen zuzuhören und ihren besonderen Dienst anzuerkennen, ist unser aller demokratische Pflicht. Es ist an der Zeit!"*
>
> Johannes Clair, Bestsellerautor »Vier Tage im November«[1]

2025 – Ein Jubiläumsjahr

Das Jahr 2025 wird aus sicherheits- und verteidigungspolitischer Sicht in vielerlei Hinsicht spannend. Abgesehen von der Frage, wie sich weltweite Krisen und Konflikte insbesondere angesichts der neuen Präsidentschaft in den USA, des andauernden Ukraine-Krieges und der damit verbundenen Forderung nach einer größeren Eigenverantwortung Europas entwickeln werden, jähren sich auch für die deutschen Streitkräfte wichtige historische Wegmarken: 2025 wird Deutschland seit 70 Jahren Mitglied der NATO sein, die Bundeswehr seit 70 Jahren bestehen, Frauen werden seit 50 Jahren im Sanitätsdienst der Bundeswehr dienen, die »Armee der Einheit« wird 35 Jahre alt und das sogenannte Kreil-Urteil, das Frauen in der Bundeswehr den Weg in alle Truppengattungen und Verwendungen ermöglicht hat, wird sich zum 25sten Mal jähren. Ein etwas kleinerer Personenkreis wird auch auf 2010, das schwerste Gefechtsjahr der Bundeswehr in Afghanistan, zurückblicken und dabei an das 15 Jahre zurückliegende »Karfreitagsgefecht« erinnern. Zudem wird 2025 zum ersten Mal etwas stattfinden, das vor wenigen Jahren noch undenkbar erschien: Deutschland wird seinen ersten offiziellen Veteranentag begehen. Der Weg zum Beschluss des Bundestages für diesen Tag war lang und steinig. Er wurde vor allem von den

---

[1] Egleder, Julia & Bohnert, Marcel: Deutschlands Veteranen. (Über-)leben nach dem Einsatz. Mittler: Hamburg 2023, S. 8.

278

Heimkehrenden aus den Einsätzen und Missionen der Bundeswehr selbst bereitet.

Veteranendefinition und begriffliche Abgrenzungen

2018 wurde offiziell definiert, dass „Veteranin oder Veteran der Bundeswehr ist, wer als Soldatin oder Soldat der Bundeswehr im aktiven Dienst steht oder aus dem Dienstverhältnis ehrenhaft ausgeschieden ist, also den Dienstgrad nicht verloren hat."[2] Damit wird auf ein integratives Begriffsverständnis gesetzt, das hierzulande über zehn Millionen Menschen zu Veteraninnen oder Veteranen macht. Aus einer längeren Debatte um die Sinnhaftigkeit dieser umfassenden Definition sind inzwischen Ergänzungen um Begriffe wie Afghanistan-, Mali- oder Kosovo-Veteran sowie die Nutzung der Begriffe Einsatzveteranin bzw. -veteran erwachsen, die in der Veteranenbewegung eine höhere Akzeptanz genießen und auch in den ministeriellen Sprachgebrauch übergegangen sind.[3] Die fortschreitende gesellschaftliche Etablierung des Veteranenbegriffs lässt sich unterdessen auch durch die sozialwissenschaftliche Forschung bestätigen.[4] Unter »Veteranenkultur« versteht man die Gesamtheit aller Maßnahmen und Aktionen, die von der Gemeinschaft der Veteraninnen und Veteranen oder aus dem Kreis ihrer Unterstützerinnen und Unterstützer mit dem Ziel ausgehen, eine eigene Identität zu entwickeln, das Bewusstsein der Gesellschaft zu fördern und als gesellschaftliche Gruppe anerkannt zu werden. Als »Veteranenpolitik« lässt sich die Gesamtheit der politisch geschaffenen Rahmenbedingungen verstehen, die als günstige Voraussetzung für die Entwicklung einer Veteranenkultur betrachtet werden können.

Zur Genese der nationalen Veteranenbewegung in Deutschland

Mit dem Heranreifen der Bundeswehr zur international agierenden Einsatzarmee seit Beginn der 1990er Jahre haben Politik und Gesellschaft kaum Schritt halten können. Zehntausende Soldatinnen und Soldaten strömten vollgepackt

---

[2] Leyen, Ursula von der: Tagesbefehl zum Veteranenbegriff. Bundesministerium der Verteidigung: Berlin, 26.11.2018.

[3] Zur Ergänzung des Veteranenbegriffs: Vgl. u.a. Deutscher Bundestag: Unterrichtung durch die Wehrbeauftragte. Jahresbericht 2023 (65. Bericht). Drucksache 20/10500. 12.03.2024, S. 104.

[4] Vgl. Graf, Timo: Zwischen Kriegsangst und Kriegstauglichkeit. Sicherheits- und verteidigungspolitisches Meinungsbild in der Bundesrepublik Deutschland 2024. Forschungsbericht 137. Zentrum für Militärgeschichte und Sozialwissenschaften der Bundeswehr: Potsdam 2024, S. 53.

mit Erfahrungen aus immer intensiveren Einsätzen wie denen in Afghanistan, in Mali oder im Kosovo zurück in ihre Heimat. Bundeswehrangehörige hoben Massengräber aus, waren in Gefechte und Sprengstoffanschläge verwickelt, wurden verwundet und traumatisiert, töteten und wurden getötet.[5] In Deutschland gab man sich unterdessen auch weiterhin der Illusion von deutschen Soldatinnen und Soldaten als bewaffnete Wiederaufbauhelfer hin und vermied in weiten Teilen eine zu direkte Konfrontation mit der neuen Realität des militärischen Dienstes in Auslandsmissionen.

Der Mangel an Wertschätzung in der Heimat und der Leidensdruck von Verwundeten und Traumatisierten führten im Laufe der Zeit dazu, dass sich Einsatzveteraninnen und -veteranen zusammenschlossen und begannen, auf ihre Situation aufmerksam zu machen. Einher ging diese Entwicklung mit der Gründung von Veteranenvereinen, in denen sich junge Einsatzrückkehrende sowie deren Angehörige und Unterstützer zusammenschlossen. Sie begannen verstärkt ab 2010, regelmäßige Mahnwachen und Gedenkveranstaltungen durchzuführen, organisierten Motorradkorsos, Märsche und Spendenaktionen, publizierten Bücher, verfassten Denkschriften, etablierten reichweitenstarke Social Media-Accounts und gaben Interviews. Im Kompendium »Die unsichtbaren Veteranen« wurden im Jahr 2016 erstmals die Beiträge von Journalisten, Wissenschaftlern und Betroffenen zusammengefasst und aufgezeigt, dass sich in Deutschland allmählich eine Bewegung formt.[6] Dennoch befand sich die nationale Veteranen-

---

[5] In der aktuellen Veteranenliteratur erhält man teils sehr persönliche Einblicke in die kriegerische Intensität der Missionen in Afghanistan und anderen Einsatzgebieten: Gerstner, Christian (2023): Unter dem Schwert. 15 Jahre im Kommando Spezialkräfte. Miles: Berlin; Vockerodt, Hagen (2024): 1638 Tage im Krieg. Die Kehrseite der Einsatzmedaille. Miles: Berlin; Shayan, Bishan (2025): Brückenbauer in Uniform. Mein Weg vom afghanischen Flüchtling zum deutschen Soldaten. Miles: Berlin 2025; Siegenführ, Ralf (2025): 127 Tage Einsatz in Kundus. Explorate: Königsfeld; Hinzmann, Marc (2025): Im Schatten der Taliban. Die letzten Tage der Bundeswehr in Afghanistan (unveröffentlichtes Manuskript, in Vorbereitung); Bohnert, Marcel & Neumann, Andy (2025): Deutsche Panzergrenadiere im Kampfeinsatz in Afghanistan. DeutscherVeteranenVerlag: Berlin; Gregis, Wolf (2025): Das Karfreitagsgefecht. Deutsche Soldaten im Feuer der Taliban. Econ: Berlin. Insgesamt wurden in den mandatierten Auslandseinsätzen der Bundeswehr 120 Soldaten getötet. Seit Bestehen der Bundeswehr verloren über 3.400 Bundeswehrangehörige in Ausübung ihres Dienstes ihr Leben [Stand: 08.02.2025].
[6] Vgl. Janke, Reinhold (2023): Veteranenwesen, in: Zentrum Innere Führung (Hrsg.): Handbuch Innere Führung. Bundesamt für Infrastruktur, Umweltschutz und Dienstleistungen der Bundeswehr: Koblenz, S. 223; Bohnert, Marcel & Schreiber, Björn (Hrsg.): Die unsichtbaren Veteranen. Kriegsheimkehrer in der deutschen Gesellschaft. Miles: Berlin.

politik auch weiterhin im Ruhemodus und erwachte wahrnehmbar erst mit Russlands Überfall auf die Ukraine Anfang 2022.

Bundestagsbeschluss zum nationalen Veteranentag

Anfang 2022 begannen die Akteure der deutschen Veteranenbewegung, sich auf Initiative des Deutschen BundeswehrVerbandes zu formieren und ihre Anliegen und Ziele aufeinander abzustimmen. Bereits Ende 2022 konnte der sogenannte »Veteranenflyer« im Bundesministerium der Verteidigung vorgestellt und danach in Richtung Politik und Öffentlichkeit getragen werden. Auf dem Flyer hatten die wesentlichen Vereine, Organisationen, Projekte und Zusammenschlüsse der Bewegung ihren Schulterschluss bekräftigt und 14 gemeinsame Forderungen für eine angemessene Veteranenpolitik formuliert.[7] Inzwischen wird das Papier offiziell durch 27 institutionelle Akteure unterstützt, die sich auf nationaler Ebene für die Förderung der Veteranenkultur engagieren. Die Forderungen wurden in den folgenden Monaten auf vielen Ebenen bekannt gemacht und vorangetrieben. Die Invictus Games, eine paralympische Sportveranstaltung für verwundete und verletzte Soldatinnen und Soldaten, wirkten dabei 2023 als Katalysator und trugen dazu bei, dass das geschlossene Vorgehen schon bald Erfolge zeigen konnte. Im Januar 2024 wurde ein zentrales Veteranenbüro in Berlin eröffnet, im Februar 2024 fand der erste nationale Veteranenkongress statt, und am 25. April 2024 durften knapp 25 Repräsentantinnen und Repräsentanten der Veteranenbewegung auf der Ehrentribüne des Deutschen Bundestages das erleben, wofür sie seit vielen Jahren gekämpft hatten: Nach zähem Ringen um Inhalte und den Termin wurde im Deutschen Bundestag ein fraktionsübergreifender Antrag für einen jährlichen wiederkehrenden Veteranentag mit überwältigender Mehrheit beschlossen. Den auf der Ehrentribüne anwesenden Veteraninnen und Veteranen wurde danach aus dem Bundestagsplenum mit Standing Ovations gratuliert. Ab 2025 soll nun jedes Jahr um den 15. Juni herum ein Gedenktag mit Volksfestcharakter für die Veteraninnen und Veteranen der Bundeswehr begangen werden.

---

[7] Vgl. Gersemann, Katja (2022): Neuer Veteranenflyer im Ministerium vorgestellt. Bundeswehr-Verband.de, 21.12.2022; Bohnert, Marcel (2024): Vom Schatten ins Licht. Zeitenwende in der deutschen Veteranenkultur. Miles: Berlin, S. 57ff.; Abruf Veteranenflyer unter: www.BundeswehrVerband.de/Veteranen [letzter Abruf: 13.01.2025].

Repräsentantinnen und Repräsentanten der Veteranenbewegung Ende April 2024 auf der Ehrentribüne des Deutschen Bundestages, als fraktionsübergreifend ein jährlicher nationaler Veteranentag ab 2025 beschlossen wurde. Das Foto steht symbolisch für den Umbruch in der deutschen Veteranenpolitik und ist zum ikonischen Sinnbild der Bewegung avanciert (Foto: Yann Bombeke/Deutscher BundeswehrVerband).

Gesellschaftliche Widerstände

Zweifelsohne hat der Veteranenbegriff in Deutschland ein schweres historisches Erbe. Insbesondere die bei Unterstützerinnen und Unterstützern der Bewegung verbreitete Forderung nach Militärparaden[8] hat Kritikerinnen und Kritiker auf den Plan gerufen, bei denen unmittelbar Assoziationen zum Nationalsozialismus geweckt wurden. Doch auch die fundamentale Kritik ließ nicht lange auf sich warten: Militärskeptische Akteure betrachten den nationalen Veteranentag sowie das weitergehende Engagement für Veteraninnen und Veteranen schon jetzt als Ausdruck einer sich zunehmend militarisierenden Gesellschaft.[9] In einer

---

[8] Vgl. Bohnert, Marcel (2024): Vom Schatten ins Licht. Zeitenwende in der deutschen Veteranenkultur. Miles: Berlin, S. 91ff.

[9] Vgl. u.a. Bartsch, Dietmar (2024): Rede zum Tagesordnungspunkt »Antrag der Fraktionen von SPD, CDU/CSU, Bündnis 90/Die Grünen und FDP mit dem Titel „Für eine umfassende

Pressemitteilung der Deutschen Friedensgesellschaft warnte man noch am Tag des Bundestagsbeschlusses zum Veteranentag vor einer „Blut & Ehre-Mentalität um deutsche Soldat*innen" und kündigte an, den Veteranentag "zukünftig zu einem Protesttag gegen Militarismus zu machen".[10] Einen Tag später titelte die Tageszeitung »junge Welt« mit der Schlagzeile »Orden fürs Morden« und meinte, mit der Einführung des Veteranentages eine „angestrebte Glorifizierung des Soldatentums" erkannt zu haben, die „das Morden auf den Schlachtfeldern normalisieren und die Heimatfront auf Linie bringen" soll.[11] Auf der linksextremistischen Webseite Indymedia wurden im Januar 2025 gute Vorsätze fürs neue Jahr veröffentlicht und dazu aufgerufen, „der Verherrlichung von Mord und Krieg [am Veteranentag] etwas entgegen zu setzen". Dabei kündigten die Aktivisten eine „starke und kreative Gegeninszenierung" sowie eine bundesweite Aktionswoche an.[12]

Diese Widerstände waren erwartbar. Sie sind in der bisherigen Form als Teil des legitimen demokratischen Diskurses zu betrachten. Die Ausgestaltung des Veteranentages ist, so wie eine anerkennende und wertschätzende Veteranenpolitik insgesamt, ohnehin ein fortlaufender Aushandlungs- und Klärungsprozess zwischen Politik, Bundeswehr und Gesellschaft. Dieser dürfte weder konfliktfrei verlaufen noch kurz- oder mittelfristig abschließbar sein.[13] Zur festen Etablierung des Veteranentages ist vor allem die weitergehende Bereitschaft von Politikerinnen und Politikern, der hohen Bedeutung einer angemessenen Veteranenpolitik Rechnung zu tragen und ihrer Verantwortung für die Parlamentsarmee auch gegen Kritikerinnen und Kritiker gerecht zu werden, erfolgskritisch. Dabei sollten sich die handelnden Akteure bewusst machen, dass sich die Gesellschaft mehrheitlich für die Würdigung und Wertschätzung von Veteraninnen und Veteranen ausspricht: So stimmen etwa 74 Prozent der Ehrung von Veteranen am

---

Wertschätzung – Einen nationalen Veteranentag einführen und die Versorgung von Veteranen und deren Familien verbessern"«. bundestag.de, 25.04.2024; s.a. Weber, Christian (2018): Ist jeder Soldat ein Veteran? Eine kritische Analyse der Veteranendefinition vom Volkstrauertag 2018. Arbeitspapier Sicherheitspolitik 32. Bundesakademie für Sicherheitspolitik: Berlin, S. 2.

[10] Deutsche Friedensgesellschaft – Vereinigte KriegsdienstgegnerInnen (2024): Friedensgesellschaft gegen neuen Militarismus. Pressemitteilung. dfg-vk.de, 25.04.2024.

[11] Natour, Karim (2024): Orden fürs Morden. Deutsches Parlament beschließt nationalen Gedenktag für Bundeswehr-Veteranen am 15. Juni. Junge Welt, S. 1.

[12] Provisorischer Anarchistischer Antikriegsrat Berlin (2025): Gute Vorsätze zum neuen Jahr: Veteranentag stören und mehr... Indymedia.org, 02.01.2024.

[13] Vgl. Seiffert, Anja (2016): „Das Problem wieder hier anzukommen" – Einsatzrückkehrer und Gesellschaft, in: M. Bohnert & B. Schreiber (Hrsg.): Die unsichtbaren Veteranen. Kriegsheimkehrer in der deutschen Gesellschaft. Miles: Berlin, S. 137.

Tag der Bundeswehr, 72 Prozent der Einladung von Veteranen zu öffentlichen Veranstaltungen mit Symbolcharakter und 67 Prozent der öffentlichen Verleihung von Veteranenabzeichen, Orden und Medaillen zu. 77 Prozent der Bevölkerung befürworten spezielle Betreuungsangebote für die Familien von Veteraninnen und Veteranen. Einem expliziten Veteranentag stehen lediglich sechs Prozent der Bevölkerung ablehnend gegenüber.[14] Mit einer zugewandten und umsichtigen Anfangskommunikation, die auf gemeinschaftsfähige soldatische Werte wie Kameradschaft, Solidarität, Stolz, Respekt, Zusammenhalt, Hilfsbereitschaft und Menschlichkeit aufbaut, lässt sich das notwendige »Wir-Gefühl« wohl am besten vermitteln. Ohne mutige und aufsehenerregende Begleitinitiativen besteht jedoch die Gefahr, dass die Anstrengungen zu wenig Aufmerksamkeit erhalten und damit ins Leere laufen.

Veteranenkultur und Innere Führung

Das Ziel der »Integration« der Inneren Führung beschreibt im Kern die Förderung der Einbindung der Bundeswehr in Staat und Gesellschaft sowie die Entwicklung eines gesamtgesellschaftlichen Verständnisses für den Auftrag der Bundeswehr. Auch wenn das Veteranenthema in den Ursprungsdokumenten der Führungsphilosophie aus den 1950er Jahren noch keine Rolle gespielt hat, fügt es sich fließend in diesen Anspruch und in das Leitbild des »Staatsbürgers in Uniform« ein.

Im »Handbuch Innere Führung« von 2023 widmen sich die Autorinnen und Autoren erstmals dem »Veteranenwesen« und räumen ihm in zwei Abschnitten umfangreichen Raum ein. Sie lassen sich beispielsweise zur Evolution des Veteranenbegriffes, zur Ausgestaltung der Veteranenkultur bei Bündnispartnern und zu den Möglichkeiten einer nationalen Umsetzung ein.[15] Diese Betrachtungen sind idealerweise Startpunkt für eine intensivere Befassung mit dem Themenfeld im Rahmen der Inneren Führung.

---

[14] Vgl. Graf, Timo (2024): Zwischen Kriegsangst und Kriegstauglichkeit. Sicherheits- und verteidigungspolitisches Meinungsbild in der Bundesrepublik Deutschland 2024. Forschungsbericht 137. Zentrum für Militärgeschichte und Sozialwissenschaften der Bundeswehr: Potsdam, S. 53f.

[15] Vgl. Janke, Reinhold (2023): Veteranenwesen, in: Zentrum Innere Führung (Hrsg.): Handbuch Innere Führung. Bundesamt für Infrastruktur, Umweltschutz und Dienstleistungen der Bundeswehr: Koblenz, S. 225; Schmitz, Thomas (2023): Verständnis für Veteranen, in: Zentrum Innere Führung (Hrsg.): Handbuch Innere Führung. Bundesamt für Infrastruktur, Umweltschutz und Dienstleistungen der Bundeswehr: Koblenz, S. 228f.

Der Beschluss des Deutschen Bundestages für einen nationalen Veteranentag ist eine historische Chance im Verhältnis von Bundeswehr und Gesellschaft. Wenn es gelingt, ihn in den kommenden Jahren mit Leben zu füllen und Unternehmen, Gewerkschaften, Kirchen, Bildungseinrichtungen sowie Sportvereine als Unterstützerinnen und Unterstützer zu gewinnen, kann er sich im kulturellen Gedächtnis unseres Landes etablieren und Ausgangspunkt für einen Paradigmenwechsel im Umgang mit aktiven und ehemaligen Bundeswehrangehörigen werden.

Auch Deutschland als Ganzes wird von einer stärkeren Anerkennung und Wertschätzung seiner Veteraninnen und Veteranen profitieren können. Veteranenpolitik und Veteranenkultur haben das Potenzial für einen stabilen Brückenschlag zwischen Bundeswehr und Zivilgesellschaft. Sie leisten damit im Rahmen der Zeitenwende einen wichtigen Beitrag zur gesamtgesellschaftlichen Wehrhaftigkeit und Resilienz. In einer Zeit, in der der deutsche Staat insgesamt verteidigungsfähig und kriegstüchtig werden muss, sind Veteraninnen und Veteranen wichtige Wegbereiter und Multiplikatoren zur Stärkung der zivil-militärischen Bande. Richtig eingebunden können sie in einer sich polarisierenden Gesellschaft echte Integrationsmotoren und Stabilitätsanker sein: Sie alle haben einen Diensteid geleistet und sind damit ein wechselseitiges Treueverhältnis mit dem Staat eingegangen. Während ihrer Dienstzeit wurden sie staatsbürgerlich, politisch und ethisch gut ausgebildet. Sie waren bereit, ihr Leben in den Dienst der Gemeinschaft zu stellen, teils über viele Monate in den gefährlichsten Krisen- und Konfliktregionen dieser Welt. Damit verkörpern viele Veteraninnen und Veteranen „das Beste, was unsere Gesellschaft zu bieten hat: Mut, Disziplin, Verantwortungsbewusstsein und Pflichttreue"[16]. Signalisiert man Soldatinnen und Soldaten zudem, dass die Nation geschlossen hinter ihnen steht, wird dies einen positiven Einfluss auf deren Motivation und Kampfmoral haben. Zudem geht davon ein starkes Signal für die Attraktivität der Truppe mit entsprechenden Sekundäreffekten für die Personalbindung und die Nachwuchsgewinnung aus.

Folgerungen für die Führung in der Truppe

Bei der künftigen Ausgestaltung des Veteranentages und der Veteranenkultur hat die Bundeswehr deutlichen Nachholbedarf und noch einige interne

---

[16] Kasdorf, Bruno (2024): Vorwort, in: M. Bohnert: Vom Schatten ins Licht. Zeitenwende in der deutschen Veteranenkultur. Miles: Berlin, S. 7.

Aufgaben anzugehen. Auch in der Truppe tut man sich teilweise noch schwer mit dem Veteranenbegriff und ist überfordert mit einer angemessenen Würdigung in den eigenen Reihen.

In vielen anderen Ländern gehören die Heldenverehrung und das Gefallenengedenken zur DNA von Streitkräften. In der Bundeswehr sind derartige Maßnahmen häufig von Einzelinitiativen engagierter Bundeswehrangehöriger abhängig, die Sammlungen und Ausstellungen sowie Kasernenflure und Aufenthaltsräume gestalten. Dabei sind die Möglichkeiten oft sehr naheliegend und bedürfen keines größeren Aufwandes: Zeremonien zur Verleihung des Veteranenabzeichens oder die Organisation von Veteranentreffen sollten für Verbände und Einheiten selbstverständlich sein. Die feierliche Übergabe der ersten Veteranenabzeichen durch Ursula von der Leyen im Rahmen einer öffentlichen Zeremonie am »Tag der Bundeswehr« 2019 hat sich in der Folge nicht verstetigen können. Antragsteller erhalten ihr Abzeichen heute nach Ausfüllen des entsprechenden Formblattes mit einem standardisierten Schreiben auf dem Postweg.

Um einen Deutungsrahmen für die besonderen Erfahrungswelt von Einsatzveteraninnen und -veteranen zu schaffen, sollten offizielle Dokumente wie der Traditionserlass der Bundeswehr verstärkt auf diese Gruppe zielen und nicht den Anschein behördlicher Regulationspapiere erwecken, die primär dazu dienen, Zivilen die Angst vor dem Militär zu nehmen. Dass im Traditionserlass und auch in seiner inzwischen zurückgezogenen Ergänzung von 2024 an keiner Stelle von Veteraninnen oder Veteranen gesprochen wird, ist nur schwer nachvollziehbar.

Auch zwischen Soldatinnen und Soldaten gibt es trotz aller kameradschaftlichen Verbundenheit häufig eine Sprachlosigkeit sowie Berührungsängste zwischen Älteren und Jüngeren, Dienstgradniedrigeren und Dienstgradhöheren, Verwundeten und Gesunden sowie Einsatzerfahrenen und Einsatzunerfahrenen. Richtig organisiert und gestaltet, hat der nationale Veteranentag das Potenzial, die verschiedenen Erfahrungsgruppen und Jahrgänge der Bundeswehr miteinander zu verbinden: Insbesondere kann es gelingen, Ehemalige mit aktiven Soldatinnen und Soldaten sowie junge Einsatzveteraninnen und -veteranen mit der Generation des Kalten Krieges zusammenzubringen.

Dabei sollte auch eine mittel- bis langfristige Zusammenlegung des Veteranentages mit dem »Tag der Bundeswehr« nicht kategorisch ausgeschlossen werden.[17]

---

[17] Zur Sorge der aktiven Truppe vor möglichen Mehrbelastungen durch einen Veteranentag: Vgl. Werner, Julian (2024): Brauchen wir einen Veteranentag? Pro und Contra. Loyal, Magazin für Sicherheitspolitik, 1, S. 7.

Auch wenn der Veteranentag explizit kein Tag von der Bundeswehr für die Bundeswehr werden soll: Gerade zu Beginn wird eine »Starthilfe« durch die Streitkräfte sowie Stiftungen und Vereine notwendig sein. Durch ihre flächendeckende Vernetzung können Landeskommandos, Kreis- und Bezirksverbindungskommandos, Truppen- und Standortkameradschaften, Patengemeinden, Reservistenkameradschaften und die regionalen Strukturen der Heimatschutzkräfte maßgeblich zu seinem Gelingen beitragen.

Zur weiteren Stärkung der festen Strukturen für Veteraninnen und Veteranen könnte in den kommenden Jahren ein Ausbau des neuen deutschen Veteranenbüros oder eine Zentralisierung ähnlicher Begegnungs- und Informationsstätten erfolgen. Als herausragendes Beispiel für die Bündelung von Kompetenzen gilt das 2021 gegründete Veteraneninstitut in den Niederlanden. Es fördert nicht nur die Anerkennung, Wertschätzung und Fürsorge von bzw. für Veteraninnen und Veteranen sowie deren Familien, sondern ist gleichzeitig Informationszentrum und führt themenbezogene Forschungen durch.

Ausblick

Die Planungen zur Ausgestaltung des nationalen Veteranentages am 15. Juni 2025 laufen inzwischen auf Hochtouren. Bei einer großen Zentralveranstaltung im Herzen Berlins soll im Umfeld des Deutschen Bundestages ein Veteranendorf entstehen, in dem sich Vereine und Veteranenorganisationen vor bis zu 10.000 Besucherinnen und Besuchern präsentieren können. Auf einer Showbühne sollen Musiker auftreten und Lesungen stattfinden. Alles wird per Livestream übertragen und kann damit auch digital empfangen werden. Eine vorgeschaltete Marketing-Kampagne soll für bundesweite Aufmerksamkeit sorgen. Bei Veranstaltungen außerhalb der Hauptstadt setzt man vorerst auf die Eigeninitiative von Privatpersonen und lokalen Akteuren sowie Ländern und Kommunen. Ganz ohne Starthilfe durch die aktive Truppe und Vereine vor Ort wird man dabei wohl nicht auskommen. Dabei ist die wesentliche Maßgabe, dass es sich um einen fröhlichen Tag handeln soll, an dem kreative Austauschformate und viele Gelegenheiten für ein „Danke für euren Dienst!“ geschaffen werden. Auf der zentralen Veteranenwebseite des Deutschen BundeswehrVerbandes findet sich ein Ideenpapier, in dem über 100 Möglichkeiten zur konkreten Ausgestaltung des Veteranentages zusammengetragen wurden. Sie reichen von Workshops und Vortragsveranstaltungen über Grüße in Social Media bis hin zu Kunstausstellungen und das Sichtbarmachen von Gelben Schleifen der

Solidarität.[18] Das Veteranenbüro in Berlin ist derweil bestrebt, einen Überblick über alle geplanten Events in Zusammenhang mit dem Veteranentag zu erlangen.[19]

Bei der Gestaltung in den kommenden Jahren darf nicht vergessen werden, dass es die Einsatzrückkehrerinnen und -rückkehrer der Bundeswehr selbst waren, die sich den nationalen Veteranentag mühsam erkämpft haben. Natürlich waren sie letztlich auf die Unterstützung aus Politik und Gesellschaft angewiesen, jedoch haben sie den entsprechenden Druck aus eigener Kraft erzeugt und das Gelingen aus einer Graswurzelbewegung heraus über viele Jahre forciert. Daraus resultiert ein Anspruch auf Mitbestimmung und eine gewisse Sensitivität gegenüber Vereinnahmungs- und Umdeutungsversuchen. Deshalb sollten sie im Zentrum aller Anstrengungen stehen.

Deutsche Soldatinnen und Soldaten wurden seit Beginn der 1990er Jahre über 530.000-mal in Krisen- und Kriegsgebiete entsandt[20], ohne dass eine entsprechende Anerkennungs- und Wertschätzungskultur entstanden wäre. Die aktuelle Re-Fokussierung der deutschen Streitkräfte auf die Landes- und Bündnisverteidigung birgt auch die Gefahr einer fortschreitenden Marginalisierung dieser besonderen Erfahrungen und ihrer Folgen. Ein Veteranentag setzt ein aktives Zeichen gegen das Vergessen. Es ist zu hoffen, dass seine Etablierung in Deutschland gelingt und auch er zu einem der sicherheits- und verteidigungspolitischen Wegmarker wird, auf die in einigen Jahren voller Stolz zurückgeblickt werden kann.

---

[18] Abrufbar unter: www.BundeswehrVerband.de/Veteranen [letzter Abruf 13.01.2025]; s.a. Perske, Jasmina (2024): Es geht konsequent voran – Hand in Hand zum Veteranentag. Die Bundeswehr, 11, S. 37.

[19] Dazu bittet das Veteranenbüro um die Meldung aller Veranstaltungen an: Veteranentag@Bundeswehr.org

[20] Die Zahl der Entsendungen berücksichtigt keine Mehrfachteilnahmen. Insgesamt haben seit 1992 rund 225.000 Soldatinnen und Soldaten mindestens einmal an einem Auslandseinsatz oder einer Mission teilgenommen (Vgl. Deutscher Bundestag (2024): Antwort der Bundesregierung auf die Kleine Anfrage der Abgeordneten René Springer, Rüdiger Lucassen, Gerold Otten, weiterer Abgeordneter und der Fraktion der AfD. Drucksache 20/12733. 28.04.2024, S. 2ff.).

V Technologie und Nachhaltigkeit

Führung mit künstlicher Intelligenz und Verantwortung

Dierk Spreen

Derzeit wird ein Unbehagen bezüglich militärischer Künstlicher Intelligenz (KI) kommuniziert. Insbesondere „annähernd autonome Waffensysteme" erscheinen „höchst umstritten" (Gebauer et al. 2025). Soziologisch würde man erwarten, dass die Gründe für dieses Unbehagen weniger in der Technologie und ihrer Performance zu suchen sind, sondern in der Gesellschaft (Baecker 2023). Womit wir es zu tun haben, ist nicht die Emergenz einer ‚intelligenten' Technologie, die „die Größe des Menschen beleidigen" (Luhmann 1966: 37) würde, sondern das Aufkommen einer artifiziellen Kommunikation und einer lern- und interaktionsfähigen – und nur insofern ‚künstlich intelligenten' – Automation. Ausgehend von der soziologischen Systemtheorie wird im Folgenden das Verhältnis von Bewusstsein und künstlicher Intelligenz konturiert. Anschließend wird die Differenz von Verantwortung und Verantwortlichkeit entfaltet. Am Beispiel des Militärs wird auf verantwortungsethische Konsequenzen KI-verstärkter Organisationen hingewiesen. Ziel des Beitrags ist es, Herausforderungen für militärische Führung unter menschlicher Verantwortlichkeit im Kontext künstlich intelligenter Automation herauszuarbeiten.

Künstlich intelligente Automation und artifizielle Kommunikation

Das Verhältnis von Individuum und Gesellschaft reformuliert Niklas Luhmann als strukturelle Kopplung von Bewusstsein und Kommunikation, wobei Bewusstsein nicht Teil der Kommunikation ist. Bewusstseine verarbeiten Gedanken und Wahrnehmungen, Kommunikation kann weder Gedanken lesen noch irgendetwas sehen oder fühlen. Dabei widerspricht Luhmann auch der gängigen Alltagsvorstellung von Kommunikation: Kommunikation beginnt nicht mit dem Mitteilen von Informationen, sondern mit dem Verstehen. „Kommunikation findet nur statt, wenn ein Verstehender [...] sieht, dass irgendwo eine Differenz zwischen Mitteilung und Information stattfindet" (Luhmann 2009: 63).

Allerdings wirft das Aufkommen ausgefeilter und vernetzter datenverarbeitender Maschinen und Programme, die Informationen generieren und verstehbar mitteilen können, die Frage auf, ob die Annahme, „dass soziale Systeme nur an

Bewusstsein und an nichts anderes gekoppelt sind" (Luhmann 2020: 260), nicht zu kurz greift. Anlass dafür ist die Tatsache, dass internetbasierte Algorithmen nicht einfach unauffällige Verbreitungsmedien sind, sondern aus vernetzten Useraktivitäten neue und überraschende Informationen erzeugen.

Mit dem (öffentlichen) Start des World Wide Web warf daher Elena Esposito die Frage auf: „kann und muss den Computern gegenüber die Prämisse festgehalten werden, dass jede Informationsverarbeitung einem Bewusstsein zugeschrieben werden muss?" (Esposito 1993: 345). Esposito bescheidet diese Frage negativ, denn die Datenverarbeitung durch Programme und Algorithmen ist maschinell und technisch. Die auf technischer Datenverarbeitung basierende Irritation von Kommunikation setzt demnach immer ein zwischengeschaltetes Bewusstsein voraus, das es ermöglicht, die künstlich generierte Information in irgendeiner Form zu verstehen und somit eine kommunikative Operation zu vollenden (so schon Fuchs 1991). Esposito spricht daher von „artifizieller Kommunikation". KI-Systeme werten Daten aus und können quasi ‚mitreden'. Allerdings bleiben diese KI-Systeme auf menschliche Kommunikationsteilnehmer angewiesen, denn „früher oder später muss jemand verstehen, was der Computer sagt" (Esposito 2001: 251). Dementsprechend wird zum Teil auch von ‚künstlich intelligenter Automation' statt von ‚künstlicher Intelligenz' gesprochen. Damit soll dem Hang entgegengewirkt werden, menschliche Bewusstseinsleistungen auf Maschinen zu projizieren, die ebenfalls an Interaktionsverhältnissen und Kommunikationsprozessen teilhaben (Koch et al. 2024: 232).

Künstlich intelligente Automation, ob sie nun an Kommunikationsprozessen beteiligt ist (generative Sprachmodelle) oder anderweitig Systeme lenkt (zum Beispiel unbemannte Waffensysteme), operiert nicht im Medium Sinn, sondern als hochelaborierte „eingeschlossene Kausalität" (Halfmann 1996: 126, vgl. Baecker 2023: 254). Elaboriert heißt, dass auch komplexe Aufgaben bewältigt werden können, wie sie in gesellschaftlichen Kontexten die Regel sind. Aber das geschieht nicht durch sinnhafte Operationen, sondern durch beeindruckend leistungsstarke Wahrscheinlichkeitsrechnung (Nassehi 2019: 255-256). Die neuere KI arbeitet im *Medium stochastischer Kausalität* – das wäre mein Vorschlag, um an die Überlegungen Luhmanns zum „Medium der Kausalität" (Luhmann 1991: 97) als Medium technischer Operativität zeitgemäß anzuschließen. „Selbst semantisch arbeitende Maschinen müssen die Semantik in Regelmäßigkeiten, in Muster zerlegen, die für sich selbst nicht auf sinnhaften Verweisungen beruhen" (Nassehi 2019: 260).

Verantwortung und Verantwortlichkeit in Organisationen

Im Rahmen ihrer Operationsweise können Maschinen selbstverständlich auch Entscheidungen treffen. Etwa können sie Aufgaben bewältigen, die im Prinzip auch manuell angefertigt werden könnten (Luhmann 1966: 19). Es können aber auch Aufgaben sein, die Menschen so nicht ausführen können. Man denke nur an unbemannte Forschungssonden, die sich fernab der Erde selbststeuernd durch den Weltraum bewegen und folglich autonom Entscheidungen treffen müssen (Tomayko 1988). Aus der Perspektive Luhmanns gilt Automation zu menschlichem Handeln in organisationalen Kontexten dann als funktional äquivalent, wenn die Ergebnisse, die auf Entscheidungen im Rahmen der jeweiligen Aufgabenbewältigung beruhen, äquivalent sind. Dem Publikum einer Verwaltung etwa muss es egal sein, ob ein Bescheid maschinell erstellt oder Schritt für Schritt von Mitarbeitern abgearbeitet wurde. Hauptsache er ist richtig. „Einem Rentner kann es gleichgültig sein, ob seine Rente durch eine Maschine oder durch einen Sachbearbeiter errechnet wird (solange sie richtig errechnet wird!); ja mehr noch: Es *hat* ihm gleichgültig zu sein; denn sein Anspruch geht nicht auf ein Tätigwerden eines menschlichen Gehirns, sondern auf Geld, auf ein Ergebnis, nicht auf ein Verfahren" (Luhmann 1966: 46-47, Hervorh. i. Orig.).

Zieht man Luhmann zu Rate, so ist die Nutzung von Automation im Rahmen der codierten Programme von sozialen Organisationen unproblematisch, solange in diesen Organisationen Entscheidungen gefällt werden, die den ethischen und rechtlichen Rahmen der Organisation berücksichtigen – was die Rechenschaft für Fehler einschließt. Automation wird von Luhmann prinzipiell organisationssoziologisch kontextualisiert.

Ethisch formuliert heißt das, dass die KI im Rahmen einer akzeptablen Risikolast macht, was sie soll. ‚Risikolast' heißt, dass Schadensfälle nicht immer eindeutig auf das schuldhafte Verhalten bestimmter Individuen zurückrechenbar und mit einer gewissen Häufigkeit unvermeidbar sind, weil die Maschinen nicht verstehen, was sie tun. Permanent deviant operierende Maschinen braucht niemand – kein Unternehmen, keine Behörde, keine Armee, kein privater User. Wie für menschliche soziale Akteure oder Organisationen gilt auch für Maschinen, dass sie in einem normativ abgesteckten Erwartungsrahmen operieren *sollen*. Nur kann man Roboter schlecht zur Verantwortung ziehen und bestrafen, weil Programme oder Algorithmen ihre Handlungsgründe – mit Esposito gesagt – nicht verstehen können.

Luhmanns kontextualisierende Perspektive geht davon aus, dass künstlich intelligente Maschinen in die sinnhafte Kommunikation eines Organisationssystems eingebunden werden können. Organisationen zeichnen sich aber gerade dadurch aus, dass in unentscheidbaren Situationen entschieden werden kann. Organisationen machen paradoxe Konstellationen handhabbar, weil sie „Handlungsaufforderungen gerecht" werden können, „die sich gegenseitig ausschließen". „[D]arin besteht ihre einzigartige Qualität" (Simon 2007: 118). Und nur in Bezug auf solche ‚unentscheidbaren' Situationen kann überhaupt frei entschieden werden – ansonsten „könnte man sie von einem Computer errechnen lassen" (Simon 2007: 121). Für unentscheidbare Fragen braucht es Menschen in Entscheidungs- oder Führungsrollen, die als Personen adressiert werden (Foerster 1993: 73-74). Führung ist daher Paradoxie-Management (Simon 2007: 121-122).

Das impliziert allerdings, dass auf einen menschlichen Akteur in einer sozialen Rolle kommunikativ zurechenbare Verantwortlichkeit nicht verschwindet. Darauf weißt Luhmann mit deutlichen Worten hin. „Automation ist genauso wenig eine Entschuldigung [...] wie menschliches Versagen" (Luhmann 1966: 81). Verantwortlichkeit und die „Rechenschaftspflicht für Fehler" können nicht aufgehoben werden; ohne sie „könnte jeder handeln, wie ihm beliebt" (Luhmann 1966: 113).

Für computerbasierte Prozesse gilt, dass sie Unsicherheit absorbieren. Sie errechnen aus einer Datenlage ein Ergebnis, das man im vornherein noch nicht kennt. Für künstlich intelligente Systeme gilt das erst recht. Damit tragen sie auch Verantwortung (*responsibility*) – eine *künstliche Verantwortung*: „Verantwortung steckt in jedem Beitrag zur Unsicherheitsabsorption, auch in dem, den die Maschine leistet" (Luhmann 1966: 105). Verantwortung ist aber mit „Verantwortlichkeit im Sinne einer Rechenschaftspflicht für Fehler" (Luhmann 1966: 105) nicht deckungsgleich, denn letztere wird in einem komplexen kommunikativen Prozess sozialen Rollen zugerechnet, die von Personen im Rahmen organisationaler Arbeitsteilung wahrgenommen werden. Es muss also eine auf Personen zurechenbare Rechenschaftspflicht für Fehler und Verantwortlichkeit für Resultate geben – eine Verantwortlichkeit (*accountability*), die *nicht* an technische Datenverarbeitung delegiert werden kann. Die Zurechnung von Verantwortlichkeit für durch KI-Systeme errechnete Entscheidungen auf Personen wird aber nicht einfacher, wenn man es mit technischen Systemen zu tun hat, die prinzipiell eine Risikolast tragen, weil sie im Medium stochastischer Kausalität operieren. Wem soll Verantwortlichkeit für robotisches Fehlverhalten zugerechnet werden? Den Betreibern, den Produzenten, dem betroffenen Publikum? Einen Schuldigen muss man erst einmal ‚finden'.

In einem Verfahren zum „right to be forgotten" vor dem Europäischen Gerichtshof etwa hat *Google* argumentiert, „that it cannot be held responsible because the processing of data is performed by the search engine". Aber kann „the autonomy of the operation of algorithms relieve the company from the responsibility for data management?" Der Gerichtshof sah das anders als *Google* und „considers *Google* accountable and responsible" für die aktive Rolle des Algorithmus (Esposito 2022: 67).

Folgten diesem Urteil Zurechnungsprozesse innerhalb der Organisation *Google*? Wurde jemand gefeuert oder in anderer Form zur Verantwortung gezogen? Denn die Zuweisung von Verantwortlichkeit an eine Organisation macht eine Kommunikation über Verantwortlichkeitsketten innerhalb dieser Organisation erwartbar. Welche Entscheidung hat uns da hineingeritten? Wer ist dafür verantwortlich? Welche Konsequenzen folgen daraus? Wenn eine Organisation innovativ bleiben möchte (wie vermutlich *Google*), dann tut sie gut daran, die Rückverfolgung solcher Ketten *nicht* zwangsläufig mit negativen Sanktionen für ihre Mitarbeiter oder ihr Management zu kombinieren, weil eine solche Kombination in eine Innovationshemmung führen dürfte. Je nach Sach- und Schadenslage kann das aber auch angemessen erscheinen.

Wenn man aber Verantwortlichkeit weiterhin an Organisationen und/oder Menschen adressieren muss, dann fragt sich, welche Bedingungen erfüllt sein müssen, damit Verantwortlichkeit in Bezug auf autonome KI-Systeme überhaupt zugemutet bzw. übernommen werden kann. Insbesondere wenn Verantwortlichkeitsketten entstehen, wird es interessant. Wer soll, kann, will den Kopf für KI-Schäden hinhalten? Welche Rahmenbedingungen – organisatorisch, technisch, rechtlich, ethisch – müssen erfüllt sein und welche müssen Kompetenzen erworben werden, damit die Übernahme von Verantwortlichkeit seitens personaler Akteure zugemutet werden kann? Kann man Verantwortliche von Verantwortlichkeit entlasten, indem man ein Versicherungswesen einführt, das im Rahmen einer akzeptablen Risikolast Schäden abfedert?

Führung und Verantwortlichkeit im Militär

Gerade der Blick in militärische Organisationen kann für die entstehenden Problemlagen sensibilisieren, denn Fragen der „verantwortungsvollen Informationsverarbeitung" bekommen in „Kampftruppen" eine besondere Ernsthaftigkeit (Luhmann 1995: 176). Dennoch ist das Militär auch nur eines der Funktionssysteme der Gesellschaft und insofern ein Platzhalter, der zur fokussierten Untersuchung von Verantwortungs- und Führungsfragen herangezogen werden kann.

Alles was für artifizielle Kommunikation und künstlich intelligente Automation im Verhältnis zu Verantwortlichkeit und Ethik gilt, gilt folglich auch für die Nutzung solcher Systeme im Militär – allerdings unter bereichsspezifischen Aspekten. Die Nutzung künstlich intelligenter Automation im Militär und insbesondere im Kontext seines ‚heißen Betriebs‘ lassen besonders deutlich erkennen, welche Rahmenbedingungen für die Nutzung solcher Systeme notwendig sind.

Der Bedarf an personaler Führung ist aufgrund des hohen Institutionalisierungsgrades in Heeresorganisationen, wie sie für moderne Staaten typisch sind, grundsätzlich begrenzt, aber dennoch vorhanden. Sie lässt sich „als Sinnvermittlung, als hermeneutischer Akt der Interpretation gesatzter und nichtgesatzter institutioneller Vorgaben […] verstehen und wird nur da wirksam, wo Interpretationsspielraum oder -bedarf besteht“ (Elbe/Richter 2023: 372). Man könnte auch sagen: Führung heißt Kontextsteuerung (Simon 2007: 114). Es geht nicht um die Handlungskoordination, sondern um „die Handlungsauslösung durch Definition der relevanten Umweltparameter“ (Elbe/Richter 2023: 372).

Die andere Seite der Führung durch Interpretation und Sinnvermittlung ist die Übernahme von Verantwortlichkeit. Auch dies ist keineswegs ein Spezifikum militärischer Organisationen, sondern gilt für organisationale Informationsverarbeitung insgesamt, wie Luhmann feststellt (Luhmann 1995: 172-190). In Kampftruppen liegt nur deshalb ein stärkerer Fokus auf Verantwortlichkeit, weil in diesem Kontext Entscheidungen lebensbedrohliche Konsequenzen systematisch einschließen. Anders als ein falscher Rentenbescheid lassen sich Konsequenzen wie Verwundung oder Tod nicht einfach revidieren.

Herausforderungen militärischer KI

Nun ist der (denkbare) Einsatz von künstlich intelligenter Automation im Militär ebenso vielfältig wie im Rest der Gesellschaft. Das reicht von Übersetzungs-Software über Expertensysteme inklusive rechtlich-ethischer Beratung oder Echtzeit-Lagebildauswertung und -repräsentation bis hin zu tödlichen Automaten, sogenannten *Lethal Autonomous Weapon Systems* (LAWS), die deshalb umstritten sind, weil sie für eine kulturell eintrainierte Angstkommunikation gut anschlussfähig sind (Spreen/Talves 2025). Aber auch hier gilt am Ende: Der Anspruch geht nicht auf ein Verfahren, sondern auf das Ergebnis.

In der Tat haben ‚intelligente‘ Maschinen keine Vorstellung davon, was eine Entscheidung über Leben und Tod bedeutet, denn sie operieren nicht im Medium Sinn. Gerade aufgrund ihrer Umstrittenheit eigenen sich solche KI-basierte Waffensysteme besonders gut, um die Herausforderungen herauszuarbeiten, die sich im Kontext künstlich intelligenter Automation ergeben (Koch et al. 2024; Spreen 2023). Ich möchte abschließend einige Aspekte hervorheben:

1) Verantwortlichkeit: Auch für den Einsatz und die Folgen eines Einsatzes von letalen KI-Systemen sind Menschen verantwortlich – und nicht sonstige ‚Aktanten‘. Es müssen folglich organisatorische und rechtliche Rahmenbedingungen geschaffen werden, die sowohl eine klare Zurechnung von Verantwortlichkeit ermöglichen als auch den Betroffenen die Übernahme solcher Verantwortlichkeit guten Gewissens erlauben. Im Militär werden autonome technische Systeme ebenso geführt wie Soldaten.

Vorstellbar wäre etwa folgendes Szenario: Mittels einer lern- und sprachfähigen, auf militärische Sachlagen zugeschnitten Softwareplattform vernetzte Docking-Stationen nehmen über Prompts oder natürliche Sprache Aufträge für autonome Drohnen entgegen und übersetzen diese in einen formalen Befehl, der angesehen, korrigiert und zur Dokumentation abgespeichert werden kann. Auf Basis dieser Dokumentation könnten später Verantwortlichkeiten nachvollzogen werden. Nach dem ‚Go‘ zieht die Drohne los und führt den Auftrag aus – egal ob zu Wasser, zu Lande, in der Luft, im Weltraum oder im Cyberspace (als ‚Bot‘). Sie würde ihren Auftrag ohne Echtzeit-Führung abarbeiten – ggf. überwacht durch vordefinierte Kontaktzeiten. Das aber wäre nicht zwingend notwendig und wahrscheinlich auch nicht immer möglich oder sinnvoll. Solche Systeme wären daher im strengen Sinne des Wortes nicht wirklich autonom, sondern sie werden geführt. Bei geführten Systemen handelt es sich aber um semi-autonome Systeme.

2) Akzeptable Risikolasten: KI-Systeme basieren auf Wahrscheinlichkeitsrechnung. Das schließt gewisse Fehlerrisiken ein. Vertrauen kann hier nur aufgebaut werden, wenn in der Gesellschaft ein Konsens über die akzeptable Risikolast hergestellt wird. Die Akzeptanz kann durch ein Versicherungssystem erhöht werden; gleichzeitig entlastet es von zu viel Verantwortlichkeit, denn zu hohe Verantwortlichkeitslasten führen bekanntlich zu Entscheidungsschwächen. Was aber heißt das im Falle militärischer Konflikte? Hier muss es darum gehen, sich über legitime Risikolasten zu verständigen – insbesondere um Opfern unter der Zivilbevölkerung vorzubeugen. Denn wenn schon gesteuerte russische FPV-Drohnen regelrecht Jagd auf Zivilisten machen – etwa in Cherson (Werkhäuser et al. 2024) –, dann wird man mit bösen Akteuren[1] rechnen müssen, die Risiken und Unsicherheiten der KI-Steuerung als Ausrede für Terrorstrategien nutzen möchten. Also wird man sich international und belastbar verständigen, oder,

---

[1] „[E]s sind nicht alle Menschen liebenswert“ (Freud 1989: 232).

296

falls das nicht möglich ist, Abschreckungskapazitäten aufbauen müssen, um die Risikolast zu begrenzen.

3) Vertrauen in Technik: Inwieweit sind die künstlich-sinnlichen Reproduktionen der Umwelt zureichend? Der Anspruch der Ingenieure ist es, ein Lagebild zu ermöglichen, das die Anwender auch wirklich unterstützt und nicht Unsicherheit potenziert (technische Komplexitätsreduktion). Das digitale Schlachtfeld soll das reale Schlachtfeld wiedergeben. Diese Aufgabe kann allerdings nur pragmatisch gelöst werden, da es prinzipiell unmöglich ist, eine Gottes-Maschine zu konstruieren, die alles sieht und alles weiß. Im Kontext der Implementierung und der an der Praxis orientierten Optimierung muss Vertrauen in Technik aufgebaut werden (Wagner 1994). Vertrauen reduziert Ungewissheit, mündet aber nicht in Risikofreiheit. „Vertrauen bleibt ein Wagnis" (Luhmann 1973: 27).

4) Selbstwirksamkeit und *Innere* Führung: Im Kontext der Interaktion und Kommunikation mit Künstlicher Intelligenz ist der Aspekt der Selbstwirksamkeit besonders wichtig. Soldaten, die KI-Systeme führen, sollten das Vertrauen in ihre Selbstwirksamkeit nicht verlieren. Eben das wird es ihnen erlauben, sich selbst als verantwortlich Handelnde wahrzunehmen. Die Kompetenz, die hier im Speziellen gemeint ist, ist „Medienkompetenz" (Baacke 1999), denn es geht um den Umgang mit einem Medium, das sich selbst zu erkennen gibt (Esposito 1993). KI arbeitet im Medium einer stochastischen Kausalität. Ihre Ergebnisse/Entscheidungen basieren auf Wahrscheinlichkeiten und das ist entweder – bei achtsamer Beobachtung – bemerkbar oder schon Moment der maschinellen Kommunikation selbst (Koch et al. 2024: 236). Das wiederum verweist auf die Bedeutung der Ausbildung der Nutzer und auf die Führungskonzepte. Hilfreich dürfte die Generierung praktikabler moralischer Routinen sein, denn moralische Routinen ermöglichen Handeln und wirken hemmenden Entscheidungsdilemmata sowie moralischen Vermeidungsstrategien entgegen (Schmidt 2021: 335-336).

Ausblick

Die Frage der Verantwortlichkeit für die Entscheidungen und die Performanz von KI-Systemen im Militär macht deutlich, dass es nötig ist, über KI und Verantwortlichkeit in Bezug auf Führung näher nachzudenken. Einerseits gibt es im Diskurs eine posthumane Verlockung, Verantwortlichkeit loszuwerden und an maschinelle ‚Aktanten' zu delegieren, was im militärischen Kontext höchst problematisch ist. Andererseits treten die rechtlichen, ethischen, technologischen, organisationalen, bildungs- und kompetenzbezogenen und ggf. auch versicherungstechnischen Bedingungen in den Fokus, die die Übernahme von Verantwortlichkeit durch Soldaten erlauben. Für die Bundeswehr bedeutet das, dass ethische und rechtliche Bildung auf die Verantwortlichkeitsproblematik im Kontext künstlich intelligenter Automation angemessen eingehen sollten. Außerdem sollte der Dialog mit der Gesellschaft intensiviert werden, insbesondere um über die Vorteile von KI-Systemen für Verteidigung und Abschreckung sowie die Begrenzung der Risikolast insbesondere der Zivilbevölkerung (auch der eigenen!) aufzuklären. Und selbstverständlich sind Auftragstaktik und Innere Führung, die ja auf die Selbstverantwortung des Einzelnen abstellen, zu stärken, weil sie den Soldaten immer mahnen und ermutigen, Verantwortung zu übernehmen – auch für die Folgen von Nichthandeln.

Referenzen

Baacke, Dieter (1999): Medienkompetenz als zentrales Operationsfeld von Projekten. In: Baacke, Dieter (Hrsg.): Handbuch Medien: Medienkompetenz. Modelle und Projekte. Bonn: Bundeszentrale für Politische Bildung, S. 31-35.

Baecker, Dirk (2023): Technik im Datenraum. In: Baecker, Dirk/Elsholz, Uwe/Locher, Maximilian/Thomas, Martina (Hrsg.): Post-digitales Management. Arbeit an den Schnittstellen einer Produktionsorganisation. Wiesbaden: Springer VS, S. 243-256. https://doi.org/10.1007/978-3-658-40707-0_19

Elbe, Martin/Richter, Gregor (2023): Militär: Organisation und Institution. In: Leonhard, Nina/Werkner, Ines-Jacqueline (Hrsg.): Militärsoziologie – Eine Einführung (3. Aufl). Wiesbaden: Springer VS., S. 351-378. https://doi.org/10.1007/978-3-658-30184-2_14

Esposito, Elena (1993): Der Computer als Medium und Maschine. In: Zeitschrift für Soziologie, 22(5), S. 338-354. https://doi.org/10.1515/zfsoz-1993-0502

Esposito, Elena (2001): Strukturelle Kopplung mit unsichtbaren Maschinen. In: Soziale Systeme, 7(2), S. 241-252. https://doi.org/10.1515/sosys-2001-0204

Esposito, Elena (2022): Artificial Communication: How Algorithms Produce Social Intelligence. Cambridge: MIT Press. https://doi.org/10.7551/mitpress/14189.001.0001

Foerster, Heinz von (1993): KybernEthik. Berlin: Merve.

Freud, Sigmund (1989): Das Unbehagen in der Kultur. In: Freud, Sigmund: Studienausgabe. Bd. IX. Fragen der Gesellschaft. Ursprünge der Religion (5., korr. Aufl.). Frankfurt am Main: Fischer, S. 191-270.

Fuchs, Peter (1991): Kommunikation mit Computern. Zur Korrektur einer Fragestellung. In: Sociologia Internationalis, 29(1), S. 1-30.

Gebauer, Matthias/Hesse, Martin/Rosenbach, Marcel/Traufetter, Gerald (2025, 15. Februar): Die Beschleunigung der „Kill Chain". In: Der Spiegel, (8), S. 56-59.

Halfmann, Jost (1996): Die gesellschaftliche „Natur" der Technik. Eine Einführung in die soziologische Theorie der Technik. Opladen: Leske + Budrich.

Koch, Wolfgang/Spreen, Dierk/Talves, Kairi/Wagner, Wolfgang/Lillemäe, Eleri/Klaus, Matthias/Viidalepp, Auli/Cooper, Camilla Guldahl/Pekarev, Janar (2024): On the Ethics of Employing Artificial Intelligent Automation in Military Operational Contexts. In: IEEE Transactions on Technology and Society, 5(2), S. 231-241. https://doi.org/10.1109/TTS.2024.3405309

Luhmann, Niklas (1966): Recht und Automation in der öffentlichen Verwaltung. Eine verwaltungswissenschaftliche Untersuchung. Berlin: Duncker & Humblot.

Luhmann, Niklas (1973): Vertrauen. Ein Mechanismus der Reduktion sozialer Komplexität (2. Aufl.). Stuttgart: Enke.

Luhmann, Niklas (1991): Soziologie des Risikos. Berlin: de Gruyter.

Luhmann, Niklas (1995): Funktionen und Folgen formaler Organisation (4. Aufl., Epilog 1994). Berlin: Duncker & Humblot.

Luhmann, Niklas (2009): Einführung in die Theorie der Gesellschaft (2. Aufl.). Heidelberg: Carl-Auer.

Luhmann, Niklas (2020): Einführung in die Systemtheorie (8. Aufl.). Heidelberg: Carl-Auer.

Nassehi, Armin (2019): Muster. Theorie der digitalen Gesellschaft. München: C. H. Beck.

Schmidt, Max Oliver (2021): Moralische Entscheidungsdilemmata im Militär. Die Marine zwischen Seenotrettung und Grenzschutzauftrag. In: Armbruster, André/Besio, Cristina (Hrsg.): Organisierte Moral. Zur Ambivalenz von Gut und Böse in Organisationen. Wiesbaden: Springer VS, S. 333-366. https://doi.org/10.1007/978-3-658-31555-9_14

Simon, Fritz B. (2007): Einführung in die systemische Organisationstheorie (1. Aufl.). Heidelberg: Carl-Auer.

Spreen, Dierk (2023): Lethal Autonomous Weapon Systems (LAWS). On the Ethics of Automation in the Military from the Perspective of Social Systems Theory. In: Sõjateadlane (Estonian Journal of Military Studies), (21), S. 10-40. https://doi.org/10.15157/st.vi21.24177

Spreen, Dierk/Talves, Kairi (2025): Angst vor Robotern – Kulturelle Perspektiven auf technologische Autonomie. In: Talves, Kairi/Spreen, Dierk (Hrsg.): Künstliche Intelligenz in der Militärtechnologie – Soziologische, kulturelle und ethische Perspektiven. Springer Nature (im Erscheinen).

Tomayko, James E. (1988). Computers in Spaceflight. The NASA Experience. NASA Contractor Report 182505. https://ntrs.nasa.gov/citations/19880069935

Wagner, Gerald (1994): Vertrauen in Technik. In: Zeitschrift für Soziologie, 23(2), S. 145-157. https://doi.org/10.1515/zfsoz-1994-0205

Werkhäuser, Nina/Felden, Esther/Pineda, Julett/Burdyga, Igor (2024, 27. August): Ukraine: Wie russische Drohnen Jagd auf Zivilisten machen. https://www.dw.com/de/wie-russische-drohnen-in-der-ukraine-jagd-auf-zivilisten-machen/a-70043796

Cognitive Warfare – Führung an der unsichtbaren Front

Fabio Nilgen Alvarez

> *„R. Machado: Es gilt, den Willen zur Wahrheit zu zerstören, nicht wahr? M. Foucault: Ja."*
> Michel Foucault in »Die Wahrheit und die juristischen Formen«

So what: Science Fiction oder überfällige Notwendigkeit?

Das Streben nach Einfluss auf Wahrnehmung und Verhalten, bekannt als *Cognitive Warfare*[1], ist längst in unserer Alltagsrealität angekommen – und kein Science-Fiction-Szenario. Diese Kontrolle über das Denken ganzer Bevölkerungen gewinnt an Bedeutung und geht weit über die klassische Informationsmanipulation hinaus. Gezielt eingesetzte Algorithmen verstärken Manipulation und verzerren Wahrnehmungen. Im digitalen Raum steuern sie, welche Inhalte wir zu sehen bekommen und welche nicht. So verbreiten autoritäre Staaten wie Russland und China gezielt Desinformationen, lenken Debatten und verstärken gesellschaftliche Spaltungen. Dabei nutzen sie schwer kontrollierbare Technologien, um hybride Bedrohungsszenarien zu schaffen – oft ohne, dass Betroffene es bemerken. Während eines Krieges wird diese Strategie noch intensiviert. Besonders gefährlich ist dies, wenn künstliche Intelligenz (KI) Fake News perfektioniert und staatliche Institutionen ins Visier nimmt. Solche hybriden Bedrohungen untergraben das Vertrauen in demokratische Prozesse.[2]

Wir befinden uns gegenwärtig in einer postfaktischen[3] Welt. In ihr wird der sogenannte „Wille zur Wahrheit"[4] einer Gesellschaft zunehmend durch gezielte Desinformation herausgefordert und es treten neue, teils nicht greifbare Akteure

---

[1] Ins Deutsche als „kognitive Kriegsführung" zu übersetzen; eine ausführliche Definition erfolgt im zweiten Abschnitt.

[2] Danyk, Yuriy; Briggs, Chad: Modern Cognitive Operations and Hybrid Warfare, Journal of Strategic Security 16, no. 1 (2023), S. 35-50.

[3] Postfaktizität beschreibt eine gesellschaftliche Entwicklung, in der objektive Fakten an Bedeutung verlieren und stattdessen Emotionen, persönliche Überzeugungen und subjektive Wahrnehmungen die Meinungsbildung prägen.

[4] Der „Wille zur Wahrheit" beschreibt die kollektive Anstrengung und öffentliche Bereitschaft, Fakten zu suchen und zu akzeptieren, um sachkundige Entscheidungen zu treffen und sich eine fundierte Meinung zu bilden.

in Form globaler Netzwerke auf. Sie machen es erforderlich, klassische Vorstellungen von Krieg zu überdenken.[5] Die Kernproblematik liegt in der Fähigkeit der Nutzer, durch moderne Technologien Propaganda und Desinformation in neuer Qualität und Quantität zu verbreiten. Dadurch entstehen zunehmend von hybriden Bedrohungslagen geprägte Gefechtsszenarien, welche vom militär-ischen Führer[6] ständige Anpassungsfähigkeit an wechselnde und unvorhersehbare Entwicklungen abfordern. Die Bundeswehr reagiert auf diese Entwick-lungen, indem sie ihre Ausbildung an diese Dynamiken anpasst und damit ihre Führungskräfte auch für die Herausforderungen der kognitiven Kriegsführung rüstet.[7] In westlichen Gesellschaften führt die wachsende Polarisierung zu einer tiefen Verunsicherung. Interne Entwicklungen wie die zunehmende Skepsis gegenüber staatlichen Institutionen, die Verbreitung von Fake News und die Spaltungstendenzen in öffentlichen Debatten wurden im Bundestagswahlkampf 2025 noch deutlicher und tragen dazu bei, das Vertrauen in den Wahrheitsgehalt von Informationen und demokratische Prozesse zu erschüttern. Diese Verunsicherung betrifft nicht nur die Zivilgesellschaft, sondern auch die Streitkräfte, die durch solche Unsicherheiten ihre Einsatzbereitschaft und moralische Stärke, folglich die Kriegstüchtigkeit, gefährdet sehen. Zudem säen externe Akteure wie Russland und China Misstrauen, sowohl innerhalb der Gesellschaften als auch in den Reihen der Streitkräfte. Sie untergraben den Zusammenhalt und verbreiten Narrative, die die Legitimität der westlichen Institutionen infrage stellen und bspw. auch das Wahlverhalten der Bürger in der Bundestagswahl 2025 beeinflussten.[8] In diesem Umfeld müssen westliche Nationen und ihre Bündnisse ihre Doktrinen und Abwehrstrategien noch angleichen.[9] Angesichts der Schwierigkeit, Fakten von Fiktion zu unterscheiden, ist Bildung hierbei der entscheidende Hebel zur Entwicklung kritischen Denkens sowie der Medien- und Informationskompetenz. Diese Eigenschaften befähigen den Einzelnen, manipulative Inhalte zu erkennen, eigene Wahrnehmungen zu hinterfragen und evidenzbasierte

---

[5] Palm, Goedart: Kognitive Kriegsfuhrung - Zur Wahrnehmungshoheit in virtuellen Zeiten, Berlin 2017, S. 117.

[6] Im vorliegenden Beitrag wird sich des generischen Maskulinums bedient, um eine bessere Lesbarkeit zu ermöglichen. Die Aussagen gelten jedoch stets für Frauen, Männer, Diverse und Nonbinäre gleichermaßen.

[7] Führungsakademie der Bundeswehr: Videobeitrag des Direktors für Strategie und Fakultäten Brigadegeneral Frank Pieper an der Führungsakademie der Bundeswehr, LinkedIn, 2024.

[8] Bundesministerium des Innern und für Heimat: Schutz der Bundestagswahl 2025 vor hybriden Bedrohungen und Desinformation, online, 2025.

[9] Claverie, Bernard; Prébot, Baptiste; Buchler, Norbou; Du Cluzel, François: Cognitive Warfare - The Future of Cognitive Dominance, Neuilly-sur-Seine 2022, S. 1-5.

Entscheidungen zu treffen. Daraus ergibt sich für den militärischen Bereich die im Folgenden zu beantwortende Frage: Wie können Vorgesetzte ihre Soldaten *bereits jetzt* mit dem geistigen Rüstzeug ausstatten, um Angriffen der kognitiven Kriegsführung effektiv entgegenzutreten?

Cognitive Warfare in der Praxis

Definition und praktische Relevanz für die Bundeswehr

Cognitive Warfare bezeichnet die gezielte Manipulation von Informationen, Gedanken und Entscheidungsprozessen. Sie beinhaltet koordinierte Aktivitäten, die darauf abzielen, die Einstellungen und Verhaltensweisen von Individuen, Gruppen, militärischen Akteuren und zivilgesellschaftlichen Strukturen zu beeinflussen oder zu stören, um einen *strategischen* Vorteil zu erlangen. Dabei kommen manipulative (nicht)-militärische Mittel - wie Cyberangriffe, Desinformationskampagnen, emotionale Ansprachen und die gezielte Steuerung von Narrativen - zur Anwendung.[10] Dies geschieht mittels moderner Technologien, analoger wie digitaler Medien und sozialer Plattformen, wodurch deren Einsatz oft in einem Bereich unterhalb der Schwelle eines bewaffneten Konflikts bleibt. Zwischen Kombattanten und Nicht-Kombattanten wird nicht unterschieden; Cognitive Warfare zielt auf die Gesellschaft als Ganzes ab.[11] Seit Jahren wird Deutschland - ebenso wie der gesamte Westen - von russischen, gezielt orchestrierten Desinformationskampagnen überschwemmt. Diese reichen von Bot-Armeen[12] in sozialen Medien bis hin zu einer Flut gefälschter deutscher Nachrichtenportale.[13] In vielen Fällen sind die Indizien erdrückend. Dennoch lassen sich nicht immer zweifelsfreie Beweise für eine direkte Urheberschaft Russlands erbringen. Auch in Deutschland erfolgen die Aktivitäten oft verdeckt oder so, dass ihre Urheberschaft bestritten werden kann. Genau deshalb spielen Desinformationskampagnen eine entscheidende Rolle im strategischen Ansatz der Cognitive

---

[10] NATO: Cognitive Warfare - Strengthening and Defending the Mind, online, 2023.

[11] Ibrahim, Fabio; Rohde, Steffen; Daseking, Monika: A systemic Review of cognitive warfare, The Defence Horizon Journal, online, 2024.

[12] Bots sind automatisierte Programme, die Inhalte posten oder Aktionen durchführen (bspw. kommentieren).

[13] Auswärtiges Amt: Technischer Bericht zur Analyse des Auswärtigen Amts - Deutschland im Fokus der pro-russischen Desinformationskampagne „Doppelgänger", 2024, S.2ff und S.27-28.

Warfare.[14] Da die deutschen Streitkräfte sich aus „Staatsbürgern in Uniform" zusammensetzen, die aus Einsicht gehorchen, jederzeit mitdenken und selbständig handeln sollen, sind sie von dieser Form der Kriegsführung (un)mittelbar betroffen. Um zu verhindern, dass auch noch das loyale Einstehen der Soldaten für die freiheitliche demokratische Grundordnung (FDGO) erodiert, reicht es nicht mehr aus, allein auf ethische und politische Bildung als Säulen geistiger Widerstandskraft zu setzen. Ergänzend dazu ist eine ausgeprägte Medien- und Informationskompetenz als dritte Säule für eine wirkungsvolle Immunisierung unerlässlich. Eine dahingehende Ausbildung dient nicht nur dem individuellen Schutz vor Manipulation, sondern stärkt aktiv die Resilienz von Demokratie und Gesellschaft insgesamt. Wenn Soldaten lernen, Informationen kritisch zu bewerten, gesellschaftspolitische Geschehnisse zu verstehen und Manipulationen zu durchschauen, tragen sie zu einer handlungsfähigeren Gesellschaft bei - in und außer Dienst. Ein umfassender persönlicher Bildungsanspruch mithilfe digitaler Kompetenzen bildet das wirkungsvollste Rüstzeug zur Abwehr von Cognitive Warfare; auch daran bemisst sich die Kampfbereitschaft. Nur der mitdenkende, hinterfragende, kritische, zu eigenen Überzeugungen gelangte Soldat ist der bessere Kämpfer.

Bedürfnis nach Wahrheit, Übersichtlichkeit und Kontrolle

Wahrheit in der modernen Gesellschaft existiert kaum mehr als eine universelle, feststehende Größe, sondern steht in einem Spannungsverhältnis von Macht, Perspektive, Rhetorik und Erkenntnis. Die wachsende Anfälligkeit für Manipulation korreliert mit der Flut neuer Informationsquellen seit Beginn der Jahrtausendwende. Medienanbieter erkannten rasch, dass skandalöse Fehlinformationen finanziell profitabler sind als sorgfältig recherchierte Wahrheiten. Eine Langzeitstudie des Massachusetts Institute of Technology (MIT) zeigt, dass sich falsche Informationen auf Twitter sechsmal schneller und hundertmal weiter verbreiten als wahrheitsgemäße Aussagen – was den Profit um das 600-fache steigert, bei politischen Fake News um das 300-fache.[15] Im Zusammenhang mit der kognitiven Manipulation betont der Psychotherapeut Johannes Hepp: „Je mehr sich die Lüge breitmacht, umso mehr wächst die Sehnsucht nach dem

---

[14] Driedger, Jonas J.: Simplicissimus - Russlands Krieg gegen Deutschland, YouTube, 2025, 14:54-15:15.

[15] Vosoughi, Soroush; Roy, Deb; Aral, Sinan: The spread of true and false news online, Science Volume 359, Issue 6380, 9 March 2018, S. 1146-1151.

Wahren, Echten und Unverstellten, dem Original."[16] Das gesteigerte Bedürfnis nach Authentizität, so der Philosoph Erik Schilling, ist eine Reaktion auf die zunehmende Komplexität der postmodernen Welt[17], geprägt durch Digitalisierung und Globalisierung.[18] Parallel schwindet das Verständnis für Professionalität und situationsabhängiges Verhalten, was in der kognitiven Kriegführung genutzt wird, um über Verunsicherung zur Desorientierung zu lotsen und damit eine scheinbare Sicherheit und Wahrheit zu erzeugen. Es gibt nur noch *perspektivische Wahrheiten*, die sich je nach Blickwinkel und Kontext ändern und keine Beständigkeit beanspruchen können. Die Wahrheit ist dabei nicht länger als neutraler Zugang zur Welt zu betrachten, sondern als ein Instrument oder Dispositiv der Macht. Die Suche nach Wahrheit ist demnach kein unschuldiges Unterfangen, sondern ein politisch aufgeladener, polemischer Kampf, was als kognitive Kriegsführung verstanden werden kann. In dieser Auseinandersetzung wird Wahrheit zu einer Frage der Sichtverhältnisse oder der Deutungshoheit. Der moderne Diskurs wird von vielfältigen Wahrheiten, Halbwahrheiten und bewussten Lügen durchsetzt. So wird Wahrheit zu einer gefährdeten und oft manipulationsanfälligen Größe, deren Anerkennung und Geltung durch rhetorische Machtkämpfe entschieden wird.[19]

Beispiele Russland und China

Die folgenden Beispiele zeigen, wie Gegner des Westens kognitive Kriegführung gezielt einsetzen, um ohne offene militärische Konfrontation wirtschaftliche, (geo)politische, militärische und kulturelle Vorteile zu erreichen.[20] Diese Taktiken zielen darauf ab, nicht nur die Zivilgesellschaft, sondern auch die Streitkräfte

---

[16] Hepp, Johannes: Die Psyche des Homo Digitalis - 21 Neurosen, die uns im 21. Jahrhundert herausfordern, München 2022, S. 276-281.

[17] Die postmoderne Welt ist geprägt von einem tiefen Pluralismus, in dem es keine absolute Wahrheit mehr gibt, sondern eine Vielzahl von Perspektiven nebeneinander existiert. Alles (bspw. Geschichte, Identität, Werte) kann hinterfragt, dekonstruiert und in seinen Einzelteilen neu betrachtet werden. Ernsthaftigkeit weicht oft der Ironie und Parodie, während traditionelle Strukturen an Stabilität verlieren und sich in einer beschleunigten, zunehmend digitalisierten Realität auflösen. Die Welt erscheint vernetzter denn je, doch zugleich fragmentiert und schwer greifbar. In diesem Spannungsfeld zwischen Freiheit und Orientierungslosigkeit entfaltet sich das Denken der Postmoderne.

[18] Schilling, Erik: Authentizität - Karriere einer Sehnsucht, München 2020, S. 10.

[19] Palm, Goedart: Kognitive Kriegsführung - Zur Wahrnehmungshoheit in virtuellen Zeiten, Berlin 2017, S. 119.

[20] NATO: Cognitive Warfare: Strengthening and Defending the Mind, online, 2023.

zu destabilisieren und die Moral wie den Kampfeswillen von Soldaten zu schwächen.

Eine häufig genutzte Strategie ist die **Aufmerksamkeitslenkung**. Ein prägnantes Beispiel hierfür ist die russische Desinformationskampagne während der US-Präsidentschaftswahlen 2016. Durch den gezielten Einsatz sozialer Medien wurden kontroverse Themen wie Immigration oder Polizeigewalt überproportional in den Vordergrund gerückt, um die öffentliche Aufmerksamkeit auf diese Themen zu lenken und gleichzeitig die politischen Lager gegeneinander auszuspielen.[21] Ein weiteres wirksames Mittel ist die **Gedächtnismanipulation**, bei der durch ständige Wiederholung von Falschbehauptungen deren langfristige gedankliche Verankerung erreicht wird. So verbreitete die russische Regierung fortwährend die Behauptung, die Ukraine begehe einen Genozid an der russischsprachigen Bevölkerung. Trotz ständiger Widerlegung wurde sie durch ständige Repetition in bestimmten Zielgruppen als Realität akzeptiert und diente als Rechtfertigung für die russische Invasion.[22] Ferner spielt **emotionale Manipulation** eine entscheidende Rolle. China setzte beispielsweise gezielt Bilder angeblicher Kriegsverbrechen westlicher Truppen in Afghanistan ein, um Basisemotionen[23] wie Wut und Angst hervorzurufen. Diese emotional aufgeladenen Inhalte wurden genutzt, um die Aversion gegenüber westlichen Staaten zu festigen und die eigene Bevölkerung sowie Verbündete zu mobilisieren.[24] Zusätzlich nutzen Gegner gezielt **kognitive Verzerrungen** der Menschen aus. Ein Beispiel hierfür ist Chinas Propaganda, die westliche Länder als dekadent und wirtschaftlich schwach darstellt. Dabei wird gezielt der Bestätigungsfehler (confirmation bias) ausgenutzt. Hierzu werden bereits bestehende Überzeugungen in der Bevölkerung verstärkt, indem Narrative verbreitet werden, die das Vertrauen in das eigene politische System stärken und westliche Demokratien diskreditieren.[25]

Neben diesen strategischen Ansätzen existieren spezifische Instrumente. Eines der wirkungsvollsten ist die **Desinformation**. Russland und China verwenden

---

[21] DIE ZEIT: Forscher weisen Russland Einmischung in US-Wahlkampf nach, online, 2018.

[22] Bundesministerium des Inneren und für Heimat: Beispiele für russische Desinformation und ihre Richtigstellung, online, 2025.

[23] Basisemotionen sind universelle, angeborene Gefühlsreaktionen, die in allen Kulturen und bei allen Menschen auftreten. Sie umfassen grundlegende Emotionen wie Freude, Trauer, Angst, Wut, Überraschung und Ekel, die als evolutionär bedingt und unmittelbar auf bestimmte äußere Reize reagieren.

[24] BBC: China refuses to apologise to Australia for fake soldier image, online, 2020.

[25] Ben, Dubow: The Rise of China's International Propaganda Empire, Center of European Policy Analysis, online, 2021.

staatlich kontrollierte Medien wie Russia Today (RT), Sputnik oder China Central Television (CCTV), um systematisch Falschmeldungen zu streuen. Während der COVID-19-Pandemie wurde dies besonders deutlich, als beide Länder Verschwörungstheorien über westliche Impfstoffe verbreiteten, um Unsicherheit zu schüren und das Vertrauen in westliche Gesundheitssysteme zu untergraben.[26] Dabei kam die sogenannte „Firehose of Falsehood"-Technik zum Einsatz. Diese Technik bedeutet, dass eine Vielzahl oft widersprüchlicher Inhalte über unterschiedliche Kanäle wiederholt und massenhaft verbreitet wird, sodass dem Publikum eine kritische Einordnung erschwert wird.[27] Ein weiteres mächtiges Instrument ist das sogenannte **Microtargeting**. Mithilfe von Big-Data-Analysen werden gezielt Botschaften an spezifische Zielgruppen gesendet, die deren Vorurteile bestätigen. Besonders prägnant zeigte sich diese Methode während der Brexit-Kampagne, als Brexit-Befürworter personalisierte Facebook-Werbeanzeigen, auch als „Dark Ads" bekannt, nutzten, um in der Bevölkerung Ängste vor Immigration zu wecken und gewünschte politische Entscheidungen herbeizuführen.[28] Ein weiteres Beispiel ist die Verbreitung gefälschter Evakuierungswarnungen in der Ukraine via SMS und Telegram, die darauf abzielt, die Zivilbevölkerung zu verunsichern, die Verteidigungsbereitschaft zu schwächen und die ukrainischen Streitkräfte fehlzuleiten.[29] Auch **Social Engineering** spielt eine bedeutende Rolle. Dabei werden durch Täuschung sensible Informationen erlangt oder bestimmten Handlungen Vorschub geleistet. Ein Beispiel ist der Hack der E-Mail-Konten des Demokratischen Nationalkomitees (DNC) während der US-Wahlen 2016. Durch den Einsatz von Fake-Emails („Phishing") gelang es, vertrauliche Daten zu stehlen und öffentlich zu machen, was das Vertrauen in politische Institutionen nachhaltig erschütterte.[30] Nicht zuletzt setzen Staaten wie China auch auf den gezielten Einsatz von **Influencern und Social-Media-Plattformen**, um ihre Botschaften weltweit zu verbreiten. Insbesondere werden Influencer aus ethnischen Minderheiten eingesetzt und von professionellen Agenturen verwaltet, die bevorzugte Narrative der chinesischen Regierung

---

[26] Bundesministerium des Inneren und für Heimat: Desinformation im Kontext der Corona-Pandemie, online, 2025.

[27] Paul, Christopher; Matthews, Miriam: The Russian "Firehose of Falsehood" Propaganda Model - Why It Might Work and Options to Counter It, online, 2016.

[28] Helberg, Cirstina: „Dark Ads" bei Facebook: Wie mit Falschnachrichten Stimmung für den Brexit gemacht wurde, online, 2018.

[29] Euractiv: Russia vs Ukraine: the biggest war of the fake news era, online, 2024.

[30] Lipton, Eric et al.: The Perfect Weapon: How Russian Cyberpower Invaded the U.S., New York, online, 2016.

verbreiten - beispielsweise zur Verschleierung von Menschenrechtsverletzungen in Tibet.[31] Zudem kommen Bots und Trolle[32] zum Einsatz, um Suchergebnisse mit irrelevanten Inhalten zu überfluten („Flooding"). Ein bekanntes Beispiel hierfür war die Manipulation des Hashtags #GenocideGames während der Olympischen Winterspiele 2022, mit der von Chinas Menschenrechtsverbrechen in Xinjiang abgelenkt werden sollte.[33]

Folgerungen und Forderungen für militärisches Führungspersonal

Moderne Informationskriege lösen die Grenzen zwischen militärischen und zivilen Sphären auf und tragen Konflikte in imaginären Räumen aus. Solche Kriege werden nicht durch physische Zerstörung, sondern oft durch gezielte Angriffe auf die demokratische Stabilität mittels Verbreitung falscher Informationen und Verschwörungstheorien geführt. Palm bezeichnet dieses Vorgehen - angelehnt an *logische Bomben*[34] - als sogenannte „*ideologische* Bomben".[35] Diese „detonieren" in der Gesellschaft und führen so zu Verunsicherung und Zersplitterung. Daraus ergibt sich das Erfordernis einer neuen Art der Verteidigungsstrategie, die darauf abzielt, die Resilienz der Gesellschaft (und damit auch ihrer Soldaten) gegen solche digitalen Bedrohungen zu stärken. Die Bundeswehr befasst sich derzeit *noch* nicht konkret mit Cognitive Warfare. Die EU[36], NATO[37] und

---

[31] Bis 2021 erreichten fast 100 Influencer über 11 Millionen Follower auf verschiedenen Plattformen. Viele dieser Influencer posten unauffällige Inhalte zu Kultur und Alltag, um Follower zu gewinnen und mischen dann pro-chinesische Propaganda darunter. (U.S. Department of State: Global Engagement Center Report - How the People's Republic of China Seeks to Reshape the Global Information Environment, Washington D.C. 2023, S. 10.)

[32] Trolle sind Bots sowie echte Personen, welche absichtlich provokante oder störende Kommentare hinterlassen.

[33] U.S. Department of State: Global Engagement Center Report - How the People's Republic of China Seeks to Reshape the Global Information Environment, Washington D.C. 2023, S. 11.

[34] Schädliche Computercodes, um Daten zu vernichten oder zu beschädigen und so auf die äußere Welt einzuwirken.

[35] Palm, Goedart: Kognitive Kriegsführung - Zur Wahrnehmungshoheit in virtuellen Zeiten, Berlin 2017, S. 118.

[36] Europäische Kommission: Guidelines for teachers and educators on tackling disinformation and promoting digital literacy through education and training, Luxemburg 2022.

[37] Bisher existieren noch keine verbindlichen Vorschriften, jedoch Konzepte, die gegenwärtig umgesetzt werden. Diese Konzepte befinden sich - je nach Bereich - noch in der finalen oder weiterführenden Entwicklung zu verbindlichen Vorschriften. (NATO: Cognitive Warfare: Strengthening and Defending the Mind, online. 2023. / NATO: Allied Command

einzelne NATO-Mitgliedsstaaten wie bspw. Kanada[38] setzen sich jedoch weit mehr damit auseinander - auch über das Militär hinaus.[39] Daraus lassen sich die folgenden Möglichkeiten des Handelns für militärische Führer festhalten:

Ein **regelmäßiger kritischer Nachrichtenkonsum** kann wesentlich zur Wissensbildung, Wahrheitsfindung und dem Vertrauen in journalistische Inhalte beitragen. Die kontinuierliche Auseinandersetzung mit aktuellen Ereignissen fördert nicht nur das Verständnis für gesellschaftliche Entwicklungen, sondern stärkt auch die Fähigkeit, Desinformation zu erkennen und einzuordnen.[40] Darüber hinaus ist es essenziell, **Grundkenntnisse über journalistische Standards** zu vermitteln. Dies umfasst das Wissen über redaktionelle Praktiken, Medienmanipulation und Desinformationstechniken sowie ein grundlegendes Verständnis der Medienindustrie, des Internets und digitaler Technologien.[41] Presse- und Jugendoffiziere können hierzu – wenn auch über ihre originäre Dienstpostenbeschreibung hinaus – Vorgesetzte bei der Ausbildung der Truppe unterstützen, indem sie kritisches Lesen und Denken fördern - maßgeblich über Unterweisung in Kommunikationstechniken, politischer Bildung und Rhetoriktraining. In der Praxis wird dies in der Truppe bereits erfolgreich umgesetzt.[42]

Neber der theoretischen Ausbildung besteht ein weiterer wirksamer Ansatz in der **spielerischen Anwendung von Manipulationsstrategien**. Spiele wie beispielsweise *Bad News* ermöglichen es den Teilnehmern, in die Rolle eines „Desinformationsverbreiters" zu schlüpfen und auf diese Weise die Mechanismen

---

Transformation develops the Cognitive Warfare Concept to Combat Disinformation and Defend Against "Cognitive Warfare", online, 2024. / NATO: Workshop - Cognitive Warfare Concept, online, 2023.)

[38] Government of Canada: Russia's use of disinformation and information manipulation, online, 2024.

[39] Johns Hopkins University; Imperial College London: Countering cognitive warfare: awareness and resilience, online, 2021.

[40] Altay, Sacha et al.: News Can Help! The Impact of News Media and Digital Platforms on Awareness of and Belief in Misinformation, The International Journal of Press/Politics, Volume 29 Issue 2, April 2024, S. 459-484.

[41] Bateman, John & Dean, Jackson: Countering Disinformation Effectively - An Evidence-Based Policy Guide, Washington D.C. 2024. / Europäische Kommission: Final report of the Commission expert group on tackling disinformation and promoting digital literacy through education and training, Luxemburg 2022, S. 61.

[42] In der Ausbildung zum Presseoffizier wird vermittelt, dass die Ausbildungsunterstützung für Vorgesetzte zum Aufgabenbereich von Presseoffizieren gehört. Darüber hinaus leisten Jugendoffiziere – beispielsweise bei der Schulung studierender Offiziere und Offizieranwärter des Autors – wertvolle Unterstützung. Sie betonen, dass sie, sofern ihre Kapazitäten es erlauben, jederzeit gerne zur Ausbildungsunterstützung herangezogen werden können.

von Manipulation aus einer anderen Perspektive zu verstehen. Diese umgekehrte Herangehensweise sensibilisiert für irreführende Argumentationsmuster und stärkt die Widerstandsfähigkeit gegenüber Beeinflussung. Entscheidend ist jedoch, dass solche Erfahrungen durch Diskussion und Reflexion ergänzt werden, um den Lerneffekt nachhaltig zu verankern. Zusätzlich können narrative Spielelemente[43] emotionale und soziale Aspekte einbeziehen, da nicht nur Fakten, sondern auch Gefühle und persönliche Überzeugungen Menschen anfälliger für Fehlinformationen machen.[44]

Ein wesentliches Instrument zur Überprüfung von Informationen ist das sogenannte **laterale Lesen**. Anstatt sich ausschließlich auf eine einzige Quelle zu verlassen und deren Glaubwürdigkeit isoliert zu bewerten (*vertikales Lesen*), sollten mehrere Quellen parallel geprüft und miteinander verglichen werden. Dies ermöglicht eine fundierte Verifikation und hilft, die Intention und Vertrauenswürdigkeit der jeweiligen Informationen besser einzuschätzen. Dabei müssen Rezipienten befähigt werden, die Herkunft einer Information zurückzuverfolgen, den Absender zu identifizieren und dessen Kompetenz, Autorität und Glaubwürdigkeit kritisch zu hinterfragen.[45] Dies ist auch als **Technocognition**[46] bekannt. Der Umgang mit digitalen Werkzeugen zur Verifikation (bspw. *Google Lens* oder *InVid-WeVerify*) ermöglicht es, die Authentizität von Bildern und Videos zu überprüfen - ein entscheidendes Testtool angesichts von Deepfakes[47] und KI-generierten Inhalten. Die Ausbildung im Umgang mit solchen

---

[43] Narrative Spielelemente sind spielerische Methoden, die Geschichten oder Szenarien nutzen, um Lerninhalte emotional und immersiv zu vermitteln. Sie helfen dabei, Wissen nicht nur rational, sondern auch auf einer emotionalen Ebene zu verankern.

[44] Devasia, Nisha & Lee, Jin Ha: The role of narrative in misinformation games, Harvard Kennedy School Misinformation Review, 2024. / Lewandowsky, Stephan, & van der Linden, Sander: Countering Misinformation and Fake News Through Inoculation and Prebunking, European Review of Social Psychology, 2021, S. 1-38.

[45] Kozyreva, Anastasia et al.: Critical Ignoring as a Core Competence for Digital Citizens - Current Directions in Psychological Science, 32(1), 2023, S. 81-88.

[46] Technocognition beschreibt, wie gedankliche Prozesse mit Technologie und digitalen Werkzeugen interagieren. Sie umfasst die Fähigkeit, in Informationsströmen bewusst zu navigieren und technologische Hilfsmittel zur Unterstützung der eigenen Informationsverarbeitung zu nutzen.

[47] Fotos, Videos oder Audiodateien, die mit Hilfe von KI erstellt und verändert (i.S.v. manipuliert) werden.

Technologien stärkt die digitale Resilienz und hilft, Manipulationen frühzeitig zu erkennen.[48]

Vorleben und Förderung der Selbstreflexion sind essenziell, um sich nicht von schnellen, intuitiven Reaktionen auf emotionale (Fehl-)Informationen leiten zu lassen. Digitale Umgebungen neigen dazu, impulsives Verhalten zu verstärken. Daher sollte gezielt ein umsichtiges und besonnenes Denkverhalten angestrebt werden, das Menschen dazu bringt, innezuhalten, Informationen zu hinterfragen und Argumente kritisch zu analysieren. Dies kann durch gezielte Lernherausforderungen unterstützt werden, die Teilnehmende dazu anhalten, aktiv nachzudenken und ihre Perspektiven zu justieren. Kritisches Denken steht hierbei im festen Zusammenhang mit Fachwissen und Allgemeinbildung: Je vertrauter das Thema ist, desto leichter fällt es, Informationen kritisch zu bewerten. Folglich ist es wichtig, nicht nur allgemeine, sondern auch fachspezifische Kenntnisse in die Ausbildung einzubeziehen.[49] Insbesondere sollten Vorgesetze ein **analytisches Denkverhalten** gezielt anstreben und fördern. Ein grundlegendes Verständnis wissenschaftlicher Prozesse, Datenauswertungen und Forschungsinterpretationen erleichtert es, Pseudowissenschaft und falsche Behauptungen zu entlarven. Wer wissenschaftlich fundierte Informationen von propagandistischer Irreführung unterscheiden kann, trifft zuverlässige Entscheidungen und bleibt widerstandsfähiger gegenüber manipulativen Einflüssen.[50]

Ferner bedarf es auch einer langfristigen **Veränderung persönlicher Haltungen**. Während Wissenslücken durch faktenbasierte Bildung geschlossen werden können, erfordert die Anpassung eigener Einstellungen einen tiefergehenden und langfristigen kognitiven Prozess. Reflexion, Diskussion und soziale Interaktion spielen hierbei eine zentrale Rolle. Die Ausbildung sollte daher nicht nur auf reine Wissensvermittlung abzielen, sondern auch grundlegende Haltungen und den Umgang mit Informationen thematisieren. Ein wesentlicher Aspekt dabei ist die Entwicklung einer **„digitalen Bürgerkompetenz"** (*digital civic literacy*). Dies bedeutet, nicht nur Informationen zu analysieren und zu verstehen, sondern auch ein verantwortungsbewusster und reflektierter Akteur im digitalen

---

[48] Lewandowsky, Stephan et al.: Beyond Misinformation - Understanding and Coping with the "Post-Truth" Era, Journal of Applied Research in Memory and Cognition, 6(4), 2017, S. 353-369.

[49] Martel, Cameron et al.: Reliance on emotion promotes belief in fake news. Cognitive Research: Principles and Implications, 5(1), 2020, S. 1-20.

[50] Osborne, Jonathan & Pimentel, Daniel: Science, misinformation, and the role of education. Science, 378(6617), 2022, S. 246-248.

311

Raum zu sein.[51] Soldaten müssen lernen, wie ihr eigener Medienkonsum und ihr Verhalten im Netz sowohl sie selbst als auch die Gesellschaft beeinflussen. Indem sie sich mit ihren eigenen Informationsgewohnheiten auseinandersetzen und diese mit anderen diskutieren, können sie neue Perspektiven gewinnen und ihre Vorannahmen hinterfragen. Gruppendiskussionen sind dabei besonders effektiv.[52]

Quintessenz und Ausblick

So bedeutsam die sorgfältige Pflege und meisterhafte Handhabung der konventionellen Waffe auch ist, so entscheidend ist die innere Haltung desjenigen, der sie führt. Die Kriegsgeschichte, bis in die Gegenwart, zeigt immer wieder, dass die menschliche Qualität des Soldaten oft wichtiger ist als die Qualität seiner Waffe. Insbesondere in den zunehmend unvorhersehbaren und komplexen Gefechten gegenwärtiger Kriegführung ist die geistig-seelische Belastung weitaus stärker als in früheren Zeiten. Hier setzt die Cognitive Warfare an. In ihr wird die geistige Haltung des Einzelnen zum vorrangigen Ziel feindlicher Angriffe. Solche Angriffe sind weitaus subtiler und werden keineswegs so klar vorgetragen wie konventionelle Angriffe im heißen Gefecht.[53] Der wesentliche Begründer der Inneren Führung, Wolf Graf von Baudissin, spricht hier vom Erfordernis der „Pflege geistiger Waffen". Er fordert dazu auf, Soldaten für die geistige Selbstverteidigung geeignet zu rüsten.[54] Doch kognitive Kriegführung hört nicht mit dem Beginn eines Einsatzes auf, sondern wird im Krieg fortgeführt. Vorgesetzte müssen auch während des Konflikts die geistige Widerstandsfähigkeit ihrer Truppen aufrechterhalten. In diesem Zusammenhang könnte in der Zukunft dem Zentrum Operative Kommunikation (ZOpKom) eine zentrale Rolle zukommen. In der Ausbildung, Einsatzvorbereitung und im Einsatz könnten sie als Informationsvermittler und -analytiker agieren. In Verbindung mit der Schulung durch Presse- und Jugendoffiziere könnten sie durch transparente Kommunikation, fundierte Wissensvermittlung und kontinuierliche Aufklärung die geistigen und seelischen Kräfte der Soldaten festigen und sie so besser gegen

---

[51] Europäische Kommission: Guidelines for teachers and educators on tackling disinformation and promoting digital literacy through education and training, Luxemburg 2022.

[52] Galinsky, Adam D. et al.: Power and Perspectives Not Taken. Psychological Science, 17(12), 2006, S. 1068-1074.

[53] BMVg, Führungsstab Bundeswehr I: Handbuch Innere Führung, Bonn 1964 (3. Auflage 1964), S. 143.

[54] BMVg, Führungsstab Bundeswehr I: Handbuch Innere Führung, Bonn 1964, S. 146.

manipulative Taktiken des Gegners wappnen. Zusammengefasst müssen militärische Führer ihre Truppen also nicht nur technisch und physisch, sondern auch geistig und moralisch gut vorbereiten wie begleiten, um in allen Aspekten der kognitiven Kriegführung widerstandsfähig zu sein.

Die genannten Ausbildungs- und Bildungsmaßnahmen sollten nicht nur einmalig, sondern in regelmäßigen Abständen wiederholt werden, um ihre langfristige Wirksamkeit zu gewährleisten. Studien zeigen, dass kurzfristig positive Effekte damit erreicht werden, die jedoch ohne kontinuierliche Wiederholungen oft verblassen.[55] Der Lerneffekt kann also nachhaltig gestärkt werden, wenn eine systematische Integration in die Ausbildung der Soldaten erfolgt. Neben den genannten Maßnahmen ist es ebenso wichtig, ein Bewusstsein für die eigenen Grenzen in der Informationsanalyse zu schaffen, da dies eng mit der Fähigkeit zur Erkennung von Fehlinformationen verknüpft ist.[56] Ganz im Sinne Innerer Führung sollten Vorgesetzte daher stets ein Arbeitsumfeld schaffen, das zur Selbstreflexion anregt und Raum für Diskussionen sowie kritische Analysen bietet. Indem Soldaten sich aktiv mit ihren eigenen möglichen Fehleinschätzungen auseinandersetzen, können sie eine reflektierte und fundierte Herangehensweise an den Umgang mit Informationen entwickeln.

Im Zeitalter der Massenkommunikation spielen digitale und soziale Medien eine zentrale Rolle im Aufbau der eigenen Meinung und damit der eigenen Geisteshaltung. Sie fungieren als Gradmesser, anhand dessen Menschen die vorherrschende Meinung wahrnehmen. Die deutsche Meinungsforscherin Elisabeth Noelle-Neumann prägte für diese Dynamik den Begriff der sogenannten *Schweigespirale*. Diese beschreibt, wie Menschen ihre Ansichten zögerlich zurückhalten, sobald sie wahrnehmen, dass diese von den meinungsbildenden Medien als rückständig oder gar falsch abgewertet werden. Diese Zurückhaltung verstärkt den Eindruck, dass eine Minoritätsmeinung tatsächlich weit verbreitet sei, wodurch der zunehmende Eindruck einer vermeintlichen Mehrheitsmeinung entsteht. Die Angst vor sozialer Ächtung und der Wunsch, nicht in der Mehrheitsmeinung ins Abseits zu geraten, führen dazu, dass immer weniger Menschen bereit sind, sich zu einer abweichenden Meinung zu bekennen, was die Spirale weiter antreibt. Am unteren Ende dieser Spirale verbleibt schließlich nur das

---

[55] Ecker, Ullrich K. H. et al.: The psychological drivers of misinformation belief and its resistance to correction, Nature Reviews Psychology, 1(1), 2022, S. 13-29.
[56] Bowes, Shauna M., & Fazio, Lisa K.: Intellectual humility and misinformation receptivity - A meta-analytic review, Advances.in/Psychology, online, 2024.

Schweigen.[57] Es ist daher an den Vorgesetzten, sich selbst und seine Soldaten dazu zu ermutigen, den Mut zur Wahrheit aufzubringen und sich ihres Verstandes zu bedienen.

[57] Noelle-Neumann, Elisabeth: Die Schweigespirale: Öffentliche Meinung - unsere soziale Haut, München 1980, S. 2 und S. 14ff.

Warum kriegstüchtige Streitkräfte nachhaltig sind

Nora Juliane Lucia Bach-Sliwinski und Peter Tauber

Wenn in Deutschland über Nachhaltigkeit diskutiert wird, dann steht in der Regel der Klimaschutz im Mittelpunkt. Die Vereinten Nationen haben aber in ihrer Agenda 2030 16 weitere Nachhaltigkeitsziele definiert, die gleichberechtigt nebeneinander stehen.[1] Wer Nachhaltigkeit auf die Frage des Klimaschutzes reduziert und diese dann zum Maßstab in und für die Bundeswehr (Bw) macht, der verkennt also eine wesentliche Sache: Es gibt ein Nachhaltigkeitsziel, für dessen Erreichen die Bw die zentrale staatliche Institution ist: Frieden.

Abb.1: 17 Nachhaltigkeitsziele der VN. (Bundesregierung: 17 Ziele erklärt, 2023.)

„Frieden ist nicht alles, aber ohne Frieden ist alles nichts", hat Bundeskanzler Willy Brandt (1913-1992) einmal gesagt. Daraus abgeleitet, ist zu konstatieren, dass ohne Frieden alle anderen Nachhaltigkeitsziele leiden. Angesichts eines konventionellen Krieges, diverser hybrider Bedrohungen aus dem Cyberraum und einer von vielen Menschen empfundenen „Weltunordnung", wie es der Universitätsprofessor Carlo Masala (*1968) formuliert hat, fehlt in der internen und externen Betrachtung die übergeordnete Perspektive. In ihrem Nachhaltig-

---

[1] Vgl. VN: 17 Ziele, 2024.

keitsbericht verliert sich die Bw im Wirrwarr von Lieferkettengesetz und geltenden Rechtsnormen für die zivile Wirtschaft.[2]

Provokant seien die Fragen gestellt: Ist die Bewahrung des Friedens durch einsatz- bzw. kriegsbereite Streitkräfte (SK) als oberste Prämisse anzusehen? Ordnen sich dann andere Fragen und Vorgaben, Vorschriften und Regulierungen neu, wenn man damit Ernst macht?

Angesichts der Verheerungen des Krieges und der dramatisch negativen Folgen für nahezu alle Nachhaltigkeitsziele mag die Bereitstellung von SK Ressourcen verbrauchen und mit Umweltbelastungen verbunden sein. Diese sind jedoch um ein Vielfaches geringer als die Belastungen durch einen Krieg. Nach Berechnung[3] ist der Militärsektor insgesamt für 5,5% der weltweiten CO2-Emissionen verantwortlich. Die Bw als Institution mag nicht in jeder Frage nachhaltig agieren (können), wenn sie ihren Kernauftrag, das Nachhaltigkeitsziel Frieden, erfolgreich erfüllen will.

Fallbeispiel: Nachhaltigkeit in der Bundeswehr

Bei genauerem Blick steht die Debatte um Nachhaltigkeit sofort in einem Zielkonflikt, wenn es konkret wird. Ihr begegnet eine Erwartungshaltung, die zeigt, wie wichtig es ist, die Bedarfe von SK gesamtstaatlich zu denken. Ein Beispiel hierfür ist der ‚Leitfaden für eine nachhaltige Textilbeschaffung der Bundesverwaltung‘. Im Maßnahmenprogramm hat sich die Bundesregierung die Verpflichtung gegeben, bis 2020 „möglichst 50% der Textilien (ausgenommen Sondertextilien) nach ökologischen und sozialen Kriterien zu beschaffen."[4]

Die Kriterien wurden dabei mit der Methodik des Informationsportals Siegelklarheit der Bundesregierung und des Textilbündnisses verknüpft. So gab es eine klare Definition der Nachhaltigkeitsanforderungen für die Produktion von Textilien entlang der Lieferkette. Interessant war dabei, dass als „oberste Prämiss[e]"[5] des Leitfadens die „Vergaberechtskonformität"[6] definiert wurde.

In diesem Prozess kam es auch zu Konsultationen zwischen dem federführenden Ressort und dem BMVg. Den zuständigen Beamten und verantwortlichen Staatssekretären wurde demonstriert, warum die Bw darauf pochte, die Feld-

---

[2] Vgl. BMVg: Nachhaltigkeitsbericht veröffentlicht, 2024.
[3] Vgl. Technische Universität Dortmund: Greening Military, 2024.
[4] Bundesregierung: Monitoringbericht 2015, 2016, S. 19f.
[5] Ebd., S. 11.
[6] Ebd.

und Einsatzbekleidung in der Kategorie ‚Sondertextilien' zu verorten. Wissend um das eigentliche politische Ziel einer nachhaltigen Textilbeschaffung durch den Bund war hier Überzeugungsarbeit notwendig.

Nach intensiven Debatten konnte verankert werden, dass unter ‚Sondertextilien' „einsatzrelevante Bekleidungs- und Ausrüstungsartikel mit besonderen militärischen (…) Anforderungen"[7] im Bereich der Militärausrüstung und damit der sogenannten ‚Kampfausstattung' der Bw fallen.

Die Bw sagte zu, in einem Pilotverfahren Sportbekleidung und Bettwäsche künftig nach Vorgaben des Leitfadens zu beschaffen. Die gefundene Lösung beschreibt auch aus heutiger Perspektive den Anspruch, Nachhaltigkeit aus Sicht der SK anders zu definieren.

Die allgemeine Debatte zeigt aber auch, dass Nachhaltigkeit und SK im politischen Diskurs und sicherlich auch im öffentlichen Meinungsstreit anders definiert werden müssen. Aber was folgt daraus für die Politik und Bw?

Nichts ist nachhaltiger als Frieden

Weil sich der Kampfwert von SK erst in ihrer Bewährung[8] auf dem Gefechtsfeld zeigt, ist die regelmäßige Neubewertung auf ihre Kriegs- und Resilienztüchtigkeit[9] insbesondere vor dem Hintergrund der gegenwärtigen Bedrohungslage eine Daueraufgabe.

Die Welt als „Gabe Gottes an den Menschen"[10] ist zur Bewahrung der Menschheit anvertraut. Aus Gen 2, 15 abgeleitet, gilt es folglich, „die Erde (…) zu bewahren"[11] sowie vorausschauend „Schaden und Nutzen, Risiken und Gefahren gegeneinander ab[zu]wehren"[12]. Im vorliegenden Beitrag gilt es daher, darauf aufmerksam zu machen, dass eine Bewertung der militärischen Leistungsfähigkeit der deutschen SK nicht ohne den erweiterten Blick auf den Aspekt einer umfassenden[13] Nachhaltigkeit auskommt. Der Begriff „Nachhaltigkeit"[14] soll dabei nicht nur unter den Aspekten emissionsneutraler SK betrachtet werden,

---

[7] Ebd., S. 9.

[8] Vgl. van Creveld, M.: Kampfkraft, 2005, S. 17.

[9] Vgl. Tsetsos, K.: Gesamtverteidigung, 2024, S. 2.

[10] Lehmann, K.: Pastorale Richtlinie, 2006, S. 5.

[11] Vgl. Gen 1, 27 f und 2, 15 zit.n. Ebd., S. 4.

[12] Lehmann, K.: Pastorale Richtlinie, 2006, S. 5.

[13] Vgl. Tauber, P.: Nachhaltigkeit, 2020.

[14] Vgl.: Der Freiberger Berghauptmann von Carlowitz (1645-1714) definierte erstmals den Nachhaltigkeitsbegriff in 1713. Vgl. Bach-Sliwinski, N.: Wald, 2024, S. 142.

vielmehr geht es ebenso auch um die Implementierung nachhaltiger und kosten-effizienter Projekte für einen leistungsfähigen Einsatz der SK sowie von Wirk-mitteln durch ebendiese.

Der Klimawandel erhöht weltweit die Konfliktrisiken: Nichtnachhaltiges Han-deln und Verhalten verstärken sie, während kaskadierende Effekte wie die Zu-nahme terroristischer Aktivitäten oder humanitäre Krisen sowie regionale Fluchtwellen bis hin zu Kriegen mögliche Nebenerscheinungen bzw. Folgen sein können. Die Bindung diplomatischer, finanzieller oder militärischer Res-sourcen ist die logische Konsequenz einer solchen 'Nicht-Strategie'.[15] Konsta-tiert wird folglich: „Wer Sicherheit denkt, muss Klima mitdenken."[16]

Der Auftrag für die Bw ist klar: Sie verteidigt „Deutschlands Souveränität sowie das Staatsgebiet, erfüllt seine Bündnisverpflichtungen und schützt seine Bürge-rinnen und Bürger."[17] Diese Auftragserfüllung dient als einer der wesentlichen Schritte zu einer ganzheitlichen nachhaltigen Entwicklung. Mit der Verpflich-tung, bis zum Jahr 2045 klimaneutral zu werden, heißt das für die Bw, „nachhal-tige Entwicklung aktiv in [der] täglichen Arbeit"[18] zu fördern und somit „nach-haltig für Frieden und Sicherheit"[19] zu sorgen.

Die Nachhaltigkeitsziele von Streitkräften allgemein

Die sogenannte 'Deutsche Nachhaltigkeitsstrategie' verpflichtet im Rahmen des Bundes-Klimaschutzgesetzes alle Ressorts, regelmäßig über die Umsetzung der VN-Agenda 2030 zu berichten.[20]

Verteidigungsminister Boris Pistorius (*1960) setzte im Nachhaltigkeitsbericht[21] von 2024 dabei „das Fördern nachhaltiger Entwicklung"[22] in einen direkten Be-zug „mit dem Auftrag und Handeln, verteidigungsbereite SK für Deutschland (…) zukunftsfähig aufzustellen."[23] Dabei sieht er in einem nachhaltigen Handeln

---

¹⁵ Vgl. Gomolka, J./Pohl, B./Sauer, F./Thornton, F./Tsetsos, K.: Klimarisiko, 2025, S. 24f.

¹⁶ Ebd., S. 56.

¹⁷ BMVg: Nachhaltigkeitsbericht 2024, 2024, S. 13.

¹⁸ Ebd.

¹⁹ Ebd.

²⁰ Ebd., S. 9.

²¹ Seit 2014 wird der Bericht in einem Zweijahresrhythmus veröffentlicht. Vgl. Ebd., S. 9.

²² Ebd., S. 7.

²³ Ebd.

die Chance, die Einsatzbereitschaft der Bw zu stärken. Beides ist nicht länger voneinander trennbar.

Nachhaltigkeit stellt also die Grundlage „für eine positive und zukunftsträchtige Entwicklung aller Nationen"[24] dar – ein Prinzip, das alle Menschen im verantwortlichen Handeln leiten soll.[25] Ergänzend muss hinzugefügt werden: Abschreckung, so sie denn erfolgreich ist und Kriege verhindert, ist eine nachhaltige militärische und politische Strategie.

Die Nachhaltigkeitsziele der Bundeswehr

Seit 2017 hat sich die Bundesrepublik zur Umsetzung der Nachhaltigkeitsziele verpflichtet.[26] Durch die vorrangige Zielsetzung sollen alle Treibhausgasemissionen der Bundesrepublik Deutschland „auf Null"[27] heruntergefahren werden, die Emissionen der Bundesregierung und ihrer Verwaltung bereits bis 2030. Die SK sind hiervon weitgehend ausgeschlossen, nicht aber die verwaltungstechnischen Anteile der Bw. Langfristig wird dies aber nicht ausreichen, um zukünftig internationale klimapolitische Erwartungen weiterhin zu erfüllen: Beispielsweise sind fossile Brennstoffe als Treibstoffe noch für die Bw unverzichtbar, aber dieser Rohstoff ist begrenzt. Auch organisatorisch werden die NATO-SK „extremeren klimatischen Anforderungen ausgesetzt"[28] werden.

Bald werden also andere ökologische, emissionsfreie Energieträger notwendig werden, um sich nachhaltig und unabhängig aufzustellen. E-Fuels, synthetisch mit Wind- und Sonnenstrom hergestellt, oder wasserstoffbetriebene Brennstoffzellen könnten gangbare Wege mit einer deutlich geringeren thermischen Signatur aufzeigen, doch um auch in diesem Bereich nachhaltig und nicht vorschnell zu agieren, stünde eine ganzheitliche, zivil-militärisch kooperative, auf standardisierten NATO-Verfahren basierende Konzeption[29] zur alsbaldigen Diskussion an.[30]

Mit der Nachhaltigkeitsstrategie verfolgt die Bw somit das Ziel, sich neben ihrem Hauptauftrag in dem ihr vorgegebenen Rahmen ressourcenoptimiert zu

---

[24] Ebd., S. 9.
[25] Vgl. Ebd.
[26] Vgl. Bundesregierung: 17 Ziele erklärt, 2023.
[27] Luhmann, H.: Klimaneutrale Streitkräfte?, 2022, S. 17.
[28] Gomolka, J./Pohl, B./Sauer, F./Thornton, F./Tsetsos, K.: Klimarisiko, 2025, S. 31.
[29] Dies beinhaltet vor allem die Ausarbeitung des 'Climate and Security Action Plan'.
[30] Vgl. Pb: treibend, 2023, S. 19.
Vgl. Holzki, L.: Umstellung, 2023.

formieren, damit sie trotz zukünftiger Bedrohungsszenarien möglichst wirkmächtig antworten kann. Es ist somit ein stetes Ausloten von „Effizienzen, Vermeidungsstrategien und alternative[n] Technologien"[31].

Wie ambitionierte Ziele erreichbar werden

Das Ausrufen der Zeitenwende am 27. Februar 2022 durch den Bundeskanzler Olaf Scholz (*1958) war auch eine Aufforderung umzudenken. Das Erreichen der Ziele im Nachhaltigkeitsbericht blieb unverändert bestehen. Insbesondere der Grundbetrieb im Frieden gibt den möglichen Freiraum und liefert die Zeit, vorbereitende Maßnahmen zu treffen, um im Ernstfall die notwendigen Ressourcen zu aktivieren: 'Si vis pacem para bellum' ist dabei keine bloße Floskel, denn der Aufbau kriegstüchtiger SK ist zur glaubwürdigen Abschreckung und Bewahrung des Friedens unausweichlich. Dieser obersten Prämisse gilt es folglich alles andere hintanzustellen. Die Nachhaltigkeitsziele sind so lange verbindlich, wie sie die Einsatzbereitschaft der SK nicht beeinträchtigen – entscheidend ist der Faktor Zeit[32].

Generalleutnant Jürgen-Joachim von Sandrart (*1962) brachte dies auf den Punkt: „Ich wünsche mir, dass wir diesen Krieg so schnell wie möglich mit einem Sieg der Ukraine beenden können, damit wir uns auch wieder um die anderen Themen kümmern können (…): Das Klima und das Verteilungsproblem der Ressourcen."[33]

Dabei scheinen die Auswirkungen von nachhaltigem Handeln vielen erst auf der langfristigen Zeitachse wirklich nachvollziehbar. Derzeit geschieht es sogar bisweilen, dass dieses Thema als ‚lästig' oder gar ‚unwichtig' abgetan wird. Doch spätestens beim notwendigen Einsatz der Ressourcen wird deutlich, dass eine nachhaltige Strategie stets von Erfolg gekrönt sein wird, während kurzfristig und aktionistisch geleitetes Handeln nur in üppigen Zeiten einer eindeutigen Überlegenheit Erfolg versprechen kann. Dies meint dann die eigentliche Kriegstüchtigkeit: Sie bewährt sich im Rahmen ihrer gestählten Tauglichkeit. Denn im Ernstfall fehlt die Zeit, Nachbesserungen sind nicht mehr möglich und es muss mit dem vorhandenen Personal und Material verlegt werden.

Ein funktionierender Personalkörper ist dafür eine wesentliche Voraussetzung: Ob Rekrutierungsmaßnahmen, Attraktivitätssteigerung für das aktive Personal

---

[31] Gomolka, J./Pohl, B./Sauer, F./Thornton, F./Tsetsos, K.: Klimarisiko, 2025, S. 31.
[32] Vgl. BMVg: Nachhaltigkeitsbericht 2024, 2024, S. 45.
[33] Langebach, S.: Sandrart, 2023, S. 23.

oder der Aufbau einer einsatzbereiten resilienten Reserve, die verstärkt oder ablöst – solches nachhaltiges Handeln muss schon zu Friedenszeiten etabliert sein und im Kriegsverlauf weiter forciert werden. Nach Generalleutnant Andreas Marlow (*1963) hängt die Erhaltung staatlicher Souveränität somit von „aufwuchs- und durchhaltefähigen SK, einer resilienten Gesellschaft und einer leistungsstarken Industrie ab."[34]

Das Haushalten und der materialschonende Umgang mit den Ressourcen funktionieren also nur, wenn eine umfassende systemische Resilienz besteht: Die enge Verzahnung mit den jeweiligen zivilen Stellen, das gemeinsame Üben und das Entwickeln gemeinsamer Standards ermöglichen es, für jegliches Szenario im Inland gewappnet zu sein. Spätestens dann wird sich zeigen, inwiefern die mentale Resilienz dem Ernst der Lage angepasst ist: Haben es die SK versäumt, den Soldaten und Soldatinnen die Sinnhaftigkeit ihres Auftrags anhand von Übung und Ausbildung ausreichend zu vermitteln oder genügend Phasen der Regeneration[35] im Frieden einzuräumen, dann wird sich der Kampfesmut und -wille im Ernstfall alsbald verflüchtigen. Ohne das notwendige Mindset fehlt „Das [W]ofür."[36]

Resilient bedeutet somit nachhaltig, nachhaltig wiederum durchhaltefähig.

Dieser sogenannte ‚Ernstfall' kann unterschiedlich geartet sein. Auch ‚Nicht-Friede'[37] und ‚Nicht-Nachhaltigkeitshandeln' können dabei in der Konsequenz als Mittel der Kriegsführung genutzt werden: Gezielte Ressourcenverknappung oder Verschärfung der Lage durch Blockieren und/oder Trennen von Handelswegen sowie Erschweren der Versorgungszugänge können die Zivilbevölkerung derart unter Druck setzen, dass das Militär sich gezwungen fühlt, diese Faktoren in der eigenen Lagebewertung aufzunehmen.[38]

In einer solchen Lage wird nur Erfolg haben, wer durchhaltefähig bleibt, genügend Ressourcen und Reserven vorhalten, dem Gegner standhalten und selbst in extremen Lagen überleben konnte.

---

[34] Marlow, A.: abschreckungsfähig, 2024, S. 28.
[35] Vgl. BMVg: Nachhaltigkeitsbericht 2024, 2024, S. 60-62.
[36] Vgl. Hofstetter, M.: Fehler im Westen, 2021.
[37] Vgl. von Baudissin: Frieden, 2014, S. 525.
[38] Langebach, S.: Sandrart, 2023, S. 23.

Eine abschreckungsfähige Armee muss in jeder Hinsicht gerüstet sein: „[N]ur die resolute, glaubwürdige, gesamtgesellschaftliche und am Ende siegreiche Verteidigungsfähigkeit"[39] verhindert letzten Endes Kriege. Deutschland wird hierbei von seinen internationalen Partnern als „Landmacht"[40] verstanden. Sollte es aber dennoch zu einem Konflikt kommen, so prognostiziert Marlow: „Deutschland wird als Drehscheibe fungieren und den Kern der Landstreitkräfte in der Zentralregion stellen müssen"[41]. Um diesen Auftrag zu erfüllen, ist es also umso wichtiger, sich der Bedrohungslage bewusst zu werden und nachhaltige SK aufgestellt zu haben: Kaltstartfähigkeit vereint mit einer schlagkräftigen Armee, die qualitativ und quantitativ mit ihren Anforderungen an Personal und Material auf das neue Kriegsbild ausgerichtet ist, sich ihrer bedeutsamen Rolle für die NATO bewusst.

Möglichkeiten nachhaltigen Handelns für kriegstüchtige Streitkräfte

Zusammenfassend kann festgestellt werden, dass mit einer glaubhaften Abschreckungsstrategie und kriegstüchtigen SK das Nachhaltigkeitsziel Frieden erreichbar ist. Es gilt daher, sich auf Grundlage eines realistischen Kriegsbildes unter Bewertung von Kräften, Raum, Zeit und Information wehrhaft aufzustellen.

Dies wird aber nur gelingen, wenn politische Führung das militärische Instrument fest in der Hand behält.[42] Damit stellt sich die wesentliche Frage nach dem Fähigkeitsprofil: Was müssen deutsche SK leisten?

Wenn dies nicht eindeutig beantwortet bleibt, diffundieren die Verantwortlichkeiten und SK sind ineffektiv und ineffizient.

Im Folgenden werden nun die zehn entscheidenden Nachhaltigkeitsaspekte zusammengefasst, die für Politik und Bw handlungsleitend sein sollen, um SK kriegstüchtig aufzustellen:

1. Mit Informationsüberlegenheit wird nachhaltig garantiert, Maßnahmen für den Frieden herzustellen.

2. Durchhaltefähigkeit muss als Nachhaltigkeitsmaßnahme verstanden werden. Damit SK durchhaltefähig und kriegstüchtig werden, muss die Leistungs-

[39] Ebd., S.23.
[40] Vgl. Marlow, A.: abschreckungsfähig, 2024, S. 28f.
[41] Ebd., S. 29.
[42] Vgl. von Baudissin: Frieden, 2014, S. 350.

322

fähigkeit gesteigert werden. Dies kann nur durch „verbindlich[e] Strukturen [, Standards] und Verfahren, welche die auftretenden Friktionen und Konflikte prophylaktisch, (…) aufgreifen"[43], gelingen.

3. Eine ständige realistische Beurteilung muss klären, welche Strukturen erhalten bleiben müssen und welche als flexible Modelle Bürokratieungetüme beseitigen und Hürden überwinden könnten. Beispielsweise wären Modular-, Plug-In- oder Stufen-Modelle auf allen Ebenen Wegbereiter zur schnelleren Erhöhung der Einsatzbereitschaft.

4. Mit der Gewissheit über eine durchhaltefähige Struktur muss die Leistungsfähigkeit in das Zentrum der Betrachtung gestellt werden, um so die SK möglichst effizient aufzustellen und auszustatten.[44]

   Dies erfordert insbesondere:

   - einen resilienten Personalkörper

   - Ausrüstung sowie materielle Versorgung[45]

   - (mat./pers.) Reserven als Garant für die Durchhaltefähigkeit[46]

   - infrastrukturelle Gegebenheiten

   - hochwertige Ausbildungsstandards

5. An oberster Stelle steht die Auftragserfüllung. Um dieser nachhaltig gerecht zu werden, bedarf es einer Erweiterung des ‚Mindsets'. Dabei muss künftig der Klimawandel[47] auch in strategische Überlegungen einfließen.

6. Neben der Landes- und Bündnisverteidigung und dem Internationalen Krisenmanagement muss zukünftig auch „nationale Resilienz zum Schutz kritischer Infrastrukturen und zur Bewältigung von Naturkatastrophen"[48] als Auftrag verstanden und verinnerlicht werden, um gegen jede „Art von Pression und Aggression"[49] einschreiten zu können. Die enge Verknüpfung und Verzahnung der zivilen und militärischen Funktionsstellen bildet dabei das Rückgrat einer funktionierenden glaubwürdigen Abschreckung zum Friedenserhalt.

---

[43] Ebd., S. 517.
[44] Vgl. Mölling, C./Schütz, T.: Zeitenwende, 2022, S. 9f.
[45] Beschaffungen nach „Dual-Use-Kriterien" (mil. Anforderungen erfüllen und im Katastrophenfall einsetzbar)
Vgl. Tsetsos, K.: Klimawandel, 2023, S. 8.
[46] Vgl. Ebd., S. 2.
[47] Vgl. Ebd., S. 8.
[48] Ebd.
[49] Vgl. von Baudissin: Frieden, 2014, S. 401.

7. Mit diesem ‚erweiterten Mindset' wird auch in den Führungsprozess eindringen (müssen), dass künftig die Abhängigkeiten von Rohstoffen und anderen Ressourcen mehr noch als früher Einfluss auf die Entschlussfassung haben werden.

8. In der logischen Konsequenz können SK kriegstüchtig werden, wenn sie die Überlegenheit über die Ressourcen besitzen bzw. über eine Unabhängigkeit durch bspw. alternative Ressourcen verfügen.[50]

9. Dies wird sich auch in der Qualität der Ausrüstung und der Ausbildung widerspiegeln müssen. Diese Qualität kann in klimatisch kritischen Einsatzspektren die Leistungs- und Überlebensfähigkeit nachhaltig erhöhen.[51]

10. Mit den zentralen Erkenntnissen aus Übungen, Einsatz oder dem Grundbetrieb muss künftig noch stärker das konsequente Umsetzen der Folgerungen verfolgt und kontrolliert werden. Die systematische Einbindung eigener Kompetenzzentren wie Universitäten, Schulen, Führungsakademie, ZInFü und ZMSBw kann die konzeptionelle und mentale Kriegstüchtigkeit nachhaltig verbessern.

Literatur

Bach-Sliwinski, Nora [Wald]: Mythos Deutscher Wald – eine interdisziplinäre Betrachtung, Baden-Baden, 2024.

von Baudissin, Wolf Graf [Frieden]: Grundwert: Frieden in Politik – Strategie – Führung von Streitkräften, Berlin, 2014.

BMVg [Nachhaltigkeitsbericht 2024]: Nachhaltigkeitsbericht 2024 des Bundesministeriums der Verteidigung und der Bundeswehr – Berichtszeitraum 2022-2023, Bonn, 2024.

Bundesregierung [Monitoringbericht]: Nachhaltigkeit konkret im Verwaltungshandeln umsetzen – Maßnahmeprogramm Nachhaltigkeit – Monitoring-bericht 2015, Berlin, 2016.

Carry, Inga/Müller, Melanie/Schulze, Meike [Rohstoffaußenpolitik]: Elemente einer nachhaltigen Rohstoffaußenpolitik, Stiftung Wissenschaft und Politik - Deutsches Institut für Internationale Politik und Sicherheit, Berlin, 2023.

---

[50] Vgl. European Commission: Critical Raw Materials, 2023.
Vgl. Carry, I./Müller, M./Schulze, M.: Rohstoffaußenpolitik, 2023, S. 28.
[51] Vgl. Tsetsos, K.: Klimawandel, 2023, S. 8.

van Creveld, Martin: Kampfkraft – Militärische Organisation und Leistung der deutschen und amerikanischen Armee 1939-1945, Graz, 2005.

Gomolka, Jakob/Pohl, Benjamin/Sauer, Frank/Thornton, Fanny/Tsetsos, Konstantinos [Klimarisiko]: Nationale Interdisziplinäre Klimarisiko-Einschätzung, Konsortium Nationale Interdisziplinäre Klimarisiko-Einschätzung/adelphi research Gmbh/Metis Institut für Strategie und Vorausschau/Bundesnachrichtendienst/Potsdam-Institut für Klimafolgen-forschung, UniBw München, München, 2025.

Langebach, Sabine [Sandrart]: Das hilfreichste Koordinatenkreuz. In: PRO – Das christliche Medienmagazin, Wetzlar, 2023, S. 20-23.

Lehmann, Karl [Pastorale Richtlinie]: Nachhaltigkeit - Zur Verantwortung der Christen für die Bewahrung der Schöpfung, Pastorale Richtlinie Nr. 14, Mainz, 2006.

Luhmann, Hans-Jochen [Klimaneutrale Streitkräfte?]: Klimaneutrale Streitkräfte? In: Internationale Politik (IP) Special: „Blaues Wunder: Klimakonzepte zur Rettung des Planeten", Berlin, 2022, S. 17-21.

Marlow, Andreas [abschreckungsfähig]: Abschreckungsfähige Landstreitkräfte – Resilienz und die Industrie als Säulen der nationalen Sicherheit und Souveränität. In: Förderkreis Deutsches Heer e.V. (FKH): Sonderausgabe zum InfoBrief HEER 05/2024, Berlin, 2024, S.28f.

Pb [treibend]: Die treibende Kraft. In: Rheinmetall AG: Dimensions – Das Magazin von Rheinmetall, Wasserstoff, Düsseldorf, 2023, S. 14-19.

Mölling, Christian/Schütz, Torben [Zeitenwende]: Zeitenwende in der Verteidigungspolitik – Bundeswehr-Sondervermögen effektiv und nachhaltig ausgeben, Deutsche Gesellschaft für Auswärtige Politik e.V., Policy Brief (Nr. 16), 2022, Berlin.

Tsetsos, Konstantinos [Gesamtverteidigung]: Gesamtverteidigung, Metis Institut für Strategie und Vorausschau (Studie Nr. 39), UniBw München, München, 2024.

Tsetsos, Konstantinos [Klimawandel]: Szenarien zu sicherheitspolitischen Auswirkungen des Klimawandels in Deutschland (Studie Nr. 36), UniBw München, München, 2023.

Mediale Quellen

BMVg [Nachhaltigkeitsbericht veröffentlicht]: Verteidigungsministerium veröffentlicht Nachhaltigkeitsbericht 2024, 2024, Berlin, https://www.bmvg.de/de/aktuelles/nachhaltigkeitsbericht-2024-fuer-die-bundeswehr-veroeffentlicht-5863818, abgerufen: 20.02.25.

Bundesregierung [17 Ziele erklärt]: Die 17 globalen Nachhaltigkeitsziele verständlich erklärt, 2023, Berlin, https://www.bundesregierung.de/breg-de/schwerpunkte-der-bundesregierung/nachhaltigkeitspolitik/nachhaltig-keitsziele-erklaert-232174, abgerufen: 20.02.2025.

European Commission [Critical Raw Materials]: Critical Raw Materials: ensuring secure and sustainable supply chains for EU's green and digital future, Press Release, 2023, Brüssel,

https://ec.europa.eu/commission/presscorner/detail/en/ip_23_1661, abgerufen: 14.02.24.

Hofstetter, Markus [Fehler im Westen]: Afghanistan: Ex-General sieht Fehler im Westen - „Taliban hatten mathematisch und technologisch keine Chance", 2021, Berlin, www.merkur.de/politik/afghanistan-ex-general-kritik-zusam-menbruch-korruption-armee-taliban-waffen-evakuierung-90928002.html, abgerufen: 14.02.24.

Holzki, Larissa [Umstellung]: So kompliziert ist die Umstellung für die Bundeswehr, 2023, Frankfurt a.M.,

https://www.handelsblatt.com/technik/it-internet/erneuerb are-energien-so-kompliziert-ist-die-umstellung-fuer-die-bundeswehr/29235056.html, abgerufen: 15.02.24.

Tauber, Peter [Nachhaltigkeit]: Nachhaltigkeit und die Bundeswehr, 2020, Gelnhausen, https://blog.petertauber.de/?p=3828, abgerufen: 20.02.2025.

Technische Universität Dortmund [Greening Military]: Greening Military? Zur Transformation der Streitkräfte vor dem Hintergrund von ‚Zeitenwende' und Klimakrise, 2024, Dortmund, https://us.sowi.tu-dortmund.de/ for-schung/greening-military, abgerufen: 28.02.2025.

VN [17 Ziele]: Ziele für nachhaltige Entwicklung, 2024, Bonn, https://un-ric.org/de/17ziele/, abgerufen: 20.02.2025.

VI Zur Diskussion gestellt

Klartext fürs Betriebssystem.
Die Organisationskultur der Bundeswehr braucht wissenschaftliche Erdung!

Peter Buchner[1] *und Timo Feilen*

„Das Verständnis von Innerer Führung", so verabschiedete ein Altmeister der militärischen Organisationskultur den Staatsbürger in Uniform, „ist beliebig; Unverständnis bleibt folgenlos", folgerte Rudolf Hamann 1998 in seinem thesenhaften Zerrbild in Folge der Auslandseinsätze. Er reagierte damit auf die Behauptung des damaligen Verteidigungsministers Volker Rühe, der Innere Führung als einen stehenden Begriff bezeichnete, von dem alle eine klare Vorstellung hätten. Innere Führung, so fragt Hamann nach, ist sie in den Köpfen verankert oder doch nur ein Gütesiegel, das die Bundeswehr von außen schmückt? Und er legt nahe, dass es einer Runderneuerung bedürfe, wenn sie nicht zum Auslaufmodell werden soll. Aus seiner Sicht bedarf es der Weiterentwicklung zur Metatheorie[2] (Hamann 2000: 61).

Misserfolge Innerer Führung?

Erfolg hatte die Mahnung wohl nicht. Wenigstens erscheint rund 20 Jahre später noch das gleiche Bild, wenn der damalige Vizepräsident des Reservistenverbandes Innere Führung als einen „wahren Wortbrei" (Knoll 2017) bezeichnet. Der Vorwurf war zwar politisch leicht zu rügen, inhaltlich jedoch wiegt er schwer, trifft ins Mark der Konzeption.

Der Veteran Marcel Bohnert (2017: 227f.) untersucht die Wirkung Innerer Führung im Afghanistan-Einsatz. Mit seiner Expertenbefragung durch Fragebogen erhofft er sich Auskunft über Bewährung und Versagen Innerer Führung. Er fragt:

> „Wo hat sich die Innere Führung Ihrer Ansicht nach im ISAF-Einsatz der Bundeswehr am besten bewährt? "

Und:

---

[1] Bewertungen spiegeln die Auffassung des Verfassers wider.

[2] Unter dem Begriff „Metatheorie" verstehen wir eine logische Anbindung von sozialen Prozessen an theoretische Erklärungen.

„Wo haben sich Ihrer Ansicht nach Defizite der Inneren Führung
im ISAF-Einsatz der Bundeswehr am stärksten gezeigt?"

Zweifel an der Validität der Analyse sind angebracht. Mit der direkten Frage ist wohl wenig mehr zu bekommen als eine vage Ahnung von Innerer Führung. Dazu kommt, dass die Rückseite des Bogens Schlagworte als stehende Begriffe enthält. In einem wissenssoziologischen Verständnis sind das Gewissheiten, die zu einem pragmatisch angeleiteten Tun im Sinne eines routinierten, nicht reflektierten Agierens führen. Sozialpsychologisch bilden sie die Rahmung, die die Blicke des Betrachters leitet. Beiden gemeinsam ist, dass damit Tun nicht auf die rechtfertigende Begründung als reflektierten Handelns gestützt ist, sondern auf geübte Praktiken als Verhaltensroutinen im Umgang mit Artefakten (Reckwitz 2008: 192). Ein Aussagewert über Innere Führung erforderte, die Konzeption vorher zu operationalisieren und dann die einzelnen Operanten abzufragen, möglichst in einem Fragebogen, der die zugrundeliegende demoskopische Figur im Dunkeln lässt.

Abhilfe kann eine wissenschaftliche Erdung schaffen. Sie liefert nicht nur methodische Anleitung. Sie setzt darüber hinaus soziale Prozesse in einen sozialtheoretischen Rahmen. Sie erklärt auf Grundlage allgemeingültiger Erkenntnisse und mit Generalisierungsanspruch. Das klare Verständnis erweist sich dann an der Konsistenz. Gleichzeitig wäre Hamanns Forderung erfüllt und Innere Führung als Metatheorie reformuliert und damit empirisch prüfbar.

Die aufgezeigten konzeptionellen Defizite, so die Ausgangsthese dieses Beitrages, könnten beseitigt werden, indem die Formulierung der Konzeption statt der Anlehnung an volkstümliche Ansichten auf wissenschaftliche Bezugsmodelle oder -theorien gestützt würde. Die Soldaten wären sowohl mit analytischem Denken gefordert, als auch zu methodischer Prägnanz gezwungen, wenn sie Innere Führung tagein tagaus mit Leben füllen. Als Konzeptionäre der Zukunft wäre es ihre Aufgabe, statt „Wortbrei" ein schnittfestes „Schnitzelgericht" zu servieren. Die geistige Nahrung bekommt Struktur. Vielleicht noch mit einem Crunch – nicht Crouch[3]! – garniert, verbessert das Optik wie Geschmack und verhindert Post-InFü, also jenen Zustand, in dem vergleichbar der von Colin Crouch beschriebenen Postdemokratie zwar noch alle Begriffe rund um Innere Führung zu hören und zu lesen sind, ihre Bedeutung und Wirkung aber längst verloren haben.

---

[3] Provokativ könnte man analog der Postdemokratie von Post-InFü sprechen.

Erscheint doch Innere Führung heute wichtiger denn je, wenn der Krieg vor der Tür steht. Denn der geht bekanntermaßen mit Verrohung[4] Hand in Hand. Dafür wäre es erforderlich, dass in sozialwissenschaftlich informierter Beschreibung klar wird, dass es für diesen Kampf nicht ausschließlich um Routinen gehen darf, also Praktiken, sondern ebenfalls um reflektiertes Handeln[5].

Um dies zu begründen, wird zunächst eine militärfunktionale Beschreibung Innerer Führung angeboten. Sodann wird der Charakter von Wissenschaft skizziert. Daraus abgeleitet ergibt sich das sozialwissenschaftlich fundierte Modell der Konzeption mit den Hauptachsen Normativität, Diskursivität und Reflexivität. Dieses Modell könnte die immer wieder gegen Innere Führung erhobene Kritik relativieren.

Innere Führung: Was ist das genau?

Zuallererst ist Innere Führung in der Baudissinschen Konzeption ein Reflex auf die Erfahrung der NS-Zeit, insbesondere die Kriegsführung der Wehrmacht. Bereits in der Himmeroder Denkschrift steht: „Die Maßnahmen und Planungen auf diesem Gebiet [der deutschen Wiederbewaffnung: Anm. d. Verf.] müssen und können sich auf den gegenwärtigen Notstand Europas gründen. Damit sind die Voraussetzungen für den Neuaufbau von denen der Vergangenheit so verschieden, dass ohne Anlehnung an die Formen der alten Wehrmacht grundlegend Neues zu schaffen ist" (Himmeroder Denkschrift: 53).

Die Quelle gibt Aufschluss über die normative Konzeption zukünftiger deutscher Streitkräfte. Gemeint war, militärische Tugenden und Demokratie zu verschmelzen[6]. Das Neue ergab sich aus Baudissins Analyse der Rolle der Wehrmacht im NS-Staat: „Es hatte sich gezeigt, dass die herkömmlichen soldatischen [Herv. i.O.: Anm. d. Verf.] Wertvorstellungen, Normen und Verfahren den Lockungen und Drohungen des Unrechtssystems nicht gewachsen waren. Die vielbeschworene Kameradschaft hatte gegenüber Menschen wie Schleicher und Fritsch, gegenüber nicht-arischen Kameraden und anderen Diffamierten weithin

---

[4] Eine jede kriegerische Auseinandersetzung birgt das Potenzial einer Eskalationsdynamik der Gewaltanwendung. (stellvertretend für viele: Neitzel und Welzer (2010).

[5] Die besondere Herausforderung für Innere Führung besteht in dem Problem, reflektiertes Handeln einzufordern, während das Gros der Militärsoziologie die zentrale Bedeutung über Jahre sorgfältig eingeübter Routinen für den Kriegsfall betont. Angesichts des akuten Bedrohungsszenarios des Krieges, das insbesondere für Soldaten durch Angst, Stress, Schlafmangel, Tod und Verwundung gekennzeichnet ist, ermöglichen routinierte Handlungen überhaupt erst ein Überleben (s. Nübel 2014; Creveld 2011).

[6] Stellvertretend: Neitzel (2020).

versagt; das Gefühl, mitverantwortlich zu sein bei der Ausführung oder Duldung eindeutig verbrecherischer Befehle, hatte sich mit wenig einleuchtenden Entschuldigungen betäuben lassen. Die soldatischen Tugenden [Herv. i.O.: Anm. d. Verf.] hatten nicht vor falschen Kompromissen bewahrt; sie hatten sie sogar gerechtfertigt" (Baudissin 2001: 267f.).

Worum es bei der Konzeption der Inneren Führung jedenfalls nicht ging, ist aus der Feder Baudissins unzweifelhaft nachzulesen: „Es geht hier nicht darum, den Soldaten in das Ohne-Tritt des Bürgers pressen zu wollen, nachdem eine vergangene Zeit vom Bürger gefordert hatte, den Gleichschritt des Soldaten aufzunehmen. Es ist unbestreitbar, dass es eine Antinomie zwischen dem Bürgersein und dem Soldatsein in ihrer letzten Konsequenz besteht. Aber es kommt darauf an, diesen Dualismus zu überbrücken und als Polarität sinnvoll zu machen, d.h. dem Soldaten von seiner staatsbürgerlichen Verpflichtung her die Ziele seiner Aufgabe zu stellen. Der Staatsbürger ist also der übergeordnete Begriff über Nichtsoldat und Soldat, vielleicht können wir sagen: Soldat und Nichtsoldat sind zwei verschiedene Aggregatzustände desselben Staatsbürgers" (Baudissin 1969: 201).

Zusammenfassend gilt also, dass Innere Führung ein Reflex ist auf moralisches Versagen innerhalb der Wehrmacht sowie auf problematische Praktiken innerhalb der Organisation.

An erster Stelle steht dafür die Ausrichtung des neuen deutschen Soldatentums auf den Frieden statt auf den Krieg[7]. Das legt nicht nur der Titel von Schuberts programmatischer Ausgabe „Soldat für den Frieden" der Reden und Schriftbeiträge Baudissins nahe. Vielmehr unterstreicht dies auch Baudissins Ansicht vom Einstehen der Soldaten mit einem Beitrag zur Verteidigung des Friedens als tragendes Motiv des soldatischen Dienstes.

Um dem moralischen Versagen von Wehrmachtsangehörigen für neue deutsche Streitkräfte Rechnung zu tragen, statuiert Innere Führung eine persönliche, d.h. individuelle Verantwortung jedes Soldaten. Keiner soll sich durch strukturelle Vorgaben von einer Gewissensabwägung ablenken lassen. Dazu wird im

---

[7] Der öffentlichkeitswirksame Konflikt zwischen Baudissin und Karst war eng mit der jeweils grundverschiedenen Konzeption der Auslegung soldatischer Praxis verbunden. Karst hielt Baudissins Kriegsbild für wenig realistisch und forderte einen Willen zum Siegen, eine Betonung der konventionellen Ausbildung sowie eine Orientierung der Streitkräfte an Krieg und Kampf (Karst 1964). Bis heute stellen diese beiden Konzeptionen Pole dar, die zugleich eine Ausgangsbasis für eine engagierte Auseinandersetzung darstellen – man denke etwa an die Debatte über den Begriff „Kriegstüchtigkeit".

Gegensatz zur Wehrmacht die einzelne Person im Kontrast zur männerbündischen Gemeinschaft[8] besonders betont. „Bei aller Verschiedenheit der geistigen Wurzeln und politischen Ziele haben diese im Grunde nationalistisch-faschistischen Ideologien eines gemeinsam: Sie gehen nicht von Wesen und Würde des Menschen aus, sondern von idealisierten unmenschlichen Kollektiven wie Volk, Vaterland, Rasse, Staat, deren schillernde Postulate jegliche Auslegung zulassen" (Baudissin 1969: 31).

Schließlich beansprucht Innere Führung die Integration des Militärs in den Staat, d.h. in dessen politisches und Verfassungssystem, sowie der Soldaten in die Gesellschaft. „Es ist ein Irrtum, der aller historischen Erfahrung widerspricht, zu glauben, dass es eine Autonomie des Soldatischen gäbe, dass der Soldat ein Leben für sich führen könnte. Das Bild erwuchs aus dem Festhalten an ständisch-absolutistischen Gesellschaftsbildern…" (Baudissin 1969: 200f.).

Die Antinomie zwischen Bürger und Soldat wird im Sinne Innerer Führung derart überbrückt und sinnvoll gemacht, indem die Personen ein Bewusstsein für die von unterschiedlichen Kollektiven formulierten Erwartungshaltungen entwickeln. Durch reflektiertes Handeln werden dem Soldaten von seiner staatsbürgerlichen Verpflichtung her die Ziele seiner Aufgabe deutlich (s. Baudissin 1969: 201).

Zusammenfassend gilt für Innere Führung:

1. Sie ist ein Reflex auf die Kriegsführung der Wehrmacht.
2. Ihre Bezugsgröße ist die Verteidigung des Friedens.
3. Sie statuiert eine persönliche, d.h. individuelle Verantwortung jedes Soldaten.
4. Sie erhebt den Anspruch der Integration des Militärs in den Staat, d.h. in dessen politisches und Verfassungssystem, sowie der Soldaten in die Gesellschaft.

Eine Rückbindung Innerer Führung an die dazu erforderlichen sozialen Prozesse würde das von Hamann attestierte Unverständnis Innerer Führung vermeiden und sogar ein tiefes und intersubjektives Verständnis von der Konzeption ermöglichen. Für deren Beschreibung liefert die Wissenschaft Beschreibungen, Modelle und Theorien.

---

[8] Gleichwohl sollte auch die Wehrmacht nicht als Idealtypus einer totalen Organisation im Sinne Goffmans (2023) verstanden werden. Insbesondere Eckert (2024) weist darauf hin, dass der Wert des einzelnen Soldaten in der Wehrmacht durchaus anerkannt wurde.

Was ist Wissenschaft?

Wissenschaft ist ein Bereich menschlichen Handelns, der mittels eines Systems der Erkenntnis als Forschung nach kollektivem Erkenntnisgewinn strebt und als Lehre die Weitervermittlung dieser Erkenntnisse betreibt.

Als Forschung gewinnt Wissenschaft diese Erkenntnisse durch Anwendung anerkannter und gültiger Methoden. Daraus schöpft sie Einsichten in die wesentlichen Eigenschaften ihrer Untersuchungsgegenstände, kausale und interpretative Zusammenhänge sowie Gesetzmäßigkeiten aus Natur, Technik, Gesellschaft und Denken, die in Form von Begriffen, Kategorien, Maßbestimmungen, Gesetzen, Theorien und Hypothesen fixiert werden. Ihre Resultate werden veröffentlicht, im wissenschaftlichen Diskurs diskutiert und verteidigt, können fortgeschrieben oder revidiert werden. Sie bilden die Grundlage akademischer Lehre. Wissenschaftlich arbeiten bedeutet, kritisch bzw. skeptisch sein, hinterfragen, präzisieren und beginnt mit eigenem Denken. Dieser Anspruch passt gut zu Innerer Führung und führt zu nachvollziehbaren Ergebnissen.

Die gebräuchliche Differenzierung von Wissenschaft in Natur- und Geisteswissenschaften geht auf den Philosophen Wilhelm Windelband zurück. Damit werden die zwei grundlegend unterschiedlichen Wege der Erkenntnis bezeichnet, zwischen positivem, nomothetischem und hermeneutisch, interpretativem Weltzugang, wie er den Sozialwissenschaften meist zugrunde liegt.

Wissenschaft bezeichnet also den methodischen Prozess intersubjektiv nachvollziehbaren Forschens und Erkennens in einem bestimmten Bereich, der nach herkömmlichem Verständnis ein begründetes, geordnetes und gesichertes Wissen hervorbringt. Methodisch kennzeichnet Wissenschaft das gesicherte und in einen rationalen Begründungszusammenhang gestellte Wissen, welches kommunizierbar und überprüfbar ist. Anhand dieser Charakterisierungen und Definitionsansätze wird deutlich, dass mittels der dem Erkenntnisgewinn der Wissenschaft Unverständnis entgegengewirkt wird.

InFü revisited: Wissenschaftliche Reflexionspotenziale

Um den diskutierten Missständen bezüglich Kenntnis und Klarheit, aber auch sachgerechter Anwendung entgegenzutreten, würde die Rückbindung der mit Innerer Führung verbunden Phänomene und sozialen Prozesse an wissenschaftlich abgesicherte Erkenntnis einen Weg des Kurierens eröffnen. Die damit einhergehende Arbeitsweise fördert zudem selbständiges Denken und deckt zweifelhafte „Gewissheiten" auf, die unreflektierte Praktiken, unmoralische Gewohnheiten oder falsche Begründungen stützen.

Innere Führung als Reflex auf die Kriegsführung der Wehrmacht bedeutet dann, sich von der sozialen Wirklichkeit der Wehrmacht abzugrenzen. Wirklichkeit, das ist eine Qualität von Phänomenen, die ungeachtet unseres Wollens vorhanden sind und die man ver-, aber nicht wegwünschen kann (Berger; Luckmann 2009: 1). Diese Wirklichkeit bestimmt sich in der Wehrmacht als der strukturelle Zwang, der dem auf Loyalität gegründeten Gehorsamshabitus entsprang. Der Soziologie Bourdieu untersuchte strukturelle Zwänge, zu denen auch militärischer Gehorsam zu zählen ist, in ihren sozialen Konsequenzen. Er beschreibt solche Zwänge als Folge sozialer Positionen, in die Individuen gestellt sind und die sich ihrer Wahrnehmung häufig entziehen. Sie erscheinen als implizite Gewissheiten und werden gewöhnlich nicht hinterfragt (ausführlich: Hagen 2012: 88-122). Für die soziale Wirklichkeit der Bundeswehr ist es deshalb wichtig, sich dieser Gewissheiten bewusst zu versichern. In diesem Sinne erfordert Innere Führung nicht nur die persönliche Interpretation der militärischen Lage im Sinne der Auftragstaktik, sondern auch den Freiraum zur reflektierten Konstitution einer sozialen Wirklichkeit durch normative Begründung, die sich auf den gesamten soldatischen Dienst bezieht.

Dies als Gewissheit zu explizieren, bedeutet, es in bewusstes Wissen zu überführen. Wissen ist nach Berger und Luckmann (2009: 1) die Gewissheit, dass Phänomene wirklich sind und bestimmbare Eigenschaften haben. Wissen ist insofern transparente Wirklichkeit. Ein solches Wissen fehlte beispielsweise beim ehemaligen Generalfeldmarschall Manstein, wenn seine Strafverteidiger damals ausführten, dass die Gleichsetzung von Bolschewismus und Judentum gerechtfertigt gewesen sei als Begründung für die Brutalität des Weltkriegs. „[Den Deutschen] ist immer gesagt worden, dass der Bolschewismus eine Regierungsform einer Minorität sei, in dem die Juden die Oberhand hätten [...] Es sollte daher keineswegs überraschen, dass die Menschen, die, weil sie Bolschewisten waren, so oder so behandelt wurden, größtenteils Juden waren" (Leverkuehn nach Wrochem 1998: 345).

Als Folge einer Gewöhnung wurde der Zusammenhang gar nicht erst hinterfragt. Das führte zu pragmatisch begründetem Verhalten, wenn die Frage, warum ist das so, unterdrückt wird. Diese vor- bzw. unterbewusste Wirklichkeit der Wehrmacht muss Innerer Führung folgend durch bewusstes Wissen ersetzt werden.

Dieses Wissen ist Voraussetzung, um der persönlichen Verantwortung gerecht werden zu können. Auch das ist eine Lehre aus der NS-Zeit. „Es ist eines der überraschendsten Ergebnisse der Kriegsverbrecherprozesse und Spruchkammer-Verfahren, dass es fast unmöglich war, in einem angeblich auf Verantwortung aufgebauten Führerstaat nun wirklich denjenigen zu finden, der bereit war, auch die praktischen Folgen dieser Verantwortung zu tragen. Das NS-System ermöglichte vielmehr das Abschieben der Verantwortung von unten nach oben auf den jeweils höheren Vorgesetzten. Es schloss aber ebensowenig aus, dass die Spitze, wenn sie zur Rechenschaft gezogen werden sollte, ihre Verantwortung stufenweise nach unten verlagerte" (NZ nach Wrochem 1998: 329).

Solche persönliche Verantwortung beruht auf der Prämisse Individuum, Person, Subjekt als Beschreibungsgrundlage der sozialen Dynamik des Militärs, d.h dass Innerer Führung ein handlungstheoretisches Modell zugrunde gelegt ist. Um zu erklären, wie dann aus den einzelnen Soldaten das Kollektiv Militär entsteht als liberale gedachte Gemeinschaft (Tönnies), liefert die neue französische Soziologie[9] (NfS) die Erklärung aus Rechtfertigungen und Kritiken. Sie basiert auf einem handlungsorientierten Situationalismus und grenzt sich damit vom Bourdieuschen Strukturalismus ab. Sie bedient sich der Normativität, um das soziale Band zu weben. Es wird angenommen, dass in Situationen der Unsicherheit, die jedoch nur als gemeinsame Leistung bewältigt werden können, Vorschläge unterbreitet werden. Diese Vorschläge können kritisiert werden, so dass eine Rechtfertigung erforderlich wird. Dabei beziehen sich sowohl die Kritik als auch die Rechtfertigung auf unterschiedliche allgemeinere Prinzipien, beispielsweise Werte, die eine über die konkrete Situation hinaus reichende Allgemeingültigkeit besitzen. In einem diskursiven Austausch kommen die Beteiligten dann zu einem gemeinsamen, als Kollektiv getragenen Ergebnis.

Dieser Prozess kann als individuelle Abwägung ganz im Sinne der Wahrnehmung von Verantwortung ins Innere der Soldaten verlegt werden. Sie müssen sich selbst eine Antwort geben über die Qualität ihrer Entscheidung, indem sie die Tragfähigkeit des Bezugsprinzips bewerten und den Deutungsprozess wertend reproduzieren. Damit werden implizite Gewissheiten über die Wertbindung in bewusstes Wissen überführt, das dann wieder interpretierend adressiert werden kann. An die Stelle befehlsmäßiger Gewissheit strukturalistischer Provenienz in der Wehrmacht treten Rechtfertigung und Kritik in der Bundeswehr.

---

[9] Als Gründungstext gilt das Buch „Über die Rechtfertigung" von Luc Boltanski und Laurent Thévenot.

Sie bewegt sich damit in einem Regime gerechtfertigten Handelns. Das passt gut zum Legitimationsanspruch Innerer Führung.

Mit dem NfS-Modell der Rechtfertigungsordnung wird gleichzeitig der Integrationsanspruch eingelöst. Dazu wird die Materialität der sozialen Ordnung, wie sie mit strukturalistischen Erklärungen verbunden ist, durch eine Performativität ersetzt. Grundlage ist die Strukturierungstheorie von Anthony Giddens (1992), der Strukturen einerseits als handlungsbeeinflussend versteht, andererseits aber auch ihre Entstehung aus dem Tun von Individuen als Aktoren erklärt. In diesem Bild wird also die sozialkonstitutive Ordnung durch Aktoren handelnd reproduziert. Damit werden wissenschaftlich valide Erklärungen für Innere Führung ermöglicht. Sie basieren auf der bereits von Georg Simmel (2008: 24) herausgearbeiteten Normativität und entstehen durch Diskursivität, die zunächst zwischen den Individuen ausgehandelt und anschließend verfestigt wird. Dank ihrer Reflexivität können diese Individuen persönliche Verantwortung für ihr Tun und Lassen übernehmen.

Folgt man den Ansprüchen Innerer Führung, so gelingt die Umsetzung auf Basis der wissenschaftlichen Erdung. Erst mit Reproduktion der normativen, also wertrationalen Entscheidung als Grundlage von Sozialität unter Einbettung in den Diskurs, der dem liberal gedachten Subjekt Soldat die kollektive Begründung beistellt, reift die Kultur der Selbstverantwortung. Das geht dann sogar über die einfache Verwertung wissenschaftlicher Erkenntnis hinaus und bringt die Organisationskultur reflektierten Handelns erst hervor.

Mehrwert Wissenschaft

Folgt man dem Anspruch, dass Innere Führung das gesamte militärische Leben durchdringt (A-2600/1, Nr. 107), dann lassen sich die kritisierten Missstände und das vage Verständnis der Organisationskultur mit einer wissenschaftlichen Durchdringung beseitigen. Die Grundsätze – treffender wohl die gesamte Konzeption Inneren Führung – bilden die Grundlage für den militärischen Dienst in der Bundeswehr und bestimmen das Selbstverständnis der Soldaten. Innere Führung ist geradezu das Betriebssystem der Bundeswehr. So wie es beim Computer die einzelnen Elektronikbauteile zur rechnenden Maschine verknüpft, konstituiert Innere Führung aus den soldatischen Individuen das soziale Aggregat Militär, indem sie die sozialen Prozesse konstituiert. Das leistet das Konzept Kultur. Wenn diese sozialen Prozesse dank der Bezugnahme auf ihre wissenschaftlichen Erklärungen deutlich konturiert, schlüssig argumentiert und sachgerecht konstituiert werden, dann bewirkt dies gerade mit Blick auf Hamanns Diagnose der Beliebigkeit und Knolls Einspruch Klartext fürs Betriebssystem.

Literatur

Baudissin, Wolf von (1969): Soldat für den Frieden. Entwürfe für eine zeitgemäße Bundeswehr. Herausgegeben und eingeleitet von Peter v. Schubert. München: Piper.

Baudissin, Wolf von (2001): „… als wären wir nie getrennt gewesen. " Briefe von Wolf Graf von Baudissin und Dagmar Gräfin zu Dohna 1941–1947, herausgegeben von Elfriede Knoke. Bonn: Bouvier.

Berger, Peter L.; Luckmann, Thomas (196922): Die gesellschaftliche Konstruktion der Wirklichkeit. Frankfurt am Main: Fischer.

Bohnert, Marcel (2017): Innere Führung auf dem Prüfstand. Lehren aus dem Afghanistan-Einsatz der Bundeswehr. Hamburg: BoD – Books on Demand.

Boltanski, Luc; Thévenot, Laurent (2014²): Über die Rechtfertigung. Eine Soziologie der kritischen Urteilskraft. Hamburger Edition.

Creveld, Martin van (2011): Kriegs-Kultur. Warum wir kämpfen: Die tiefen Wurzeln bewaffneter Konflikte. Graz: ARES-Verlag.

Crouch, Colin (2009): Postdemokratie. Schriftenreihe der bpb, Bd. 745. Bonn: bpb.

Eckert, Konstantin Franz (2024): Vorleben, vorsterben, vorglauben? Menschenführung in der Wehrmacht. Frankfurt: Campus (Krieg und Konflikt, 22).

Giddens, Anthony (1992): Die Konstitution der Gesellschaft. Frankfurt am Main: Campus.

Goffman, Erving (2023): Asyle. Über die soziale Situation psychiatrischer Patienten und anderer Insassen. 23. Auflage. Frankfurt am Main: Suhrkamp Verlag.

Hagen, Ulrich vom (2012): Homo militaris. Perspektiven einer kritischen Militärsoziologie. Bielefeld: transcript.

Hamann, Rudolf (2000): Abschied vom Staatsbürger in Uniform. Fünf Thesen zum Verfall der Inneren Führung. In: Paul Klein und Dieter Walz (Hg.): Die Bundeswehr an der Schwelle zum 21. Jahrhundert. Baden-Baden: Nomos-Verlagsgesellschaft (Militär und Sozialwissenschaften, 27), S. 61-79.

Die Himmeroder Denkschrift (1985). Herausgegeben von Hans-Jürgen Rautenberg und Norbert Wiggershaus. Karlsruhe: Braun.

Karst, Heinz (1964): Das Bild des Soldaten. Versuch eines Umrisses. Boppard am Rhein: Boldt.

Knoll, Stefan (2017): Ein wahrer Wortbrei. Das Konzept der „Inneren Führung" ist inhaltsleer. Was wir brauchen, ist ein neuer Korpsgeist. In: loyal (9), S. 30-31.

Neitzel, Sönke (2020): Deutsche Krieger. Vom Kaiserreich zur Berliner Republik – eine Militärgeschichte. Berlin: Ullstein.

Neitzel, Sönke; Welzer, Harald (2010): Soldaten. Protokolle vom Kämpfen, Töten und Sterben. Frankfurt am Main: Fischer.

Nübel, Christoph (2014): Durchhalten und Überleben an der Westfront. Raum und Körper im Ersten Weltkrieg. Paderborn: Schöningh (Zeitalter der Weltkriege, 10).

Reckwitz, Andreas (2008): Praktiken und Diskurse. Eine sozialtheoretische und methodologische Relation. In: Kalthoff, Herbert; Hirschauer, Stefan; Lindemann, Gesa (Hg.): Theoretische Empirie. Zur Relevanz qualitativer Forschung. Frankfurt am Main: Suhrkamp, S. 188-209.

Simmel, Georg (2008 [1900]): Philosophie des Geldes. Frankfurt am Main: Suhrkamp.

Wrochem, Oliver von (1998): Die Auseinandersetzung mit Wehrmachtsverbrechen im Prozess gegen den Generalfeldmarschall Erich v. Manstein 1949. In: Zeitschrift für Geschichtswissenschaft, 46(4), S. 329-353.

Strategisch – Operativ – Taktisch.
Zusammenspiel politischer und militärischer Ebenen zwischen Militärischem Ratschlag und Gefecht

Nicolas Holz

> *„Vor dem Wagen kommt das Wägen."*
> Moltke der Ältere
> *„Ich bin nicht überzeugt!"*
> Bundesminister des Äußeren Joschka Fischer,
> Münchner Sicherheitskonferenz 2003

Einführung

Ein nicht ganz fiktives Gedankenspiel zum Einstieg: Irgendwo auf der Welt entsteht eine krisenhafte Situation. Das Spektrum des Möglichen reicht dabei von einer Flutkatastrophe in einem Nachbarland Deutschlands bis hin zu einem bewaffneten Konflikt etwa in Nahost oder nah den Grenzen Europas. Staatschefs treten vor die Kameras und verkünden, man werde sich engagieren und nicht tatenlos zusehen. Auch der Außenminister erklärt öffentlichkeitswirksam, die Bundeswehr könnte einen aktiven Beitrag zur Überwindung der Krise leisten.

Die deutschen Bürgerinnen und Bürger, aber auch unsere Verbündeten gehen davon aus, dass dem Ministerstatement eine sachgerechte Untersuchung und Expertenberatung vorausgegangen ist. Politisch stellt sich die Frage, welche strategischen Ziele unter Inkaufnahme welcher Risiken und bei Einsatz welcher Ressourcen verfolgt werden können und sollen.

Darüber hinaus: Das Militär ist nur eines der verschiedenen Instrumente, welche der Politik zur Verfügung stehen, um auf krisenhafte Entwicklungen reagieren zu können. Neben dem Verteidigungsministerium verfügen auch andere Ressorts über geeignete Möglichkeiten und Mittel.[1]

Im Falle der Streitkräfte obliegt es dem Generalinspekteur der Bundeswehr, der Bundesregierung einen sogenannten *Militärischen Ratschlag* zu unterbreiten, um eine Antwort auf folgende Fragen zu finden: Kann die Bundeswehr in einer konkreten Krise einen Beitrag leisten? Und wenn ja, wie kann dieser aussehen? Ob diesem Ratschlag gefolgt wird und die Bundeswehr zum Einsatz kommt, obliegt Regierung und Parlament.

---

[1] Im Anglo-Amerikanischen geläufig: Instruments of Power (DIMEFIL – Diplomatic, Information, Military, Economic, Financial, Intelligence, Law Enforcement)

Wie kommt ein *Militärischer Ratschlag* zustande? Je nachdem, wie er ausfällt, angenommen und umgesetzt wird, ist er als die militärische Keimzelle für alles, was darauf folgt, zu betrachten – bis hin zum Gefecht. Nachfolgend wird dargestellt, wer (Akteure) hierbei wie (Prozess) zusammenwirken sollte. Ob der dargestellte Optimalweg in der politischen und militärischen Realität immer so gelingt, bliebe einer weiteren Untersuchung vorbehalten.

Die verschiedenen politischen und militärischen Akteure sollten über ein gemeinsames Prozessverständnis verfügen, um insbesondere in krisenhaften Situationen zielgerichtet, sachgerecht, schnell und verantwortlich handeln und entscheiden zu können. Insofern hat die Analyse der Funktionen und Wechselwirkungen der verschiedenen Akteure einen ganz praktischen Nutzen im Sinne einer Verbesserung des Führungskönnens der politischen und militärischen Entscheidungsträger sowie ihrer Zuarbeiter und Berater.

Akteure: Strategisch – Operativ – Taktisch. Grundverständnis politisch/militärischer Ebenen

Grundsätzlich können drei Ebenen unterschieden werden. Diese sind die strategische, die operative und taktische Ebene.

Vorbemerkungen zur Semantik und Gedankenführung

Die Begriffsverständnisse bzgl. des „Strategischen", des „Operativen" und des „Taktischen" sowie jeweils verwandter Wörter haben sich seit der Antike stark gewandelt. Es fällt schwer, diese trennscharf abzugrenzen und zu definieren. Auffällig ist: Während es die Substantive „Strategie" und „Taktik" gibt, fehlt eine Entsprechung im Falle des „Operativen". Weiterhin bemerkenswert: Der Begriff der „Operation" ist gemäß aktueller Bundeswehr-Doktrin nicht etwa der *operativen Ebene* vorbehalten oder an diese gebunden. So können Operationen auf allen militärischen Ebenen geplant und geführt werden. Treffend drückte es Brockhaus' Kleines Konversations-Lexikon bereits im Jahre 1920 aus: „In der Kriegssache ist Operation gleichbedeutend mit Unternehmung."[2]

Ein Vergleich zwischen deutscher und englischer Sprache macht es nicht leichter. So entspricht bspw. in diesem Zusammenhang dem englischen „operational" (Bsp.: *operational planning*) das deutsche „operativ" (Bsp.: *operative Planung*), nicht jedoch das im Deutschen genutzte „operationell". Auch werden die Worte

---

[2] Zitiert in: Groß, Gerhard P., Mythos und Wirklichkeit – Geschichte des operativen Denkens im deutschen Heer von Moltke d.Ä. bis Heusinger, Schöningh, Paderborn 2012, S. 9.

in zivilen und militärischen Kontexten unterschiedlich genutzt. So scheint es, als nutzten zivile Betriebe und Konzerne „operativ" vornehmlich in der Beschreibung der untersten, umsetzenden Ebene, während das Militär hierfür „taktisch" verwendet.[3] Im Militärischen ist die *operative Ebene* etwas zwischen der *strategischen* und der *taktischen*.[4]

Für eine tiefergehende Betrachtung scheint es also geboten, ein Verständnis der grundlegenden Merkmale und Funktionen der drei Ebenen zu entwickeln und voranzustellen. Im Falle der *strategischen* und der *taktischen Ebene* scheint ein breit geteiltes Verständnis darüber zu bestehen, was diese im Kern ausmacht. Für die *operative Ebene* scheint dies nicht so zu sein. Dies gilt insbesondere im Hinblick auf die Bundeswehr, was umso mehr verwundert, als die Etablierung des preußischen Generalstabes und vor allem die Ära *Moltke des Älteren* durchaus als die Geburtsstunde des operativen Denkens, Planens und Führens – kurzum: der *operativen Ebene* – angesehen werden können.[5]

Um das Zusammenspiel von *strategischer, operativer* und *taktischer Ebene* zwischen *Militärischem Ratschlag* und Gefecht darstellen zu können, sollen diese zunächst jeweils in Bezug auf drei Faktoren beschrieben werden. Diese sind: Ziele, Kräfte[6] und Geografie.

Ebene	Ziele	Kräfte	Geografie
Strategisch	gibt politische Ziele vor	gibt Kräfte frei	politisch geographisch
Operativ	übersetzt politische in militärische Ziele	setzt Kräfte **an.** schafft **Rahmenbedingungen** für den Einsatz der taktischen Ebene	Raum
Taktisch	erreicht militärisch-taktische Ziele	setzt Kräfte **ein**	Gelände

Abbildung: politisch/militärische Ebenen

---

[3] Eine vollumfängliche Untersuchung der einzelnen Begriffe und ihrer historischen Entwicklung kann an dieser Stelle nicht erfolgen. Für eine sehr interessante und umfassende Analyse unter besonderer Berücksichtigung des „Operativen" wird hier verwiesen auf Groß, Mythos und Wirklichkeit.

[4] Vgl. ebd., S.16.

[5] „Am Anfang war Moltke!" beginnt Gerhard P. Groß seine Analysen zur Entstehung des operativen Denkens in Deutschland. Interessant ist dabei, dass Moltke d.Ä. selbst noch nicht von einer eigenen operativen Ebene zwischen Strategie und Taktik gesprochen hat. Er ordnete das Operative dem Bereich der Strategie zu. Vgl. ebd., S. 29ff.

[6] Kräfte umfasst hierbei auch weitere Ressourcen wie etwa Haushalts-/Finanzmittel.

Die strategische Ebene

Die strategische Ebene kann in die politisch-strategische und die militärstrategische Ebene unterschieden werden. Im Falle der NATO sind die politisch-strategische Ebene im Hauptquartier in Brüssel und die militärstrategische Ebene in den beiden Hauptquartieren *Allied Command Operations* (ACO) und *Allied Command Transformation* (ACT) verortet.

In Deutschland sind die politisch-strategische Ebene (vereinfacht: Bundesminister der Verteidigung) und die militärstrategische Ebene (vereinfacht: Generalinspekteur der Bundeswehr) gemeinsam im Bundesverteidigungsministerium verortet. Der Bundeskanzler steht an der Spitze der politisch-strategischen Ebene.

Im Hinblick auf die o.a. Faktoren ist für die strategische Ebene festzustellen, dass sie politische Ziele vorgibt und *Kräfte* zur Zielerreichung *freigibt.*[7] Die geografische Dimension ist dabei für die strategische Ebene vor allem politisch-geographisch.

Die politischen Ziele müssen realistisch sein und durch das Militär erreicht werden können. Die freigegebenen Kräfte müssen dazu qualitativ geeignet und quantitativ ausreichend sein. Insbesondere im Falle von bewaffneten Krisen und Konflikten ist hierbei schnell eine Komplexität erreicht, die es erfordert, dass militärische Expertise bereits frühzeitig in die Überlegungen auf politisch-strategischer Ebene einbezogen wird, um die Faktoren *realistische Ziele* und *benötigte Kräfte* sachgerecht durchdringen und geeignete Grundsatzentscheidungen treffen zu können. Der Notwendigkeit der frühzeitigen Einbindung ist insbesondere durch die Gestaltung und Umsetzung der zugrunde liegenden Entscheidungs- und Planungsprozesse Rechnung zu tragen.

Die operative Ebene

Die NATO verfügt mit ihren *Joint Force Commands* in Brunssum, Neapel und Norfolk über drei Hauptquartiere auf der operativen Ebene.

In Folge des sog. *Osnabrücker Erlasses* wurden die beiden Bundeswehrkommandos der operativen Ebene – das *Einsatzführungskommando* sowie das *Territoriale Führungskommando* – im Jahr 2025 zum neuen *Operativen Führungskommando der Bundeswehr* fusioniert, um künftig die nationale operative Planung und Führung

---

[7] Bundeswehr als Parlamentsarmee: eine deutsche Besonderheit stellt dabei die Mandatierung durch den Bundestag dar.

zu bündeln.[8] Dabei sollen die strategische, operative und taktische Ebene systematisch voneinander getrennt werden.[9] Hierfür müssen die Schaffung funktionsfähiger Strukturen und die Etablierung zielgerichteter Planungs- und Führungsprozessen einhergehen. Voraussetzung dafür ist ein grundlegendes Verständnis vom Wesenskern der jeweiligen Ebene.

Dies scheint in der Bundeswehr gegenwärtig nicht der Fall zu sein. Trotz einer Vielzahl an Vorschriften ist die Beschreibung der operativen Ebene in der Doktrin- und Dokumentenlandschaft der Bundeswehr deutlich unterausgeprägt. Dies gilt sowohl in quantitativer wie auch in qualitativer Hinsicht.[10]

Wie können die grundlegenden Merkmale der operativen Ebene im Hinblick auf die drei hier zu untersuchenden Faktoren beschrieben werden?

Eine besondere Transferleistung kommt der operativen Ebene im Faktor *Ziele* zu. So hat sie die nicht triviale Aufgabe, die vorgegebenen politischen Ziele in militärische, für die taktische Ebene verständliche und umsetzbare Aufträge zu übersetzen.

Die durch die strategische Ebene freigegebenen Kräfte werden durch die operative Ebene *angesetzt*. Voraussetzung hierzu ist, dass ein geeignetes Kräftedispositiv zusammengestellt wird (*Force Generation*). Das heißt, die Kräfte, welche zum Einsatz vorgesehen sind, sind qualitativ wie quantitativ geeignet und in einer

---

[8] Am Beispiel der genannten drei Führungskommandos lässt sich eine weitere Unschärfe in der deutschen Militärterminologie erkennen. Die operative Ebene zeichnet sich vor allem durch ihre planerische Leistung aus. So bleibt festzuhalten, dass Führung im übergreifenden Sinne sowohl Operationsplanung als auch Operationsführung umfasst.

[9] Vgl. Bundesminister der Verteidigung „Osnabrücker Erlass" 30. April 2024.

[10] Die Begründung hierfür ist vor allem, dass die operative Ebene innerhalb der Bundeswehr recht jung ist. Seit Gründung der Bundeswehr wurde die operative Ebene durch die entsprechenden NATO-Hauptquartiere abgebildet, welchen die (taktischen) Verbände der Bundeswehr zugeordnet wurden. Dementsprechend wurde eine bundeswehreigene Durchdringung des Wesens der operativen Ebene lange vernachlässigt. Erst mit Aufstellung des Einsatzführungskommandos im Jahr 2001 wurde ein Kommando der operativen Ebene mit Blick auf die Einsätze der Bundeswehr geschaffen. Ferner darf folgender Umstand nicht unberücksichtigt bleiben. Die grundlegende militärische Prägung junger Offiziere findet in den Verbänden der Bundeswehr, also auf der taktischen Ebene statt. Spätere (Aus-)Bildungsmaßnahmen, welche auf das „operative Denken" abzielen und auf den Dienst auf der operativen Ebene vorbereiten, sind kaum vorhanden. Auch höhere Offiziere der Bundeswehr fallen nicht selten in das Denken auf taktischer Ebene – quasi in ihre Komfortzone – zurück. Die überschaubare „operative Dokumentenlandschaft" verstärkt diesen Effekt und ist nur bedingt geeignet, um die Ausbildung auf eine einheitliche und solide Grundlage zu stellen.

zielgerichteten Führungsorganisation (*command and control-structure* [C2]) koordiniert.

Im Falle von Szenarien größerer militärischer Feldzüge und Kampagnen – bis hin zu heutigen Planungen im Rahmen der Landes- und Bündnisverteidigung – kommt der operativen Ebene besondere Bedeutung dabei zu, günstige Kräfteverhältnisse zwischen eigenen und gegnerischen Streitkräften zu schaffen.[11]

Neben der Zusammenstellung der Kräfte sind dabei die Planungen zum Aufmarsch ein besonderes Merkmal der operativen Ebene. Hierbei ist Geografie als operativer, weitergefasster Raum zu verstehen. In diesem Zusammenhang wird in den letzten Jahren zunehmend der Begriff *Anti Access/Area Denial (A2/AD)* genutzt. Gemeint sind damit Maßnahmen, welche es einem Gegner erschweren bis unmöglich machen sollen, Kräfte in einen operativen Raum verlegen zu können; also den Aufmarsch als Voraussetzung zur eigenen Operationsführung auf taktischer Ebene durchführen zu können. Von besonderer Bedeutung sind hierbei leistungsfähige Land-, Luft- und Seewege sowie entsprechende Einrichtungen wie Flug- und Seehäfen.

Im Hinblick auf die Wesensmerkmale der operativen Ebene hat sich in der neueren Zeit ein Verständnis entwickelt, nach dem *das* Wesensmerkmal der operativen Ebene die *Jointness* ist. Das heißt, auf der operativen Ebene werden die Teilstreitkräfte bzw. Dimensionen – klassisch: Land-, Luft- und Seestreitkräfte – zusammengeführt. Tatsächlich werden Streitkräfte heute in diesem Verständnis strukturiert. Es stellt sich jedoch die Frage, ob dies zwingend *das* bestimmende Wesensmerkmal der operativen Ebene ist. Folgende Argumente lassen Zweifel zu: Historisch ist festzustellen, dass die Ära Moltkes d.Ä. – also die Geburtsstunde der operativen Planung – zeitlich vor der Schaffung von Luftstreitkräften und der engen planerischen Synchronisierung von Land- und Seestreitkräften liegt. Auch in modernen Streitkräftestrukturen reicht die tiefe Integration von Land-, Luft- und Seestreitkräften bis weit in die taktische Ebene. Ein prominentes Beispiel ist hier das US Marine Corps mit seiner MAGTF-Gliederung.[12] In der Bundeswehr verfügen Heer und Marine über eigene fliegende Verbände.

---

[11] Ein prominentes Beispiel aus der deutschen Militärgeschichte ist hierbei der bekannte Schlieffen-Plan und wie dieser im Laufe der Jahre abgewandelt wurde. Vgl. bspw. Ehlert, Hans; Michael Epkenhans und Gerhard P. Groß, Der Schlieffen-Plan – Analysen und Dokumente, Paderborn 2006.

[12] MAGTF – Marine Air-Ground Task Force.

Das Wesensmerkmal der operativen Ebene ist vielmehr, Rahmenbedingungen zu schaffen, damit Operationen auf der taktischen Ebene erfolgreich geführt werden können.[13] Voraussetzung dafür sind die frühzeitige Beratung der strategischen Ebene (Funktion nach oben) sowie die Kräftezusammenstellung, der Kräfteansatz und der Aufmarsch (Funktionen nach unten).[14] Der Schwerpunkt liegt in der Planung. Eine unmittelbare Einwirkung der operativen Ebene auf die Gefechtsführung ist zumeist nicht möglich bzw. auch nicht notwendig.

Die taktische Ebene

Die taktische Ebene umfasst vereinfacht gesagt sämtliche Verbände der Teilstreitkräfte inklusive der jeweiligen Stäbe und Führungseinrichtungen. Innerhalb der NATO bildet die Korpsebene die höchste taktische Ebene der Landstreitkräfte. Während noch vor wenigen Jahren angestrebt wurde, die Korpsstäbe als sog. *Joint Task Force-HQ* (JTF-HQ) zu befähigen, scheint die Entwicklung nunmehr wieder in Richtung klassischer Planungs- und Führungsfunktionen gegenüber unterstellten Großverbänden und Korpstruppen zu gehen (*warfighting corps*). Aufgabe der taktischen Ebene ist es, Aufträge zu erfüllen bzw. militärische Ziele zu erreichen. Dazu setzt die taktische Ebene die ihr zur Verfügung stehenden Kräfte *ein*. Hier werden *Operationen verbundener Kräfte* bzw. das *Gefecht der verbundenen Waffen* geplant und geführt. In den entsprechenden Führungseinrichtungen und Gefechtsständen wird das Feuer und die Bewegung von Kräften orchestriert. Der Faktor Geografie ist hier im Sinne von Gelände zu verstehen. Je tiefer

---

[13] Eine weitere, grundlegende Unterscheidung kann an dieser Stelle nicht tiefergehend dargestellt werden, sollte aber nicht unerwähnt bleiben. So muss in die *nationale Einsatzführung* und zumeist *multinationale Operationsführung* unterschieden werden. Im Rahmen der nationalen Einsatzführung obliegt es den jeweiligen truppenstellenden Nationen insbesondere die logistische und sanitätsdienstliche Versorgung ihrer Kräfte auch im Rahmen multinationaler Operationen national sicherzustellen. Hierzu werden i.d.R. sog. *National Support Elements* (NSE) gebildet. Die nationale Einsatzführung schafft also im Grunde Rahmenbedingungen für den Einsatz der eigenen Kräfte. Der o.a. Logik folgend scheint es somit zweckmäßig, die nationale Einsatzführung unter besonderer Berücksichtigung der operativen Ebene zu denken, schließlich ist es ihr Wesensmerkmal, Rahmenbedingungen für die taktische Ebene zu schaffen.

[14] Eine historische Betrachtung, welche Rolle die *Individualisierung der Führung*, das *Führen mit Direktiven*, die Entwicklung und Nutzung von Eisenbahn und Telegraphie für die Anfänge des „operativen Denkens" sowie der operativen Planung und Führung haben, kann an dieser Stelle nicht erfolgen. Hierzu wird insbesondere verweisen auf: Groß, Mythos und Wirklichkeit sowie Foerster, Roland G.: Das operative Denken Moltkes des Älteren und die Folgen; in: Militärgeschichtliches Forschungsamt: Ausgewählte Operationen und ihre militärhistorischen Grundlagen, Bonn 1993.

die taktische Ebene ist, umso kleinteiliger und detaillierter ist die Untersuchung und die Nutzung des Geländes im Rahmen der Operationsplanung und -führung. Im Falle der Landstreitkräfte ist festzustellen, dass Führungseinrichtungen der taktischen Ebene regelmäßig selbst im Einsatzgebiet lokalisiert sind.

Prozess: Zusammenwirken politisch-militärischer Ebenen

Bestandsaufnahme Doktrin- und Dokumentenlandschaft

Es gibt nicht *den einen* Prozess oder etwa *die eine* Prozessbeschreibung im Sinne einer Vorschrift. Die Teilstreitkräfte in der Bundeswehr haben unterschiedliche Führungs-/Planungsprozesse sowie entsprechende Verschriftlichungen eingeführt. Im transatlantischen Bündnis treffen unterschiedliche nationale Verfahren aufeinander. Die NATO-Dokumentenlandschaft weist allerdings Publikationen auf, welche Verfahren für die unterschiedlichen Ebenen und Teilstreitkräfte vorschreiben. Beispielhaft für die taktische Ebene der Landstreitkräfte sind die Bundeswehr-Regelung *Truppenführung/Führungssystem der Landstreitkräfte* (TF/ FüSys) sowie die NATO-Vorschrift *Tactical Planning for Land Forces*.[15]

An dieser Stelle ist die Betrachtung der Vorschriftenlage für die operative Ebene besonders relevant. Die *Allied Joint Publication 5* (AJP-5) – *Allied Joint Doctrine for the Planning of Operations* stellt das Keystone-Doktrindokument der *Joint Doctrine Architecture* der NATO dar. Allerdings hat sich die sog. *Comprehensive Operations Planning Directive* (COPD) des ACO zu *dem* Referenzdokument der NATO entwickelt, wenn es darum geht, das Planungswechselspiel zwischen strategischer, operativer und taktischer Ebene zu beschreiben. Besondere Beachtung finden dabei die strategische und operative Ebene.

Mit Blick auf die Bundeswehr ist festzustellen, dass eine nationale Entsprechung nicht vorliegt. Ansatzweise wird die Funktion über die nur wenig bekannte Vorschrift *Planung von Auslandseinsätzen und Aufstellung von Einsatzkontingenten* abgebildet.[16] Als Grundlagendokument für die Ausbildung an der Führungsakademie

---

[15] Bundeswehr: C1-160/0-1003 Truppenführung – Führungssystem der Landstreitkräfte (vormals HDv 100/200), 2023 sowie NATO: Allied Procedural Publication Tactical Planning for Land Forces (APP-28), 2024. Während beide Prozesse seit 2019 ein unglückliches Nebeneinander geführt haben – so war im Rahmen von multinationalen Verbänden unklar, nach welchem Prozess geplant und geführt werden soll –, hat der Inspekteur des Heeres im November 2023 die Grundsatzentscheidung getroffen, dass künftig der NATO-Prozess TPLF auch national ab der Brigadeebene aufwärts anzuwenden sei. Die TF/FüSys wurde entsprechend umgeschrieben und es wurde begonnen, die Ausbildung in der Bundeswehr anzupassen.

[16] Bundeswehr: A1-110/0-8000 Planung von Auslandseinsätzen und Aufstellung von Einsatzkontingenten, 2020.

der Bundeswehr wird in Ermangelung einer deutschen Vorschrift auf die NATO COPD zurückgegriffen. Im tatsächlichen Wechselspiel zwischen strategischer, operativer und taktischer Ebene der Bundeswehr spielt die Prozessanwendung der NATO COPD – entgegen wiederholter Absichtsbekundungen – jedoch kaum und nur rudimentär Anwendung. Dieser Umstand trägt gewiss zu der oben bereits beschriebenen Unsicherheit bzgl. der operativen Ebene in der Bundeswehr bei.

Die nachfolgende überblicksartige Prozessbeschreibung orientiert sich an der NATO COPD unter besonderer Berücksichtigung der operativen Ebene mit ihrer wichtigen Scharnierfunktion zwischen der strategischen und der taktischen Ebene.[17]

Prozessüberblick

Es wurde bereits ausgeführt, dass die operative Ebene planerische Aufgaben zu erfüllen hat und Rahmenbedingungen schafft, welche die Grundlage dafür liefern, dass die taktische Ebene zur Verfügung gestellte Kräfte im Sinne der vorgegebenen Zielsetzung einsetzen kann. Was also sind die wesentlichen Schritte, welche zwischen dem *Militärischen Ratschlag* „ganz oben" und dem Gefechtsbefehl „ganz vorne" liegen?

Es können drei Schritte unterschieden werden. Der erste Schritt steht im Zeichen der Beratungsleistung gegenüber der strategischen Ebene. Im Kern soll die eigene *Ambition* vor dem Hintergrund einer konkreten Krise festgelegt werden. Dabei werden Antworten auf die Kernfrage „*Was* (Ziele) kann und soll mit *welchen* Ressourcen (Kräfte) erreicht werden?" entwickelt. Im zweiten Schritt wird ausgeplant, „*wie* die Ziele mit den zur Verfügung gestellten Kräften" erreicht werden sollen. Hier werden militärische Operationspläne im engeren Sinne erarbeitet. Der dritte Schritt steht im Zeichen der Planumsetzung.[18]

---

[17] Die Systematik des NATO-Prozesses kann dabei auch auf nationale politisch-militärische Entscheidungsprozesse übertragen werden.

[18] Gemäß NATO COPD besteht der Gesamtprozess aus insgesamt sechs Phasen. Der Einfachheit halber werden diese hier jedoch anteilig zusammengefasst. Die sog. *Execution/Transition-Phase* wird hier nicht weiter betrachtet. Wesentlicher Bestandteil ist hierbei das fortlaufende *Assessment*, also die Untersuchung, ob Ziele, Kräfte und Umsetzungsmaßnahmen auf allen Ebenen noch im Einklang stehen oder ob Änderungen notwendig werden. Ferner kann im Zuge des Assessments auch die Zielerreichung festgestellt und in der Folge die Beendigung des Engagements eingeleitet werden.

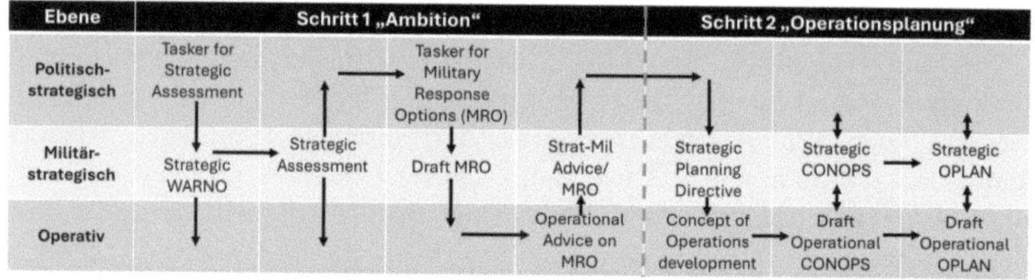

Ebene	Schritt 1 „Ambition"				Schritt 2 „Operationsplanung"		
Politisch-strategisch	Tasker for Strategic Assessment		Tasker for Military Response Options (MRO)				
Militär-strategisch	Strategic WARNO	Strategic Assessment	Draft MRO	Strat-Mil Advice/ MRO	Strategic Planning Directive	Strategic CONOPS	Strategic OPLAN
Operativ				Operational Advice on MRO	Concept of Operations development	Draft Operational CONOPS	Draft Operational OPLAN

Abbildung: Prozessgrobüberblick, basierend auf der NATO COPD[19]

Schritt 1 – „Ambition"

Ausgangspunkt für alle weiteren Schritte sollte ein fortlaufendes Krisenmonitoring sein. Hieraus können sich *indications and warnings* ergeben, welche eine tiefergehende Betrachtung einer bestimmten (potenziell) krisenhaften Entwicklung erfordern. Die politisch-strategische Ebene stößt Folgeprozesse unter Beratung durch die entsprechenden Expertisen an (*Tasker for Strategic Assessment*). Beim *Strategic Assessment* handelt es sich um eine militärstrategische Bewertung. Es stellt somit eine wichtige Grundlage für die weiteren Schritte dar.

Eine besondere Herausforderung besteht darin, die Ressourcen und Prozessschritte verschiedener Akteure (etwa Ministerien, militärische Hauptquartiere und Kommandos, Nachrichtendienste) miteinander zu synchronisieren und inhaltlich abzustimmen. Hierzu sind eine eindeutige Weisungsgebung und Beauftragung über den gesamten Prozess von zentraler Bedeutung. Um Zeit zu gewinnen, können *Warning Orders* (WARNO; deutsch: Vorbefehle) an nachgeordnete Stellen ergehen.

Auf Grundlage des *Strategic Assessments* durch die militärstrategische Ebene entscheidet wiederum die politisch-strategische Ebene, ob sog. *Military Response Options* (MRO; deutsch: Militärische Handlungsoptionen) durch die militärstrategische Ebene entwickelt werden sollen. Die MRO sind nicht mit den im weiteren Verlauf (Schritt 2) zu entwickelnden *Courses of Action* (CoA; deutsch: Möglichkeiten eigenen Handelns) zu verwechseln. Im Kern geht es darum festzustellen,

---

[19] Die englisch / deutschen Entsprechungen sind: Strategic Assessment / Lagebeurteilung auf der strategischen Ebene; WARNO = Warning Order / Vorbefehl; MRO = Military Response Options / Militärische Handlungsoptionen; SMA = Strategic Military Advice / Militärischer Ratschlag; SPD = Strategic Planning Directive / strategische Planungsweisung; CONOPS = Concept of Operations / „Grundzüge der Operationsführung"; strategic / operational OPLAN = Operationsplan der strategischen / operativen Ebene

welche grundsätzlichen *Militärischen Handlungsoptionen* bestehen und welche Ziele mit welchen Kräften/Ressourcen erreicht werden können.

Eine wichtige Rolle kommt hierbei der operativen Ebene zu. Sie untersucht die durch die militärstrategische Ebene erarbeiteten *Draft MRO* tiefergehend. Eines der wichtigsten Produkte ist hierbei der sog. *Operational Advice on MRO* (deutsch: Operativer Ratschlag), welchen die operative Ebene für die militärstrategische Ebene erstellt. Die Teilstreitkräfte sind mit ihrer Expertise eng in die Erstellung des *Operativen Ratschlages* einzubinden. Hierbei kommt es unter anderem darauf an zu untersuchen, welche Kräfte und Fähigkeiten in den einzelnen MRO benötigt werden und überhaupt verfügbar sind. Welche Ziele können mit den verfügbaren Kräften und Fähigkeiten realistischerweise erreicht werden? (=Ambition)

Der *Operational Advice* wiederum ist eine wichtige Grundlage für die den *Strategic Military Advice* (deutsch: Militärischer Ratschlag) der militärstrategischen an die politisch-strategische Ebene. Mit der Vorlage des *Militärischen Ratschlages* endet Schritt 1. Er bildet einen wichtigen Teil der Entscheidungsgrundlage für die politisch-strategische Ebene.

Schritt 2 – „Operationsplanung"

Auf Grundlage des Militärischen Ratschlages entscheidet die politisch-strategische Ebene, ob eine und ggf. welche *Militärische Handlungsoption* weiter ausgeplant werden soll. Dazu ergeht eine *Strategic Planning Directive* (SPD; deutsch: Strategische Planungsweisung) an die operative Ebene. Diese bildet den Ausgangspunkt für die eigentliche Operationsplanung. Im Wechselspiel zwischen militärstrategischer und operativer Ebene sowie unter Hinzuziehung der Expertise der Teilstreitkräfte werden zunächst *Courses of Action/Möglichkeiten des Handelns* entwickelt und bewertet. In der Folge wird ein *Operational Concept of Operations* (Operational CONOPS; deutsch: Grundzüge der Operationsführung auf der operativen Ebene) und abschließend ein detaillierter *Operational Operationsplan* (Operational OPLAN; deutsch: Operationsplan der operativen Ebene) entwickelt. Dieser wiederum bildet die Grundlage für die Planungen auf der taktischen Ebene, welche ihrerseits eigene Operationspläne erarbeitet.

Schlussbetrachtungen und Empfehlungen

Der *Militärische Ratschlag* ist die höchste Form militärischer Beratung gegenüber der Politik. Er ist damit von grundlegender Bedeutung für die politische Entscheidungsfindung. Zugleich kann er die Keimzelle aller weiteren militärischen

Planungs- und Umsetzungsmaßnahmen sein. Dies gilt nicht nur für operationsbezogene Fragestellungen, sondern beispielsweise auch für die Weiterentwicklung der Streitkräfte an sich.

Dabei kommt es darauf an, dass dem militärischen Ratschlag eine sachgerechte Analyse und gewissenhafte Einbeziehung der notwendigen Expertisen auf den verschiedenen militärischen Ebenen zugrunde liegt. Gleiches gilt für die weiteren „Produkte" – vom *Operativen Ratschlag* über das *CONOPS* bis hin zum *OPLAN*. Das enge Wechselspiel über alle betroffenen Ebenen hinweg und die Einbindung der Expertise nachgeordneter Stellen ist zugleich besonderes Merkmal und Schlüssel zum Erfolg. Dies setzt ein einheitliches Begriffs-, Aufgaben- und Prozessverständnis voraus. Es kommt also darauf an, das damit befasste Personal entsprechend auszubilden.

Auch die Persönlichkeitsbildung der handelnden Akteure ist von besonderer Relevanz. Denn insbesondere vor dem Hintergrund der Tatsache, dass in all den zuvor beschriebenen Prozessschritten Personen miteinander interagieren, gilt es, die entsprechenden zwischenmenschlichen Dynamiken anzuerkennen. Hier treffen *Äußere* und *Innere Führung* in besonderem Maße aufeinander.[20] So kann es bspw. dazu kommen, dass die Ergebnisse einer Expertenanalyse im nachgeordneten Bereich nicht den Erwartungshaltungen und Ambitionen einer übergeordneten Ebene entsprechen. In diesem Fall kommt es darauf an, dass die handelnden Persönlichkeiten so gebildet sind, dass sie konstruktiv und im Sinne der Sache mit derlei Spannungssituationen umgehen können. Von den Tugenden, welche im Zusammenhang mit der *Inneren Führung* stehen, kommen hier beispielsweise *Gewissenhaftigkeit*, *Aufrichtigkeit*, *Aufgeschlossenheit* und *Klugheit* in besonderem Maße zum Tragen.[21] Es gilt somit: Ausbildung + Persönlichkeitsbildung = Individueller Beitrag zur Einsatzbereitschaft der Streitkräfte.

*

---

[20] Vgl. Holz, Nicolas: Die Logik der Inneren Führung – Wirkungsweise und Beitrag für die Einsatzbereitschaft der Bundeswehr; in: Uwe Hartmann / Reinhold Janke / Claus von Rosen (Hrsg.): Jahrbuch Innere Führung 2023/24 – Der Krieg in der Ukraine, Berlin 2024, S. 246ff.
[21] Vgl. ebenda, S. 250.

VII   Dokumentation

Der Krieg als Kunst, Handwerk oder Wissenschaft? Warum Offiziere in der Bundeswehr studieren sollten

Peter Tauber

Sehr geehrte Damen und Herren,

es ist mir eine große Freude und Ehre, heute hier anlässlich der Verleihung des Wissenschaftpreises der Freunde und Förderer der Helmut-Schmidt-Universität sprechen zu dürfen. Moltke hat zwar gesagt: „Ich habe Antipathie gegen Lobhudeleien. Es macht mich für einen ganzen Tag verstimmt, so etwas zu hören." Aber wenn man das so sieht, dann sollte man nicht zu einer Preisverleihung gehen. Widersprechen wir Moltke also ausnahmsweise einmal.

Mit hanseatischer Klarheit ist die wissenschaftliche Leistung von Dr. Nina Brandau gewürdigt worden. Das wiederum hätte Moltke gefallen, der eben auch formuliert hat: „Wenn man eine ruhmvolle Tat zu erzählen hat, so braucht man nicht zu sagen, dass sie ruhmvoll gewesen ist. Die einfache Darstellung des Verlaufs enthält das Lob." Den Glückwünschen zur wissenschaftlichen Leistung von Dr. Nina Brandau darf ich mich deshalb anschließen.

Dass an einer Universität, die der wissenschaftlichen Ausbildung von Offizieren dient, ein solcher Preis verliehen wird, wirft aber zugleich Fragen auf. Fragen, die aus sehr unterschiedlichen Perspektiven gestellt werden können. Warum lässt die Bundeswehr ihre jungen Offizieranwärterinnen und Offizieranwärter, ihre jungen Offiziere studieren? Eine offizielle Antwort lautet: Damit diese als Zeitsoldatinnen und Zeitsoldaten nach dem Ende ihrer Dienstzeit und dem Ausscheiden aus den Streitkräften auf dem zivilen Arbeitsmarkt bessere Chancen haben.

Wenn es um die Attraktivität des Soldatenberufs geht, wenn junge Abiturientinnen und Abiturienten angesprochen werden, dann ist das bis heute ein sehr oft zu hörendes Argument. Es ist aber ein oberflächliches Argument. Wenn es nicht weitere Gründe gebe, dann wäre es aus Sicht der Streitkräfte nicht klug, die jungen Soldatinnen und Soldaten studieren zu lassen. Dann würde man das Studium an das Ende der Dienstzeit legen, um davon zu profitieren, dass die jungen Menschen voller Tatendrang und Kraft sich zunächst ganz dem Soldatenhandwerk widmen und Erfüllung im Leben in der militärischen Gemeinschaft finden.

Aber offensichtlich verspricht man sich etwas davon, dass junge Offiziere erst nach dem Studium in größerem Umfang Führungsaufgaben wahrnehmen. Warum ist das so?

Offiziere als gebildete Menschen

Könnte es daran liegen, dass das Studium der Idee folgt, dass ein Offizier mehr ist als ein Vorgesetzter mit militärischem Sachverstand? Auch wenn schon vor der Gründung der Universitäten der Bundeswehr die Notwendigkeit einer akademischen Ausbildung von Offizieren auf der Grundlage der speziellen Bedürfnisse der Bundeswehr immer klarer hervortrat, spricht doch vieles dafür, dass auch übergeordnete Überlegungen eine Rolle spielten und nicht nur der praktische Mehrwert eines aufgrund der zunehmenden Technologisierung entsprechend studierten Offiziers den Ausschlag gab, dieselben studieren zu lassen. Das ist bemerkenswert, bleibt doch der Kern des Offizierberufs ein anderer: Die Menschenführung. Und so gesehen gibt es nur ein Studienfach, dass hierfür geeignet ist und komischerweise bisweilen hinter vorgehaltener Hand belächelt wird: die Pädagogik.

Die Notwendigkeit des Offizierberufs und ihre Daseinsberechtigung leiten Offiziere daraus ab, dass sie Menschen führen. Um diese Fähigkeit zu erwerben, scheint mir einem Studium der Luft- und Raumfahrttechnik, der Erwerb hoher Ingenieurskunst oder auch das Durchdringen der Staats- und Sozialwissenschaften nicht zwingend hilfreich und erst recht nicht notwendig. Es geht also offensichtlich um etwas anderes: Das Studium, so die Annahme, vermittelt Offizieren neben dem jeweiligen Fachwissen Kompetenzen in der Organisation und der Zusammenarbeit, es fördert kritisches Denken, gibt Raum für die persönliche Entwicklung und stärkt analytische Fähigkeiten sowie die Forschungskompetenz. All das sind wesentliche Elemente wissenschaftlichen Arbeitens.

Moltke hat aber nun gesagt: „Kriegsführen ist keine Wissenschaft, sondern eine Kunst." Erneut müssen wir Moltke widersprechen. Er selbst gehörte ja außerdem zu denen, die den Krieg selbst im preußischen Generalstab und auf der Kriegsakademie wissenschaftlich durchdacht haben.

Wir sind also der Überzeugung, dass der wissenschaftlich gebildete Offizier seinen vielfältigen Aufgaben besser gerecht werden kann. Aber ist das überhaupt so: Sind die Aufgaben des Offiziers so vielfältig? „Allem wozu Streitkräfte gebraucht werden, liegt die Idee des Gefechts zugrunde. Sonst würde man ja keine Streitkräfte gebrauchen", hat Clausewitz gesagt. Ist das ein provokanter Gedanke? Dieser so schlichte wie wahre Satz führt uns auf das zurück, wofür wir angehende Offiziere studieren lassen: Um im Gefecht ihre Truppe erfolgreich zu führen und siegreich zu bestehen. Wenn wir nicht der Überzeugung wären, dass der gebildete und studierte Offizier prinzipiell dieser Aufgabe besser gerecht wird, dann wäre die Universität wirklich nicht mehr als ein Attraktivitätsfaktor und übrigens auch eine teure Veranstaltung. Noch einmal: Dann wäre es zweckmäßiger, den ausscheidenden Offizieren ein ziviles Studium zu finanzieren und bei den Offizieren, die Berufssoldaten werden, ganz auf ein Studium zu verzichten. Und es ist ja bemerkenswert: Ich kenne niemanden, der das ernsthaft so sieht.

Die einzige Ausnahme mag der ein oder andere junge Mensch sein, interessanterweise sind es nach meiner Beobachtung nur Männer, die während des Studiums auch habituell zum Ausdruck bringen, dass sie oder er sich als „geborene Kriegsgötter" doch an der Universität eigentlich fehl am Platze wähnen. Ob die damit manchmal einhergehende Studienleistung auf mangelnden Intellekt oder mangelnde Haltung in der Pflicht zurückzuführen ist, kann hier nicht bewertet werden. Offenkundig ist aber, dass bei allen unterschiedlichen Anlagen, die wir Menschen mitbringen, hier doch ein Denkfehler vorliegt und die lebensjungen Kameraden ihren Clausewitz nicht verstanden haben. Aus dem genannten Zitat abgeleitet ergibt sich zwingend, dass nicht nur ein gut ausgebildeter, sondern nur ein umfangreich gebildeter Offizier den Ansprüchen, die der Dienst an ihn oder sie stellt, gerecht werden kann.

Wir reden von Bildung und nicht Ausbildung

Der Krieg ist also keine Kunst, die ja trotz allen Übens vor allem eine Sache des Talents ist. Der Krieg ist auch nicht Handwerk, das man allein durch eine Ausbildung erlernen kann. Der Krieg ist vielmehr eine Wissenschaft, die es zu durchdringen, zu verstehen gilt. Und das setzt eins voraus: Bildung. Bildung allerdings in einem heute durch Rationalisierung und Reformen nahezu unkenntlich gemachten Verständnis im Sinne Humboldts: Als Bildung des Herzens und des Charakters.

Folgte die Entscheidung Helmut Schmidts, Universitäten zu gründen, um junge Soldaten auf dem Weg zum Offizier studieren zu lassen, doch eher Clausewitz und nicht den Idealen der Bildungsreformen der 1960er Jahre? Clausewitz hat nämlich auch gesagt: „Militärisches Führertum beruht nicht auf rationalem Kalkül, spezialisiertem Fachwissen und technischer Routine, sondern auf hoher Geistigkeit, vereint mit Charakter und Seelenstärke."

Das verweist darauf, dass diejenigen, die als Offizieranwärterinnen und Offizieranwärter in die Streitkräfte eintreten, sich nicht für einen Beruf wie jeden anderen entschieden haben. Der Beruf des Offiziers ist ein Beruf sui generis. Das ergibt sich auch daraus, dass die Bundeswehr eben kein Unternehmen ist, auch wenn die Werbung manchmal anderes suggeriert.

Es kann sein, dass man an den Universitäten der Bundeswehr sowohl Lehrpersonal als auch Studentinnen und Studenten manchmal daran erinnern muss, dass sie bei aller Augenhöhe mit „zivilen" Universitäten in der wissenschaftlichen Qualität eben doch aus einem ganz anderen Grund studieren: Um Offiziere zu werden, um Menschen zu führen, um im Zweifel Frieden und Freiheit tapfer zu verteidigen. Doch woher stammt die Idee, nicht nur das Waffenhandwerk beherrschen zu müssen, sondern die Notwendigkeit zu sehen, über den Krieg und alle damit verbundenen Fragen nachdenken zu können und sie zu durchdringen?

Den Krieg denken und verstehen: Die Verwissenschaftlichung des Offizierkorps

Es kommt nicht von ungefähr, dass die meisten historischen Persönlichkeiten, die in der Bundeswehr traditionswürdig sind, militärische Denker sind: Clausewitz, Scharnhorst, Gneisenau, Moltke, von Hammerstein-Equord und vielleicht noch Seeckt. Hinzu treten die Väter der Inneren Führung: Heusinger, von Baudissin, Karst. Die Offiziere des 20. Juli 1944 werden für ihre Haltung und ihren Charakter geehrt und aufgrund ihrer Opferbereitschaft für die übergeordneten Ideen von Recht und Freiheit, auf die auch die Soldatinnen und Soldaten der Bundeswehr vereidigt werden.

Rommel ist der einzige Soldat in der Traditionspflege der Bundeswehr, der für den Kern des Soldatenberufs als traditionswürdig gilt: Die Fähigkeit, im Kampf zu bestehen. Und selbst Rommel hat sich zunächst als Autor einen Namen gemacht und war eben nicht nur Truppenführer, die neueste Forschung weist zudem seine Verbindungen zum Widerstand des 20. Juli 1944 nach. Wir haben also wenig Vorbilder, die nicht lange überlegen, sondern direkt handeln. „Deutsche Krieger", wie es Sönke Neitzel formuliert hat. Vielleicht ist das auch ein Grund, warum der Generalinspekteur auffallend oft Captain America zitiert und als Vorbild nennt.

Und stimmt das überhaupt: Ist die Fähigkeit zum Kampf der wesentliche Kern des Soldatenberufs? Oder gibt es hier vielleicht einen Unterschied zwischen dem Gefreiten und dem General? Mir scheint das zumindest mit Blick auf die deutsche Militärgeschichte eine fast rhetorische Frage.

Machen wir uns klar: Spätestens mit der Verbürgerlichung des Offizierkorps veränderte sich auch der Bildungsanspruch an den Offizier. Dem Bildungsbürgertum entsprachen der gebildete Offizier und erst recht der Reserveoffizier aus bürgerlichen Kreisen. Das Klischee des Offiziers, der als einzige Bücher nur die Bibel und das preußische Exerzierreglement las, war und ist bis heute eben genau das: ein Klischee.

Nach der Niederlage gegen Napoleon folgten die Reformen in den Jahren von 1807 bis 1815. Die Offizierbildung wurde neu gestaltet. Dies führte zur Schaffung einer systematischen Ausbildung der Offiziere und der Gründung von Militärakademien. 1810 war die Preußische Kriegsakademie in Berlin gegründet worden, die eine zentrale Rolle in der Ausbildung der Offiziere spielte. Diese Akademie konzentrierte sich auf die Ausbildung des Offiziersnachwuchses und die Entwicklung militärischer Theorie.

Mit den Reformen gingen oft neue Lehrmethoden und Inhalte einher. Mit den Reformen wurde die Ausbildung umfangreicher und umfasste auch wissenschaftliche Disziplinen sowie militärische Theorien. Zu nennen ist hier auch das Reformgesetz von 1860: Dieses Gesetz führte zu einer weiteren Professionalisierung der Armee und verbesserte die Ausbildung und den Werdegang von Offizieren, einschließlich klarerer Regelungen für die Beförderung.

Im Zuge der Industrialisierung geriet auch die technische Ausbildung und das Ingenieurswesen immer mehr in den Fokus und wurde fester Bestandteil der Bildung bei Offizieren. Es waren vor allem junge Männer aus bürgerlichen Familien, die sich den modernen Waffengattungen zuwandten, während Söhne aus adligen Familien in den Garden oder der Kavallerie dienten.

Was uns zu der Frage führt: Welche Offiziere gibt es?

Wir können es uns leicht machen und Kurt von Hammerstein-Equord, von 1930 bis 1933 Chef der Heeresleitung, erklärter Gegner Hitlers, zitieren: „Ich unterscheide vier Arten. Es gibt kluge, fleißige, dumme und faule Offiziere. Meist treffen zwei Eigenschaften zusammen. Die nächsten sind dumm und faul; sie machen in jeder Armee 90 % aus und sind für Routineaufgaben geeignet. Hüten muss man sich vor dem, der gleichzeitig dumm und fleißig ist; dem darf man keine Verantwortung übertragen, denn er wird immer nur Unheil anrichten. Die einen sind klug und fleißig, die müssen in den Generalstab. Wer klug ist und gleichzeitig faul, qualifiziert sich für die höchsten Führungsaufgaben, denn er bringt die geistige Klarheit und die Nervenstärke für schwere Entscheidungen mit."

Man munkelt, dass es Studentinnen und Studenten an den Universitäten der Bundeswehr gibt, die eine gewissen Perfektion darin entwickeln, mit möglichst geringem Aufwand die bestmögliche Note im Studium zu erlangen. Sind das diejenigen, die Hammerstein als qualifiziert für „höchste Führungsaufgaben" sieht?

Die Verachtung des gebildeten Offiziers

Es muss einmal gesagt werden: Es gibt eine ungute Tradition, die den gebildeten Offizier verächtlich macht. Auch deshalb habe ich mich so energisch gegen das Bild gewendet, der Offiziersberuf beruhe auf Handwerk oder künstlerischer Gabe. Er ist in seinem Wesen ein Beruf, der einer wissenschaftlichen Grundlage bedarf, wissenschaftliche Kompetenzen braucht, um ihm in seiner Komplexität gerecht zu werden.

Den Film „Der Untergang" haben die allermeisten gesehen. Es gibt eine zentrale Szene gegen Ende des Films. Hitler wird gemeldet, dass Steiner nicht wie befohlen angegriffen hat. Hitler – von Bruno Ganz genial gespielt – rastet komplett aus, wenn man es so salopp sagen darf: „Die gesamte Generalität ist nichts weiter als ein Haufen niederträchtiger treuloser Feiglinge. Die Generalität ist das Geschmeiß des deutschen Volkes. (...) Sie nennen sich Generale, weil sie Jahre auf Kriegsakademien zugebracht haben, nur um zu lernen wie man Messer und Gabel hält. (...) Ich hätte gut daran getan, vor Jahren alle höheren Offiziere liquidieren zu lassen wie Stalin. (...) Ich war nie auf einer Akademie und doch habe ich allein auf mich gestellt ganz Europa erobert."

Hitler, der sich selbst als Genie sah – was eine Ausbildung und Bildung bekanntlich obsolet macht –, äußert sich nicht erst im April 1945. Seine ablehnende Haltung gegenüber den gebildeten Offizieren der Reichswehr ist Legende. Darum müssen wir widersprechen, wenn heute Soldaten und vor allem Offiziere zu Handwerkern des Krieges erklärt werden. Wir wollen eben keine Kriegsgötter oder gar Söldner, sondern den „Miles Protector" oder auch den „Peacekeeper mit Gewaltanwendungspotential". Und ist das Studium ein Baustein, um dieses Ziel zu erreichen?

Welche Offiziere wollen wir?

Aber stellen wir uns noch einmal ernsthaft die Frage, was wir uns erhoffen von einem akademisch gebildeten Offizier? Neben der wissenschaftlichen Qualifikation steht vor allem die Idee der Persönlichkeitsbildung verbunden mit einem hohen Verantwortungsethos – für die eigene Person und auch für die Menschen, die ein Offizier führt. Dies scheint heute wichtiger denn je, denn unsere Gesellschaft ist vielfältiger, diverser, bunter als je zuvor. Und das stellt an den Offizier sicher höhere Anforderungen in der Führung von Menschen.

Der ehemalige Generalinspekteur Zorn hat einmal darauf hingewiesen, dass es einen Unterschied mache, als Oberleutnant einen Zug Wehrpflichtiger zu führen oder einen Zug, in dem vom Familienvater über den Einsatzveteranen bis hin zum Schulabsolventen, Männer und Frauen, Menschen unterschiedlichster Herkunft und sexueller Orientierung zusammenkommen. Die Individualität ist in unserer freien Gesellschaft ein hohes Gut und dennoch oder gerade deshalb muss ein Offizier eine militärische Gemeinschaft prägen. Das ist eine herausfordernde Aufgabe. Die Notwendigkeit von Zusammenhalt, den wir so oft in der Gesellschaft beschwören, ist hier überlebenswichtig. „Kollektivismus ist ebenso asiatisch-russisch wie die Persönlichkeit europäisch-preußisch ist", hat Wolf Graf von Baudissin gesagt. Hinzu kommt ein Staatsverständnis, das von Offizieren verlangt, aktiv für die freiheitliche demokratische Grundordnung einzutreten. Deutsche Offiziere sind nicht auf eine Person oder die Nation verpflichtet, sondern auf die staatliche Ordnung, die sich das deutsche Volk nach 1945 gewählt hat.

Generaloberst Ludwig Beck brachte diese Verantwortung, die man ohne Kant und die protestantische Ethik nur schwer verstehen kann, auf den Punkt: „Es ist ein Mangel an Größe und an Erkenntnis der Aufgabe, wenn ein Soldat in höchster Stellung in solchen Zeiten seine Pflichten und Aufgaben nur in dem begrenzten Rahmen seiner militärischen Aufträge sieht, ohne sich der höchsten Verantwortung vor dem gesamten Volke bewußt zu werden." Generalmajor Andreas Hannemann hat einmal gesagt: „Ich brauche keine Piloten. Ich brauche Offiziere, die fliegen können. Ich brauch keine Ingenieure. Ich brauche Offiziere, die Brücken bauen können."

In welche Bundeswehr treten heute studierte Offiziere ein?

„Der Moment ist für den Eintritt günstig. Das durch die Armeereorganisation sehr beträchtlich gesteigerte Bedürfnis an jungen Offizieren erleichtert die Annahme auch von Ausländern, und die Anforderungen an wissenschaftlicher Bildung oder wenigstens die Beurteilung der Leistung ist augenblicklich herabgesetzt." So hat es der junge Moltke erlebt, als er als junger Leutnant aus dänischen Diensten kommend in die preußische Armee eintrat.

Schauen wir noch einmal:

„Das Desinteresse mancher Politiker an Sachproblemen der Verteidigung und der Bundeswehr wirkt sich nachteilig aus."

„Die Struktur und zwangsläufige Schwerfälligkeit des Ministeriums steht im Kontrast zu den Grundforderungen militärischer Führung."

„Das Auseinanderfallen von Zuständigkeit und Verantwortlichkeit der Truppenvorgesetzten haben den Eindruck verfestigt, dass die Bundeswehr mehr verwaltet als geführt wird."

„Die Unsicherheit über die Zukunft und Zweifel an der Verteidigungsfähigkeit der NATO führten teilweise zur Resignation und vereinzelt zu Forderungen nach nationalen Lösungen. In dieser Lage wirkt es bedrückend, dass weder die Europabewegung Auftrieb erhält, noch das Vaterland als moralische Größe die notwendige Interpretation findet."

„Diese Aufgabe muss jedem Soldaten vor Augen stehen. Er ist nicht nur zum Abschrecken da, sondern zum Kämpfen, falls die Abschreckung versagt."

Diese Sätze stammen nicht aus dem Bericht der Wehrbeauftragten, der gerade veröffentlich wurde. Sie sind von Generalleutnant Albert Schnez vom Dezember 1969. Seine „Gedanken zur Verbesserung der inneren Ordnung des Heeres" hat er niedergeschrieben, da gab es die Helmut-Schmidt-Universität/Universität der Bundeswehr Hamburg noch nicht.

Zum Schluss bleibt für mich die Frage:

Was für Offiziere wollen die jungen Männer und Frauen sein? Welche Offiziere will die Universität in die Truppe „entlassen"?

Vor allem die Frage, welche Offiziere die jungen Leute sein wollen, halte ich für die wichtigste. Auch da mag sich jeder nach Belieben ein Vorbild suchen. Clausewitz passt wie immer gut: „Das Wissen muss ein Können werden."

Wenn junge Menschen die Universität verlassen, wissbegierig bleiben, Neues lernen und entdecken wollen. Dann ist das wissenschaftliche Neugier, wie man sie besser nicht verinnerlichen kann.

Oder auch Baudissin: „Der Soldat und insbesondere der Offizier wird nur dann innerhalb und außerhalb der Bundeswehr die notwendige Autorität erlangen, wenn er auch dann zur Wahrheit steht, wenn sie etwas kostet." Wahrhaftigkeit ist eine soldatische Tugend. Und die Wissenschaft ist der Wahrheit verpflichtet. Eine gute Mischung also!

„Ich würde die Vorschriften zitieren, aber ich weiß, Sie werden das einfach ignorieren." Spock

Nicht die Menschen sind für die Vorschriften da, sondern die Vorschriften für die Menschen. Ganz wichtig, dass sich das mal rumspricht. Ich denke, das beschreibt einen eher informellen Lernprozess, den man auch an der HSU/ UniBwH beobachten kann. Und letztlich gilt:

„Das ist es, was den Menschen ausmacht. Mehr aus sich zu machen als man ist." Jean Luc Picard

Danach sollten wir alle streben.

Schlussgedanke

Admiral Hans-Georg von der Marwitz hat einmal gesagt: „Die Universitäten der Bundeswehr schaffen durch ihre Ausbildungs- und Forschungsangebote eine Brücke zwischen Militär und Wissenschaft." Die heutige Preisverleihung zeigt, dass Offiziere wissenschaftliche Exzellenz „abliefern" können. Es zeigt auch, dass die Bundeswehr im Rahmen ihrer vielfältigen Bildungslandschaft gut daran tut, die besten Wissenschaftlerinnen und Wissenschaftler für ihre Universitäten in der Lehre zu begeistern. Und sie ist berufen, diejenigen unter den angehenden Offizieren, die das Zeug für eine entsprechende wissenschaftliche Laufbahn haben, darin zu bestärken, diesen Weg zu gehen und das auch in den Streitkräften zu tun, wo dies möglich ist.

Angesichts des dramatischen Wandels in der Welt, multipler Herausforderungen und akuter Krisen braucht die Bundeswehr dringend einen neuen Carl von Clausewitz, einen neuen Helmuth von Moltke oder Gerhard von Scharnhorst. Oder eben Nina Brandau. Ich gratuliere Ihnen noch einmal von Herzen. Der Universität gratuliere ich, dass sie diese Exzellenz hervorgebracht hat.

Und für die nun folgende Feier wünsche ich gute Stunden. Moltke würde sagen: „Das Zusammenstehen mit den Kameraden erfrischt." Wer mag dem widersprechen?

VIII Rezensionen

Benedikt Bußmann: Ethisch Denken in Zeiten von Krieg und Frieden. Grundlegung einer Theorie ethischer Bildung im Anspruch Innerer Führung, Berlin 2024

Claus von Rosen

Den Titel dieser Dissertations-Schrift von Hauptmann Bußmann muss man nicht nur sehr genau lesen, sondern sich auf der Zunge zergehen lassen. Denn es geht darin ganz praktisch um „ethisch Denken" – also um ein geistiges Handeln – und nicht (nur) um ethisches Denken – als ein wohlfeiles Gedankengut. Zum anderen ist die Arbeit höchst aktuell „in Zeiten von Krieg und Frieden", in denen wir uns eigentlich ständig und nicht erst seit knapp drei Jahren befinden. Dass dem so ist, ist auch höheren Ortes bewusst geworden, da 2024 – also während diese Dissertation entstand – das Bundesministerium der Verteidigung zum ersten mal eine Vorschrift „Ethische Bildung", die sogenannten A-2620/6, veröffentlicht hat. Beide Veröffentlichungen unterscheiden sich jedoch vollkommen in ihrem Grundanliegen; sie können sich bestenfalls ergänzen.

Bußmann verortet Ethische Bildung in Form von ethisch Denken zurecht in das Führungsgrundgebiet der Inneren Führung. Dazu geht er bis an die frühen Wurzeln der Inneren Führung, wie sie bereits zu Anfang der Bundeswehr gelegt worden waren. Während Baudissin damals ethisch Denken im Rahmen von zunächst christlich protestantisch geprägter Religiosität verstand und in Form von Militär-Seelsorge als wesentlichen Teil in die Gedanken der Inneren Führung aufnahm, ist ethisch Denken inzwischen nicht nur überkonfessionell, sondern interreligiös und auch auf atheistische Weise zu verstehen, wie dies z.B. aus Sicht auf die Weltreligionen von dem katholischen Theologen Hans Küng im Weltethos vertreten wurde.

Bußmann nähert sich der Frage nach einer Theorie ethischer Bildung anhand von Grundlagen für eine Metaethik. Damit öffnet er dem Leser die gedankliche akademische Tiefe, derer es bedarf, um Innere Führung-Denken praktisch möglich zu machen und werden zu lassen. Zwei Aspekte erhalten dabei zentrale Bedeutung für das Verstehen von Innerer Führung und deren Umsetzung in die Praxis ethischer Bildung: Zum einen Baudissins Verständnis von konflikt- und friedensfähiger Mitmenschlichkeit als Wesenskern, wie dies bereits im Handbuch Innere Führung von 1957 angesprochen war, sowie zum anderen die Frage nach den normativen Herausforderungen an das ethisch Denken und Moral im Rahmen und als Fundamente ethischer Bildung. Damit kann Bußmann einen prozessorientierten übergeordneten Entwurf für die Innere Führung der Bundeswehr im Sinne einer Theorie ethischer Bildung entwerfen, „um neue Wege der Problembewältigung" in Form von „Bildung als Prozess" zur „Formung einer Haltung" anzubieten, wobei es nicht (mehr) um Kumulation von Wissen geht, sondern um die Veränderung des Welt-Selbstverhältnisses von Subjekten. Die dafür bereits von Baudissin eingeführten Begriffe „Selbstlernen", Liebe und später auch Empathie erhalten dabei wieder Bedeutung.

Sarotte, Mary Elise, Nicht einen Schritt weiter nach Osten. Amerika, Russland und die wahre Geschichte der Nato-Osterweiterung, C. H. Beck, München, 2023 (4. Aufl. 2024). Aus dem Englischen von Martin Richter.

Peter Buchner[1]

Während russische Truppen in der Ukraine intervenierten, schrieb die amerikanische Historikerin Mary Elise Sarotte das einleitende Kapitel zur deutschen Übersetzung ihrer bereits vor Kriegsbeginn erschienenen Studie „Not one Inch". Angetrieben war die Aktivität von der Vermutung, dass Putin den 30. Jahrestag des Zusammenbruchs der Sowjetunion (21.12.2021) nicht ohne gewaltsame Geste verstreichen lassen wird. Tatsächlich versuchte er sich jedoch zu seinem 70. Geburtstag (7.10.22) die Ukraine zu schenken. Dieser Blickwinkel und die damit verknüpften politischen Implikationen stilisieren das Buch zur Pflichtlektüre eines auf Innerer Führung basierten sicherheitspolitischen Verständnisses der heute zu beobachtenden Entwicklungen.

Sarotte fasst die Ergebnisse ihrer Untersuchungen über die Beziehungen zwischen Russland und dem Westen zusammen. Für die ursprünglich englischsprachige Publikation (12/21 in USA, 02/22 in England) wählte sie genau diesen Jahrestag. Die deutsche Übersetzung, ergänzt um ein Vorwort mit dem Titel Genealogie der Gegenwart, folgte nach Kriegsbeginn. Diese Klammer um den Kriegsbeginn macht die Studie sicherheitspolitisch so interessant. Geht es doch um nicht weniger als um die wahre Geschichte der Nato-Osterweiterung. Und die war bekanntlich aus der Perspektive des Westens völlig legitim, während Putins Narrativ darauf aufbauend darin einen Kriegsgrund sieht.

---

[1] Bewertungen spiegeln die Auffassung des Verfassers wider.

Konkret interessiert Sarotte „[d]er Kampf um die Zukunft Europas nach dem Kalten Krieg". Dieser Kampf wurde aber von US-Außenminister Baker gar nicht als Auseinandersetzung, sondern als Deal angelegt. Um Gorbatschow zu überzeugen, seine Macht in Form von Hunderttausenden von Sowjetsoldaten in Ostdeutschland aufzugeben, schlug er den titelgebenden und bis heute im Gerede stehenden Handel vor: Was wäre, wenn ihr euren Teil Deutschlands freigeben würdet, und wir zustimmen, dass die NATO «sich nicht einen Schritt weiter nach Osten von ihrer jetzigen Position verschiebt?» Schriftlich dokumentiert ist das als Quelle in seinem Brief an Bundeskanzler Kohl. Nun fragt Sarotte, wie es eigentlich passieren konnte, dass dieses gegenseitige Vertrauen fast völlig verschwinden konnte.

Nach dem Vorwort zur deutschen Ausgabe und einer Einleitung gliedert Sarotte ihre Ergebnisse in drei Abschnitte. Sie erfasst die Phasen von 1989 bis 92, von 1993 bis 94 und schließlich die Entwicklung zwischen 1995 und 99. In jeder Phase nutzt sie eine eigene Erzählung als narrativen Faden für die geordnete Darstellung des umfangreichen Materials.

Unter dem Titel „Ernte und Sturm" behandelt sie die Frage im Lichte der deutschen Wiedervereinigung. Und Helmut Kohl brachte seine Ernte ein. Daneben stand stets die Frage der verbliebenen Atomwaffen als Fokus amerikanischer Blicke.

Beim Lesen kann man sich des Eindrucks schwer erwehren, dass in dieser Zeit der ehrliche Makler Gorbatschow auf unterschiedliche eigennützige Opportunisten traf. Die Worte von US-Präsident Bush jedenfalls, „zum Teufel damit", zeigen das geringe Interesse Washingtons an einem Kompromiss mit Russland über die Zukunft der NATO. US-Interesse war es, in Europa Einfluss zu behalten und die Atomwaffen unter Kontrolle zu bringen, die EG wollte weiter Reichtum schöpfen, Deutschland vollendete seine Wiedervereinigung und die osteuropäischen Länder strebten die Aufnahme in der NATO an. Sie wollten damit schließlich nicht mehr als das bereits seit 1975 in der Schlussakte von Helsinki explizit erwähnte und verbriefte Recht einlösen, ihre Bündniszugehörigkeit souverän zu bestimmen. Und das sollte schließlich ihrer Sicherheit, und zwar vor Russland, dienen. Das macht beispielsweise Walesas Bild vom ‹einzusperrenden Bären› deutlich. Aber auch die durchgängige Siegerrhetorik vermittelt dies.

Phase 2 ist durch die Männerfreundschaft gekennzeichnet. „Boris und Bill [...] entwickelten das engste Verhältnis, das je zwischen einem russischen und einem amerikanischen Staatschef bestand". Getrübt war ihre Freundschaft von realpolitischen Zwängen. Sorge galt den Zerfallsprodukten von SU und WP. Jelzins

Zug in den Tschetschenienkrieg machte es dem Westen nicht leicht. Die Sezessionskriege im ehemaligen Jugoslawien machten die Werte-Kollision zwischen slawischer Bruderschaft und europäisch-abendländischen Wertvorstellungen deutlich. Bill und Boris hätten dies lösen müssen.

Mit Partnership for Peace lag eine Lösung auf dem Tisch, aber nicht im Interesse, wahrscheinlich nicht einmal im Sehkreis der (Neo-)Realisten in Amerika. Das führte in dieser Periode zur Aufgabe der Idee, mit der klammheimlich auch der Slogan „von Vancouver bis Wladiwostok" einer (neo-)realistischen sicherheitspolitischen Tektonik übereignet wird. Kurzum, Frieden für Europa wird nationalen Zielen, kaschiert in unveräußerlichen Interessen – als sinnschwerer Ausdruck dieser (neo-)realistischen Politik – geopfert.

Unter der Überschrift Frost beschreibt Sarotte dann wie Clinton einerseits eine aggressivere Haltung für die NATO-Erweiterung einnimmt und wie der Jugoslawienkrieg angesichts des Grauens im Kosovo für die Auseinandersetzung mit Russland sorgt. Und ganz nebenbei beschließen die Westeuropäer, dass Russland entgegen früherer Parolen niemals der EU beitreten wird, so wie überhaupt der EU, die Frieden für die Erbfeinde gebracht hat, der Rücken frei gehalten wird zu Lasten einer Erweiterungspolitik der NATO. Wohlstand, so der Eindruck, bekommt Oberwasser über Frieden und Sicherheit. Auf der anderen Seite gewinnen die reaktionären Kräfte mit dem Aufstieg Putins die Oberhand. Am Ende ist die NATO in der Erweiterung, Russland brüskiert und der Frieden in Gefahr.

Für das Schlusskapitel bemüht Sarotte das Bild eines Sperrhebels, der Bewegungen nur in eine Richtung zulässt und mit jeder Drehung politische Optionen ausschließt. Dazu vollzieht sie die drei Schließbewegungen minutiös nach. Am Ende gewinnt zwar Washington den Kampf mit Moskau in den 1990er Jahren, verliert aber die Option der Zusammenarbeit. Eine Dynamik bleibender Kooperation etablierte sich nicht. Wenn also der Westen, die NATO und die USA den Kalten Krieg gewonnen haben, so haben sie das große Spiel in Europa, stabile Kooperation in friedvollem Milieu verloren. Am Ende ihrer Geschichte ist Putin als Nachfolger Jelzins an die Macht gespült, der seinen Groll über den Verlust Russlands „unter Verwendung einer modifizierten Geschichte der 1990er Jahre" konsolidiert und „die NATO-Entscheidung jener Jahre zum Ausbau militärischer Einrichtungen an unseren Grenzen als Rechtfertigung für erneutes Blutvergießen" nutzen wird.

Geradezu mit erhobenem Zeigefinger merkt Sarotte an, dass es den Amerikanern nach dem Zweiten Weltkrieg gelungen war, mit früheren Gegnern zusammenzuarbeiten und sie zu langfristigen Verbündeten zu machen. Das ist eine institutionelle Perspektive Internationaler Beziehungen. Es ist das, was die deutsche Außenpolitik oft begleitet von teils heftiger Kritik lange Zeit angetrieben hatte.

Sarotte legt nicht nur eine spannende, sondern auch lehrreiche Studie akribischer Quellenarbeit vor. Sie liefert ein in-vivo-Werk zur Zeitgeschichte und eine spannende Lektüre für Zeitzeugen, die jetzt mit der Bearbeitung der Folgen beaufschlagt sind. Was einzelne Bewertungen betrifft, scheint sie sich ihrer Ergebnisse nicht immer sicher zu sein. Dass sich Russland von der NATO als Militärbündnis bedroht fühlt, wenn sie an das Imperium heranrückt, scheint mir nachvollziehbar.

Wenn sie sich in ihrem Vorwort zur deutschen Ausgabe erklärt, dass sie nicht gegen die Vergrößerung der NATO sei, dann sind die Belege für ihre politische Positionierung eher dünn und wirken auf mich als Besänftigung für den deutschen Diskurs. Hier hätte die Anordnung der Ergebnisse nach für und wider einen hilfreichen Abschluss ermöglicht. Das wäre gleichzeitig eine lehrreiche Stoffsammlung für Innere Führung, wenn allerorts die Kriegstüchtigkeit in den Vordergrund rückt und der Soldat für den Frieden zusehends in Vergessenheit gerät. Da wäre dann auch zu diskutieren, wieviel das diplomatische Wort wert ist, wenn der suggerierte Deal zum Kampf mutiert. Sache der Historikerin ist das nicht. Darüber müsste sich Innere Führung Gedanken machen.

„Frauen im Kriegsdienst 1914-1945" von Ursula von Gersdorff
Nora Juliane Lucia Bach-Sliwinski

Die wissenschaftliche Abhandlung mit dem unaufgeregten Titel „Frauen im Kriegsdienst 1914-1945" erschien 1969 in der Deutschen Verlags-Anstalt. Die Autorin, Ursula von Gersdorff (1910-1983), Tochter des bekannten Kunsthistorikers Wilhelm Waetzoldt (1880-1945), war eine der ersten deutschen Militärhistorikerinnen. Ihre Studie gilt zu dem „bisher wenig beachteten Teilaspekt beider Weltkriege"[2] als eine der ersten ausführlichen Untersuchungen in der Frauen- und Geschlechterforschung.
Im Rahmen der Schriftenreihe ‚Beiträge zur Militär- und Kriegsgeschichte' des 1957 gegründeten Militärgeschichtlichen Forschungsamtes (MGFA), die es sich

---

[2] von Gersdorff, U.: Frauen, Stuttgart, 1969, S. 7.

zur Aufgabe gemacht hatte, den „Zweiten Weltkrieg in seiner Totalität"[3] zu erfassen, schildert von Gersdorff den Einsatz deutscher Frauen in den beiden Weltkriegen. Das MGFA gehörte zu den „ältesten Forschungseinrichtungen"[4] im Geschäftsbereich des BMVg. Doch die Thematik und das Problematisieren von frauen- und geschlechtergeschichtlichen Perspektiven unter akademischen Gesichtspunkten galt in den 1960er Jahren noch als ein Novum, insbesondere in der Militärgeschichte: Dieser Fachbereich konzentrierte sich zwar „auf die männlichen Akteure"[5], reflektierte jedoch nicht, „welche geschlechterhistorischen Implikationen damit verbunden sind."[6]

Ein möglicher Grund könnte die damals androzentrisch dominierte Geschichtsschreibung sein. Umso bemerkenswerter war von Gersdorffs Vorstoß, die Veröffentlichung einer so umfangreichen akademisch-historischen Studie zu wagen. Sie lieferte mit ihrer etwa 100-seitigen Darstellung erstmals überhaupt wesentliche Erkenntnisse zur historischen Frauenforschung. Diese „Lücke in der Geschichtsschreibung"[7] umreißt sie mittels einer dreigeteilten Gliederung: Den Einsatz der Frauen während des Ersten Weltkrieges, den zwischen den Weltkriegen, den während des Zweiten Weltkrieges und schließt mit dem Exkurs ‚Frauen in ausländischen Streitkräften'. Dabei folgt dieser Exkurs keiner festgelegten Struktur; ein Vergleich zur deutschen Situation sowie zwischen den ausgewählten Streitkräften unterbleibt. Das Kapitel darf als kurzer Gesamtüberblick über ausgewählte Nationen[8] betrachtet werden, der den Blick erweitert und keiner zusätzlichen Einordnung bedarf.

Die Untersuchung sieht keine Interpretation des Materials vor. Von Gersdorffs Ansatz richtet sich vielmehr auf die historische Darstellung und Präsentation ihrer gesammelten Materialien an Reprints historischer Quelltexte, -fotografien und Originaldokumente. Das besonders Beeindruckende ist von Gersdorffs hoher Anspruch an Akribie und Präzision, den sie in ihrer Untersuchung an den Tag gelegt hat: Erstmals wurden in dieser Darstellung die „wichtigsten erhaltenen deutschen Dokumente über den mittelbaren und unmittelbaren

---

[3] Ebd.

[4] Hagemann, K.: Militärgeschichte, Wien, 2001, S. 146.

[5] Vgl. Hartung, F./Kemper, C.: Militär, Chemnitz, 2023.

[6] Ebd.

[7] von Gersdorff, U.: Frauen, Stuttgart, 1969, S. 7.

[8] USA, Großbritannien, Niederlande, Schweden, Dänemark, Norwegen, Schweiz, Israel, Sowjetunion.

Ebd., S. 78-91.

Kriegseinsatz von Frauen auf deutscher Seite in zwei Weltkriegen"[9] abgedruckt. Dies spiegelt sich sowohl in ihrer detaillierten Bibliographie als auch ihrer umfangreichen Quellensammlung auf über 400 Seiten wider.

Wie der gewählte Titel der Studie vermuten lässt, stellen die Jahre 1914-1945 Schlüsseljahre für die damaligen Frauengenerationen dar. Krieg im Generellen nimmt eine Katapult-Funktion auch für die Frauenbewegung ein: Von Gersdorff bewertet ihn als „Bewährungsprobe"[10] sowie als „Schrittmacher ihrer Gleichberechtigung"[11]. So belastete beispielsweise die Aufstellung der Millionenheere die Wirtschaft und Industrie derart, dass zur Kompensation der fehlenden Arbeitskräfte ein „Masseneinsatz von Frauen"[12] nötig wurde. Die tatsächliche Mobilisierung von Frauen begann allerdings erst im Jahr 1916, da der Bedarf falsch eingeschätzt worden war. Die Diskussion über die Dienstpflicht von Frauen in den Jahren 1890 bis 1917 und den damit einhergehenden Widerstand sieht von Gersdorff als ein Beispiel für die schleppende Gleichberechtigung. Blickt man auf gegenwärtige Diskussionen, hat man das Gefühl, dass noch einige Überzeugungsarbeit für die Gleichstellung von Frau und Mann zu leisten ist. Auch heute noch besteht in Deutschland unverändert große Meinungsverschiedenheit, ob bei einer Aktivierung der Wehrpflicht Frauen ebenfalls verpflichtet werden sollten oder nicht.[13]

Die Autorin betrachtet am Rande ihrer Studie auch die Geschlechterrolle der Frau. Im Nationalsozialismus habe, so von Gersdorff, das propagierte Bild der „Hüterin der Familie, beschränkt auf Küche und Kinder"[14], die Rolle der Frau geprägt. Doch dieses Bild konnte in der Totalität des Zweiten Weltkrieges nicht aufrecht erhalten werden: „der Not gehorchend"[15], wurden Millionen von Frauen in der Industrie, Wirtschaft, Verwaltung, Landwirtschaft und in den Streitkräften eingesetzt, wofür die erforderlichen gesetzlichen und organisatorischen Voraussetzungen allerdings oftmals fehlten. Improvisationskunst rückte an die Stelle von Effektivität und Weitsichtigkeit.

In einem sachlich versierten, neutralen Stil beschreibt von Gersdorff den vielseitigen Einsatz deutscher Frauen. Die Historikerin verzichtet zugunsten eines gut lesbaren Textes auf komplexe Satzkonstruktionen. Dabei bleibt sie sehr

---

[9] Ebd., Umschlag.
[10] Ebd., S. 10.
[11] Ebd.
[12] Ebd., S. 11.
[13] Vgl. Ebd., S. 9-14, 43ff., 75ff.
[14] Ebd., S. 13.
[15] Ebd.

368

zielgerichtet, nur in wenigen Fällen erlaubt sie sich eine Beurteilung, indem sie Wertungen[16] zulässt, die ihren Missmut über die fehlende Reflexion von historischen Geschlechterrollen zur damaligen Zeit vermuten lassen könnten. Auch in ihrer Zusammenfassung mag man einen leichten emotionalen Ausbruch vermuten, wenn sie umgangssprachliche Worte bewusst[17] oder gesellschaftliche Stereotypisierungen in Anführungsstrichen[18] markiert. Dabei verliert sich die Historikerin nicht in einer komplexen Analyse, die sie von Anfang an ausschloss, sondern konzentriert sich vielmehr auf die Präsentation der historischen Fakten.

Von Gersdorffs Erkenntnisse vom Ende der 1960er Jahre gewinnen heute angesichts der globalen sicherheitspolitischen Krisenlage eine bedrückende Aktualität. Vorausschauendes Planen und Handeln müsste sich stärker über ignorante Meinungsbilder und eine von Individualinteressen verleitete Selbsttäuschung hinwegsetzen. Anders ist eine wirkungsvolle Organisation und zielführende Koordination der bekannten Planungsgrößen – Kräfte, Raum, Zeit, Information – kaum möglich. Spätestens seit von Gersdorffs Studie ist die Debatte überholt: Frauen haben auf allen relevanten Feldern längst bewiesen, dass sie „körperlich nicht weniger ausdauernd und belastbar, geistig nicht weniger beweglich und intelligent sind als Männer"[19].

Ob und inwieweit sich die Ursache dieser fehlenden Umsetzung von Erkenntnissen möglicherweise auf ein gesamtgesellschaftliches Geschlechtsrollenstress-Trauma zurückführen ließe, wäre an anderer Stelle zu untersuchen. Hierfür wäre beispielsweise eine Festschrift zur Vergegenwärtigung der weiblichen Rolle in den deutschen Streitkräften anlässlich des anstehenden 25-jährigen Jubiläums der Öffnung aller Laufbahnen für freiwillig dienende Frauen in der Bundeswehr vorstellbar.

Von Gersdorff stellt in „Frauen im Kriegsdienst 1914-1945" auch sozio-politische Zusammenhänge in Hinblick auf die „Veränderung der Stellung der Frau in der Gesellschaft und militärischem Bereich"[20] dar und schlussfolgert aus ihren

---

[16] Bspw.: „(…) zunehmend katastrophalen Ersatzlage (…)"; „Es gelang ihm, gleichsam aus dem Nichts heraus, Frauen für diesen rein militärischen Dienst zu verpflichten."; „(…) wurde dann diese weibliche Nachrichtenabteilung tatsächlich eingesetzt. Offenbar mit Erfolg, wie sich (…)" oder „Hitlers banaler und einseitiger Begriff von der Frau (…)" Ebd., S. 30, 33, 41.

[17] Bspw. „verplant". Vgl. Ebd., S. 74.

[18] Bspw.: „Frauenaspekt"; „frauliche Aufgaben"; „männlich"; „weiblichen Elementes". Vgl. Ebd., S. 74, 75, 77.

[19] Ebd., S. 76.

[20] Ebd., Umschlag.

Forschungserkenntnissen, „dass [Frauen] selbst eine sachgerechte Tätigkeit bei den Streitkräften ‚männlich‘ ausführen können“[21]. Die Autorin erlaubt sich, möglicherweise ob der historischen Versiertheit und Disziplin, auch hier keinen überbordenden, kritischen Einwand – dürfte man doch berechtigterweise die Frage stellen, inwiefern sich männliches Dienen vom weiblichen unterscheidet. Doch von Gersdorff bleibt souverän und ihrem Stil treu und begnügt sich anstelle einer persönlichen Kommentierung mit dezenten Anführungszeichen.

„Frauen im Kriegsdienst 1914-1945“ gilt heute zu Recht als historisches Standardwerk für die historische Frauenforschung: Mit ihrer detailreichen Studie liefert von Gersdorff einen maßgeblichen Beitrag zur Wahrnehmung und Wertschätzung des unverzichtbaren Einsatzes von Frauen in der Zeit der Weltkriege. Weder davor noch danach wurde eine ansatzweise vergleichbare Studie veröffentlicht. Vorherige Schriften befassten sich außerhalb des wissenschaftlichen Niveaus im Bereich der Sozial- oder auch feministischen Populärwissenschaft mit diesen Inhalten.

Generell scheint das Thema noch heute eher gemieden zu werden. Die Rekonstruktion der Geschichte der Frauen ist aber essenziell, um ihre Bedeutung für Entwicklung in der Geschichte zu verstehen und aus ihr Erkenntnisse für die Zukunft zu ziehen. Nur eine detaillierte Aufbereitung und Auswertung aller Fakten und Erkenntnisse in dieser leider in Teilen immer noch existenten „Informationslücke hinsichtlich des ‚weiblichen Elementes‘“[22] in den Weltkriegen kann eine vollumfängliche Gesamtanalyse der Weltkriege in der erforderlichen Betrachtungsbreite leisten.

Erst in den späten 1980er und frühen 1990er Jahren wurde die historische Frauenforschung Teil der Geschlechtergeschichte. Neben der Betrachtung von sozial- und wirtschaftshistorischen Forschungsfragen traten nun auch alltags- und kulturhistorische Themen in den Fokus des wissenschaftlichen Diskurses. Auch das ‚Zentrum für Militärgeschichte und Sozialwissenschaften der Bundeswehr‘ signalisiert mit Veranstaltungsprojekten wie beispielsweise zum Thema *„Masculinities, Militaries, and Mass Violence in Transition“*, dass die Thematik nunmehr Gegenstand aktueller Geschichtsforschung ist. Doch im Kontext der ‚Inneren Führung‘ wären weitere Fragen zu erörtern, wie: Warum hat das damalige Kriegsbild des permanenten Weltbürgerkrieges nicht dazu geführt, die Rolle der Frau stärker in den Blick zu nehmen? Oder: Wenn die Wehrmacht als verbrecherische

---

[21] Ebd., S. 76.
[22] Ebd., S. 77.

Organisation zur Erfüllung eines Vernichtungskrieges nicht traditionswürdig ist, gilt das dann auch für die Frauen in Uniform?

Auch bei der Beurteilung der Kriegstüchtigkeit der Bundeswehr müssen die richtigen Folgerungen aus der Militärgeschichte gezogen und konsequent umgesetzt werden. Dass 2000 das Urteil des Europäischen Gerichtshofs zu Tanja Kreils Gleichberechtigungsklage als Erfolg verkauft wurde – überhaupt als Anstoß der öffentlichen Diskussion nötig war – dürfte nach der Lektüre der hier besprochenen Studie eigentlich nur Kopfschütteln verursachen.

Die Gründe für diese strategische Kommunikation könnte beispielsweise ebenfalls in der oben angedachten Festschrift detailliert analysiert werden, denn bis heute scheint es trotz des 13-prozentigen Frauenanteils in den Streitkräften immer noch eine Besonderheit zu sein, wenn Frauen in den von männerdominierten Streitkräften ihren Dienst verrichten. Die Bundeswehr ist bestrebt, mehr Frauen einzustellen. Aber auch seitens der Frauen ist die Begeisterung, sich freiwillig zu melden, immer noch verhalten und von Skepsis[23] geprägt. Auch hierfür dürften die Gründe vielfältig sein, aber dass eine Tendenz in Richtung ‚Küche, Kinder, Haushalt‘ immer noch propagiert wird und sogenannte Rollenbilder von ‚Tradwifes‘ in den sozialen Medien immer noch Zuspruch erfahren, könnte auch für die geringen Bewerberinnenzahlen sprechen.

Von Gersdorff bestätigt mit ihrer frühen Studie eindrucksvoll, dass die Lehrhaftigkeit historischer Erfahrungen und die daraus erwachsende Verantwortung nicht durch Schwarzweiß-Betrachtung im Sinne einer von Ignoranz geprägten rein ‚männlichen‘ oder ‚weiblichen‘ Begründbarkeit getrübt werden darf. Nur ein ständiges Hinterfragen aller sozio-politischen Zusammenhänge führt zu umfassendem historischem Verständnis. Von Gersdorff bringt es auf den Punkt: „Die Weltkriege schieden nicht zwischen Männern und Frauen, der moderne Krieg scheidet nicht einmal mehr zwischen Kombattanten und Nichtkombattanten, zwischen Front und Heimat, zwischen zivilem und militärischem Bereich.“[24]

2023 wurde der zentrale Lesesaal im Zentrum für Militärgeschichte und Sozialwissenschaften der Bundeswehr verdienterweise nach Ursula von Gersdorff benannt.[25] Die Würdigung ihrer Leistungen als Historikerin und ihres Engagements für die Rolle und Bedeutung der Frauen im Militär sollte nicht darauf

---

[23] Vgl.: „Mich würde das eher abschrecken, dass ich als Soldatin im kämpferischen Bereich wäre. Ich glaube, ich habe ein bisschen Angst davor.“
Belousova, K./Metzger, N./Stoll, U./Strompen, M.: Frauenfrage, Mainz, 2024.
[24] von Gersdorff, U.: Frauen, Stuttgart, 1969, S. 77.
[25] Vgl. ZMSBw: Lesesaals, 2023.

beschränkt bleiben. Die aufmerksame Lektüre ihrer Studie zu den Frauen im Kriegsdienst könnte dazu einen guten Beitrag leisten.

Das Zentrum für Militärgeschichte und Sozialwissenschaften der Bundeswehr hat jedenfalls die Bedeutung dieses Forschungszweiges und die lange bestehende „Geschlechterblindheit" in der Geschichtswissenschaft erkannt. Im Rahmen des internationalen ‚Forschungsverbunds Militär, Krieg und Geschlecht / Diversität' (MKGD) wird vom 22. bis zum 23. Januar 2026 am Zentrum für Militärgeschichte und Sozialwissenschaften der Bundeswehr die zweite internationale MKGD-Tagung stattfinden. Thema ist „Masculinities, Militaries, and Mass Violence in Transition".

Literatur

Belousova, K./Metzger, N./Stoll, U./Strompen, M. [Frauenfrage]: Die Dienstpflicht und die Frauenfrage – Personalmangel bei der Bundeswehr. In: Zweites Deutsches Fernsehen, Mainz, 2024, https://www.zdf.de/nachrichten/politik/deutschland/bundeswehr-dienstpflicht-frauen-100.html, abgerufen: 08.03.25.

von Gersdorff, Ursula [Frauen]: Frauen im Kriegsdienst 1914-1945, Stuttgart, 1969.

Hagemann, Karen [Militärgeschichte]: Von Männern, Frauen und der Militärgeschichte. In: L' homme: Zeitschrift für feministische Geschichtswissenschaft, Jg. 12 Nr. 1, S. 144-153, Wien, 2001, https://doi.org/10.25595/1036, abgerufen: 08.03.25.

Hartung, Friederike/Kemper, Claudia [Militär]: Einleitung zum Themenschwerpunkt "Militär, Krieg und Geschlecht" – Mehr Geschlechtergeschichte des Militärischen wagen. In: Portal Militärgeschichte, Chemnitz, 2023, https://doi.org/10.15500/akm.06.11.2023b, abgerufen: 08.03.25.

Zentrum für Militärgeschichte und Sozialwissenschaften der Bundeswehr (ZMSBw) [Lesesaal]: Einladung – Feierliche Benennung des Lesesaals nach Dr. Ursula von Gersdorff, Potsdam, 2023, https://zms.bundeswehr.de/resource/blob /5535914/484543295d855fa4b9c37498e 6a0dbd7/umbenennung-lesesaal-data.pdf, abgerufen: 16.02.25.

Autorinnen und Autoren

Bach-Sliwinski, Nora Juliane Lucia, Dr., Major, Kompaniechefin einer Stabs- und Unterstützungskompanie.

Beckmann, Klaus, Dr. theol., Pfarrer und Kirchenhistoriker, ab 2011 Militärseelsorger, ab 2017 Persönlicher Referent des Evangelischen Militärbischofs, seit 2020 Pfarrer im Schuldienst, seit 2024 zusätzlich Gefängnisseelsorger im Nebenamt.

Biehl, Heiko, Dr., Forschungsbereichsleiter am Zentrum für Militärgeschichte und Sozialwissenschaften der Bundeswehr (ZMSBw) in Potsdam.

Bohnert, Marcel, Dipl.-Päd., M.A. ist Oberstleutnant im Generalstabsdienst der Bundeswehr und stellvertretender Vorsitzender des Deutschen Bundeswehr-Verbandes.

Buchner, Peter, Fregattenkapitän, Dozent Zentrum Innere Führung, Koblenz.

Elbe, Martin (Prof. Dr., Dipl.-Kfm., Dipl.-Soz.) forscht am Zentrum für Militärgeschichte und Sozialwissenschaften der Bundeswehr. Von 2017 bis 2024 war er Vorsitzender des Vorstands des Arbeitskreises Militär und Sozialwissenschaften (AMS).

Feilen, Timo, ist wissenschaftlicher Mitarbeiter für Politikwissenschaft (Schwerpunkt Politische Theorie) an der Universität Passau.

Freudenberg, Dirk, Dr. Dr., Oberst d.R., Bundesakademie für Bevölkerungsschutz und Zivile Verteidigung.

Graf, Timo, Dr., Wissenschaftlicher Oberrat am Zentrum für Militärgeschichte und Sozialwissenschaften der Bundeswehr (ZMSBw) in Potsdam.

Groitl, Gerlinde, Prof. Dr., Politikwissenschaftlerin (Internationale Politik) an der Universität Regensburg.

Grosse, Cornelia Juliane, Wissenschaftliche Oberrätin am Zentrum für Militärgeschichte und Sozialwissenschaften der Bundeswehr (ZMSBw) in Potsdam.

Hammerich, Helmut R., Dr., Oberstleutnant, Projektbereichsleiter Einsatzunterstützung im Zentrum für Militärgeschichte und Sozialwissenschaften der Bundeswehr (ZMSBw) in Potsdam.

Hartmann, Uwe, Dr. phil., Oberst a.D.

Holz, Nicolas, Oberstleutnant i.G., Operatives Führungskommando der Bundeswehr.

Janke, Reinhold, Oberst a.D., Philologe und Dozent.

Leonhard, Nina, PD Dr. habil., Wissenschaftliche Direktorin am Zentrum für Militärgeschichte und Sozialwissenschaften der Bundeswehr (ZMSBw) in Potsdam.

Möllers, Heiner, Dr., Oberstleutnant, Historiker am Zentrum für Militärgeschichte und Sozialwissenschaften der Bundeswehr (ZMSBw) in Potsdam.

Nilgen Alvarez, Fabio, M.Sc., Kapitänleutnant, Leiter einer Studierendenfachbereichsgruppe an der Helmut-Schmidt-Universität / Universität der Bundeswehr Hamburg.

Peischel, Wolfgang, MMag. Dr. habil. PhD, Brigadier i.R. des österreichischen Bundesheeres.

Reese, Martin, Oberstleutnant, Militärhistoriker am Zentrum für Militärgeschichte und Sozialwissenschaften der Bundeswehr (ZMSBw) in Potsdam.

Richter, Gregor, Dr., Dipl.-Soz., Projektleiter im Forschungsbereich Militärsoziologie am Zentrum für Militärgeschichte und Sozialwissenschaften der Bundeswehr in Potsdam.

Rosen, Claus von, Prof. Dr., Oberstleutnant a.D., Leiter des Baudissin Dokumentation Zentrum bei der Führungsakademie der Bundeswehr, Lehrbeauftragter für Wehr-Pädagogik am Estonian National Defence College in Tartu.

Sebaldt, Martin, Prof. Dr., Oberst d.R., Lehrstuhlinhaber a.D. für Vergleichende Politikwissenschaft (Schwerpunkt Westeuropa) der Universität Regensburg.

Sigg, Marco, Dr. phil., Historiker, Museologe und Dozent, Direktor Museum Aargau (Schweiz).

Spreen, Dierk, Soziologe, Gastprofessor im Fachbereich Wirtschaftswissenschaften der Hochschule für Wirtschaft und Recht Berlin (HWR), Projektleiter am Institut für Organisationskommunikation an der Universität der Bundeswehr München (UniBw), Lehrbeauftragter im Studiengang Mensch-Technik-Interaktion (MTI) an der Hochschule Magdeburg-Stendal (h2), 2022–2024 Visiting Researcher an der Estonian Military Academy (EMA), 2024 Sozialwissenschaftler (Vertretung) am ZMSBw in Potsdam.

Steinbrecher, Markus, Dr., Wissenschaftlicher Direktor am Zentrum für Militärgeschichte und Sozialwissenschaften der Bundeswehr (ZMSBw) in Potsdam.

Tauber, Peter, Dr., Oberstleutnant d.R., Parlamentarischer Staatssekretär a.D.

Ungerer, Jörn, Dr., Leitender Regierungsdirektor, Referatsleiter, Operatives Führungskommando der Bundeswehr, Abt J1 Ref PsychDst in Berlin.

Uzulis, André, Dr., Chefredakteur der Zeitschrift „Loyal – Das Magazin für Sicherheitspolitik".

Personenregister

Sachregister

(Begriffe wie beispielsweise Innere Führung, Erziehung, Bildung, Gesellschaft und Deutschland wurden wegen der Häufigkeit ihrer Nennungen nicht aufgenommen)

378

Carola Hartmann Miles-Verlag

Jahrbuch Innere Führung (seit 2009)

Uwe Hartmann, Claus von Rosen (Hrsg.), *Jahrbuch Innere Führung 2017. Die Wiederkehr der Verteidigung in Europa und die Zukunft der Bundeswehr,* Berlin 2017.

Uwe Hartmann, Claus von Rosen (Hrsg.), *Jahrbuch Innere Führung 2018. Innere Führung zwischen Aufbruch, Abbau und Abschaffung: Neues denken, Mitgestaltung fördern, Alternativen wagen,* Berlin 2018.

Uwe Hartmann, Claus von Rosen (Hrsg.), *Jahrbuch Innere Führung 2019. Bundeswehr im Aufbruch. Hindernisse von den verteidigungspolitischen Vorstellungen der AFD bis zu den sicherheitspolitischen Meinungen in der Zivilgesellschaft,* Berlin 2019.

Uwe Hartmann, Reinhold Janke, Claus von Rosen (Hrsg.), *Jahrbuch Innere Führung 2020. Zur Weiterentwicklung der Inneren Führung: Themen und Inhalte,* Berlin 2020.

Uwe Hartmann, Reinhold Janke, Claus von Rosen (Hrsg.), *Jahrbuch Innere Führung 2021/22. Ein neues Mindset Landes- und Bündnisverteidigung?,* Berlin 2022.

Uwe Hartmann, Reinhold Janke, Claus von Rosen (Hrsg.), *Jahrbuch Innere Führung 2022/23. Kriegsbilder und Innere Führung,* Berlin 2023.

Uwe Hartmann, Reinhold Janke, Claus von Rosen (Hrsg.), *Jahrbuch Innere Führung 2023/24. Der Krieg in der Ukraine,* Berlin 2024.

Militärgeschichte

Eberhard Kliem, Kathrin Orth, *"Wir wurden wie blödsinnig vom Feind beschossen". Menschen und Schiffe in der Skagerrakschlacht 1916,* Berlin 2016.

Hans Frank, Norbert Rath, *Kommodore Rudolf Petersen. Führer der Schnellboote 1942–1945. Ein Leben in Licht und Schatten unteilbarer Verantwortung,* Berlin 2016.

Georg Neuhaus, *Am Anfang war ein Speer. Eine Chronographie der Kriegs- und Militärtechnologien,* Berlin 2018.

Jobst Reller, *Die Anfänge der evangelischen Militärseelsorge,* Berlin ²2020.

Eberhard Frhr. v. Senden, Friedrich Frhr. v. Senden, *Der Erste Weltkrieg 1914–1918. Erlebnisse eines jungen Leutnants,* Berlin 2020.

Hans-Günter Behrendt, *Flugabwehr in Deutschland. Stationierungsorte und Systeme 1956-2012,* Berlin 2021.

Harald Fritz Potempa, *Balkan 1914-1945. Raum und Kleiner Krieg als militärhistorische Kategorien in der Wahrnehmung deutscher Streitkräfte,* Berlin 2021.

Martin Kutz, *Die Schlacht als Männerballett oder Mythos und Militär*, Berlin 2022.

Olaf Rönnau, *Eine totale Institution als Zwischenspiel. Die Kadettenschule der NVA von ihrer Gründung 1956 bis zu ihrer Auflösung 1961*, Berlin 2022.

Stephan Maninger, *Für einige Morgen aus Eis und Schnee – Großbritanniens Kampf um Nordamerika 1754-1763*, Berlin 2022.

Frank Ganseuer, Heinrich Walle, *Die Parlamentsmarine. Geschichte(n) und Porträts zur ersten deutschen Flotte von 1848, Beiträge zur Schifffahrts- und Marinegeschichte Band 21*, Berlin 2023.

Eberhard Birk, *Die Deutschen und ihr Militär. Ein Streifzug mit Variationen und Reflexionen über ein einfach schwieriges Thema*, Berlin 2023.

Gerd Bolik, *NATO-Planungen für die Verteidigung der Bundesrepublik Deutschland im Kalten Krieg*, Berlin [2]2023.

Alexander Querengässer, *Große Schlachten und Belagerungen der Weltgeschichte*, Berlin 2024.

Konstantin Knoll, *"Politisch von Leitung gewünscht" – Das Bundesministerium der Verteidigung und die Entstehung des Multi Role Combat Aircraft (MRCA)*, Berlin 2024.

Petra Fischer, *Propaganda im III. Reich – Front und Heimat im Gleichschritt*, Berlin 2024.

Frank Ganseuer, Heinrich Walle, *Griff nach dem Dreizack – Geschichte(n) von Wilhelm II., Weltmacht und Marine*, Berlin 2025.

Rainer Müller, *„Barbarossa": Desaster 1941. Das professionelle Versagen der deutschen und der sowjetischen Militärelite. Parallelen zum Ukrainekrieg ab 2022*, Berlin 2025.

<u>Erinnerungen</u>

Blue Braun, *Erinnerungen an die Marine 1956–1996*, Berlin 2012.

Klaus Grot, *So war's, damals. Dienstchronik eines Pionieroffiziers im Kalten Krieg 1954–1991*, Berlin 2014.

Gustav Lünenborg, *Bürger und Soldat. Innere Führung hautnah 1956–1993, 1993–2015*, Berlin 2015.

Rainer Buske, *Eine Reise ins Innere der Bundeswehr. Wundersame Geschichten aus einer anderen Welt*, Berlin 2016.

Heinz Laube, *Duell am Himmel*, Berlin 2016.

Viktor Toyka, *Dienst in Zeiten des Wandels. Erinnerungen aus 40 Jahren Dienst als Marineoffizier 1966-2000*, Berlin 2017.

Hans-Eckhard Tribess (Hrsg.), *Im Leben unterwegs – für den Frieden. Festschrift für Wolfgang Altenburg zum 90. Geburtstag am 22. Juni 2018,* Berlin 2019.

Kurt Graf v. Schweinitz, *Notizen im Transit von Krieg und Frieden,* Berlin 2020.

Hans Peter von Kirchbach, *Herz an der Angel,* Berlin 2021.

Klaus Beckmann, *Dienstweg – kein Durchgang? Als Pfarrer und Staatsbürger in der Bundeswehr,* Berlin 2022.

Bernhard R. Kroener, *Lebensscherben – Hoffnungsspuren. Eine Familie aus Schlesien in den Stürmen des 20. Jahrhundert. In zwei Bänden. Eine dokumentarische Erzählung. Mit einer Familienstammfolge von Peter Bahl,* Berlin 2023.

Schriften zur Tradition

Eberhard Birk, Winfried Heinemann, Sven Lange (Hrsg.), *Tradition für die Bundeswehr. Neue Aspekte einer alten Debatte,* Berlin 2012.

Donald Abenheim, Uwe Hartmann (Hrsg.), *Tradition in der Bundeswehr. Zum Erbe des deutschen Soldaten und zur Umsetzung des neuen Traditionserlasses,* Berlin 2018.

Joachim Welz, *Vom Kontingentsheer zum Reichsheer: Militärkonventionen als Motor der Wehrverfassung,* Berlin 2018.

Donald Abenheim, Uwe Hartmann, *Einführung in die Tradition der Bundeswehr. Das soldatische Erbe in dem besten Deutschland, das es je gab,* Berlin 2019.

Eberhard Birk, Heiner Möllers (Hrsg.), *Die Luftwaffe und ihre Traditionen (aus der Reihe Schriften zur Geschichte der Deutschen Luftwaffe, Band 10),* Berlin 2019.

Hans-Günter Behrendt (Hrsg.), *Erinnerungsorte der Bundeswehr – Personen, Ereignisse und Institutionen der soldatischen Traditionspflege,* Berlin 2020.

Dirk Drews, Stefan Gruhl (Hrsg.), *Oberst Reinhard Hauschild 1921–2005. Traditionsstifter für die Bundeswehr? Gedenkschrift zum 100. Geburtstag,* Berlin 2021.

Dieter Krüger, *Verständigung mit Frankreich. Das vergebliche Plädoyer des Oberst Dr. Hans Speidel. Paris 1940–1942,* Berlin 2021.

Martin Kutz, *Besuch im Soldatenhimmel. Ein wissenschaftlicher Reisebericht aus einer anderen Welt,* Berlin 2022.

Olaf Rönnau, *Oberst Franz Weller (1901-1994) vom Kadettenkorps zur Bundeswehr. Soldat in drei Armeen. Erinnerungen an den ersten Kommandeur Infanterieschule Hammelburg (1956-1957),* Berlin [2]2025.

Sicherheitspolitik

Wolf Graf v. Baudissin, *Grundwert: Frieden in Politik – Strategie – Führung von Streitkräften, herausgegeben von Claus von Rosen,* Berlin 2014.

Dirk Freudenberg, *Theorie des Irregulären – Erscheinungen und Abgrenzungen von Partisanen, Guerillas und Terroristen im Modernen Kleinkrieg sowie Entwicklungstendenzen der Reaktion, (3 Bände),* Berlin 2017.

Markus Reisner, *Robotic Wars – Legitimatorische Grundlagen und Grenzen des Einsatzes von Military Unmanned Systems in modernen Konfliktszenarien,* Berlin 2018.

Joachim Weber (Hrsg.), *Konfliktraum Arktis. Die Großmächte und der Hohe Norden,* Berlin 2021.

Thomas Jäger, Ralph Thiele (Hrsg.), *Der Politische Islamismus als hybrider Akteur globaler Reichweite. Die liberale demokratische Ordnung muss ihre Resilienz stärken,* Berlin 2021.

Uwe Hartmann, *Die Nato. Mächte und Menschen in der transatlantischen Allianz,* Berlin 2021.

Dirk Freudenberg, *Wehrhaftigkeit der Medienordnung – Rechtliche und rechts-politische Probleme vor dem Hintergrund der Konzeption Zivile Verteidigung (KZV),* Berlin 2022.

Carsten Rechtien, *Trumps Amerika – Eine geopolitische Revolution? Tradition und Neuausrichtung der US-Außenpolitik in der beginnenden Ära Trump,* Berlin 2022.

Hans-Peter Weinheimer, *Bevölkerungsschutz 2030–Anleitung zur Überwindung eines „bewährten" Systems,* Berlin 2022.

André Uzulis, *Der vergebliche Krieg – 20 Jahre Bundeswehr in Afghanistan. Geschichte und Bilanz,* Berlin 2024.

Militär und Gesellschaft

Marcel Bohnert, Lukas J. Reitstetter (Hrsg.), *Armee im Aufbruch. Zur Gedankenwelt junger Offiziere in den Kampftruppen der Bundeswehr,* Berlin 2014.

Alois Bach, Walter Sauer (Hrsg.), *Schützen.Retten.Kämpfen. Dienen für Deutschland,* Berlin 2016.

Marcel Bohnert, Björn Schreiber (Hrsg.), *Die unsichtbaren Veteranen. Kriegsheimkehrer in der deutschen Gesellschaft,* Berlin 2016.

Angelika Dörfler-Dierken (Hrsg.), *Hinschauen! Geschlecht, Rechtspopulismus, Rituale: Systemische Probleme oder individuelles Fehlverhalten?,* Berlin 2019.

Standpunkte und Orientierungen

Uwe Hartmann, *Hybrider Krieg als neue Bedrohung von Freiheit und Frieden. Zur Relevanz der Inneren Führung in Politik, Gesellschaft und Streitkräften,* Berlin 2015.

Hartwig von Schubert, *Integrative Militärethik. Ethische Urteilsbildung in der militärischen Führung,* Berlin 2015.

Martin Sebaldt, *Nicht abwehrbereit. Die Kardinalprobleme der deutschen Streitkräfte, der Offenbarungseid des Weißbuchs und die Wege aus der Gefahr,* Berlin 2017.

Uwe Hartmann, *Der gute Soldat. Politische Kultur und soldatisches Selbstverständnis heute,* Berlin 2018.

Helmut Jermer, *Innere Führung kompakt. Eine Zusammenschau als Lehr- und Lernhilfe,* Berlin 2019.

Martin Sebaldt, *Das Elend der Strategen. Warum die deutsche Militärpolitik versagt,* Berlin 2020.

Hannes Wendroth, *Gute Führung – (k)ein Selbstgänger. Kleine Führungshilfe mit praktischen Hinweisen und persönlichen Anmerkungen,* Berlin 2022.

Hans-Christian Witthauer, Thomas Saller, *Führung und das 3 Alpha Prinzip. Militärisches Handwerkszeug für den zivilen Führungsalltag,* Berlin ²2024.

Marcel Bohnert, *Vom Schatten ins Licht. Zeitenwende in der deutschen Veteranenkultur,* Berlin 2024.

Einsatzerfahrungen

Artur Schwitalla, *Afghanistan, jetzt weiß ich erst...,* Berlin 2010.

Sascha Brinkmann, Joachim Hoppe (Hg.), *Generation Einsatz. Fallschirmjäger berichten ihre Erfahrungen aus Afghanistan,* Berlin 2010.

Rainer Buske, *KUNDUZ. Ein Erlebnisbericht über einen militärischen Einsatz der Bundeswehr in Afghanistan im Jahre 2008,* Berlin 2015.

Marcel Bohnert, Andy Neumann, *German Mechanized Infantry on Combat Operations in Afghanistan,* Berlin 2016.

Alois Bach, Carola Hartmann (Hrsg.), *Unbekannte Helden des Alltags. Soldaten und Ehefrauen berichten über Verantwortung, Humanität und Belastung im Auslandseinsatz,* Berlin 2020.

Kurt Helmut Schiebold, *99 Tage in Afghanistan. Wie der deutsche Einsatz 2003 im Nordosten Afghanistans begann. Aus meinem Tagebuch,* Berlin 2022.

Christian Gerstner, *Unter dem Schwert. 15 Jahre im Kommando Spezialkräfte,* Berlin 2023.

Hagen Vockerodt, *1638 Tage im Krieg. Die Kehrseite der Einsatzmedaille,* Berlin 2024.

Bishan Shayan, *Brückenbauer in Uniform: Mein Weg vom afghanischen Flüchtling zum deutschen Soldaten,* Berlin 2025.

Offiziersbibliothek

Uwe Hartmann, *Offiziersbibliothek I. Deutschland,* Berlin 2020.

Franz H.U. Borkenhagen, Uwe Hartmann, *Offiziersbibliothek II. Internationale Beziehungen und Sicherheitspolitik,* Berlin 2021.

www.miles-verlag.jimdo.com